CAÇADA À BOMBA ATÔMICA DE HITLER

Damien Lewis

CAÇADA À BOMBA ATÔMICA DE HITLER

A CORRIDA SECRETA PARA IMPEDIR A PRODUÇÃO DAS ARMAS NUCLEARES DOS NAZISTAS

Tradução
Gilson César Cardoso de Sousa

Editora
Cultrix
SÃO PAULO

Título do original: *Hunting Hitler's Nukes – The Secret Race to Stop the Nazi Bomb.*
Copyright © 2016 Omega Ventures Ltd.
Mapas © William Donohoe.
Copyright da edição brasileira © 2017 Editora Pensamento-Cultrix Ltda.
Texto de acordo com as novas regras ortográficas da língua portuguesa.
1ª edição 2017.
Todos os direitos reservados. Nenhuma parte desta obra pode ser reproduzida ou usada de qualquer forma ou por qualquer meio, eletrônico ou mecânico, inclusive fotocópias, gravações ou sistema de armazenamento em banco de dados, sem permissão por escrito, exceto nos casos de trechos curtos citados em resenhas críticas ou artigos de revistas.

A Editora Cultrix não se responsabiliza por eventuais mudanças ocorridas nos endereços convencionais ou eletrônicos citados neste livro.

Obs.: Este livro não pode ser exportado para Portugal.

Editor: Adilson Silva Ramachandra
Editora de texto: Denise de Carvalho Rocha
Gerente editorial: Roseli de S. Ferraz
Produção editorial: Indiara Faria Kayo
Editoração eletrônica: Join Bureau
Revisão: Vivian Miwa Matsushita

Dados Internacionais de Catalogação na Publicação (CIP)
(Câmara Brasileira do Livro, SP, Brasil)

Lewis, Damien
   Caçada à bomba Atômica de Hitler: a corrida secreta para impedir a produção das armas nucleares dos nazistas / Damien Lewis; tradução Gilson César Cardoso de Sousa. – São Paulo: Cultrix, 2017.

   Título original: Hunting Hitler's nukes: the secret race to stop the Nazi bomb
   ISBN: 978-85-316-1407-1

   1. Armas nucleares – Alemanha – História 2. Grã-Bretanha. Executivo de Operações Especiais I. Título.

17-04197   CDD-355.02170943

Índices para catálogo sistemático:
   Alemanha: Forças nucleares: Ciência militar   355.02170943

Direitos de tradução para o Brasil adquiridos com exclusividade pela
EDITORA PENSAMENTO-CULTRIX LTDA., que se reserva a
propriedade literária desta tradução.
Rua Dr. Mário Vicente, 368 — 04270-000 — São Paulo, SP
Fone: (11) 2066-9000 — Fax: (11) 2066-9008
http://www.editoracultrix.com.br
E-mail: atendimento@editoracultrix.com.br
Foi feito o depósito legal.

A Rachel e Tumsifu,
meus agradecimentos.

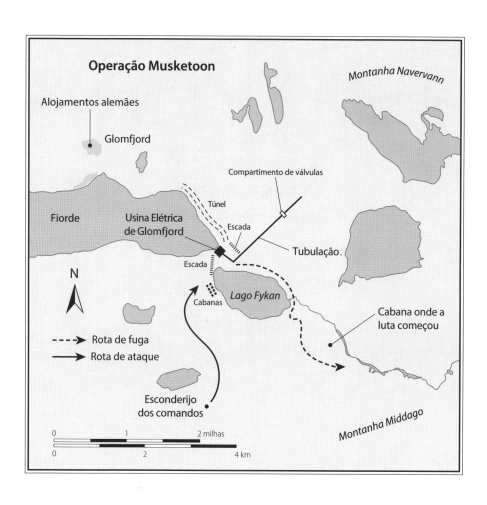

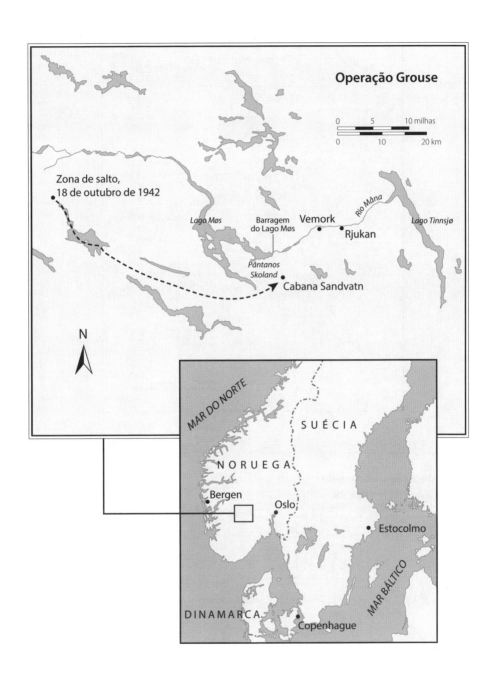

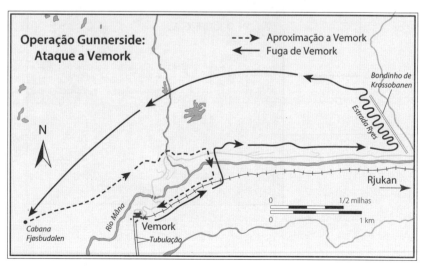

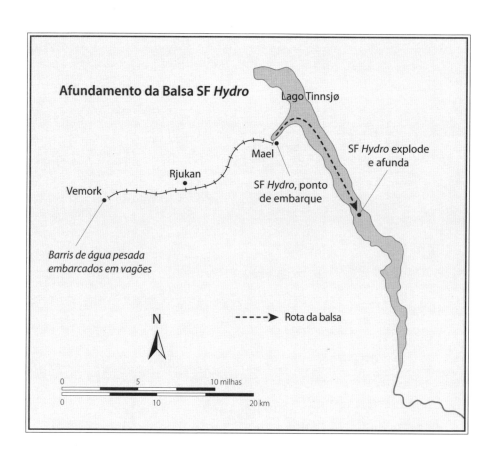

"Em se tratando das grandes missões do Serviço Secreto, fatos reais eram, em muitos casos, iguais em tudo às mais fantásticas invenções do romance e do melodrama. Tramas contra tramas, intrigas contra intrigas, astúcia e perfídia, enganos e traições, agentes verdadeiros e agentes falsos, agentes duplos, ouro e aço, a bomba, o punhal e o pelotão de fuzilamento estavam enredados em um tecido tão confuso que pareciam inacreditáveis, embora fossem verdadeiros."

– Winston S. Churchill

"O que eles fizeram foi, pura e simplesmente, salvar o mundo."

– Charles Kuralt, correspondente da CBS, sobre os sabotadores das instalações nucleares da SOE

NOTA DO AUTOR

Infelizmente, poucos são os sobreviventes das operações da Segunda Guerra Mundial, da resistência norueguesa ou da Companhia Linge narradas neste livro. Durante a fase de pesquisa e redação, esforcei-me para entrar em contato com o maior número deles possível, além de familiares dos que já se foram.

O esforço dos militares aliados, homens e mulheres, como agentes da Executiva de Operações Especiais (Special Operations Executive, SOE), voluntários do Special Duty [Serviço Especial] e colaboradores da Resistência foi muitas vezes traumático e invariavelmente sepultado sob camadas de sigilo, e não poucos preferiram levar suas histórias para o túmulo. As lembranças tendem a ser desencontradas, sobretudo as referentes a operações por trás das linhas inimigas. Os relatos escritos sobre essas missões também variam nos detalhes e na cronologia, de sorte que lugares e épocas são às vezes contraditórios. Afora isso, fiz o melhor que pude para dar coerência, em termos de local, tempo e narrativa, à história contada nestas páginas.

Quando diversos relatos de uma missão me pareceram especialmente confusos, a metodologia que usei para reconstruir onde, quando e como os fatos aconteceram foi a do cenário "mais provável". Quando duas ou mais testemunhas (ou fontes) insistiam em determinado tempo, lugar ou sequência de eventos, optei por considerar esse relato o mais próximo da verdade. E quando necessário, recriei passagens curtas de diálogo para dar maior fluência à história.

Apesar disso, qualquer equívoco aqui cometido é de minha inteira responsabilidade. Do mesmo modo, embora tenha me esforçado para localizar os detentores do copyright das fotos, esboços e outras imagens ou materiais usados neste livro, isso nem sempre foi fácil ou possível.

PREFÁCIO

Uma estranha sequência de eventos – casuais, talvez – induziu-me a escrever este livro.

O primeiro foi uma sondagem vinda do nada. O pesquisador Simon Fowler, a quem muito estimo, ele próprio profundo conhecedor de tudo quanto diz respeito à Segunda Guerra Mundial, me fez uma pergunta intrigante, típica de sua sólida compreensão daquilo que desperta minha curiosidade e de seu domínio das meias-palavras: "Será que isso vai interessá-lo?"

A correspondência anexada dizia respeito aos últimos desejos e ao testamento de Hitler. Eu jamais havia imaginado que ele tivesse feito um. Que poderia o Führer legar ao gênero humano exceto 60 milhões de mortes e um mundo convulsionado pela guerra, para não falar do advento de uma nova barbárie – a eliminação em escala industrial de raças inteiras?

Sim, respondi, eu estava interessado em ver o testamento de Hitler.

Para começar, não era um documento a que se pudesse ter fácil acesso, mas por fim conseguimos. Os dois papéis, intitulados simplesmente "Meu Testamento Político" e "Meu Testamento Pessoal", podem ser vistos em uma sala de consultas reservada dos Arquivos Nacionais. Uma sensibilidade extrema ainda ronda aquelas seis páginas de datilografia cerrada, assinadas por Adolf Hitler às 4 horas do dia 29 de abril de 1945 em seu *bunker* de Berlim – vinte e quatro horas antes que ele tirasse a própria vida.

Que se pode esperar dos testamentos pessoal e político de Hitler, escritos na véspera da derrocada alemã? Uma pontinha de remorso? A sensação, talvez, de que a guerra não tinha sido... uma ideia muito inteligente? Um gosto amargo de perda, especialmente da posição da Alemanha no mundo e do prestígio do povo alemão? Uma pista, quem sabe, de que Hitler entendera tudo errado? Um ensaio de desculpas pelo sofrimento abjeto e o mal desencadeados pelo regime nazista?

Nada disso.

As primeiras linhas já fazem ruir tais esperanças. "É mentira que eu ou qualquer outro indivíduo na Alemanha desejássemos a guerra em 1939. Ela foi desejada e provocada exclusivamente pelos políticos internacionais que eram judeus ou defendiam os interesses judaicos." E por aí vai o documento, no mesmo tom, destilando ódio delirante e queixando-se da injustiça de um modo absurdo, quase pueril.

Vezes sem conta Hitler se insurge contra "o Judeu, a parte verdadeiramente culpada por este conflito assassino", antevendo que a Segunda Guerra Mundial "constará um dia na história como a mais gloriosa e heroica manifestação da luta pela existência de uma nação... Decorrerão séculos, mas, das ruínas de nossas cidades e monumentos, renascerá sempre o ódio pelos autênticos responsáveis. Eles são o povo a quem devemos agradecer por tudo isso: o judaísmo internacional e seus protetores!".

"Morro de coração alegre", afirma Hitler, "ciente dos imensuráveis feitos e realizações de nossos soldados na frente de combate, de nossas mulheres em casa, de nossos operários e camponeses, e da contribuição, única na história, dos jovens que trazem meu nome." Ele estava se referindo, é claro, à Juventude Hitlerista em um período em que a nação alemã sofria terrivelmente e jazia em ruínas.

No último dia de seu governo do Terceiro Reich, o Führer propalava a "não rendição". Esta não poderia ocorrer nunca, independentemente dos termos. Seu povo não deveria "renunciar à luta sob quaisquer circunstâncias, mas conduzi-la como puder contra os inimigos da Pátria... Eu próprio prefiro a morte à renúncia ou à capitulação... a rendição de um distrito ou cidade está fora de cogitação... acima de tudo, os comandantes darão um brilhante exemplo de fidelidade inabalável ao dever até a morte".

Essas palavras foram escritas quando as tropas russas se encontravam a 500 metros do *bunker* de Hitler em Berlim e seus generais pediam permissão para uma última irrupção, pois logo ficariam sem munição e à mercê do inimigo.

Nossa cabeça dá voltas.

Os documentos pouco têm de testamentos comuns, que deixam bens materiais a determinadas pessoas; são, ao contrário, o último estertor político e ideológico que Hitler quis legar ao mundo, embora distorcido e fantasioso. E isso explica perfeitamente o resto da documentação anexada aos últimos desejos de Hitler colocados por escrito – uma infinidade de cartas, telegramas e memorandos de várias figuras do alto comando aliado perguntando-se o que fazer com esse material.

Na véspera da morte de Hitler, três emissários saíram do *bunker* de Berlim, encarregados de entregar os documentos a seguidores do Führer, onde quer que estivessem. Estes deveriam espalhar a notícia e manter viva a mensagem do líder. Com a guerra chegando ao fim, dois desses indivíduos parecem ter achado sua missão totalmente infrutífra. O terceiro, Heinz Lorenz, um jornalista havia muito tempo integrante da equipe de Hitler, conservou o testamento sob o forro do paletó, desejoso talvez de preservar seu absurdo legado.

Foi essa cópia que caiu nas mãos dos Aliados.

No início do outono de 1945, Lorenz, vivendo com um nome falso, acabou preso na zona britânica de ocupação na Alemanha e os documentos foram recuperados. Especialistas em grafotécnica do MI5 examinaram a assinatura e concluíram que era autêntica. Discutiu-se em seguida se os documentos deveriam ser divulgados ao público ou ser suprimidos. A questão era complexa: por um lado, esses documentos revelavam que Hitler continuava delirante e inflexível até a hora final; por outro, suas últimas palavras poderiam inspirar um duradouro movimento de resistência nazista.

O Foreign Office britânico foi consultado. Preparou-se um comunicado à imprensa, resumindo o conteúdo dos testamentos de Hitler. Mas, em dezembro de 1945, mensagens cifradas urgentes e "ultrassecretas" iam e vinham entre Washington, Londres e o Alto Comando Aliado na Europa, enfatizando a necessidade de "tomar todas as medidas necessárias para evitar quaisquer vazamentos" da documentação.

O Foreign Office britânico determinou que, "quanto menos publicidade os documentos receberem na Alemanha ou fora dela, melhor". O Departamento de Estado norte-americano concordou. Ainda assim, vazaram notícias sobre os testamentos de Hitler – provenientes de altas fontes aliadas. Seguiu-se uma caça às bruxas.

Em janeiro de 1946, o Foreign Office exigiu que todas as cópias dos documentos fossem remetidas a Londres para "depósito em seus arquivos oficiais". Diretivas circularam entre os poucos que haviam tomado conhecimento do fato, ordenando que "não revelassem nada sobre o assunto" e "mantivessem silêncio absoluto a respeito".

Eu, é claro, vi os documentos com um distanciamento de setenta anos, mas mesmo assim não posso dizer com certeza se as pessoas que quiseram suprimir os testamentos de Hitler com sua mensagem perversa agiram mal. Quem sabe? Eles talvez tivessem servido como palavra de ordem para nazistas remanescentes e inveterados. Mas não foi isso que me impressionou mais. O que mais me impressionou foi: do que não seria capaz o autor de semelhante documento caso houvesse contado com os meios de vencer a guerra?

Pensei então: quão perto esteve Hitler de conseguir isso? Eu sabia dos grandes progressos obtidos pelos cientistas alemães em muitos campos durante os anos de guerra – a tecnologia que propiciou os foguetes V1 e V2, para citar apenas um exemplo. Dizia-se que a Alemanha nazista estava dez anos à frente dos Aliados. Em suma, o que não teria feito Hitler se tivesse alcançado a supremacia nuclear?

Foi então que a lei das consequências inesperadas se fez sentir.

Recebi um convite para visitar o Centro de Treinamento dos Comandos dos Fuzileiros Navais Reais em Lympstone, Devon, de onde se avista o estuário do rio Exe. O aventureiro da TV e ex-integrante do SAS (Special Air Service ou Serviço Aéreo Especial), Bear Grylls – coronel honorário dos Fuzileiros Reais –, juntara-se a alguns recrutas na fase final do exigente curso de seleção dos comandos, as "trinta milhas", quando eles precisam completar uma marcha forçada de trinta milhas (48 quilômetros) por Dartmoor, carregando um enorme peso.

Depois, ele proferiu uma palestra inspiradora para um público compacto no saguão principal, após o evento houve um jantar no refeitório. Por acaso, sentei-me perto de dois indivíduos simpáticos e fascinantes: o tenente-coronel Tony de Reya, membro da Ordem do Império Britânico e então chefe de estado-maior em Lympstone, e o major Finlay Walls, um dos especialistas locais em guerra de montanha. Durante o jantar, perguntaram-me que livro eu estava escrevendo no momento.

Respondi que tinha a intenção de escrever a história da corrida para impedir Hitler de obter uma arma nuclear, ideia que surgiu depois de eu ler o testamento do Führer. Os dois homens conheciam bem essa história, pois ela envolvia algumas das mais emblemáticas e impressionantes operações de comandos jamais empreendidas. Para meu espanto, o major Walls estava de fato preparando uma expedição que reconstituiria algumas das operações levadas a termo por comandos britânicos e noruegueses contra uma das principais instalações nucleares dos nazistas, instalada na Noruega sob ocupação alemã.

Essas missões foram o ápice dos esforços aliados para subverter as ambições nucleares de Hitler. Feitos dramáticos de heroísmo não faltaram, com pequenos grupos de homens lutando, morrendo e, por fim, vencendo, para acabar com os sonhos nucleares do Terceiro Reich. A conversa daquela noite e a percepção do significado que aquelas operações de comandos preservam até hoje convenceram-me de que semelhante história precisava ser contada.

O entusiasmo dos dois experientes comandantes dos Fuzileiros Reais por esses fatos era contagiante. Voltei a vê-los algum tempo depois com o primeiro rascunho do manuscrito deste livro, graças ao qual pude colaborar com o major Walls no preparo de sua expedição para retraçar as principais operações dos comandos, auxiliando-o a apurar e esclarecer em detalhe seus objetivos. Ele havia dado a essa futura expedição o nome de Volta a Rjukan, que foi a principal cidade na área em que os comandos operaram.

O major Walls ("Fin", para os íntimos) planeja levar 12 jovens comandos ao Hardangervidda – o planalto das Montanhas Inóspitas, na Noruega, uma vasta área selvagem e coberta de neve

– para refazer alguns dos trajetos e missões a cargo das Operações Grouse e Gunnerside, duas das principais histórias contadas neste livro. A expedição dos Fuzileiros Reais foi em parte inspirada por nossa discussão durante o jantar. Antes disso, tinha sido um sonho; depois de conversarmos, Fin pôs mãos à obra e transformou-o em realidade.

Assim como eles me inspiraram a escrever este livro, eu os inspirei a organizar a expedição histórica. Nenhum de nós foi ao jantar com nada disso em mente ou com a menor ideia do que ocorreria depois. Casualidade, é claro.

Sou muito grato aos dois e àqueles que, no devido tempo, colaboraram com a pesquisa e a redação (todos mencionados nos Agradecimentos). Uma pessoa me escreveu fazendo uma vigorosa citação, referente a seu tio morto num "serviço especial" durante a guerra. É do poeta John Maxwell Edmonds e resume os sacrifícios narrados nas páginas que se seguem:

> O dia foi bom?
> Morremos sem saber.
> Mas, sãos ou doentes,
> Morremos por ti, Liberdade.

Todo livro tem seu começo – algo que fisga o autor como se ele fosse um peixe. O deste foi dos mais inusitados, dos mais prementes. Estou feliz por tê-lo escrito. A história contada nas páginas a seguir é a de um heroísmo extraordinário, de uma conquista contra todas as expectativas, com um pequeno grupo de homens fazendo de tudo para que o mundo livre continuasse a salvo de uma tirania perversa e tenebrosa.

Sem dúvida, há muito mais o que dizer sobre a batalha para impedir Hitler de obter uma bomba atômica e a supremacia nuclear. Por isso, aguardo ansioso quaisquer revelações que possam resultar da publicação deste livro.

Mas, primeiro, vou levá-los a um submarino solitário que desliza furtivamente para as águas costeiras da Noruega ocupada, no início do outono de 1942.

CAPÍTULO UM

Outono. A 6 milhas náuticas (11 quilômetros) da costa da Noruega, uma esguia forma cinzenta abre caminho cautelosamente sob a camada de neve que cobre a intumescência do mar. A silhueta nítida do submarino *Junon* mal se move com a subida e a descida das ondas.

Lenta e silenciosamente, um tubo negro de metal se projeta da torre de comando do submarino. Querville, o tenente-comandante do *Junon*, agarra o periscópio e faz uma rápida varredura de 180 graus da superfície em derredor. Constata que nenhuma outra embarcação está à vista, exatamente o que ele queria.

O comandante baixa o periscópio, ordenando que a embarcação emerja.

Na ponte, vigias perscrutam o horizonte enquanto Querville tenta localizar sua rota para o Bjærangsfjord – o lugar marcado para o desembarque do grupo de guerreiros clandestinos transportados no *Junon*.

"Nenhum navio à vista", reporta o navegador, enquanto o submarino se aproxima cada vez mais da linha acidentada da costa norueguesa.

À direita e à esquerda, erguem-se picos agudos, a base das encostas coberta por densas florestas negras de pinheiros, o cume afogado em neve e gelo que emite tons dourados sob a fina luz da manhã.

Súbito, uma garganta afilada em forma de "V" se abre à sua frente. Típico dessas enseadas norueguesas, o Bjærangsfjord era um comprido braço de mar, estreito e ladeado por paredões a prumo, parecendo que havia sido cortado nas montanhas por uma mão de gigante. O que, porém, preocupava Querville era o fato de o Bjærangsfjord ter sido escolhido como destino do *Junon* apenas durante as etapas finais de sua longa e tempestuosa viagem.

Um dos homens que seu submarino levava – um comando norueguês com bom conhecimento daquela costa – havia sugerido no último minuto uma mudança de plano. Aconselhara um outro ponto de desembarque, que implicaria a escalada da montanha coberta de gelo até seu alvo, pois o inimigo jamais suspeitaria de um ataque vindo daquela direção.

Era talvez o melhor a fazer, mas Querville tinha poucos mapas detalhados do Bjærangsfjord, dados precários sobre as correntes, profundidade e leito do fiorde, e quase nenhuma informação a respeito das defesas alemãs ao longo de suas margens. Deveria entrar no fiorde estreito com o máximo cuidado, tateando o caminho em meio a seu abraço de gelo.

O *Junon*, submarino da França Livre, tinha sido escolhido para a missão ultrassecreta por um motivo bem simples: sua proa aguda e sua torre de comando aerodinâmica faziam-no lembrar, pelo menos na silhueta, um *U-boat* alemão. Caso um navio inimigo detectasse o *Junon*, os vigias, com um pouco de sorte, o tomariam por um dos seus.

Uma das raras coisas que podiam tornar o submarino suspeito era o bote de borracha amarrado ao casco; mas um navio de guerra inimigo teria de se aproximar muito para notá-lo e Querville não tinha a intenção de permitir que isso acontecesse.

Por enquanto, as águas em volta pareciam livres de embarcações e o tenente-comandante do *Junon* aproveitou a oportunidade para dar aos doze comandos que transportava um vislumbre da paisagem pelo seu periscópio.

"*Voilà, mes amis. C'est beau, très beau. Regardez.*" [Lá está, meus amigos. É bonito, muito bonito. Olhem.]

Iam se aproximando da costa, que era de fato muito bonita e de tirar o fôlego, especialmente para os dois noruegueses sabotadores. Aquela era a primeira visão de sua pátria que tinham havia mais de um ano – um país esmagado pelo tacão da bota nazista.

Esmagado, curvado – mas longe de se quebrar.

O espírito de resistência já se manifestava na Noruega, como em muitas outras nações ocupadas da Europa Ocidental, e aquela missão tinha por objetivo revigorar esse espírito. Como exigira Winston Churchill ao pôr em campo seus "caçadores encarregados de implantar um implacável reino de terror", nenhum alemão na Europa ocupada deveria conseguir dormir em paz à noite. Ele havia solicitado de seus chefes de estado-maior que "especialmente as tropas de caça... implantem um reino de terror ao longo das costas inimigas".

Era 15 de setembro de 1942 e o navio-capitânea da Primeira Divisão de Submarinos da França Livre estava prestes a lançar um ataque impressionante pela causa de Churchill. Na época, a missão, com o codinome Musketoon [Mosquetão], seria uma das primeiras operações de sabotagem da guerra, destinada a ferir duramente um inimigo que parecia invencível.

O *Junon* precisou de uma hora ou mais para penetrar entre as mandíbulas do Bjærangsfjord e o comandante logo ordenou que imergissem. Estavam perto demais da terra – e de olhos espreitadores – para permanecer na superfície.

Mas justamente quando o último dos comandos ia espiar pelo periscópio, um barco de pesca saiu das sombras lançadas pelas montanhas atrás dele. Parecia bastante inofensivo, mas na guerra terrível entre a Grã-Bretanha e as forças alemãs que ocupavam a Noruega, barcos de pesca desempenhavam um papel duplo.

Os ingleses haviam reunido a flotilha "Shetland Bus", navios de pesca noruegueses posicionados nas ilhas Shetland e convertidos em "Q-Ships" – na aparência, traineiras inocentes, mas na verdade com defesas e armamento oculto. O papel da flotilha Shetland Bus consistia em transportar homens, armas e equipamentos de rádio dentro e fora da Noruega, devendo defender-se vigorosamente, e à carga que levava, em caso de detecção pelo inimigo.

Os alemães responderam à altura. Formaram sua própria flotilha, arregimentando pescadores locais a serviço do Reich e encarregando-os de repelir quaisquer incursões aliadas às águas norueguesas. O barco agora na esteira do *Junon* bem podia ser um desses.

O capitão do barco de pesca estava exausto. Trabalhava havia horas. Mas ainda assim seus olhos de marinheiro continuavam aguçados. A forma do mastro vertical negro chamou sua atenção em meio ao borrifo das águas. Por um instante julgou estar sonhando, mas não tardou a escancarar a porta da casa do leme e dar um grito. Atrás, um segundo barco de pesca saiu das sombras, mas seu capitão ainda se encontrava a uma distância considerável para ouvir o chamado.

Enquanto o primeiro barco aproava rumo ao que seu capitão sabia agora ser um submarino, o comando que espiava pelo periscópio do *Junon* passou-o para o navegador. Este, agarrando as alças, executou uma varredura de 180 graus e conseguiu avistar o que os comandos, impressionados com a linha da costa, não tinham percebido: logo atrás do submarino, os dois barcos de pesca navegavam em sua esteira.

O navegador soou o alarme e Querville ordenou uma descida de emergência. A proa do *Junon* se inclinou fortemente e o submarino mergulhou 30 metros, tanto quanto o comandante achava que podia arriscar na profundidade incerta do Bjærangsfjord.

Querville reduziu a velocidade e, num passo penosamente lento, abriu caminho para o centro da brecha em V. Acima, o ruído das hélices dos barcos de pesca foi diminuindo aos poucos, até desaparecer nas águas escuras.

Todos estavam calados e tensos.

O oficial encarregado de manter o equilíbrio do submarino observava atentamente seus instrumentos, com o batímetro registrando sempre 30 metros. Durante mais três penosos quilômetros, o submarino avançou pela brecha até ela ficar com menos de 500 metros de largura.

Ali, Querville ordenou que o *Junon* descesse ao fundo – não importava o que isso pudesse acarretar. Quarenta, cinquenta, cinquenta e cinco metros; a descida era quase imperceptível, com todos segurando o fôlego receando o que pudesse acontecer. Por fim, a 60 metros, a embarcação de 870 toneladas pousou no que o comandante sabia, pelo impacto, ser o leito chato e arenoso do fiorde.

Querville – um sujeito esperto e otimista – esboçou um sorriso leve e tranquilizador. Todos suspiraram, aliviados. Era uma e meia da tarde e Querville pretendia manter-se em silêncio para despistar qualquer perseguidor, pois a silhueta inconfundível de seu submarino estava mascarada pelo fundo arenoso do Bjærangsfjord.

Uma hora depois, o arqueado casco de aço do submarino repercutiu o som de poderosas hélices na superfície. O ruído rítmico se perdeu a distância, mas reapareceu quarenta minutos depois. Pelas sete horas subsequentes, o misterioso barco percorreu a área em intervalos regulares, o que só podia revelar um padrão de busca.

Quando o sol já se punha, Querville decidiu desembarcar seu grupo de sabotagem, invisível e indetectável à noite. Era tempo para a força de comandos – nove britânicos, dois noruegueses e um canadense – fazerem seus preparativos finais.

Aguardava-os uma perspectiva duplamente assustadora.

Como relata o diário de bordo, a travessia agitada do *Junon* havia deixado todos os comandos enjoados, menos um: "A viagem submarina sob péssimas condições meteorológicas prejudicou sensivelmente a condição física do grupo". Precisariam remar à noite até o ponto de desembarque e depois empreender uma caminhada difícil, com bagagem pesada, por montanhas desconhecidas e cobertas de gelo.

Mas a longa e silenciosa espera a 60 metros de profundidade havia tornado o ar do *Junon* particularmente escasso, de modo que todos os homens do grupo de sabotagem não viam a hora de sair dali e pisar em solo norueguês.

Às 9h15, o *Junon* emergiu, como uma enorme baleia negra sulcando o brilho prateado do fiorde adormecido. Querville foi o primeiro a subir a escada, consciente de sua responsabilidade de desembarcar aqueles bravos homens em segurança.

Olhou em volta. O luar se refletia nos picos nevados e, embaixo, faiscavam as luzes das casas aglomeradas junto à costa. As águas pareciam livres de quaisquer outras embarcações e o único ruído que Querville conseguia ouvir era o leve vergastar das ondas contra o casco do submarino.

Chamou os comandos para junto de si. Saindo da torre, duas figuras deslizaram pelo convés até o bote de borracha amarrado à popa. Debruçaram-se sobre ele com um tubo de oxigênio. Um zumbido agudo correu por sobre água tranquila enquanto o gás fluía e, momentos depois, um bote semi-inflado se desprendia das amarras.

"Diabo! Que barulhão!", sussurrou uma voz.

"Espero que ninguém tenha ouvido na margem", replicou outra, no mesmo tom.

Querville tinha certeza de que o som do gás escapando tinha chegado de fato à margem, mas naquele momento não havia sentido em se preocupar com aquilo. Um a um, os comandos se dirigiram em silêncio ao bote. Os tripulantes franceses traziam na bagagem nada menos do que 40 quilos de material de guerra, principalmente explosivos.

Entregaram as pesadas mochilas aos doze homens que esperavam, todos já acomodados no "barco vaca" – conhecido por esse nome porque os primeiros infláveis desse tipo eram feitos de couro emborrachado. Com sussurros de *"Bon voyage"* de Querville e sua tripulação, os comandos partiram. Momentos depois, o bote navegava as águas batidas pelo luar.

Sete homens empunharam os remos, seguindo o rumo oeste indicado por seu capitão, e logo o bote desaparecia no vazio do Bjærangsfjord. Ouviu-se às suas costas um leve borbulhar resfolegante e, quando eles se voltaram, o *Junon* já havia sumido de vista.

Tinham ficado sozinhos na vasta solidão norueguesa, pontilhada pela luz das estrelas. As doze figuras apinhadas no bote seriam para sempre gratas a Querville: ele os tinha levado terra adentro em uma extensão que nunca teriam podido esperar. Apenas 6 quilômetros os separavam da cabeceira do Bjærangsfjord – o ponto de desembarque.

A tripulação alinhou o bote com a margem sul do fiorde, avançando silenciosamente como fantasmas e passando pelo estranho barco de pesca agora ancorado em um pequeno cais. A costa norueguesa é tão irregular e recortada que seu comprimento total poderia abarcar metade da Terra. Os comandos da Operação Musketoon dirigiam seu minúsculo bote de borracha por um dos milhares de enseadas ali existentes; qual seria a chance de serem vistos por alguém ou detectados pelos ocupantes alemães?

O bote já havia quase passado Bjærangsjoen, a última aldeiazinha que bordeja o fiorde, quando uma velha senhora – que não dormia nunca e era considerada meio louca por causa disso – julgou ouvir alguma coisa. Sua pequenina casa de madeira ficava bem perto da costa. Um movimento agitara a água no meio da noite, ela tinha certeza.

Pondo de lado a costura, aproximou-se da janela. Fitando a escuridão, viu de fato, recortado contra as águas iluminadas pela lua, um pequeno bote que passava silenciosamente. Que poderia ser aquilo? Quem estaria no mar tão tarde da noite? E para que tanto silêncio? Haveria alguma razão para isso?

Resolveu comentar o caso com os vizinhos, de manhã. Eles sem dúvida a julgariam maluca, mas não seria a primeira vez. Entretanto, estavam em guerra e convinha que todos permanecessem vigilantes. Ela sabia o que tinha visto. Tentaria convencê-los.

O bote contornou a extremidade de Bjærangsjoen e só restou a solidão da noite.

"Muito bem", grunhiu o capitão Black, comandante da Musketoon, com seu áspero sotaque canadense. "Encostem-no ali."

Momentos depois, a proa arredondada do bote tocava o primeiro rochedo entre os muitos que afloravam da água rasa. Os guias – os dois noruegueses – saltaram e começaram a puxar o bote para terra firme. Desembarcaram em uma praia pedregosa, onde uma grama esparsa, alaranjada, crescia quase até a linha da água.

A menos de 50 metros dali, surgia a cobertura das árvores: primeiro as bétulas, de troncos lustrosos ao luar, e, por trás delas, as silhuetas esguias e escuras dos pinheiros.

Rapidamente, os comandos desinflaram o bote, puseram as mochilas nos ombros e, rolando-o, caminharam em direção à floresta. Ali, cavaram um buraco e, dentro dele, jogaram o bote, juntamente com os remos, cobrindo depois o túmulo com pedras e musgo. O bote tinha lhes prestado bons serviços. Merecia um funeral digno.

"Em frente", ordenou Black, fazendo um sinal para que os outros o seguissem, com as armas engatilhadas. O local podia parecer completamente deserto, mas daquele momento em diante estariam em território inimigo. "Fiquem juntos. E nada de barulho."

Com os dois noruegueses guiando-os, a fila de guerreiros bem treinados avançou na direção das árvores. Uma vez a uma distância segura da costa desprotegida e ocultos pela floresta, Black ordenou que parassem. Os sacos de dormir foram desdobrados e o grupo se preparou para descansar.

Retomariam a jornada ao amanhecer, pois precisariam da luz do dia para encontrar o caminho pelo labirinto de montes de gelo e o emaranhado de picos dispostos entre a posição em que se achavam e a que tinham por objetivo.

O capitão Black percebeu que o sono não viria. Cochilou intermitentemente, o cérebro excitado pelo que estava por vir.

Como os nove britânicos do grupo, Black havia se apresentado para o Comando Nº 2, uma força formada inteiramente por voluntários que atenderam ao apelo às armas de Churchill. Ainda no segundo ano da guerra, o Comando Nº 2 já tinha adquirido uma temível reputação, pois fizera parte do famoso ataque a Saint-Nazaire, entre outras incursões impressionantes.

Por que, perguntou-se o capitão Graeme "Gay" Black, estaria ele – um canadense – ali à frente de um punhado de comandos britânicos e noruegueses, em uma missão tão desesperada? Criado em Ontário, no sul do Canadá, Black tinha sido, na melhor das hipóteses, um estudante mediano. No inverno, preferia esquiar nos bosques, caçar ou remar nos rios perigosos da região.

Sentindo sede de aventura, partiu para a Inglaterra em um transporte de gado, limpando estábulos para pagar a passagem. Em Londres, pulou de emprego em emprego antes de montar uma fábrica de bolsas femininas com um operário de curtume que havia conhecido. Black não entendia nada do ofício, mas era simpático, enérgico e de boa aparência – com uma mecha de cabelos louros rebeldes sobre os olhos risonhos – e sabia vender.

Casou-se com uma garota escocesa e, com o tempo, a Black & Holden prosperou, fornecendo bolsas para as lojas de moda frequentadas pela realeza. Um dia depois da declaração de guerra da Grã-Bretanha à Alemanha, Black resolveu se alistar no Exército britânico. Para o inferno com o negócio das bolsas: havia uma guerra para lutar e vencer.

Assim, ele prontamente se apresentou como voluntário para o que desse e viesse ao Comando Nº 2. Neste, ganhou a reputação de petulante, em parte porque replicava a qualquer ordem com um "Confere", à maneira dos *cowboys*, em vez do "Sim, senhor" regulamentar.

Black era conhecido pelo espírito independente, que às vezes levava seus superiores a interpretá-lo mal. Entretanto, depois de lutar com indiscutível coragem e merecer a Cruz Militar, poucos poderiam pôr em dúvida suas credenciais como oficial de comandos.

Curiosamente, o segundo no comando de Black, o capitão Joseph "Joe" Houghton, é quem tinha sido o principal inspirador da atual missão. Mas, se a Operação Musketoon era criação de Houghton, Black é quem tinha sido encarregado de liderá-la. E Joe Houghton não pareceu se importar.

Ex-aluno de escola pública (o Marlborough College), Houghton – cara atarracada, densa cabeleira negra – era de trato fácil e agradável, um sujeito engraçado. Em certo sentido, estava longe de parecer um comando típico: gostava de caçar perdizes e faisões, mas não se poderia dizer que fosse um atleta natural. Passara na seleção e treinamento dos comandos em razão da vontade inabalável e da determinação férrea.

Sob a aparência afável de Houghton, Black notara, havia uma camada fria como o frio. Ambos tinham participado da incursão no porto francês de Saint-Nazaire, quando uma força de comandos arremessara contra as docas um navio cheio de explosivos, reduzindo a entrada a pedaços debaixo do nariz dos alemães. No combate que se seguiu, Houghton havia lutado como um leão e fora ferido.

Entretanto, a experiência anterior de Houghton na Noruega é que lhe valeu participar da missão. Antes da guerra, ele havia trabalhado naquela parte do país, na indústria mineiradora. Depois da invasão alemã, em maio de 1940, aderiu à luta contra o inimigo, demonstrando a intensa camaradagem que consolidara com o povo norueguês.

Perdida a batalha da Noruega, Houghton fora evacuado para a Grã-Bretanha. Temia muito que os imensos recursos naturais do país alimentassem o esforço de guerra alemão e sugerira a presente missão ao alto comando inglês, alegando que ela privaria a máquina bélica nazista de uma fonte vital de poder de fogo.

Quando os primeiros raios de sol se filtraram por entre as árvores, os homens de Black se levantaram e prepararam o café da manhã: uma sopa grossa de carne-seca misturada com frutas em conserva, conhecida como *pemmican* – acompanhada de chá quente, tudo preparado no fogão Primus da equipe.

Black tirou seu cachimbo da mochila e, enquanto o enchia de tabaco, observava seus homens um a um, avaliando-os.

Cyril Abram – o mais alto de todos – era considerado por alguns como um verdadeiro astro de cinema. Escoteiro entusiasta antes da guerra, apresentara-se como voluntário para o serviço na primeira oportunidade. Seu amigo, Rex Makeham, gostava de acampamentos, ciclismo e escotismo. Os dois apreciavam a vida ao ar livre e Black sabia que suportariam muito bem os rigores das regiões inóspitas da Noruega.

O jovial Makeham fazia um completo contraste com o terceiro homem de Black: Fred Trigg, um robusto londrino atarracado, de voz grave e praticante de boxe com alguma reputação. Era taciturno, de poucas palavras, com nítida tendência para a rebeldia; mas Black apreciava sua disposição para combater o inimigo.

O quarto homem, Miller "Dusty" Smith, sorumbático e misterioso, era o típico produto de Yorkshire. Diferente de todos os outros, parecera muito à vontade a bordo do *Junon*, pois havia entrado para a marinha mercante quando tinha apenas 14 anos. Com seu físico poderoso e ombros largos, Smith transmitia uma velada energia que o tornava uma presença bem-vinda ao comandante Black.

Jack Fairclough, o número cinco, alto e tranquilo, era membro da Guarda Real. Soldado de carreira, não parecia ter ressentimento de ninguém, nem mesmo dos alemães. Viera porque seu país estava em guerra, e achava que era sua obrigação participar dela. Isso bastava para Black: precisava de soldados profissionais frios e compelidos pelo dever como Fairclough, para servir de exemplo de moderação a seus homens mais impetuosos.

O sexto comando, Eric Curtis, parecia tudo, menos um comando. De óculos, estudioso até o exagero, sempre ganhava bolsas de estudo na escola e falava bem tanto o francês quanto o alemão. Contador profissional, gostava de críquete e de animais. Embora Curtis fosse em geral muito pacato, Black havia descoberto que, quando furioso, era uma força difícil de conter.

Bill Chudley, comando número sete, era o oposto de Curtis: um verdadeiro homem de ação. Natural de Devonshire e ex-carteiro, Chudley manejava com perfeição a metralhadora leve Lewis .303. Ninguém podia ser mais diferente de um contador comum e isso tornava muito estranho o fato de ele e Curtis manterem a mais estreita amizade.

Black não duvidava de que, quando envolvidos em uma luta feroz – como, obviamente, seria de esperar naquela missão –,

Chudley e Curtis combateriam ombro a ombro. Não que Black e seus homens tivessem muita coisa *com que lutar*: o alvo exigia tamanha carga de explosivos para ir pelos ares que eles só puderam levar armas leves e pouca munição.

Paciência.

O oitavo homem de Black – Richard "Dickie" O'Brien – era o suboficial mais velho do grupo e outro veterano da incursão a Saint-Nazaire. Musculoso, atarracado, olhar calmo e direto, O'Brien era um autêntico soldado, um grande apoio para Black e Houghton. Era também um excelente alpinista, que havia passado seis meses instruindo seus camaradas nos montes Cambrianos. As habilidades de O'Brien seriam cruciais, considerando-se que o grupo tinha pela frente uma rota não mapeada.

Por fim, havia os dois noruegueses – os últimos que se juntaram à equipe de Black. Não eram, propriamente falando, comandos; haviam sido "agregados" à unidade a pedido da organização altamente secreta e misteriosa conhecida como Executiva de Operações Especiais (Special Operations Executive, SOE).

Sob o comando de Hitler, a Europa tinha mergulhado nas trevas de uma tirania sem precedentes. A resposta de Churchill foi formar uma organização secreta encarregada de recorrer a todos os meios necessários para desfechar uma guerra de guerrilhas e incentivar o movimento de resistência nos territórios ocupados pelos nazistas.

Um dos melhores estrategistas de Churchill, seu amigo de longa data William Stephenson, era um abastado industrial canadense, ás da aviação na Primeira Guerra Mundial e chefe de espionagem. No começo da guerra, Stephenson advertira sobre como os Aliados – a Grã-Bretanha com o apoio velado dos Estados Unidos – deveriam reagir à ameaça da máquina de guerra de Hitler. Não era preciso acrescentar muita coisa à imaginação.

> O Führer não é apenas um lunático. É um gênio do mal. As armas de seu arsenal não têm paralelo na história. Sua propaganda é sofisticada. Seu controle das pessoas é tecnologicamente primoroso. Ele jogou fora os manuais militares e escreveu o seu próprio. Sua estratégia consiste em espalhar o terror, o medo e a suspeita mútua.
>
> Haverá um período de ocupação durante o qual deveremos manter elevado o moral daqueles que não sucumbiram ou foram levados para os campos de trabalhos forçados e montar um sistema de inteligência para identificar os pontos fracos do inimigo. Teremos de contar com os recursos humanos e acreditar que são superiores às máquinas.

Churchill ouviu as advertências de Stephenson e, com base nelas, criou a SOE. Para esta, o recrutamento de pessoas das nações ocupadas era o primeiro passo imprescindível para sua libertação. Desde o início das hostilidades, centenas de noruegueses fugiram para a Grã--Bretanha a fim de se juntar às Forças Norueguesas Livres, lideradas pelo governo norueguês no exílio, sediado em Londres. Na Escócia, em terreno mais ou menos semelhante ao de seu país, os noruegueses montaram um campo de treinamento ao estilo "comando".

Chamaram a unidade de "Companhia Linge", do nome do seu então comandante, Martin Linge, que infelizmente perdera a vida logo na primeira missão. Em 27 de dezembro de 1941, os homens da Companhia Linge se juntaram a comandos britânicos para a Operação Archery, um ataque ousado às fortalezas insulares alemãs de Vågsøy e Måløy, ao largo da costa norueguesa. A operação obteve enorme sucesso, mas Martin Linge foi morto por um franco-atirador alemão ao invadir o quartel-general inimigo.

Os sabotadores noruegueses da equipe de Black eram ambos veteranos da Companhia Linge. Durante a invasão alemã da

Noruega, Sverre Granlund e Erling Djupdraet lutaram na linha de frente, o último manejando uma bateria de metralhadoras pesadas. Depois de fugir para a Grã-Bretanha, Djupdraet treinou na escola de telegrafia da SOE. Revelou-se o recruta ideal, pois seu pai, ferroviário, havia lhe ensinado a operar o rádio e a usar o código Morse.

Granlund e Djupdraet estavam unidos no intento de expulsar os invasores alemães de sua pátria. Mas, dos dois, Granlund é quem mais desejava matar o inimigo. Muitas vezes, Black o surpreendeu de Colt .45 em punho, perscrutando ao longe com um brilho assassino nos olhos.

Terminado o desjejum, Black ordenou que seus homens se preparassem. Pegaram as mochilas e caminharam em direção a uma planície coberta de relva, que se estendia até o sopé do Svartisen – a Geleira Negra. Enorme e ameaçadora, ela se erguia diante deles como um formidável caracol faiscante.

Nem Djupdraet nem Granlund haviam jamais posto os pés na Geleira Negra e nenhum sabia se ela podia ser escalada. Entretanto, se conseguissem atingir o alvo dali, poderiam alcançá-lo no ponto onde havia menos defesas: os alemães tinham certeza de que a Geleira Negra era inacessível, de modo que não havia guardas no local.

Mas enquanto Black e seus homens se aproximavam da geleira, uma mulher velha e insone, em Bjærangsjoen, tagarelava com seus vizinhos: "Avistei ontem um bote no fiorde, depois da meia-noite".

Os vizinhos balançaram a cabeça. Por mais que a velha insistisse, eles não estavam dispostos a lhe dar crédito. A mulher então foi falar com os vizinhos mais distantes e repetiu a mesma história. Todos olharam para ela incrédulos.

Mas, aos poucos, o boato sobre os doze estrangeiros no bote, à meia-noite, foi se espalhando.

CAPÍTULO DOIS

Black se levantou e sacudiu as cinzas do cachimbo. Joe Houghton e Granlund tinham ido à frente a fim de sondar uma rota através da geleira e voltaram dizendo que haviam encontrado uma. Mas ninguém ali achava que seria fácil.

Mais uma vez Black se congratulou pelos rigores do treinamento dos comandos. Semana após semana eles ensaiaram assaltos sob fogo cerrado, com metralhadoras disparando sobre suas cabeças e cargas explosivas sendo lançadas em seus calcanhares. Nadaram em rios gelados com todo o equipamento às costas e escalaram os picos mais desafiadores que as Ilhas Britânicas podiam oferecer.

Os recrutas do Comando Nº 2 tinham de marchar quase 200 quilômetros em 48 horas, cochilando alguns minutos em sebes e valas ao longo do caminho. Quem não conseguia era mandado de volta a seu regimento de origem. Saber que todos ali haviam passado nesse dificílimo teste confortava a alma de Black.

Mas ainda que a escalada e o ataque tivessem sucesso, as chances de escapar pareciam diminutas. Sim, eles levavam o melhor equipamento de fuga que os técnicos da SOE puderam inventar. Escondido no calcanhar da bota de cada homem havia um pequeno lenço de seda. Quando molhado com água – ou urina – revelava, como num passe de mágica, um mapa da Noruega e da Suécia. Eles tinham até um mapa da Rússia, para o caso de sua fuga levá-los tão longe.

Traziam pequenas bússolas costuradas dentro da lapela e um maço de coroas norueguesas para sair de apuros. Cada um possuía uma lâmina serrilhada – para serrar grades de prisão – escondida no corpo e uma faca de combate típica dos comandos amarrada na panturrilha. Isso, mais uma pistola Colt. 45, completava seu armamento oculto.

Não era o equipamento de fuga que preocupava Black: era a maneira como deveriam fugir em segurança. Navegando pelo mar do Norte, o comandante do *Junon*, Querville, havia lhe perguntado se seu submarino deveria esperá-los nas proximidades da costa norueguesa para apanhá-los depois que cumprissem a missão.

Com relutância, Black havia recusado a oferta.

Inicialmente, um hidroavião Sunderland deveria pousar em um fiorde distante, a fim de levar os comandos para longe em segurança. O problema era que a viagem de ida e volta da Escócia ficaria no limite do alcance do Sunderland, 2.900 quilômetros. Decidiu-se então que, após o ataque, eles se separariam em duplas e desapareceriam na escuridão, para em seguida empreender uma longa jornada.

A pé, com o auxílio do equipamento de fuga, rumariam para leste, percorrendo 160 quilômetros pelas regiões inóspitas da Noruega até a fronteira com a Suécia neutra. Uma vez ali, a história fantasiosa que haviam preparado de antemão seria contada.

"Somos prisioneiros de guerra fugidos", diriam aos guardas fronteiriços. "Conseguimos imobilizar os soldados que nos transportavam em um caminhão e escapamos."

Nenhum papel ou documento seria levado na fuga, para não denunciar a verdadeira natureza de sua missão. Os cabelos deviam estar compridos e ninguém usaria bigode, que era a moda então popular na Noruega. A equipe trajaria o uniforme britânico de combate, mas só pelo tempo suficiente para realizar o ataque. Suas mochilas continham um conjunto básico de roupas civis, para vestirem logo depois e se misturarem com os habitantes locais.

O plano de fuga pressupunha inteira confiança no treinamento de Black e seus homens, e em sua habilidade para o montanhismo e a sobrevivência em regiões inóspitas. Se alguma equipe poderia atravessar as vastidões hostis do norte da Noruega e chegar à Suécia, era aquela. Mas, como Black sabia muito bem, os desafios ali eram incontáveis. Nem convinha pensar muito a respeito.

Devido ao peso dos explosivos que carregava, cada homem tinha comida apenas para cinco dias. E isso levantava a questão: o que comeriam durante a marcha extenuante até a fronteira sueca?

O MI9, a inteligência militar especializada em fugas, lhes fornecera 500 comprimidos de benzedrina. Mais conhecida como *"benny"* nos requintados clubes noturnos de Londres, onde era muito popular, essa droga é uma poderosa anfetamina. Graças a seu efeito estimulante e euforizante, a benzedrina pode manter um homem alerta durante longos períodos, sem necessidade de sono ou comida.

Os benefícios pareciam óbvios, embora o uso de uma droga "recreativa" em uma missão militar fosse um tanto controverso. Mas as operações dos comandos da SOE implicavam um objetivo único: fazer guerra total. Cada membro da Operação Musketoon carregava consigo cerca de 40 comprimidos. Mas uma marcha só podia ser alimentada por anfetaminas durante um certo tempo: depois, o corpo simplesmente entrava em colapso, esgotado.

Outra preocupação: não levavam esquis e, entre seu alvo e a Suécia, estendiam-se vastos campos de neve. Como atravessá-los? Não bastasse isso, dos 12, somente Granlund, Djupdraet e Joe Houghton falavam norueguês; de que modo, então, o resto se comunicaria com os habitantes locais e se "misturaria"?

O comandante Querville havia partilhado claramente algumas das preocupações de Black. O *Junon* levava um bom estoque de finos vinhos franceses e ele propusera um brinde à missão de Black e Houghton. Juntos, ergueram as taças: "*À votre succès*" [Ao seu sucesso], propusera Querville. Mas sua expressão grave dizia que, na verdade, o comandante não esperava vê-los nem ouvir falar deles de novo.

Mas haveria tempo o bastante para se preocupar com isso depois do ataque. À exceção de Houghton, nenhum dos homens de Black sabia a exata natureza do alvo ou o que fariam para destruí-lo. A essa altura, quanto menos soubessem, menos revelariam ao inimigo caso fossem capturados. Na verdade, os detalhes mais importantes do plano permaneciam obscuros até para Black. Só depois de escalarem a Geleira Negra e avistarem o alvo, ele teria uma ideia da melhor maneira de fazê-lo voar pelos ares.

A princípio, a escalada do Svartisen não foi tão difícil como pensavam. Suas botas de solas de borracha – ótimas para uma aproximação silenciosa e furtiva – aderiam bem à rocha e ao gelo. Mas, à medida que foram ganhando altitude, o terreno sob seus pés se tornou mais traiçoeiro.

Foi Granlund, à frente do grupo, que sofreu a primeira queda. Com a pistola na mão, o alto norueguês cruzava um trecho de gelo muito liso quando suas pernas se dobraram de repente. Segurando-se em uma borda estreita com ambas as mãos, Granlund teve de largar sua amada Colt .45.

Ela foi rolando uns 30 metros ou mais, parando no leito de uma ravina profunda. Granlund ficou mortificado. Seu rosto só se desanuviou quando Houghton – o único ali armado com uma Sten (submetralhadora compacta), além da Colt .45 – ofereceu a ele sua pistola.

Houghton balançou significativamente a cabeça olhando para o coldre vazio do norueguês: "Melhor mantê-la aí, hein?"

Prosseguiram.

Apesar do frio da geleira, o trabalho se revelou quente e suarento sob o peso das mochilas. Um dos homens parou à beira de uma lagoa gelada para matar a sede. Precisava se inclinar bastante sobre os blocos de gelo a fim de colher água pura nas mãos.

Mas, ao fazer isso, perdeu o equilíbrio, caiu sobre a superfície congelada e o peso que carregava o arrastou para baixo. Em uma fração de segundo, Granlund voou até a borda, enfiou a mão na água e agarrou o infeliz pelas alças da mochila.

Ao sair da água, havia terror nos olhos do homem. Estava molhado até os ossos e tremia sem parar. Mas a perspectiva de ficar preso sob a camada de gelo, puxado para baixo por 40 quilos de explosivos, fora o que mais o apavorara.

Continuaram subindo.

O pico da geleira surgiu. Mas, embora parecesse muito próximo, uma barreira aparentemente insuperável se ergueu diante deles: uma fenda aberta no cinza-azulado do gelo. Era larga demais para ser vencida de um salto e não parecia haver meio de contorná-la; paredões escuros de rocha se alteavam, imponentes, de ambos os lados.

Foi então que O'Brien – o principal montanhista entre eles – mostrou para que veio. Cada homem carregava uma corda curta atada em volta do peito. O'Brien amarrou-as pelas pontas e passou uma das extremidades em torno da cintura.

Vira uma pequena saliência em um dos paredões que parecia permitir a escalada. De frente para aquela massa escura, ele se arriscou sobre o perigoso abismo aberto a seus pés. Aqui e ali, a saliência se estreitava a menos de três centímetros de largura, mas O'Brien parecia capaz de se prender à rocha como uma aranha.

Depois do que pareceu uma eternidade, ele saltou e pousou no gelo sólido do outro lado. Esticou então a corda e, um depois do outro, ajudou os camaradas a atravessar, usando a corda para rebocar suas preciosas mochilas.

Examinaram a etapa final da escalada. O pico da geleira parecia sólido o bastante, mas por baixo da neve e do gelo endurecido poderia haver fendas ocultas esperando para engoli-los.

Chegaram, resfolegantes, ao cume. Black e seus homens se detiveram por um instante a fim de contemplar o panorama. Era deslumbrante. Não se viam nuvens no céu azul e os raios do sol banhavam toda a extensão do Bjærangsfjord, refletindo-se como que em uma miríade de espelhos minúsculos. Não se via também nenhum navio – ou submarino – maculando as águas. E à direita e à esquerda, o gelo e a neve faiscavam.

Black ordenou uma parada. Estavam exaustos e o homem que tinha caído na água gelada ainda precisava se secar. Caso ele tentasse seguir adiante com aquelas roupas encharcadas, poderia morrer. Prepararam chá no fogão Primus. Era impressionante como um chá doce e quente conseguia restaurar o ânimo e as forças.

Sentados sobre seus gorros de lã – "chapéus aconchegantes", como os chamavam – e encostados nas volumosas mochilas, os homens de Black comeram alguma coisa, fumaram e gozaram a tepidez do sol. Mas Chudley – o irrequieto guerreiro de Devonshire – parecia ansioso e não sossegava. Verdadeiro dínamo de energia, queria partir logo.

Levantou-se e procurou se localizar, olhando sempre para o norte – onde estava o alvo. De súbito, o gelo a seus pés começou a ceder. Ouviu-se um grito abafado, seguido pelo som mortiço de um corpo que chapinhava na água. Chudley havia caído numa fenda, afundando cerca de 20 metros no líquido gelado.

Todos correram para a borda da fenda traiçoeira.

"Você está bem?", gritou Black.

"Sim, senhor, estou bem", respondeu uma voz trêmula das profundezas do abismo.

Black se virou para seus homens.

"Vamos lá com essas cordas."

Depois de amarrá-las umas às outras, atirou uma das pontas no buraco. Chudley – arranhado, esfolado, mas, por milagre, sem ferimentos graves – agarrou a corda e subiu. Estava encharcado até os ossos e teve de ouvir palavras ásperas de seu comandante.

"Que diabo tentava fazer? Você devia tomar todos os cuidados possíveis. Um deslize pode comprometer toda a missão, não? Se quebrar uma perna ou torcer um tornozelo, que faremos de você e de sua mochila? Não vejo mulas por aqui, você vê?"

Chudley, com as botas escorrendo água, aceitou bem a repreensão. Havia metido os pés pelas mãos, essa era a mais pura e simples verdade. Devia ter sido mais paciente e cuidadoso. De cabelos ondulados e mais baixo que a maioria, Chudley – como Fred Trigg – era um ótimo boxeador e um entusiasta da ginástica. Ficou só de cueca, para estender as roupas e deixá-las secar ao sol.

Descalço, com os pés sobre o gorro de lã, torceu suas meias, antes de prendê-las na ponta da faca e aproximá-las da chama do fogão. Ao mover-se, seus músculos se distenderam e incharam. Os outros olhavam divertidos o vapor que se desprendia das meias de Chudley.

"Um pouquinho frio por aqui, não, Bill?", alfinetou-o uma voz. Era "Dusty" Smith, o sorumbático de Yorkshire.

Chudley mal desviou os olhos do que estava fazendo.

"É mesmo? Não notei."

Smith não desistiu:

"Fez seus exercícios hoje, Bill?"

Chudley olhou para os bíceps.

"Fiz enquanto você ainda estava dormindo."

"Um belo físico o dele", interveio uma voz.

"Olhem só para aquele peito!", exclamou outra.

Quando as roupas de Chudley secaram toleravelmente, a equipe pôs as mochilas aos ombros. Sua rota avançava para o norte, cortando um planalto elevado que os levaria às margens de outra grande enseada – o Glomfjord –, em cuja extremidade norte se localizava o alvo.

Já perto do crepúsculo, Black e seus homens abriam caminho em fila indiana ao longo de uma senda áspera e estreita, que ia descendo aos poucos. Lá embaixo, via-se uma catarata que despencava centenas de metros até as águas turvas de um lago de montanha – o lago Fykan. A encosta toda era coberta por uma massa solta de xisto endurecido.

Ali, todo cuidado seria pouco. Um movimento em falso e pedras rolariam até o vale, fazendo um barulhão dos diabos, e era imprescindível que passassem despercebidos na aproximação final. Caso contrário, os riscos ocasionados pela mudança, na última hora, do local de desembarque e a subida épica que se seguira teriam sido em vão.

Estava escuro quando Black ordenou que parassem. Não podiam ir mais longe e os noruegueses descobriram uma espécie de abrigo: um amontoado de pedras toscas, provavelmente usado por caçadores de renas. Exaustos devido às atribulações do dia, os homens se enfiaram em seus sacos de dormir e, com uma mochila cheia de explosivos por travesseiro, dormiram a sono solto no meio da noite glacial do Ártico.

Quando as primeiras luzes deslizaram sobre os rudes abrigos de pedra onde Black e seus homens haviam passado a noite, o alvo dos comandos se tornou visível. Na base de treinamento na Escócia, eles estudaram fotos de observação aérea da área. O recém-introduzido Havilland Mosquito – chamado de "Maravilha de Pau", um caça-bombardeiro bimotor construído sobretudo de madeira – era, na época, um dos aviões mais rápidos do mundo.

O Mosquito superava os caças alemães em velocidade, o que o fazia perfeito para missões de reconhecimento. Nas últimas semanas, um deles havia sobrevoado o Glomfjord e tirado fotos em branco e preto do local com notável nitidez. Black e Houghton estudaram minuciosamente essas imagens, mas nada preparara os dois homens para o que tinham agora diante dos olhos.

Na extremidade do lago Fykan via-se o Glomfjord, uma estreita faixa de mar em tudo tão imponente quanto o Bjærangsfjord. Aninhada na margem mais próxima do fiorde erguia-se uma alta e austera construção de pedra cinzenta, dominada por uma torre ao fundo. Com cerca de 30 metros de altura e centenas de comprimento, o edifício acastelado parecia pouca coisa em meio ao cenário. De cada lado, paredões talhados na rocha, cobertos de neve e escarpados em determinados pontos, mergulhavam na enseada sombria.

Embaixo de uma dessas encostas corriam duas tubulações gigantescas – "condutos", para os especialistas na matéria. Essas tubulações terminavam na parede dos fundos do edifício de vários andares. Canalizavam água vinda de um lago de montanha para três enormes turbinas, protegidas dentro da vasta e ruidosa estrutura. O Glomfjord era uma usina hidrelétrica e fora escolhida como um dos alvos prioritários da guerra.

Mas não era a eletricidade em si que Black e seus homens tinham vindo interromper, e sim o que aquela energia tornava possível. A usina hidrelétrica de Glomfjord era tão distante e inacessível que um túnel precisara ser cavado nas montanhas até a povoação mais próxima, a aldeia de Glomfjord. Porém, bem mais abaixo do fiorde e ligado à usina por balsas, estendia-se um imenso complexo industrial: uma fundição de alumínio.

O alumínio era talvez o metal mais útil na guerra, pois sua relativa leveza e resistência tornavam-no ideal para a fabricação de aviões. Praticamente com um terço do peso do aço, uma aeronave provida de fuselagem de alumínio podia carregar mais carga por maiores distâncias, o que dava obviamente grandes vantagens à Luftwaffe em suas missões de bombardeio. O alumínio era também muito resistente à ferrugem, exigindo menos manutenção.

Desde que haviam conquistado a Noruega, os alemães afluíram para Glomfjord. Mandaram para lá 3 mil trabalhadores a fim de aumentar a produção do precioso metal, que era agora de 40 toneladas por semana.

O novo complexo industrial devorava eletricidade. Se o fornecimento de energia fosse cortado, a produção seria interrompida. E se a usina de Glomfjord fosse posta fora de ação, não haveria mais produção de alumínio – o que significava menos bombardeiros para o Terceiro Reich. Este, contudo, fora o principal desafio para os planejadores da Operação Musketoon: de que modo doze homens a pé destruiriam uma estrutura tão formidável?

Black e Houghton estenderam à sua frente os documentos que tinham trazido – diagramas da fábrica, esboços anotados do terreno e as fotos do reconhecimento aéreo. A SOE contara pelo menos com uma mulher local trabalhando secretamente em Glomfjord, arriscando tudo para reunir informações sobre o que agora tinham diante de si.

Os dois comandantes, direcionando o binóculo, compararam os dados constantes dos papéis com o que estavam vendo do alvo. Não tinham pressa. Descansariam durante o dia para depois atacar protegidos pela noite.

"Consegue ver o compartimento de válvula?", perguntou Black, passando o binóculo para o subcomandante.

Houghton observou a estrutura achatada no final das tubulações. Sacudiu a cabeça.

"Quanto tempo levam as válvulas para interromper o fluxo de água? Uns quinze minutos?"

"Confere", confirmou Black.

Houghton sorriu.

"A usina estará então com água pela metade."

"Confere. Pelo menos, é o que esperamos."

Em caso de emergência, um sistema de interrupção cortaria o fluxo de água para as tubulações, a fim de evitar danos mais embaixo.

Segundo o plano de ataque de Black, os homens se dividiriam em dois grupos. Um explodiria a usina hidrelétrica, colocando cargas em volta das enormes turbinas. Uma vez detonadas essas cargas, o segundo grupo explodiria as tubulações. Rompidas, elas despejariam água encosta abaixo, arremessando uma avalanche de pedras e detritos sobre a estrutura erguida no sopé.

Desse modo, doze homens com mochilas cheias de explosivos planejavam pôr fim à produção de alumínio naquele local – ao menos enquanto durasse a guerra.

Após acertar os mínimos detalhes, Black e Houghton reuniram os homens. Black informou-os sobre o plano de ataque, ressaltando a necessidade de minimizar as baixas alemãs para que o inimigo não ordenasse represálias contra os habitantes da área. Antes de partir, eles queimariam seus documentos reveladores e guardariam tudo na memória.

Em seguida, passaram a discutir a rota de fuga. Uma delas, bastante óbvia, era seguir ao longo das tubulações, que subiam quase verticalmente a partir do fiorde. No alto ficava o lago de onde saía a água e, mais além, o espaço aberto das montanhas. Isso exigiria 200 metros de escalada exaustiva pela rocha dura e nua que, no entanto, não deixaria sinal de sua passagem.

A alternativa era seguir a trilha que contornava o lago Fykan, diretamente acima da fábrica, e cruzar dois rios antes de alcançar terreno mais elevado. Nesse caso, a subida seria menos cansativa, mas os comandos deixariam pegadas no chão macio e encharcado.

Recorreu-se a uma votação. A segunda rota de fuga foi a escolhida pela maioria, embora Granlund insistisse em que a escalada árdua ladeando as tubulações era a melhor opção.

Restava preparar as armas e reunir forças para o ataque. Porém, enquanto os doze sabotadores limpavam as pistolas e checavam cuidadosamente as cargas explosivas, acontecimentos no vale abaixo ameaçavam comprometer toda a sua missão.

A velha senhora da aldeia de Bjærangsjoen havia contado e recontado sua história sobre o bote da meia-noite até não restar mais ninguém para ouvi-la. Boatos se espalharam. Pior ainda, bem no alto de sua aldeia, uma patrulha alemã havia descoberto indícios de que uma força misteriosa tinha chegado ao Svartisen – a Geleira Negra.

Por acaso, no dia em que o grupo de Black desembarcara do bote, o *Leutnant* (tenente) Wilhelm Dehne, da 10ª Companhia Alemã de Glomfjord, levara seu batalhão para a área sobranceira ao Bjærangsfjord. Era uma tarefa de rotina: ele tinha sido mandado para lá a fim de desenhar um mapa mais detalhado do local.

No fim da tarde, o *Leutnant* Dehne parou para respirar um pouco e, descontraidamente, observou o panorama com seu binóculo de campo. Súbito, estremeceu. Avistara um grupo de homens caminhando em fila indiana pelo terreno elevado. Havia algo distintamente militar em seus movimentos, mas Dehne estava longe demais para reconhecer seus uniformes ou sua intenção.

Depois, parou junto à Geleira Negra, onde detectou sinais de atividade recente: um "acampamento" misterioso. Apanhou do chão um maço de cigarros vazio. A imagem no maço não lhe era familiar: o rosto de um marinheiro de barba negra dentro de uma boia salva-vidas. Em volta, a marca "Player's Navy Cut". O uniforme do marinheiro parecia inglês e Dehne estava certo de que aquelas palavras também eram inglesas.

Mas que diabo estaria fazendo um maço de cigarros inglês vazio no Svartisen? Teria esse maço alguma ligação com o grupo misterioso que ele tinha visto cruzando as elevações rumo ao Glomfjord? Mostrou a embalagem amassada a seus homens. Eles deram de ombros, despreocupados. Uma marca norueguesa, talvez? Mas o *Leutnant* Dehne continuava desconfiado. Colocou o maço no bolso.

Concluído ali o trabalho, relataria o acontecido a seus superiores.

CAPÍTULO TRÊS

Era 20 de setembro de 1942 – um domingo – quando Black se preparou para conduzir seus homens ao ataque. Estavam na Noruega havia quatro dias e os dois últimos tinham provocado um atraso profundamente frustrante. Na noite anterior, Black se vira forçado a suspender o assalto devido a atividades inesperadas no Glomfjord. Um barco todo iluminado singrara as águas rumo à usina hidrelétrica.

Black e seus homens não tinham ideia do que aquele barco estava fazendo ou quem poderiam ser seus ocupantes, mas preservar o elemento surpresa era absolutamente vital para o sucesso da missão. Bater de frente com um barco cheio de alemães não fazia parte do plano. Black foi obrigado a ordenar a seus homens que voltassem para as colinas.

Ainda não tinham preparado o abrigo quando o tempo mudou. O vento uivava e uma chuva violenta despencou do céu subitamente negro, encharcando-os até os ossos e não os deixando ver nada à sua volta. Tiveram de suportar vinte e quatro horas de umidade e frio antes que, naquela noite, se decidisse o ataque.

Black reuniu o grupo.

"Temos de agir esta noite", disse ele. "Nossas rações acabaram. Esperar mais sem comer nem descansar só nos enfraquecerá. Se, por algum motivo, não pudermos atacar agora, faremos isso amanhã à luz do dia, mesmo precisando abrir caminho à bala."

A certeza de que entrariam em ação de qualquer maneira era estranhamente reconfortante. Amenizara a tensão e a frustração, que haviam aumentado muito durante aquele dia de chuva sem fim. Todos se sentiam aliviados por saber que, independentemente do que acontecesse, a coisa logo terminaria. Estavam molhados e enregelados demais para suportar outra noite de atraso.

Os doze homens deslizaram das colinas escuras, aproximando-se do conjunto de cabanas de trabalhadores que se erguiam nas margens do lago Fykan. Quando passavam, uma porta se abriu e uma luz iluminou o terreno plano, batido pelo vento. Os comandos se lançaram silenciosamente ao chão, mantendo o rosto pressionado contra a terra gelada. Então, o que era sem dúvida um soldado alemão saiu pela porta.

Só um dos homens engatilhou sua arma: Houghton. A Sten que ele empunhava exibia agora a forma rombuda de um silenciador adaptado ao cano. Os Colt .45 só serviam a curta distância. Era tarefa de Houghton dar conta de qualquer ameaça sem fazer barulho.

Aparentemente, o alemão não viu nem ouviu nada de suspeito. Com uma última fungada para o frio úmido do ar, voltou para o aconchego do interior da cabana. Houghton baixou a Sten e, momentos depois, doze figuras deixavam para trás as janelas iluminadas e se perdiam nas trevas.

Na parte de trás das cabanas, as tubulações atravessavam uma faixa de terra entre o lago Fykan e o Glomfjord propriamente dito, que se estendia por volta de 30 metros abaixo. E ali, quase aos pés de Black e seus homens, erguia-se a hidrelétrica, na extremidade da enseada. De onde estavam, ouviam o estrondo das turbinas reverberando nos ares.

Black se agachou e mandou que os homens se aproximassem.

"Você vai ficar aqui", disse a O'Brien.

O'Brien assentiu. Assumira o encargo de explodir as tubulações juntamente com Chudley – agora totalmente recuperado do mergulho na fenda – e seu bom amigo Curtis, o ex-contador.

"Darei o sinal", acrescentou Black, "mas não esperem por ele. Vocês sabem quando começar."

"Sim, senhor."

Black recordou a O'Brien que todos se reuniriam naquele local depois do ataque e dali empreenderiam a fuga. Sem mais palavras, ele e sua equipe de oito homens passaram pela língua de terra silenciosos como fantasmas e desapareceram.

O'Brien virou-se para a direção oposta e, seguido de Chudley e Curtis, começou a subir. Chegaram a um ponto logo abaixo de uma estreita junção dos tubos e iniciaram sua tarefa. Ali os tubos, uma vez rompidos, apontariam diretamente para a hidrelétrica – como dois enormes canos de canhão.

Tiraram das mochilas suas cargas "buquê de margaridas", cada qual composta por pedaços de Nobel 808 – o explosivo preferido de todo sabotador. De cor castanho-escura e com um cheiro inconfundível de amêndoa, o Nobel 808 podia ser cortado, esticado, pisoteado e mesmo alvejado com tiros sem explodir. Mas, acionando-se uma pequena carga dentro dele... *bum*!

Enquanto Chudley vigiava, Curtis e O'Brien se preparavam para instalar o primeiro "buquê de margaridas" sob o tubo mais próximo, puxá-lo e enrolá-lo em volta dele. Podiam sentir a pressão dentro do sarcófago de aço, provocada pela trovejante passagem da água em alta velocidade. A detonação abriria um buraco no tubo, por onde a água se precipitaria com força inacreditável, danificando tudo em seu caminho.

Depois de envolver ambos os tubos com a carga, O'Brien instalou os fusíveis de trinta minutos. Em seguida, foram se juntar a Chudley em seu posto de vigia.

"Vê alguma coisa?", sussurrou O'Brien.

"Nada", respondeu Chudley, mascando chiclete. "Absolutamente nada."

Agacharam-se os dois ao lado das tubulações.

"Uma cervejinha não seria nada mau", observou Chudley, esfregando as mãos para espantar o frio. "Eu poderia esvaziar um barril."

O'Brien sorriu.

"Sim, eu também. Dois barris."

Consultou o relógio. Quase meia-noite. Lá embaixo, Black e seus homens deviam estar muito ocupados.

Deixando o corpo principal de sua força escondido na base dos degraus que corriam ao longo das tubulações, Black fez uma rápida observação de 360 graus da usina. O edifício se erguia, negro – e às escuras, para não ser visto pelos bombardeiros aliados –, mas como que animado de uma energia oculta.

Na extremidade mais distante, ouvia-se um gorgolejar, enquanto os tubos de descarga drenavam a água do lago que acionava as turbinas para dentro do fiorde escuro e agitado. Constatando que não havia guardas nas vizinhanças imediatas de seu ponto de entrada, Black voltou para junto dos homens que o aguardavam.

"Tudo bem, venham", sussurrou ele, apontando com um dedo, por cima do ombro, a silhueta fantasmagórica.

Na extremidade da gigantesca construção, havia trabalho em curso; os alemães ampliavam as instalações para fornecer mais energia à fábrica de alumínio. As obras estavam cobertas por uma lona pesada e Black concluiu que aquele seria o melhor ponto para entrar.

Um por um, ele e seus homens deslizaram por baixo da lona e encontraram um emaranhado de andaimes, além de uma parede improvisada de tábuas de madeira grossa. Enquanto Houghton engatilhava sua Sten, os outros homens começaram a empurrar uma das tábuas até conseguir uma abertura por onde o primeiro conseguisse passar. Os outros o seguiram, até que apenas Makeham e Abram – os dois mais perspicazes da turma – ficaram para trás, como vigias.

Dentro, Black e seus homens se esconderam atrás de um monte de caixas de madeira. Cada uma destas ostentava a conhecida suástica nazista – eram as novas máquinas a serem instaladas na usina. Olhando em volta, Black podia ver toda a extensão do compartimento das turbinas. Estava brilhantemente iluminado e devia ter pelo menos uns 30 metros de comprimento, alteando-se como uma vasta e ressoante catedral.

Como que para acentuar a aparência de catedral da construção, do lado do mar abriam-se oito enormes janelas arqueadas e, na extremidade, erguia-se a torre em pináculo. No centro, viam-se as formas maciças de três turbinas, cada qual com no mínimo quatro vezes o peso de um homem de porte médio.

O tamanho do lugar era de tirar o fôlego, mas a atenção de Black se concentrava na extremidade, onde a torre dominava o recinto: por trás de uma comprida janela ficava a sala de controle da usina. Lá dentro, Black entrevia um grupo de soldados alemães, junto com alguns homens que deviam ser trabalhadores noruegueses.

Black voltou para o esconderijo. O zumbido das turbinas parecia perfurar sua cabeça. Sabia, pelas informações recebidas, que apenas três ou quatro alemães patrulhavam o local. Normalmente, um deles ficava postado na guarita dos fundos, outro na entrada, mais um ou dois dentro da instalação propriamente dita.

Black consultou o relógio. Era quase meia-noite. Uma mudança de turno devia ocorrer logo. De fato, o grupo de soldados da sala de controle começou a se dispersar. Após descer a escada em espiral até o térreo, caminharam para a porta do túnel, que conduzia por baixo da montanha à aldeia de Glomfjord. Se houvesse problema, daquela direção é que viriam reforços, pois os alemães mantinham ali uma guarnição de várias centenas de homens.

Black e sua equipe teriam de instalar e detonar as cargas antes que o alarme soasse e aquelas tropas acorressem para ver o que estava acontecendo. O túnel era a chave de tudo e Black tinha um plano para garantir que nenhum alemão viesse por ele. Esperou até que restasse apenas um homem – o gerente norueguês da usina – na sala de controle e então ordenou que os comandos agissem.

Usando os geradores como cobertura, percorreram toda a extensão do recinto. As máquinas eram tão grandes que ocultavam os intrusos aos olhos do gerente. Chegaram à terceira turbina, de onde a porta para a escada em espiral ficava a apenas alguns passos. Lá em cima, o gerente continuava de olhos fixos em seu painel de chaves e botões.

Black fez a aproximação final, rente à parede. Seus homens o imitaram. Agora estavam invisíveis para a sala de controle, pois o painel de instrumentos impedia que alguém se aproximasse da janela e olhasse para baixo. Os sete homens pararam um momento para recuperar o fôlego. Meses de intenso treinamento e planejamento os tinham levado até ali e não queriam colocar tudo a perder.

Black abriu a porta, empunhou a Colt e varreu com o olhar o espaço interno. Vendo-o deserto, esgueirou-se para a escada, seguido de perto por seus homens. À esquerda, havia uma porta pequena, que

Black sabia conduzir à entrada do túnel. Era ali que as sentinelas alemãs mais próximas deveriam estar de guarda.

Silenciosamente, subiram a escada em espiral, com Granlund agora à frente. Ele entrou na sala de controle. A silhueta solitária do gerente estava debruçada sobre seus painéis, aparentemente alheia à presença do sabotador. Mas então deve ter ouvido alguma coisa.

Virou-se e deu de cara com as figuras ameaçadoras e barbadas à sua frente, cada qual brandindo uma pistola de grande calibre. Por uma fração de segundo – a despeito de todo o seu preparo –, Granlund ficou sem palavras. O que, exatamente, deveria dizer a seu concidadão – talvez um bom patriota –, que com toda a probabilidade estaria, como muitos outros, sofrendo sob o jugo nazista?

Por fim, rompeu o silêncio.

"Bem, estamos aqui", anunciou em norueguês. "Vamos explodir a usina e a tubulação de água."

A figura sentada empalideceu. Abriu e fechou a boca, sem nada dizer. Logo, porém, conseguiu gaguejar:

"Explodir a usina... Mas e quanto a nós?"

Granlund explicou que sua intenção era amarrar os trabalhadores noruegueses.

O gerente hesitou:

"Pretende nos matar? Afogar-nos?"

"Não, não. Só queremos que não nos atrapalhem. Estarão salvos depois de atravessar o túnel."

Granlund ordenou que o homem fizesse uma chamada pelo sistema telefônico da usina.

"Chame todos os noruegueses do edifício e peça-lhes que venham para cá. Agora. Agora, rápido!"

Com as mãos visivelmente trêmulas, o gerente fez como lhe ordenavam. Pouco depois, três figuras – trabalhadores noruegueses – entraram e ouviram de Granlund as mesmas explicações. Enquanto isso, Houghton e alguns outros voltavam para buscar os explosivos.

Granlund, conduzindo os espantados noruegueses escada abaixo, olhou para o compartimento do gerador. Já podia entrever figuras agachadas sob a primeira turbina, fixando as cargas de Nobel 808 nos lugares onde a máquina era mais vulnerável.

Granlund apressou os trabalhadores em direção à porta que conduzia ao túnel. Mal a havia transposto, Granlund viu uma sentinela alemã. Não lhe deu tempo de reagir: abriu fogo, atingindo-a com vários tiros de sua Colt. Mas uma segunda figura de uniforme cinzento, que estava postada na entrada do túnel, virou-se e fugiu.

Logo à frente, o túnel fazia uma curva e a sentinela desapareceu antes que Granlund pudesse atingi-la. De qualquer modo, pensou o norueguês, seria um tiro impossível para a Colt. E o guarda sem dúvida daria o alarme. Ouviu-se um tumulto na extremidade que dava para a aldeia, bem na entrada do túnel, que se ligava diretamente ao quartel-general alemão. Era preciso colocar em prática o plano do bloqueio do túnel – e rápido.

Granlund gesticulou na direção do local por onde o alemão havia escapado, exortando os trabalhadores noruegueses a correr o mais rápido que pudessem. O túnel seria explodido, disse-lhes, e por isso deveriam voar como o vento. Com um estrépito de botas no chão de concreto, os trabalhadores se foram.

Fora do edifício às escuras, o ruído das turbinas e o borbulhar da água fluindo abafara o som dos tiros de Granlund. O soldado alemão postado no embarcadouro e a sentinela da guarita não tinham ouvido nada. Mas, dentro, a tensão subira às alturas.

Depois que Granlund avisou Black da fuga do alemão, o comandante canadense correu pelo compartimento do gerador ordenando que os encarregados da demolição se apressassem. No andar de cima, ele descobriu um longo corredor ladeado de quartos. Dentro, havia mais trabalhadores noruegueses – alguns com suas famílias – e até um engenheiro suíço.

As portas foram escancaradas e os ocupantes sonolentos receberam instruções de fugir pelo túnel. Por todo lado, telefones começaram a tocar, com vozes inquietas na aldeia de Glomfjord ligando para saber que diabo estava acontecendo. Black ordenou que os fios fossem arrancados das tomadas. A última coisa de que precisava era alguém revelar quão diminuto era seu grupo de comandos.

Depois que as figuras desapareceram pelo túnel, uma delas arrastando uma pesada mala, a silhueta inconfundível de Fred Trigg – o londrino amador de boxe – foi atrás. Levava nas mãos um cilindro na cor cinza: um emissor de fumaça. Ao constatar que estava a meio caminho entre a usina e a aldeia, colocou o objeto com sua base achatada no chão do túnel.

Agachando-se, puxou o pino e liberou a mola da tampa; imediatamente, o cilindro começou a soltar uma densa fumaça cinza-escura. Em campo aberto, a cortina de fumaça não duraria mais que três minutos; mas, no túnel fechado, persistiria por horas.

Como não era possível carregar explosivos, devido a seu peso, para explodir a passagem subterrânea, além da usina e das tubulações, aquela fora considerada a segunda melhor opção. A nuvem de fumaça acre, além dos alarmantes relatos que agora já deviam estar chegando aos ouvidos dos alemães, impediria qualquer um de passar pelo túnel.

Pelo menos, era nisso que apostavam Black e seus homens.

Na extremidade do túnel, apareceram os primeiros soldados alemães. Advertidos pelos gritos de que "sabotadores britânicos" estavam prestes a explodir a usina, eles correram para investigar. Mas se moviam cautelosamente e não foram além das primeiras nuvens intransponíveis de fumaça; então, voltaram correndo e pressionaram o botão de alarme.

No compartimento das turbinas, os sabotadores trabalhavam febrilmente. Suados e sem fôlego, Houghton e sua equipe haviam enrolado uma série de cargas em volta de cada uma das peças do maquinário gigante.

Tão logo constatou que todos os civis haviam sido evacuados, Black voltou.

"Preparem seus lápis-estopins!", gritou.

Não precisou repetir. O "lápis-estopim" – com a forma e o comprimento de um lápis comum, feito de latão com uma tampa de cobre fácil de perfurar – fora concebido para dar aos sabotadores tempo suficiente para terminar seu trabalho e fugir.

Houghton e sua equipe de sabotagem instalaram-nos aos pares, para o caso de um deles não funcionar. Foram ajustados para dez minutos – o prazo mínimo. Figuras correram ao longo da linha de cargas, perfurando as tampas de cobre para acionar os fusíveis. Em seguida, correram para a porta por onde haviam entrado na hidrelétrica.

Black ordenou que os outros fossem para o ponto de encontro nas tubulações. Quanto a ele, substituiria Abram e Makeham, os dois homens de guarda, para garantir que nenhum alemão atravessasse o túnel. Em princípio, se o inimigo conseguisse entrar no prédio, teria tempo de desativar os "lápis" e impedir as explosões.

Houghton e seus sabotadores já iam partir quando seus olhares pousaram sobre as caixas de madeira cheias de equipamentos, com as suásticas pintadas recentemente nas laterais. Restavam-lhes alguns pedaços de Nobel 808 e calcularam que tinham tempo. Não foram necessários mais que noventa segundos para colar as cargas nas caixas, depois disso Houghton conduziu seus homens, numa corrida louca, para as colinas que se erguiam nas redondezas.

Black havia se juntado a Abram e Makeham, suas duas sentinelas.

"Estão vendo alguma coisa?", sussurrou.

"Não, senhor, nada", foi a resposta.

Black levou-os para a extremidade do edifício, para as sombras na base da montanha. Ali, ficaram à espera, observando o túnel, de armas na mão.

Cerca de 200 metros acima deles, O'Brien e sua equipe estavam agachados junto às tubulações, de olhos bem abertos. Se vissem o brilho de uma tocha rompendo a escuridão, isso significaria que Black os avisava de que algo saíra errado com o principal esforço de sabotagem. Então, eles deveriam explodir suas cargas de qualquer maneira.

O'Brien estava preparado para fazer isso, embora o turbilhão de água e detritos resultante fosse sepultar seus camaradas vivos.

CAPÍTULO QUATRO

No compartimento do gerador, o ácido de cloreto cúprico consumia o que restava dos delicados componentes dos "lápis". O fio mais delgado finalmente se rompeu, liberando a mola de um mecanismo que golpeou o tubo dos estopins, percutindo a cápsula e provocando a explosão.

Eram 12h35 quando surgiu o primeiro sinal do sucesso de Black: uma série de relâmpagos ofuscantes que se projetaram da usina e varreram o fiorde, delineando por um momento o perfil irregular das montanhas e da enseada. Quando a explosão mandou para os ares as grandes janelas arqueadas, numa tempestade de vidro estilhaçado, a onda de choque correu pelo fiorde e subiu, trovejante, pelas encostas.

Mesmo no abrigo onde estava O'Brien, semelhante a um ninho de águia, a onda de choque se fez sentir com força surpreendente. Foi tão violenta que as vidraças das casas nas margens do fiorde, a quase 3 quilômetros de distância, se espatifaram. Em seguida, o estrondo da explosão passou por cima da cabeça de O'Brien, Chudley e Curtis como um assustador redemoinho de som.

Em seu apartamento com vista para o fiorde, o *Oberleutnant* (primeiro-tenente) William Kelle se achava por acaso junto à janela quando as cargas explodiram. A primeira explosão foi seguida imediatamente por outra e chamas podiam ser percebidas tremulando no compartimento do gerador. O *Oberleutnant* Kelle logo concluiu que algo de muito ruim havia acontecido na usina sob sua responsabilidade.

Mas não sabia se tinha sido um acidente ou... sabotagem. Momentos depois, a sirene de alarme antiaéreo na fábrica de alumínio começou a soar, lenta a princípio, depois cada vez mais insistente. O zumbido rítmico ecoou pelas águas escuras do fiorde, avisando o *Oberleutnant* Keller de que Glomfjord estava sendo de alguma forma atacada.

Agachado junto às tubulações, bem acima da fábrica, o homem de ação de cabelos desgrenhados, Chudley, sorriu. Apontou para a usina.

"Oh, como brilha! Não é uma beleza?"

As explosões eram o sinal que O'Brien e seus homens esperavam. Imediatamente começaram a instalar os "lápis" nas cargas. Black e sua equipe de sabotagem tinham agora apenas trinta minutos para dar o fora, antes que as tubulações explodissem.

Instalados os fusíveis, O'Brien se virou para os homens.

"Vamos, se querem sair vivos daqui..."

Não havia caminho fácil a seguir. Se ficassem no sopé da encosta, correriam o risco de ser varridos pela devastação que eles próprios teriam causado. O'Brien rumou para o leste, seguido de Curtis e Chudley, pela face de uma rocha úmida. Iam para o local de encontro com Black e seus homens, que nesse momento deviam estar subindo o paredão do fiorde.

Enquanto a sirene continuava a emitir seu uivo fantasmagórico, os três grupos – de Houghton, O'Brien e Black – convergiam para o mesmo ponto.

"Tudo bem, Joe?", perguntou Black. "Todos estão aqui?"

"Todos", confirmou Houghton.

Depois de verificar se O'Brien havia instalado corretamente seus fusíveis, rumaram para a trilha inóspita que seguia a margem arborizada do lago Fykan. Logo, doze homens caminhavam para leste a passos rápidos, as solas de borracha de suas botas arranhando a superfície rochosa e desigual do terreno. Com Granlund à frente, cruzaram a primeira ponte e se perderam na escuridão.

Caminhada difícil – mas todos na equipe de Black sabiam que a velocidade era vital. Aliviados do peso enorme dos explosivos, poderiam avançar mais depressa; e, se pusessem distância suficiente entre eles e a guarnição alemã, talvez evitassem a captura. Teriam de se esconder de dia e andar à noite – mas a fuga parecia possível.

Às suas costas, houve um súbito estrondo. O som foi abafado pela folhagem densa, mas o clarão se espalhou pelas colinas. Ninguém duvidou de que as cargas de O'Brien acabavam de explodir.

Como para confirmar suas suspeitas, momentos depois uma luz branca ofuscante subiu para o céu negro, acima da usina. O que quer que estivesse acontecendo ali, parecia que a emergência total fora declarada.

Acima da usina, os dois tubos haviam voado em pedaços. O jorro inicial de água irrompeu com tanta força que arrebatou blocos de pedra do chão, lançando-os pelos ares. E, quando caíram, emitiram fagulhas visíveis a quilômetros de distância fiorde abaixo. O gigantesco dilúvio que se seguiu arrancou árvores pelas raízes, revirando montes de pedras e cascalho que foram rolando pela encosta.

A água e os detritos atingiram a parede dos fundos da usina como balaços de canhão. À medida que a mortífera cascata abria caminho, a pressão e o volume aumentavam. Logo, golpeavam os fundos da usina com força incrível.

Em minutos, uma enorme quantidade de detritos se acumulou contra a parede traseira, ameaçando deitar por terra o edifício inteiro. A água entrava pelas janelas e portas quebradas, levando consigo montões de lama, cascalho e sedimentos. Chegou ao primeiro gerador, erguendo nuvens de vapor denso ao entrar em contato com o metal incandescente; nos lugares onde as cargas de Nobel 808 haviam explodido, uma massa de ferro e cobre retorcida ainda ardia.

As luzes da fábrica de alumínio, mais embaixo no fiorde, piscaram e se apagaram. Todas as máquinas pararam de funcionar. E enquanto as águas subiam em torno da usina, procurando uma passagem para o fiorde, uma torrente abriu caminho pelo túnel que levava à aldeia de Glomfjord, inundando seu interior cheio de fumaça.

Na extremidade do túnel, o *Oberleutnant* Kelle mandou que 25 soldados embarcassem no *Storegutt*, um pequeno cargueiro que ele comandara. O túnel estava inutilizado e Kelle, ansioso, queria saber o que havia acontecido. Ouvira relatórios sobre sabotadores britânicos e ordenou ao capitão que os conduzisse para o outro lado do fiorde.

Quando o *Storegutt* penetrou na enseada normalmente coberta pelas sombras, o *Oberleutnant* avistou luzes se refletindo nas águas. Todas as janelas da usina às escuras tinham sido destruídas, mas uma casa de força separada fornecia eletricidade de emergência e escapara da catástrofe que ocorrera no prédio principal – e daí as luzes.

Mais preocupante ainda, ouvia-se um ruído ensurdecedor vindo de onde se localizavam as tubulações, encosta acima, como se um gigantesco trem expresso estivesse descendo por um túnel comprido e barulhento. Aquilo atordoava os ouvidos do *Oberleutnant* Keller. Ele não sabia se os sabotadores britânicos se encontravam ainda na usina. E se estivessem escondidos, esperando para lançar granadas contra o *Storegutt* tão logo este ficasse a seu alcance?

O *Storegutt* avançou cautelosamente rumo ao cais da usina. Nenhum comando britânico saltou da sombra. Uma sentinela alemã é que estava lá para receber o barco, mas ela também não parecia ter ideia do que havia acontecido ou do rumo tomado pelos sabotadores.

O *Oberleutnant* Keller decidiu que interrogaria aquele soldado mais tarde e dividiu seus homens em três grupos. Dois iriam vistoriar a usina e as redondezas; o terceiro subiria ao longo das tubulações para descobrir se os sabotadores haviam fugido naquela direção e poderiam ser detidos.

Enquanto Kelle corria para a sala de controle da usina, seu subcomandante, o *Leutnant* Wilhelm Dehne, marchava com seu grupo para o compartimento do gerador. Por um instante, permaneceu imóvel, chocado com a cena de devastação. Os enormes geradores haviam sido arrancados das plataformas de ferro que os prendiam ao solo, e cascalho, lama e detritos flutuavam em volta nas águas da inundação.

Dehne mal tivera tempo para observar o desastre, quando uma salva de tiros atingiu a água a seus pés. Todos correram para se proteger atrás de uma das turbinas destroçadas e mais tiros foram disparados. Inacreditavelmente, pareciam vir das janelas destruídas da sala de controle da usina, onde o comandante deveria estar com seu grupo.

O *Leutnant* Dehne só podia concluir que os sabotadores ainda estavam na usina. Engatilhando a arma, lembrou-se do que vira dias antes, ao inspecionar o terreno acima do Bjærangsfjord. Já não duvidava de que as figuras em fila indiana que notara no alto das montanhas fossem os sabotadores britânicos.

Antes que Dehne pudesse responder ao fogo, ouviu-se um estrondo e a parede dos fundos da usina tombou para dentro. O peso dos detritos acumulados contra ela por fim se tornara excessivo. A água irrompeu, chegando à altura do peito dos alemães, que foram empurrados para fora.

Os dois comandantes alemães, encharcados, feridos e furiosos, se reuniram para tomar uma decisão. Os tiros contra o grupo do

Leutnant Dehne vieram de seus próprios camaradas. Alguns do grupo do *Oberleutnant* Kelle confundiram o de Dehne com os sabotadores britânicos que rondavam a usina. O *Leutnant* Dehne fez eco a uma preocupação crescente: os sabotadores tentariam escapar usando a mesma rota pela qual, a seu ver, teriam vindo – o lago Fykan?

O *Oberleutnant* ordenou a Dehne que levasse seu grupo para aquele lado e investigasse. Um segundo barco, o *Skarsfjord*, recolheu mais soldados para que Kelle tivesse tropas de reserva à mão.

Mas justamente quando o *Skarsfjord* atracava, a usina ficou às escuras. As águas da enchente haviam encontrado caminho para a casa de força de emergência, cortando o suprimento de eletricidade. Tudo virou uma confusão só em meio às trevas.

Por trás do edifício, o *Leutnant* Dehne, decidido a seguir em frente, levou seus homens até a base da colina que subia para o lago Fykan. O caminho usual pela escada ao longo das tubulações tinha sido transformado numa catarata impetuosa. Dehne teve que subir pela face rochosa de um dos lados.

A rocha íngreme e escura estava molhada pelos borrifos que escapavam dos tubos rompidos, mas Dehne e seus homens avançavam sem esmorecer. Embaixo, mais figuras de uniforme cinzento colocavam os fuzis ao ombro e se agarravam com mãos e pés ao paredão gelado para subir. A caçada havia começado.

A leste, um Granlund sem fôlego contornou a extremidade do lago Fykan. Já corria havia quase uma hora. Atrás dele, na escuridão, Black e seus homens o seguiam em fila indiana. Granlund chegou a uma saliência, no ponto onde a trilha começava a subir, e diminuiu o passo.

Mais adiante, alteava-se a massa sombria da montanha Navervann. Se Granlund conseguisse levar o grupo para a outra vertente dessa montanha, estariam em terreno verdadeiramente selvagem e o inimigo não saberia que direção eles teriam tomado. Mas entre a posição atual e o campo aberto abria-se uma garganta, cruzada por uma ponte suspensa solitária.

Granlund precisava conduzir o grupo diretamente para lá e, na escuridão, temia não achar o caminho. Avistou então um conjunto de cabanas de trabalhadores e decidiu parar para pedir informações. Um desses trabalhadores, despertado de seu sono, mostrou um mapa tosco a Granlund, onde aparecia a rota para a ponte salvadora.

Enquanto Granlund pegava o mapa e agradecia, Joe Houghton e Djupdraet apareceram, atraídos pelas luzes da cabana. Mas o mesmo fizeram os soldados alemães da vanguarda. Eram dois, que de algum modo haviam ultrapassado Black e o resto de seus homens. Entraram na construção de madeira e se viram face a face com Djupdraet e Houghton, que se preparavam para sair.

Seguiu-se uma brutal luta corpo a corpo. Houghton abriu fogo, mas o alemão mais próximo conseguiu desviar o pesado silenciador da Sten e os tiros se perderam. Enquanto os dois se engalfinhavam, o segundo alemão atacou Djupdraet com a baioneta do fuzil, afundando-a em seu estômago.

Djupdraet caiu de joelhos, mas, milagrosamente, manteve o controle. Agarrou o fuzil com ambas as mãos e arrancou do corpo a lâmina ensanguentada. Novamente de pé, esgueirou-se para fora e desapareceu na escuridão.

Black ouviu o barulho. Entrou na cabana, mas foi recebido a tiros de fuzil. Agindo por instinto, conseguiu empurrar o soldado inimigo – o mesmo que havia golpeado Djupdraet – para trás do fogão da cabana e alvejou-o com sua Colt.

Na cozinha, Joe Houghton ainda estava às voltas com seu adversário. Por fim, conseguiu levantar o cano da Sten o bastante e apertou o gatilho. O alemão foi empurrado para longe e caiu ao chão. Presumindo que os dois soldados inimigos estavam mortos, Black e Houghton correram para fora da cabana e se perderam na escuridão.

Black convocou imediatamente seus homens. Era hora de se dispersarem, disse-lhes.

"Estão atrás de nós! Cada um escolha dois companheiros e vá!"

Deviam ir para a fronteira sueca, urgiu Black, e com a maior rapidez possível.

Em grupos de dois ou três, os onze homens – Djupdraet estava ferido demais para acompanhá-los – sumiram na noite. O'Brien, Trigg e Granlund rumaram para o leste, à procura da elusiva ponte suspensa. Outros se voltaram para o sul, a fim de achar segurança nas montanhas, depois de atravessar um terreno coberto de bosques espessos.

Fairclough e o homem de Yorkshire, Dusty Smith, já se embrenhavam no mato quando Smith decidiu que precisava voltar. Fora encarregado de dar morfina a Djupdraet, gravemente ferido, mas na confusão se esquecera de fazê-lo.

Fairclough ficou à espera de Smith, mas logo ouviu o estrépito de tiros cortar a escuridão. Tiros de fuzil. Devia ser o inimigo, pois só ele carregava essas armas. Lembrando-se das ordens de Black, de se afastar o mais depressa possível, Fairclough correu para a encosta e retomou sozinho a cansativa subida.

Embaixo, ao nível do mar, o *Skarsfjord* e o *Storegutt* continuavam a transportar tropas para a usina. Grupos foram enviados às colinas e, ao ouvir tiros, convergiram para o ponto de onde vinha o som, estendendo um anel de aço em volta da base da montanha que a seu ver os sabotadores haviam escalado para fugir. Outros soldados acorreram, com ordem de ultrapassar o anel e apertar ainda mais o cerco.

Foi o *Leutnant* Dehne quem descobriu Djupdraet, estirado no chão, desarmado e padecendo claramente dores horríveis. Enfim Dehne se via face a face com uma das figuras que tinha avistado seis dias antes cruzando as montanhas. O alemão se agachou ao lado do ferido.

"Não atire, camarada", implorou Djupdraet, em inglês.

Dehne se inclinou, passou o braço em volta dos ombros do homem ferido e levou-o para a cabana mais próxima. Ali, se certificou de que o norueguês fosse devidamente cuidado antes de voltar à caçada.

No escuro e na confusão, a força de Black se dividira, tomando duas direções diferentes. Enquanto Granlund, O'Brien, Trigg e Fairclough fugiram para leste, para a sombra da Navervann, Black e o resto dos homens viraram para o sul, subindo as encostas da montanha Middago.

Nas perigosas ladeiras da Middago, Joe Hougthon se viu envolvido numa desesperada ação de retaguarda. Único a empunhar algo mais eficiente que uma pistola, abriu fogo com a Sten e, de volta, recebeu uma barragem de tiros de fuzil.

A Sten só servia para o combate a curta distância e, naquele terreno, a Colt .45 era praticamente inútil: em poder de fogo, os comandos britânicos estavam em tremenda desvantagem. Por fim, um dos perseguidores conseguiu atingir Houghton no antebraço direito. Já quase sem munição e com o membro que usava para empunhar a arma sangrando profusamente, Houghton, vencido pela dor, virou-se e retomou a escalada.

Black e seus homens subiam cada vez mais. Perto do topo, os primeiros raios da manhã se filtraram por entre as árvores mirradas. Aproximaram-se de uma saliência e toparam com uma cratera rasa de cerca de 50 metros de diâmetro: aquele era o topo da montanha Middago. Agora todos estavam sem munição e o rumor da perseguição continuava subindo até eles.

Black examinou o terreno à sua frente. A cratera quase não tinha vegetação, portanto haveria pouca cobertura caso tentassem atravessá-la. Estava prestes a ordenar que os homens prosseguissem quando os primeiros soldados inimigos apareceram na borda da cratera. Seus capacetes e fuzis eram inconfundíveis e logo Black percebeu que o cerco se fechara.

Ocultando-se atrás de alguns rochedos, mandou que seus homens se livrassem do equipamento e enterrassem as armas. Coisa curiosa, os alemães não atiraram. Então uma voz se fez ouvir num inglês excelente, embora com forte sotaque.

"Saiam! Não queremos matar ninguém!"

Era o *Oberleutnant* Kelle. Repetiu a ordem. Black e seus homens continuaram em silêncio. Ninguém se moveu.

"Saiam! Estão cercados. Não podem escapar."

Nenhuma resposta ainda.

Kelle ordenou que um de seus homens atirasse uma granada e mostrou onde queria que ela caísse. A granada foi bater bem no centro da cratera, a boa distância dos comandos, mas a mensagem que levava era clara.

Kelle repetiu a ordem. Por fim, o capitão Black se levantou, com as mãos para cima. Um a um, os outros fizeram o mesmo e caíram prisioneiros. Atados pelos pulsos e vigiados de perto, foram conduzidos de volta, montanha abaixo. No sopé da encosta, o capitão canadense olhou para a usina. A água ainda descia das tubulações destroçadas, trovejando pelo morro, e a parte de trás do compartimento do gerador havia se transformado num montão de rochas e detritos.

Por um instante, os dentes de Black brilharam num sorriso. *Conseguimos. Missão cumprida.*

Perguntou-se por que as válvulas automáticas não haviam cortado o fluxo de água. Deviam ter feito isso quinze minutos após as explosões. Não havia explicação óbvia, mas aquilo era muito gratificante. Black e seus homens ainda sorriam quando entraram no *Storegutt*, a fim de ser levados para a aldeia de Glomfjord.

Uma vez encarcerados com segurança no edifício do *Ortskommandantur*, o quartel-general do *Oberleutnant* Kelle, os comandos tiveram suas mãos desamarradas. O *Leutnant* Dehne se encarregou de interrogar Black. Com sagacidade e lembrando-se do maço de cigarros Player's amassado que havia encontrado perto da Geleira Negra, ofereceu a Black um dos seus.

"Fume. Cigarro alemão! É o que tenho para lhe dar."

Black recusou. Preferia seu bom e velho cachimbo.

Por ordem do *Oberleutnant* Kelle, os soldados alemães haviam ido até o compartimento das válvulas a fim de interromper o fluxo de água. Os trabalhadores locais ali postados disseram que as válvulas não funcionavam. Os alemães não tiveram outra escolha a não ser subir mais, até o ponto onde uma barreira pudesse ser erguida manualmente. Só então – com o reservatório já quase seco – é que o fluxo foi por fim interrompido.

Black e seus homens tiveram logo um vislumbre do que os aguardava. Até o momento, haviam sido interrogados com firmeza, mas polidamente, pelo *Oberst* (coronel) Franz Henschel, que viera sem demora do quartel-general do regimento em Fauske, 70 quilômetros ao norte de Glomfjord.

Black e os demais responderam às perguntas da mesma maneira.

"Vieram de avião?"

"Talvez."

"De paraquedas?"

"Pode ser."

"De barco?"

"Não necessariamente."

"Cruzaram as montanhas?"

"É possível."

Nada foi revelado.

Mas então chegou um contingente da SS, cujos oficiais disseram ao *Oberst* Henschel que iriam levar os prisioneiros. Henschel se recusou a entregá-los. Pelo menos por enquanto, sua atitude prevaleceu. À noite, Black e seus seis homens foram postos num barco com destino à terceira maior cidade da Noruega, Trondheim. Iriam para a prisão Akershus, dirigida pelo general Nikolaus von Falkenhorst, comandante em chefe das forças alemãs no país.

O general Von Falkenhorst tinha uma ficha interessante. Feioso, com cara de abutre, era ao mesmo tempo um veterano condecorado da Primeira Guerra Mundial e uma espécie de favorito de Hitler. Nascido nobre polonês, mudara o nome de família – Jastrembski – para o mais germânico Falkenhorst, "ninho do falcão", que convinha melhor à sua posição de alto oficial das forças armadas alemãs.

Em maio de 1940, quando o Führer ordenara a invasão da Noruega, Von Falkenhorst recebeu o encargo de apresentar, em vinte e quatro horas, um plano diretor. O general alemão esboçou um esquema de ataque largamente baseado no guia de viagens Baedecker, que havia encontrado em uma livraria local, e a invasão da Noruega foi desfechada.

Von Falkenhorst, embora fanaticamente leal ao Führer, era também um soldado da velha escola e desaprovava as táticas de terror da SS e da Gestapo. Boa coisa seria cair em suas mãos, pois, com ele, os comandos da Operação Musketoon contariam pelo menos com a proteção dada aos prisioneiros de guerra.

Enquanto o navio rumava para o mar com os sete comandos, um de seus camaradas permanecia em Glomfjord: mortalmente ferido, Djupdraet não sobreviveria às próximas quarenta e oito horas. Pouco antes de cerrar os olhos, diria ao médico norueguês que cuidava dele: "Alguns de nós devem morrer... para que nossa pátria viva".

Ficara para trás também um comandante alemão local, o *Oberleutnant* Kelle, que não conseguia entender como o ataque pudera ser tão bem-sucedido. Com certeza, oito homens não conseguiriam provocar tamanha confusão e destruição. Devia haver outros, e o instinto do *Oberleutnant* – além de mais evidências que iam surgindo – convenceu-o de que eles deveriam ter desembarcado em algum ponto às margens do Bjærangsfjord.

Enviou barcos cheios de soldados para patrulhar toda a extensão do fiorde. Ao mesmo tempo, despachou sentinelas antiaéreas que deveriam sobrevoar as montanhas e campos de neve a leste, para o caso de os espertos sabotadores terem escapado naquela direção.

Kelle estava decidido a encontrar os sabotadores a qualquer custo. A usina hidrelétrica fora reduzida a ruínas. Sua carreira estava por um fio. Capturar os comandos britânicos – até o último – era uma das poucas maneiras de se redimir.

Granlund, O'Brien, Trigg e Fairclough – os quatro invasores ainda em fuga – alcançaram o alto da montanha Navervann pouco antes do amanhecer. O frio era glacial e, para piorar a situação, uma tempestade se aproximava. Sem comida, tinham apenas os comprimidos de benzedrina como combustível para a marcha; a menos que encontrassem ajuda – sobretudo alimento –, sabiam estar perdidos.

Fairclough ia dividir o último cigarro com os companheiros. Mal o acendera e dois aviões alemães passaram em voo rasante sobre a Navervann, os motores roncando nos ouvidos dos fugitivos. Os sabotadores correram a abrigar-se, enquanto os aparelhos de reconhecimento davam a volta e regressavam para uma segunda observação.

Os quatro homens – famintos, enregelados e perseguidos – se viram forçados a ficar deitados pela maior parte do dia, pois os aviões alemães cruzavam os céus o tempo todo. Ao cair da noite, continuaram a marcha para leste, na direção da Suécia e daquilo que logo se revelaria uma furiosa tempestade.

Enquanto os quatro jovens enfrentavam com bravura os ventos inclementes, em Londres um ex-chefe de escoteiros calvo, de raros cabelos grisalhos e com pouco mais de 50 anos debruçava-se sobre sua mesa no quartel-general da SOE em Baker Street. Aluno da escola pública Glenalmond College, na Escócia – que o transformara, de um garoto doentio com glândulas inchadas, em capitão do time de *rúgbi* –, o major John Skinner Wilson concebera todo o programa de treinamento da SOE.

De 1923 até a eclosão da guerra, Wilson dirigiu os treinamentos da Associação dos Escoteiros, e a SOE o convocara justamente devido a essa experiência. Chamado para desempenhar "deveres especiais" – eufemismo para o alistamento na SOE –, Wilson comunicou à Associação dos Escoteiros que sua nova função era "considerada importante o bastante para justificar minha liberação por vocês". Assegurou que não estava "abandonando o navio" e antevia um momento, no futuro, em que "as nuvens se dispersarão... e todas as nossas energias serão exigidas para o restabelecimento da paz e da boa vontade".

Wilson se mostrou admiravelmente eficiente em seu novo papel e, meses antes, fora transferido para a Seção Norueguesa da SOE, bastante ativa, fazendo da Musketoon seu "bebê". Com aquela aparência envelhecida, nariz proeminente, cabelos ralos e quase brancos, já não podia ser soldado; mas, como ele mesmo dizia, usava tudo isso para trabalhar à sua maneira: outros seriam melhores, mas ninguém tinha mais idade ou experiência.

Em Glenalmond, Wilson ganhara o apelido pouco lisonjeiro de "Gorducho". Agora, lembrava inequivocamente o grande patrono da SOE, Winston Churchill, com sua cara de buldogue ameaçador. E adquirira a mesma reputação de teimosia e tenacidade.

Ao sair de Glenalmond, Wilson se alistara no então Serviço de Polícia Colonial da Índia, onde havia se tornado especialista em contraespionagem e guerra de guerrilhas. Quando não estava cavalgando elefantes ou caçando, passava a maior parte do tempo convivendo com as tribos santhal locais, com quem aprendia a rastrear animais – e homens –, além de manejar o arco e flecha. Em uma dessas ocasiões, fora gravemente mordido no nariz, pescoço e costas por um tigre selvagem, precisando defender-se com as mãos nuas. O episódio lhe valeu outro apelido: para os nativos, tornou-se "Baghmara", o matador de leopardos.

Na escola, na Índia e no escotismo, Wilson aprendeu a valorizar a camaradagem de almas afins. Irascível e implacável quando alguém cometia um erro, cuidava de seus homens como se fossem seus próprios filhos. Tinha motivos especiais para considerar como "parentes" os noruegueses sob seu comando. Wilson remontava sua linhagem a ancestrais desse povo e simpatizava muito com os guerreiros vikings que estava mandando para o campo de batalha.

Conforme escreveu o brigadeiro Colin McVean Gubbins, então diretor de operações da SOE, Wilson "controlava de perto... seus camaradas na Noruega, que recorriam a ele e à sua equipe para orientação, informações sobre atividades da Gestapo, suprimentos para que pudessem viver e lutar – na verdade, Wilson era seu pai e sua mãe".

No dia 17 de setembro, Wilson recebeu notícias sobre o que havia acontecido à Musketoon até o momento. Um relatório "Ultrassecreto" fora posto em sua mesa. Proveniente do *Junon*, dizia: "Black, Houghton e seus homens foram desembarcados às 22h30 do dia 15 de setembro... no ponto marcado com um 'x' no mapa". O relatório antecipava que o ataque deveria ocorrer "entre amanhã e domingo". Mas vários dias haviam decorrido desde então e ele não tinha a mínima ideia do desenrolar dos acontecimentos.

Isso estava para mudar.

Uma primeira mensagem foi telegrafada por fontes norueguesas, dando conta do sucesso da Musketoon. Ela concluía: "O ataque foi realizado... com extrema precisão. A nosso ver, é altamente improvável que a usina volte a funcionar... A fábrica de alumínio, recém-ampliada, também ficará fora de ação enquanto a guerra durar".

Eram notícias fantásticas e Wilson se sentiu vingado. A Musketoon fizera tudo o que devia fazer e isso ajudaria a calar alguns dos detratores mais teimosos da SOE. Entretanto, o sucesso da missão – saudado como o primeiro de seu tipo – fora conseguido a um preço considerável.

Os alemães calcularam que duas toneladas de dinamite tinham sido necessárias para causar toda aquela devastação na usina. Achavam que os noruegueses locais forneceram os explosivos, pois ninguém conseguiria transportar tamanho peso pela Geleira Negra. As represálias contra os aldeões do Glomfjord foram rápidas e brutais.

Depois que a história da incursão apareceu na mídia norueguesa clandestina e, em seguida, nos veículos tradicionais, Wilson ficou sabendo do destino provável de seus homens. Uma reportagem da Reuters se revelou notavelmente detalhada e fiel. Segundo essa reportagem, o grupo de Black, já sem munição, se dividira na tentativa de fugir dos alemães. "Ao que se acredita, oito escaparam", concluía o informe da Reuters, "e outros seis caíram prisioneiros."

Na verdade, oito tinham sido capturados e quatro estavam em fuga.

Wilson esperou ansiosamente por novas notícias, para passá-las à mídia britânica. Normalmente, essas operações clandestinas em pequena escala eram mantidas no maior sigilo, mas, com o vazamento da história do ataque, ele julgou melhor preparar um curto comunicado para esclarecer os veículos de comunicação britânicos.

O comunicado começava da seguinte maneira: "Uma operação, pequena se se considerar o número dos participantes, mas grande por suas consequências, ocorreu centenas de quilômetros ao norte, na costa da Noruega". Relatava a perigosa jornada até a usina e concluía: "A destruição foi efetiva no mais alto grau".

Efetiva, sem dúvida; mas não tardou que a Musketoon provocasse críticas. Quem está no poder não gosta que a "ordem natural das coisas" seja abalada e a SOE tinha lá seus inimigos. Para os membros das forças regulares, a SOE estava roubando missões que deveriam caber a eles. O Serviço Secreto de Inteligência (Intelligence Service, SIS), declarou que ele, e não a SOE, tinha a responsabilidade de pôr agentes em campo.

Alegou-se que a Musketoon tinha sido mal planejada, precipitada e sem o necessário apoio da inteligência. Pior ainda, acusou-se a equipe de ter tido sucesso apenas "devido a uma combinação de sorte e habilidade por parte das Operações Combinadas".

A SOE e o Quartel-General das Operações Combinadas deram uma resposta curta e grossa: "Não é de amplo consenso que um grupo consiga desembarcar numa costa desconhecida, chegar a uma usina, reduzi-la a ruínas e pôr quatro de seus membros em segurança... apenas graças a uma combinação de sorte e habilidade... Meticulosos preparativos foram tomados".

Ao diabo com os detratores – essa era a atitude de Wilson. Em sua opinião, a Musketoon provava à sociedade que a ordem de Churchill para instaurar "um reino de terror ao longo das costas inimigas" podia muito bem ser cumprida. Mas havia algumas lições a aprender: o plano de fuga se mostrara completamente inadequado; os comandos ficaram perto da exaustão antes mesmo de escapar; e mais treinamento de montanha seria necessário, como também um equipamento melhor – sobretudo em termos de rações e armas.

Mas, ainda assim, a Musketoon lograra um êxito para além dos sonhos mais ambiciosos de Wilson.

Com efeito, poucos podiam prever o impacto total ou as consequências inesperadas daquela impressionante operação. Sem que a SOE e seus colegas estrategistas do Quartel-General das Operações Combinadas sequer suspeitassem, o grupo de Black havia desempenhado um papel de relevo em um dos maiores dramas de toda a guerra: a corrida para impedir a Alemanha de fabricar uma bomba atômica.

Ao sul da usina de Glomfjord, havia uma instalação parecida, porém maior, que era a menina dos olhos dos nazistas na corrida pela supremacia nuclear. Com uma arma nuclear, Hitler sem dúvida garantiria a vitória: num passe de mágica, adquiriria a capacidade de provocar uma devastação praticamente ilimitada.

A bem-sucedida incursão ao Glomfjord serviria de modelo para um ataque a esse segundo alvo – um alvo nuclear. Em contrapartida, os danos provocados pela Operação Musketoon fariam com que ele se transformasse em uma verdadeira fortaleza, algo que os Aliados não poderiam permitir.

Sem nenhuma dúvida, no outono de 1942, os nazistas haviam tomado uma assustadora dianteira na corrida para construir a bomba.

CAPÍTULO CINCO

Em dezembro de 1938, o físico alemão Otto Hahn, ajudado por seu jovem assistente Fritz Strassmann, conseguiu desintegrar o átomo de urânio. O processo recebeu o nome de "fissão" e a tremenda importância dessa descoberta inovadora entusiasmou a comunidade científica do mundo inteiro.

O urânio é o elemento natural mais pesado que existe. Na Dinamarca, Niels Bohr, o proeminente físico nuclear da época, comparou o átomo de urânio a um balão cheio de água. Quando um nêutron é disparado contra esse "balão", ele assume a forma de um haltere – duas esferas sob grande pressão unidas por uma barra finíssima. Se a tensão aumentar, a barra se romperá e as duas esferas se separarão liberando uma energia inimaginável.

Essa é a fissão nuclear.

A quantidade de energia liberada no processo não tem precedentes. Um cientista aventou que um metro cúbico de mineral de urânio continha energia suficiente para erguer um quilômetro cúbico de água a 27 quilômetros de altura. Em outras palavras, átomo por átomo, a fissão nuclear prometia ser 100 milhões de vezes mais poderosa que qualquer fonte de energia convencional.

Havia duas possíveis aplicações práticas. Uma era a geração de quantidades nunca vistas de energia para abastecer fábricas, casas ou mesmo aviões e navios. A outra, o aproveitamento do imenso poder liberado pela fissão em uma arma nova e aterrorizadora.

Graças às suas excepcionais habilidades na engenharia, reforçadas por seus recentes progressos científicos no campo, os alemães eram vistos como suficientemente capacitados a dominar essa fonte futurística de poder. E, sob o governo autoritário e expansionista de Hitler, o Terceiro Reich poderia ter à mão os vastos recursos exigidos para isso. Era, pelo menos, o que se temia.

A grande incógnita era se os alemães – Hitler e seus ministros militares – tinham mesmo aspirações sérias no campo nuclear. O primeiro vislumbre da resposta não tardou a surgir. Dois meses depois que Hahn desintegrou o átomo, o então primeiro-ministro britânico, Neville Chamberlain, assinara o Acordo de Munique, que na prática entregou a Tchecoslováquia à Alemanha.

Churchill, na época amargando o ostracismo político, advertira contra essa tentativa de apaziguamento. Em Munique, a Grã-Bretanha se vira diante da escolha entre "guerra e vergonha". Escolhera a vergonha. Mais tarde, teria a guerra – e guerra em termos muito piores. Para os íntimos, ele lamentava: "Nós não só traímos nossos irmãos tchecos como demos mais um estilingue àquele arruaceiro".

Com "arruaceiro", Churchill se referia obviamente a Adolf Hitler, mas, na época, ignorava que força potencialmente catastrófica esse "estilingue" tcheco poderia proporcionar ao ditador alemão.

Durante anos, Churchill fora uma voz clamando no deserto. Denunciava o expansionismo nazista, mas suas advertências caíam em ouvidos moucos. Foi vaiado no Parlamento quando levantou a questão do rearmamento nazista. Mas em março de 1938 a conquista da Tchecoslováquia pelos alemães estava terminada e, com ela, Hitler mostrou a que viera. Rapidamente os militares alemães assumiram o controle da cobiçada indústria armamentista tcheca e, mais importante ainda em termos nucleares, Hitler se apossou da mina de Joachimsthal, a única fonte de urânio na Europa.

Joachimsthal era uma antiga cidade de águas termais na região norte da então Tchecoslováquia. Situada nos montes Metalíferos, perto da desaparecida fronteira com a Alemanha, sempre fora um centro de extração mineral. Mas, em anos recentes, além das grandes quantidades de prata, níquel e bismuto, descobrira-se ali urânio.

Após a invasão da Tchecoslováquia, quase todas as exportações de urânio cessaram da noite para o dia. A mina de Joachimsthal passou a ser administrada pela Auer Gesellschaft, uma empresa alemã especializada em terras raras, urânio e outros elementos afins.

A Auer Gesellschaft iniciou a produção em larga escala de urânio com elevado grau de pureza em Oranienburgo, uma cidade a noroeste da Alemanha. Da noite para o dia, e com a conivência tácita da Grã-Bretanha, Hitler – "aquele arruaceiro" – pôs as mãos na matéria-prima mais importante para a obtenção do poder nuclear e, consequentemente, a construção da primeira bomba atômica do mundo.

A façanha encheu de orgulho os cientistas alemães que trabalhavam nesse campo. Em 24 de abril de 1939, Paul Harteck, eminente físico-químico, escreveu ao ministério da Guerra do Reich. Propôs a "fabricação de explosivos cujo efeito excederá em milhões de vezes os atualmente em uso". O país que desenvolvesse primeiro a bomba atômica obteria "vantagem imediata e irreversível" sobre todas as outras nações, proclamou ele.

O ministério da Guerra do Reich ouviu atentamente o que Harteck estava dizendo. Menos de seis meses depois, e no mesmo dia em que a Alemanha invadiu a Polônia, Harteck foi convidado, juntamente com outros eminentes cientistas nucleares, para formar o *Uranverein* – o Clube de Urânio. Os membros ficavam encarregados de levar adiante o projeto nuclear alemão, o *Uranprojekt*, com o máximo empenho possível. Trabalhando sob os auspícios da *Wehrmacht* – as forças armadas do Reich –, deveriam construir uma *Uranmaschine* (reator nuclear) como prelúdio para a bomba.

Juntamente com Harteck, Werner Heisenberg era um dos principais cientistas alemães especializados na matéria. Com apenas 31 anos, Heisenberg, um físico teórico, já havia ganhado o Prêmio Nobel. Mas ultimamente vinha sendo acusado pelo *Das Schwarze Korps*, o jornal da SS, de ser um "judeu branco", tudo porque falara contra a opressão dos cientistas judeus.

Mas, uma vez no *Uranverein*, ele se tornou um dos intocáveis do Reich. Trabalhando no renomado Kaiser Wilhelm Institut (Instituto Kaiser Guilherme), em Berlim, sob a orientação de seu colega Kurt Diebner, outro cientista nuclear, Heisenberg iniciou a construção do primeiro reator experimental do Terceiro Reich. Ele calculou que precisaria de uma tonelada de urânio para seus propósitos e as minas de Joachimsthal eram uma fonte à mão da matéria-prima exigida.

Não é preciso ter muita imaginação nem conhecimentos profundos de física nuclear para prever o que um homem como Hitler seria capaz de fazer caso possuísse a bomba atômica. Churchill temia que ele a usasse sem escrúpulos até que todas as democracias do Ocidente se tornassem Estados fascistas sob as regras do punho de aço nazista.

Churchill sempre fora fascinado pela ciência. Isso, além de sua capacidade de perceber que a aplicação prática de novas descobertas podia decidir a sorte da guerra, distinguia-o dos outros políticos da época.

Em 1924, ele já especulava sobre o impacto potencial de uma arma nuclear. "Poderá uma bomba não maior que uma laranja... arrasar, com seu poder secreto, uma cidade inteira em questão de minutos?" Churchill não ignorava que uma enorme quantidade de energia está presa dentro do átomo. "Nenhum cientista tem dúvidas sobre a existência dessa gigantesca fonte de energia", escreveu ele. "O que falta é o fósforo para acender a fogueira ou o detonador para explodir a dinamite."

Em agosto de 1939, Albert Einstein – também ele um fugitivo das perseguições do regime nazista – escreveu ao presidente dos Estados Unidos Franklin D. Roosevelt alertando-o para a ameaça das bombas atômicas. Explicou que "a reação nuclear em cadeia numa massa crítica de urânio... poderá ser obtida em futuro próximo... bombas extremamente poderosas de um tipo novo serão então fabricadas".

Roosevelt ficou tão preocupado que entrou em contato com Churchill. Mas o que nenhum dos dois líderes sabia era que o programa nuclear alemão já estava bastante avançado. Quando a guerra começou, fez-se silêncio absoluto sobre todas as pesquisas nessa área e era tarde demais para recrutar agentes capazes de penetrar nos laboratórios alemães, nas siderúrgicas e nos institutos de engenharia. A Grã-Bretanha não dispunha de informações confiáveis a respeito da atividade nuclear dos nazistas e, se possível, a América sabia ainda menos sobre o assunto.

Enquanto isso, boatos sobre as "superarmas" da Alemanha nazista disseminavam o medo. O Führer se gabava de possuir armas secretas contra as quais nenhuma defesa seria possível. "Não se iludam", trovejava ele. "Chegará o momento em que usaremos uma arma ainda desconhecida e com a qual nós próprios não poderemos ser atacados."

A inteligência britânica tentou descobrir o que Hitler queria dizer com isso. Entre as armas que ela suspeitava estarem sendo desenvolvidas pela *Wehrmacht*, contavam-se torpedos planadores e foguetes, além do "uso de energia atômica como explosivo de alta potência". Concluiu-se que Hitler tinha intenção de subjugar a Grã-Bretanha com bombardeios aéreos e o uso de "bombas fabricadas com um explosivo novo e secreto".

Nessa atmosfera febril – e face à escassez de informações –, a preocupação se transformou em temor. No verão de 1939, Churchill escrevera ao secretário de Estado para Assuntos Aeronáuticos sobre a possibilidade de o poder nuclear permitir à Alemanha a fabricação de "algum explosivo novo, secreto e sinistro com o qual ele possa destruir seus inimigos". Mas Churchill concluía que essas preocupações "não tinham fundamento", pois seria impossível desenvolver semelhante arma num futuro próximo.

Mas, e se ele estivesse enganado? No inverno de 1939-1940, sua conversa era outra. Churchill escreveu de novo ao secretário de Estado, dessa vez para saber: "Há perigo de que bombas atômicas caiam sobre Londres?" O tom inquieto da carta mostra que, em poucos meses, ele havia mudado de opinião.

Um dos principais consultores de Churchill nessa época era William Stephenson, o canadense de poucas palavras que tentava melhorar a sorte da Grã-Bretanha e fortalecer sua decisão de lutar. Com o apoio secreto de Churchill, Stephenson comandava uma rede furtiva de espionagem e se tornaria um dos principais agentes de inteligência britânicos, com o codinome Intrepid [Intrépido].

Por ora, entretanto, Stephenson lamentava que ainda houvesse na Grã-Bretanha partidários de um acordo com Hitler, cidadãos convictos de que a paz era negociável. Stephenson, assim como Churchill, pensava de outra maneira. Ambos defendiam uma guerra em que a rendição fosse impensável. O canadense investiu toda a sua fortuna pessoal nessa luta e seu grande campo de batalha seria o nuclear.

Isso faria com que ele – e Churchill – voltassem os olhos para a Noruega.

Cem quilômetros a noroeste da capital da Noruega, Oslo, estende-se a região de Telemark, dominada pelo imponente planalto montanhoso Hardangervidda. Flagelado por tempestades, o terreno nu e varrido pelos ventos possui um clima glacial e inclemente. Planalto mais vasto da Europa, abriga uma das maiores geleiras da Noruega e é conhecido também como a região das Montanhas Inóspitas.

O degelo de primavera drena as águas do planalto até o lago Møs, o décimo segundo maior da Noruega. Dali, o caudaloso rio Måna invade o abismo íngreme do vale Vestfjord, uma verdadeira montanha-russa de águas límpidas que despencam em uma profusão de cataratas. Bem abaixo do vale, em Vemork, erguia-se aquela que era então a maior hidrelétrica do mundo, operada pela companhia norueguesa Norsk Hydro.

Do mesmo modo que a de Glomfjord, essa usina recebia água para suas turbinas de um lago de montanha (o lago Møs) ao longo de tubulações que desciam por encostas intransitáveis. Havia uma notória diferença entre as duas: a escala. Glomfjord era grande, Vemork era gigantesca. Onze tubos de aço – em vez de dois – serpenteavam das alturas, alimentando turbinas que produziam um fluxo quase ilimitado de eletricidade.

A usina de Vemork abastecia coisa bem diferente da fábrica de alumínio para onde a de Glomfjord enviava sua eletricidade: ela alimentava, nas vizinhanças, uma instalação produtora de hidrogênio, então a maior do planeta. De Vemork, o gás hidrogênio era canalizado para a cidade vizinha de Rjukan, aninhada no coração do vale Vestfjord, onde o usavam para fabricar algo muito pouco sinistro: fertilizantes agrícolas.

Contudo, em anos recentes, a Norsk Hydro passara a produzir algo à mais em Vemork – uma substância obscura e um tanto tenebrosa chamada "água pesada".

A água pesada é extremamente rara: ocorre de forma natural, mas apenas na concentração de uma para cada 41 milhões de moléculas de água comum. Seu nome científico é óxido de deutério. Como na água comum, sua molécula é constituída por dois átomos de hidrogênio e um de oxigênio. A diferença está na massa dos átomos de hidrogênio: na água pesada, estes são mais pesados porque possuem um nêutron extra. Como exemplo de seu peso, um cubo de gelo de água pesada afunda quando colocado em um copo de água comum.

Nos anos que antecederam a guerra, a Norsk Hydro decidiu usar parte do excesso de eletricidade gerada pela usina de Vemork para fabricar água pesada – uma técnica que exige muito tempo e energia. Passando-se uma corrente por barris de água normal, a água pesada se separa, num processo conhecido como eletrólise.

Os diretores da Norsk Hydro não sabiam bem se haveria mercado para esse produto. Trabalhavam na suposição de que, se a técnica fosse aperfeiçoada, os consumidores apareceriam. No inverno de 1939-1940, o negócio apenas se arrastava, de modo que a empresa ficou surpresa – e muito – quando as primeiras encomendas substanciais de água pesada vieram da Alemanha nazista.

Os diretores ficaram desconfiados desde o início. Quando perguntaram aos alemães para que precisavam do produto, a resposta foi bastante vaga: "experimentos científicos". A Norsk Hydro, porém, estava de mãos e pés atados. O enorme complexo industrial alemão I. G. Farben tinha participação importante na empresa e fora ele que fizera a encomenda.

A I. G. Farben adquiriu uma reputação desonrosa durante a guerra. Hitler confiou seu programa de armas químicas a ela, que fabricou o gás letal de mostarda e os ainda mais terríveis agentes nervosos tabun e sarin. Suas instalações secretas foram construídas pelos milhões de prisioneiros enviados aos campos de concentração. Com esses pobres-diabos trabalhando até o limite das forças, a I. G. Farben desenvolveu também um novo tipo de gás – o Zyklon B –, que seria usado para exterminar esses prisioneiros nas câmaras de gás.

Desse modo, o círculo do mal se fechou.

Na primavera de 1940, a I. G. Farben fez uma encomenda de água pesada à Norsk Hydro. Seus técnicos, trabalhando secretamente para o *Uranverein* – o Clube do Urânio –, pediram de início um carregamento de 25 quilos. Isso se revelaria vital para a pesquisa de Heisenberg: seu reator exigia uma "substância moderadora" entre camadas de urânio.

Em palavras simples, um moderador promove a reação em cadeia na fissão nuclear. Quando os átomos de urânio se rompem, expelem nêutrons que, por sua vez, despedaçam outros átomos. Mas esses nêutrons conseguem dividir melhor os átomos se – um tanto paradoxalmente – tiverem sua velocidade reduzida. A água pesada tem a capacidade de absorver o excesso de energia dos nêutrons. Uma vantagem adicional é que, utilizando água pesada, um reator pode funcionar com urânio natural, não refinado artificialmente.

A água pesada logo se tornou o moderador de escolha do *Uranverein*. Em resposta ao pedido da I. G. Farben, uma relutante Norsk Hydro concordou em enviar o primeiro lote de 25 quilos, que representava vários meses de produção. Não tardou e a companhia alemã pediu mais: precisava de 100 quilos de água pesada por mês.

Agora, o *Uranverein* chamava a água pesada por um nome em código: SH200. Sua existência e função na pesquisa nuclear constituíam um segredo militar cuidadosamente preservado pelo Reich. Sem que isso cause surpresa, a I. G. Farben não dava nenhuma explicação sobre o motivo de querer um suprimento cada vez maior.

A guerra já havia sido declarada, mas isso aconteceu antes da invasão alemã da Noruega, o que deu a Stephenson a chance de se insinuar no país para uma missão bastante especial. O canadense taciturno se encontrou com os diretores da Norsk Hydro, enfatizando o uso assustador que os nazistas poderiam fazer da água pesada a fim de convencê-los a interromper o fornecimento.

Assim, ao menos por enquanto, o *Uranverein* teve seu suprimento cortado. Na verdade, a direção da Norsk Hydro não precisou de muito para ser convencida: ninguém ali gostaria de ajudar a Alemanha nazista a fabricar uma bomba atômica. Muito pelo contrário: essa era uma perspectiva apavorante. Stephenson também pediu aos diretores que lhe fornecessem plantas da fábrica; caso, algum dia, a produção de água pesada em Vemork precisasse ser interrompida, essas plantas seriam muito úteis.

De volta à Grã-Bretanha, Stephenson conseguiu convencer Churchill a usar sua autoridade no Almirantado para garantir que mais nenhum lote de água pesada chegasse às mãos do *Uranverein*. "Tire isso dos alemães e o programa deles acaba por aí", aconselhou.

A extremidade sul da Noruega localiza-se mais ou menos 800 quilômetros ao norte da Alemanha. Entre as duas nações ficam a Dinamarca e o mar Skagerrak. Apesar dos desafios logísticos, a Noruega estava na mira de uma Alemanha nazista cada vez mais agressiva, pois era de lá que vinha seu suprimento de água pesada.

A resposta de Churchill foi dupla. Enviou navios lança-minas para águas norueguesas a fim de minar as rotas que com maior probabilidade os navios alemães tomariam quando transportassem a SH200 até a Alemanha. E organizou a Operação Strike Ox, destinada a impedir que suprimentos vitais para os nazistas deixassem os portos escandinavos, "com métodos que não serão nem diplomáticos nem militares".

Oficialmente, o alvo da Strike Ox era o porto sueco de Oxelösund, livre de gelo e a partir do qual o minério de ferro era exportado. Esse minério, rico em fósforo, permitia aos alemães fabricarem blindagens de alta resistência. O suposto alvo da operação foi "vazado" para os serviços de inteligência suecos. Seu chefe, Walter Lindquist, logo enviou um relatório aos agentes alemães, avisando-os de que os britânicos planejavam explodir as docas de Oxelösund.

Na verdade, o empreendimento todo não passava de um disfarce cuidadosamente arquitetado. Explosivos plásticos foram contrabandeados para a Suécia, disfarçados de argila de modelagem para um escultor do país. Oxelösund não devia ser tocado. O Nobel 808 chegou à Suécia para combater a água pesada.

Se a Alemanha se apoderasse da Noruega e da fábrica de SH200 em Vemork, a SOE teria de enviar uma força para a área a fim de mandar tudo pelos ares.

CAPÍTULO SEIS

O codinome do agente que olhava pela escotilha aberta do submarino era Cheese [Queijo] – um dos melhores homens do ex-chefe de escoteiros Wilson. Foi um dos primeiros agentes da SOE a penetrar na Europa ocupada e agora iria se infiltrar na área do planalto Hardanger, de onde se avistava a fábrica de água pesada de Vemork.

Isto é, se conseguisse chegar à terra.

O submarino já havia feito uma tentativa fracassada de desembarcá-lo. No início de seu terceiro dia no mar, Odd Starheim – o verdadeiro nome de Cheese – fora chamado ao periscópio para ver se conseguia avistar o local de desembarque em meio aos picos e fiordes cobertos de gelo. A embarcação emergira, mas logo fora detectada por um navio de guerra alemão que despejou cargas de profundidade de um lado e outro do casco.

Mergulharam fundo e conseguiram escapar do inimigo, ficando à espera da noite. Protegida pela escuridão, a embarcação se aproximou da costa tanto quanto o capitão julgou seguro, antes de voltar à tona; em seguida, o bote inflável de Starheim foi baixado nas águas negras do mar. Infelizmente, a tripulação do submarino havia colocado a pesada mochila de Starheim na proa, o que fez com que a frente do bote abaixasse, enchendo a frágil embarcação de uma boa quantidade de água.

Mas Starheim, que quer a todo custo seguir em frente, salta no bote e rema para longe. Descobre, porém, que começa a afundar; procura e não vê nenhum balde. Voltando-se então para o ponto onde devia estar a terra, que quase não enxerga por causa da escuridão e dos borrifos, rema com todas as suas forças. Ondas e mais ondas passam por cima do bote, ameaçando virá-lo. O sofrimento é ainda maior porque Starheim ficou gripado durante a travessia do submarino: está com febre e a água que invade o frágil bote regela-o até os ossos.

Era janeiro de 1941 e ele não poderia ter escolhido uma época mais perigosa para pôr pé em terra. O gelo cobria a maior parte da costa norueguesa e seria necessário escolher com muito cuidado o ponto de desembarque. Além da pesada mochila, Starheim levava uma maleta de couro com um dos aparelhos de rádio recentemente desenvolvidos pela SOE, a fim de fazer contato com Londres.

Ele não podia desembarcar em qualquer ponto; precisava ter certeza de que o faria incógnito. Mas, dada a situação precária de seu bote – agora quase coberto pela água –, o lugar que havia escolhido se revelou inatingível. Lutando com as ondas e os ventos gelados, Starheim conseguiu alcançar por fim uma distante faixa de praia na ilha de Ulleroy.

Encharcado e tremendo de frio, ele arrastou o pesado bote para a terra. Com a ajuda de um amável pescador local, dirigiu-se, com seu equipamento, para uma das poucas faixas da costa livres de gelo. Deixando o rádio com o pescador e combinando com ele que o pegaria depois, pôs a mochila sob os ombros e partiu a pé.

A longa e cansativa caminhada terra adentro se tornou mais difícil quando Starheim passou pelas casas de várias pessoas que conhecia, sem poder parar em nenhuma delas – nem mesmo na de seus avós. Precisava ir para um lugar mais distante, onde ninguém o reconhecesse, antes de entrar em ação, pois era considerado um traidor na Noruega ocupada.

Superficialmente, nada chamava a atenção no agente Cheese. Tinha uma cabeleira revolta amarelada, testa proeminente e nariz comprido. Contudo, visto mais de perto, a férrea determinação em seu olhar distinguia-o como uma pessoa extraordinária: era frio e inabalável como os homens calados costumam ser.

Starheim, filho de um proprietário de navios norueguês, tinha muita experiência no mar. E era também um homem procurado. Depois de combater os invasores nazistas da Noruega, conseguiu se apossar de um barco a que deu o nome de *The Viking* e escapou – fazendo o longo e perigoso trajeto até a Escócia. Ali, foi um dos primeiros a se alistar na Companhia Linge e logo suas façanhas atraíam a atenção dos alemães. Tornou-se um homem marcado.

Voltando agora à Noruega, sua tarefa consistiria em recrutar uma rede de inteligência para informar Londres de todos os aspectos da ocupação alemã. Devia também treinar e armar células de resistência de guerrilheiros, que se encarregariam de destruir alvos específicos quando para isso recebessem ordens de Londres. Um elemento vital da missão de Cheese era furar a rede de segurança em volta de Vemork para descobrir o que, exatamente, os alemães estavam fazendo com a água pesada ali produzida.

A 9 de abril de 1940, forças alemãs entraram na vizinha Dinamarca. Em uma das campanhas mais curtas da guerra, o governo dinamarquês capitulou depois de apenas seis horas. Grupos de patriotas haviam lutado bravamente, mas foram vencidos em todas as frentes. Com a Dinamarca derrotada, a Noruega ficava aberta ao ataque.

Logo no dia seguinte, paraquedistas alemães desceram no principal aeroporto de Oslo. O rei norueguês e seu governo se viram forçados a recuar para uma base perto da fronteira sueca. Ali, receberam um ultimato dos invasores: caso não cessassem a resistência contra o Exército e a Marinha alemã na Noruega, sua capital, Oslo, seria reduzida a pó.

Com os aviões da Luftwaffe escurecendo os céus, a ameaça era bem real. O rei norueguês respondeu com firmeza inabalável: "Não". A luta se arrastou por várias semanas, mas foi impossível deter as forças alemãs, comandadas pelo general Von Falkenhorst. No encalço dos soldados, vieram os cientistas – físicos nucleares que correram diretamente para a fábrica de água pesada de Vemork.

Em pouco mais de um ano, o Terceiro Reich tinha em mãos as duas matérias-primas essenciais para a fabricação de uma arma nuclear: o urânio e agora a água pesada. Teoricamente, nada os impediria de produzir a primeira bomba atômica do mundo. Só precisavam superar os desafios científicos e mesmo nisso suas conquistas territoriais recentes lhes davam uma grande vantagem.

Na capital dinamarquesa, Copenhague – ocupada por tropas alemãs –, ficava o Instituto de Física Teórica. Seu fundador, Niels Bohr, era considerado por muitos o pai da pesquisa nuclear. Em 1922, ganhou o prêmio Nobel por seu trabalho em estrutura atômica e teoria quântica. Entre os muitos cientistas de prestígio que Bohr ajudara a formar antes da guerra, estava Werner Heisenberg, agora o principal mentor e incentivador do *Uranverein*.

A carreira de Bohr se distinguira por um amor aparentemente inesgotável à difusão do conhecimento científico, além de uma crença quase ingênua no pacifismo e na resistência passiva. Astutamente, os ocupantes alemães permitiram que ele continuasse seu trabalho. Um grupo de cientistas alemães se insinuou no laboratório de Bohr, fingindo camaradagem. E Bohr foi encorajado a seguir em frente com uma pesquisa que, agora, era disfarçadamente controlada por eles.

Em Bohr, "os alemães tinham o homem cuja obra teórica constituía a base da bomba", advertiu Stephenson. "Um dos maiores cientistas nucleares do mundo se perdera dentro da fortaleza germânica... Em um espírito de curiosidade científica, Bohr discutia a bomba atômica com aqueles que queriam usá-la para conquistar o mundo."

Em maio de 1940, apenas um mês após a invasão da Noruega, a inteligência britânica recebeu um relatório perturbador: os alemães haviam exigido um aumento na produção de água pesada para 1.500 quilos anuais. Os cientistas alemães deixaram claro que a SH200 era "de vital importância para seu esforço de guerra". E o pior ainda estava por vir.

A 10 de maio, a Alemanha invadiu a Bélgica; logo depois, seria a vez da Holanda e da França. Suas tropas assolaram Olen, uma cidade na região noroeste do país, e ali encontraram o maior estoque de urânio da Europa. Olen era a sede da empresa de mineração belga Union Minière du Haut Katanga, que então controlava os mais ricos depósitos de urânio do mundo. A empresa tinha sua principal refinaria em Olen – e em Olen as forças alemãs puseram as mãos em mais de uma tonelada de urânio.

As notícias sobre esse acontecimento potencialmente catastrófico eram alarmantes. Um relatório assegurou que "centenas de toneladas de concentrado bruto foram removidas da Bélgica". Seu destino era a refinaria da Auer Gesellschaft em Oranienburgo – a mesma que estava recebendo o mineral da Tchecoslováquia.

À exceção de umas poucas nações – como as neutras Espanha e Suíça –, a Alemanha de Hitler agora dominava toda a Europa Ocidental com todo o seu urânio e água pesada. O avanço fulminante do Führer teve uma consequência positiva para a Grã-Bretanha: levou Winston Churchill ao poder. No Parlamento, Neville Chamberlain foi confrontado por Leo Amery, político conservador que sempre se opusera a qualquer negociação com Hitler. Apontando-lhe um dedo acusador, Amery citou Oliver Cromwell: "Você está sentado aí há muito tempo... Pelo amor de Deus, vá embora!"

Em maio de 1940, poucos dias antes de as forças alemãs avançarem para o canal da Mancha, Churchill foi nomeado primeiro-ministro. Ofereceu ao povo britânico apenas "sangue, trabalho, suor e lágrimas". Com sua ascensão de última hora ao poder, a ciência passou a ocupar o centro do palco. A Royal Society, a academia científica mais antiga do mundo, compilou um registro central de 7 mil cientistas que poderiam contribuir para o esforço de guerra. O novo líder britânico nomeou o físico Frederick Lindemann como seu consultor pessoal para assuntos de ciência.

Os dois homens não se pareciam em nada e, para muitos, sua duradoura amizade sempre foi um enigma. Lindemann era um sujeito alto, magro, semelhante a um asceta: o oposto do físico compacto e enérgico de Churchill, com sua cara de buldogue e seu hábito de fumar charutos. Abstêmio, vegetariano e profundamente intelectual, Lindemann era convidado a almoçar por Churchill com o grito irreverente de "Hora da beterraba!". O sarcasmo e a fria reserva de Lindemann tornavam-no impopular, mas Churchill o protegia energicamente, pois aquele homem tornava as complexidades da ciência acessíveis.

Ele conseguia "prever com muita antecedência os desenvolvimentos científicos", observou Churchill, "e explicá-los para mim em termos simples e claros". Todavia, na primavera de 1940, nenhum dos dois ignorava que os alemães haviam conquistado uma enorme dianteira na corrida para construir a bomba atômica. Pouco tempo antes, dois proeminentes cientistas haviam redigido o chamado "Memorando Frisch-Peierls". Nele, Otto Frisch e Rudolph Peierls – judeu-alemães que fugiram para a Grã-Bretanha – estabeleciam as bases científicas sobre as quais uma "superarma radioativa" poderia ser fabricada. O relatório era impactante, elucidativo e assustador em igual medida.

> A energia liberada na explosão dessa superbomba equivale à produzida por... 1.000 toneladas de dinamite... Gerará... uma temperatura comparável à do interior do Sol. A onda de choque dessa explosão poderá destruir a vida numa vasta área... provavelmente, o centro inteiro de uma cidade grande.

Passava em seguida a descrever os horríveis efeitos da radiação após a detonação da bomba. "Ela só decai aos poucos e, mesmo alguns dias após a explosão, uma pessoa que entrar na área afetada morrerá. Parte da radioatividade será levada pelo vento... e, a quilômetros de distância, ainda poderá matar pessoas."

E o relatório concluía: "Contra a superbomba, praticamente não haverá defesa. Se presumirmos que a Alemanha está ou estará de posse dessa arma, convém saber que nenhum abrigo disponível será eficiente... A melhor resposta consiste em também ameaçar com uma bomba parecida".

Frisch e Peierls haviam trabalhado na Alemanha até meados dos anos 1930, portanto seu aviso provinha do centro do esforço nuclear desse país. Eles previam que a bomba poderia estar pronta dentro de dois anos. Lindemann – o consultor científico "hora da beterraba" de Churchill – era cético quanto a esse prazo, mas não quanto à ciência. Juntou sua voz às de Frisch e Peierls, e Churchill lhe deu ouvidos.

Stephenson – "Intrepid" – reforçou essa advertência. Uma pesquisa inicial revelou que, para fabricar a bomba, seriam necessários 20 mil trabalhadores, 500 mil watts de eletricidade e 150 milhões de dólares. Um Estado totalitário, governado por um ditador que agora controlava boa parte da Europa Ocidental, podia dispor desses recursos – e, nos campos de concentração, Hitler tinha acesso a milhões de escravos.

Churchill se irritava com a ideia de que os nazistas tivessem em mãos essa "superbomba". Ela permitiria a Hitler conquistar continentes, tornando o domínio do mundo uma aterradora realidade. Ninguém sabia quão avançado estaria o programa nuclear alemão, mas duas coisas eram certas: haviam obtido uma dianteira de um ano ou mais sobre os Aliados e não lhes faltavam as principais matérias-primas, o urânio e a água pesada.

A 19 de julho de 1940, Hitler fez à Grã-Bretanha o que chamou de sua "última oferta de paz", apresentando-se como "um vencedor falando em nome do bom senso". A resposta lhe foi dada, em alemão, pela rádio BBC: "Vamos lhe dizer o que nós, aqui na Grã-Bretanha, pensamos de sua proposta... Herr Führer e Reichskanzler, nós a devolvemos... diretamente para seus dentes fedorentos".

Hitler reagiu com a Diretiva nº 17 a seus comandantes: "Criar as condições necessárias para a conquista final da Inglaterra". O Führer acrescentou a seguinte observação assustadora: "Reservo-me o direito de decidir quanto às táticas de terror..."

Em grande parte, o "nós a devolvemos diretamente para os dentes fedorentos" de Hitler foi responsável pela criação da SOE. "Como seria maravilhoso se os alemães se perguntassem onde sofrerão o próximo ataque", declarou Churchill, "em vez de nos forçar a erguer defesas aqui na Ilha!" Naquele mês de julho, ele criou o eufemisticamente chamado Ministério da Economia de Guerra, uma organização para disfarçar a Executiva de Operações Especiais.

Desde o começo, a principal função da SOE foi pensar o impensável e pôr de lado todas as regras conhecidas da guerra. O primeiro representante que Churchill escolheu para essa organização recém-fundada foi o dr. Hugh Dalton, um membro do Partido Trabalhista de seu governo de coalizão. Embora com uma formação política bem diferente, Dalton se dispunha a aceitar quaisquer meios pouco convencionais de atacar o inimigo.

"Precisamos organizar, nos territórios ocupados pelos alemães, movimentos comparáveis ao Sinn Féin na Irlanda", declarou ele. "Usaremos diferentes métodos, inclusive sabotagem industrial e militar... propaganda contínua, atos terroristas contra traidores e líderes inimigos, boicotes e sublevações... Temos de agir no mais completo sigilo e até certo ponto com entusiasmo fanático, além de disposição para trabalhar com pessoas de diferentes nacionalidades."

O quartel-general da SOE na Baker Street, 64, um edifício de fachada cinza que não chamava a atenção, tinha uma placa de bronze na entrada com os dizeres: "Escritório de Pesquisas Interdepartamentais" – o nome mais inócuo que Dalton, entre outros, pôde conceber para disfarçar sua verdadeira natureza. Os funcionários da SOE – vestidos discretamente, alguns com pouca ou nenhuma experiência militar – se esgueiravam por uma ruela sombria para chegar lá. Diziam trabalhar na "Org.", na "Firma" ou, mais adequadamente, na "Trama".

Unidades de Escolas de Treinamento Especial (Special Training Schools, STSs), foram montadas nas casas de campo da Grã-Bretanha rural a fim de preparar o exército secreto de Churchill para a guerra suja que estava por vir. Dado crucial, a existência da SOE deveria permanecer totalmente ignorada: suas missões eram "secretas e independentes", devendo ser negadas com veemência.

A princípio, o alto comando das forças armadas não gostou nada da ideia. Os postos mais importantes da SOE foram preenchidos invariavelmente por homens de formação militar, mas o que se valorizava acima de qualquer coisa era a experiência em operações irregulares. Afinal, a SOE acolhia de braços abertos banqueiros, acadêmicos, poetas, professores, esportistas, jornalistas, romancistas, cineastas e teatrólogos – civis amadores, muitos dos quais nunca haviam disparado um tiro intempestivo. Mais controverso ainda, ela procurava mágicos, prestidigitadores, gângsteres, arrombadores, valentões de rua e gatunos para ensinarem a seus recrutas os novos métodos de fazer a guerra.

A SOE montou seu próprio departamento de pesquisas, encarregado de desenvolver armas e outros equipamentos adequados à sua revolucionária forma de lutar. Com o codinome MD1, foi apelidada de "Loja de Brinquedos de Churchill", dado o entusiasmo infantil do primeiro-ministro por tudo o que ela inventava. A SOE tinha também seu próprio departamento de propaganda, a ultrassecreta Political Warfare Executive [Executiva de Guerra Política].

Em Thatched Barn, perto de Borehamwood, uma Escola de Treinamento Especial se dedicava inteiramente à camuflagem e aos disfarces em todas as suas formas. Parte de sua função consistia em equipar agentes com roupas e acessórios locais "autênticos", antes de irem para a Europa ocupada. Outros setores forjavam passaportes, carteiras de identidade e de racionamento, além do disfarce de armas inovadoras em objetos aparentemente inócuos do dia a dia.

Os homens da SOE combinavam bem com seus apelidos: Exército Secreto de Churchill ou Irregulares de Baker Street. Mas, entre seus detratores, ela adquiriu uma reputação bem diferente: era a "escola da destruição sangrenta e do assassinato". Para os militares de alta patente, muitos deles veteranos da Grande Guerra, as artes escusas e as táticas de guerrilha da SOE não podiam ser chamadas de "cavalheirescas" nem consideradas ações de "verdadeiros soldados". Não se enquadravam na nobre tradição do exército britânico.

Churchill, pura e simplesmente, estava se lixando para eles. Seu objetivo consistia em "libertar a fúria da rebelião" nos países ocupados, recorrendo a todas as medidas necessárias. Para tanto, a SOE precisaria vencer os alemães em habilidade, surpresa, ousadia e dedicação total. No labirinto de túneis sob Whitehall – parecido a calabouços e conhecido como "O Buraco no Chão", que agora alojava a Sala de Guerra de Churchill –, este se mantinha firme, dirigindo seu exército secreto.

À luz de velas e lampiões bruxuleantes, fixos em paredes tresandando a umidade, um estranho sistema de tubulação serpenteava em volta dos tetos da Sala de Guerra e além; dentro dos tubos, cilindros contendo mensagens corriam de um ministério a outro, impulsionados por ar comprimido. E atrás da surrada poltrona de madeira de Churchill, acumulavam-se pilhas de caixas de sapatos: os arquivos da Sala de Guerra.

Uma delas trazia a identificação "B/SOE/1: Formação da Executiva de Operações Especiais". Dentro, uma pasta vermelha com um documento que enumerava as funções da SOE nos termos mais claros possíveis. Previa a disseminação de "um reino de terror gerido por agentes especialmente treinados e secundado por ações de espionagem e inteligência, de modo a transformar em verdadeiro tormento a vida dos soldados alemães na Europa ocupada".

Com a América prestes a entrar na guerra, Churchill nomeou William Stephenson seu intermediário secreto entre ele e Roosevelt. A tarefa de Stephenson era transmitir ao presidente norte-americano informações interceptadas da máquina Enigma e consolidar uma parceria secreta de inteligência com os norte-americanos. Para esse fim, deveria montar um escritório da SOE em Nova York, dirigido por ele próprio, formalizando assim, até certo ponto, suas operações de espionagem.

Fora autorizado por Churchill a atacar os inimigos da Grã-Bretanha quando e onde achasse conveniente, valendo-se de diplomacia secreta ou guerra clandestina e até de assassinatos de alvos escolhidos. Stephenson levava também ao presidente Roosevelt uma simples mensagem de Churchill: "Ele [Hitler] tem boa chance de conquistar o mundo", advertia o primeiro-ministro. "Só precisa da capitulação desta ilha. Diga isso ao presidente!"

Stephenson fez preparativos meticulosos. Reuniu mensagens interceptadas e documentos capturados que provavam, para além de qualquer dúvida, a política de extermínio e escravização em massa do Terceiro Reich. Ordens dadas já em 1933 lançavam as bases sobre as quais seres humanos deveriam ser segregados de acordo com os pervertidos ideais de "pureza racial" de Hitler. Alemães cuidadosamente selecionados gerariam filhos racialmente puros – o Übermensh, a "raça dominadora" ariana.

Crianças consideradas dignas de "germanização" seriam escolhidas para integrar esse programa. O resto deveria ser escravizado ou deixado para morrer. Não se tratava de mera conjectura. Stephenson, com grande esforço, conseguira uma prova inegável: as ordens escritas, os filmes de propaganda, os manuais e os formulários burocráticos onde constava que a raça humana seria "desinfetada" graças à eficiência teutônica.

O que movia Stephenson era um impulso único: o medo constante desse fanatismo cego, distorcido. Mas, principalmente, atormentava-o a ideia de que quem apoiava semelhantes objetivos pudesse construir a primeira bomba atômica do mundo.

"Se a Alemanha vencer a Grã-Bretanha", declarou Stephenson, "estará aberto o caminho para o desenvolvimento de uma arma com a qual Hitler chantageará o resto do mundo... Deem-lhe tempo e ele construirá esse novo instrumento de horror."

Era claro que a Grã-Bretanha teria de entrar na corrida para a construção da bomba, mas muitos duvidavam de que a nação sitiada tivesse o tempo, os recursos ou a mão de obra necessários para isso. Nesse meio-tempo, caberia aos jovens aventureiros da SOE tentar suprimir o programa nuclear de Hitler na fonte – o local de onde a matéria-prima estava sendo extraída e a água pesada, posta em barris, embarcada para o Reich.

Foi em meio a essa tempestade atômica que o agente Cheese se lançou ao mar.

CAPÍTULO SETE

O agente Cheese se mostrou prolífico. Talvez até demais. De seu transmissor de rádio secreto, escondido em uma remota fazenda norueguesa, suas mensagens chegavam a Londres. Dezenas delas. As informações que veiculavam eram reveladoras, fornecendo dados importantes naquela guerra invisível.

Suas transcrições de sinais de rádio – muitas assinaladas com as maiúsculas manuscritas "TRADUÇÃO DE TELEGRAMA DE CHEESE" – se acumulavam, às vezes várias num só dia. Eram oportunas, detalhadas e exatas.

> Durante as [duas?] últimas semanas, 25 mil alemães chegaram a Oslo. O porto interno de Oslo será uma grande base naval... Bergen recebeu ordens de aquartelar 20 mil homens.

> Há 10 mil toneladas de combustível para aviões em vários tanques na ilha mais setentrional de STEILENE. Em GRANERUD há 3 mil toneladas de combustível de aviões.

Nenhum canhão A. A. Em FAGERSTRAND há cerca de 3 mil toneladas de combustível de aviões. Essas 16 mil toneladas são a maior parte do combustível de aviões no sul da Noruega.

O encouraçado V. TIRPITZ e o PRINZ EUGEN deixaram Bergen às 13 horas do dia 5 de junho, presumivelmente em rota para o norte. A 6 de junho, 40 navios de guerra estavam no porto de Bergen. 75 mil paraquedistas acabam de descer em Soerland. Isso pode significar um ataque à Inglaterra.

A SOE havia montado sua própria estação emissora-receptora de rádio, situada na pitoresca aldeia de Grendon Underwood, em Buckinghamshire, na qual a topografia facilitava as comunicações a longa distância. Dali, as mensagens do agente Cheese eram enviadas por teletipo ao quartel-general da SOE na Baker Street, onde suscitavam ao mesmo tempo entusiasmo e preocupação com a segurança de Cheese:

> Sua informação é excelente e estamos gratos. Pode nos dizer se bombardeiros de mergulho JU.87 apareceram na Noruega e, em caso positivo, onde estão? Tome bastante cuidado para não se expor à risco.

Os riscos de detecção eram manifestos. Na primavera de 1941 – vários meses após o início das atividades clandestinas de Cheese –, os alemães envidavam todos os esforços para rastrear o transmissor ilícito que enviava informações ao inimigo debaixo de seu nariz. Faziam isso usando equipamento de "localização de direção", do qual parecem ter construído três tipos distintos.

As estações de localização de direção permanentes na área consistiam de uma série de cabanas de madeira, cada qual com uma antena triangular sobre o teto. Quando o agente Cheese começava a transmitir, uma dessas estações interceptava o sinal e tentava fazer a triangulação com as estações irmãs. No ponto onde as linhas de interceptação se cruzassem, estaria o transmissor clandestino.

Aos poucos, foram aumentando também as estações móveis. Consistiam de uma bateria pesada, o localizador propriamente dito, mais um tubo de 3 metros de altura com uma antena de quatro varetas. Eram necessários dois homens para transportar e operar o equipamento; quando se detectava uma transmissão, a estação móvel transmitia ao quartel-general um alerta por rádio. Imediatamente, a Gestapo saía à procura do aparelho e seu operador.

A Gestapo se aproximava guiada por equipamentos de localização leves e de curto alcance. Usando fones de ouvido, o operador carregava o aparelho amarrado ao peito e empunhava um detector manual. Uma vez localizada a fonte do sinal, o detector começava a piscar em sua direção, levando a Gestapo até a porta do operador clandestino.

Durante os primeiros meses, as ações de Starheim eram caracterizadas por um imperturbável otimismo e muito bom humor. Certa vez, a SOE misturou dois recipientes falsos, lançados de paraquedas, com o verdadeiro. Os falsos continham tijolos; o verdadeiro, comida, munição e outros suprimentos.

Os que continham tijolos foram lançados por engano no sul da Noruega. As mensagens de Cheese e sua ampla rede podem ser consideradas clássicas: "Saibam que na Noruega temos uma grande quantidade de pedras", dizia a primeira. E a segunda: "Recebemos o recipiente com armas secretas, mas sem instruções sobre o modo como usá-las. Por favor, enviem um manual da próxima vez".

Todavia, a 10 de junho de 1941, o tom dos comunicados do agente Cheese mudou subitamente. Ele deixou de ser o espião irreverente e de cabeça fresca. Enviou uma mensagem alarmada ao quartel-general da SOE:

> GESTAPO à minha procura. [Quatro palavras indecifráveis.] para me arrancar informações. Não me pegarão vivo. Tudo pelo Rei e a Pátria. Fim.

As mensagens de Cheese raramente continham passagens indecifráveis – significando isso que a transmissão tinha sido apressada ou interrompida. Ele parecia claramente perturbado. O ex-chefe de escoteiros Wilson – o contato de Starheim – respondeu sem demora, aconselhando extrema cautela:

> Devido à busca da GESTAPO, seja cuidadoso e só envie informações absolutamente essenciais. Não deixe de escutar nas horas marcadas, caso seja seguro, mesmo não tendo nada a transmitir.

As "horas marcadas" eram os períodos durante o dia em que o quartel-general escutava as mensagens de Cheese e vice-versa. Quando um agente perdia uma hora marcada, era sinal de que algo tinha saído errado. A SOE permaneceu atenta aos horários, temendo o pior.

A Gestapo continuou procurando a cabana isolada onde Starheim havia montado sua base. Com seu piso tosco, teto rústico de madeira e uma única janela, além dos fios elétricos serpenteando pelas paredes, o quartel-general de Cheese era literalmente espartano. Em uma mesa nua de tábuas, ele se debruçava sobre a maleta de couro que continha seu equipamento sem fio, transmitindo sinais em código Morse. Em cima da mesa, a pistola Luger, lustrosa pelo uso.

Cheese sabia que uma estação de localização de direção tinha sido montada numa colina, a apenas 2 quilômetros dali, mas ainda assim continuou transmitindo. Fingia-se de simples camponês, mas na verdade estava orquestrando uma rede de fontes de alto nível no sul da Noruega: em aeroportos, terminais ferroviários, docas e principalmente a fábrica de SH200 em Vemork, noruegueses leais arriscavam a vida para lhe passar informações.

Às primeiras luzes do dia 15 de junho, a Gestapo apareceu. Eram 5 horas da manhã e, felizmente, Starheim ainda não havia iniciado seu contato daquele horário. Enquanto preparava o equipamento, um carro entrou na estradinha poeirenta que passava ao lado de seu quartel-general clandestino. O veículo tinha a placa de Oslo, portanto não era obviamente das redondezas. Para chegar até a casa, os cinco ocupantes – vestidos de ternos e chapéus pretos – tiveram de desmantelar uma cerca. Isso deu a Starheim sua chance.

O esquivo agente Cheese caminhou até onde estavam os cinco estranhos, dizendo-lhes que deveriam restaurar a cerca na volta. Na traseira do veículo, percebeu um equipamento de localização portátil. Isso, mais o terrível norueguês que falavam, denunciava-os como homens da Gestapo. Eles permaneceram ali pelo tempo que normalmente Starheim levaria para transmitir suas mensagens e foram embora.

Starheim sabia agora que estava muito perto de ser encurralado. Enviara mais de cem mensagens nos últimos meses. Em uma delas, advertira sobre o poderoso encouraçado alemão *Bismarck* saindo de um esconderijo em águas norueguesas para aquela que seria sua última viagem. Navios de guerra ingleses conseguiram localizá-lo e afundá-lo.

Essa mensagem levou um almirante britânico a fazer o seguinte comentário sobre Starheim: "Quem é esse garoto? Eu serviria com ele em qualquer lugar".

O agente Cheese agora deveria sair de cena de qualquer maneira. Porém, dois dias depois, uma correspondência chegou à fazenda com uma informação de suma importância. Starheim sentiu-se obrigado a comunicá-la a Londres, apesar dos riscos. No início da manhã de 18 de junho, enviou diversas mensagens, resumindo o que soubera.

> O exército alemão requisitou 200 trens da Estrada de Ferro Sueca com aproximadamente 3.200 vagões para transporte de tropas...

> Mil homens estão aquartelados em KLEVENS, exercitando-se para a tomada da ilha de Gismeroy com cavalos. Estes carregam metralhadoras. Ações semelhantes em outros lugares... Constantes manobras noturnas...

As mensagens refletiam a preocupação de que os alemães estivessem se preparando para invadir a Grã-Bretanha, usando a Noruega como ponto de partida; daí a urgência do aviso. Mas Cheese permaneceu muito tempo no ar. No horário seguinte, ligou o aparelho e ficou à espera de alguma mensagem. Pareceu-lhe que a estação da SOE na Grã-Bretanha o chamava, repetindo que não havia nada para ele. Sem refletir, respondeu, confirmando que ele também não tinha nada no momento para Londres.

Somente quando a transmissão terminou é que Cheese percebeu ter caído numa armadilha: acabara de responder ao que certamente era um operador de rádio da Gestapo. Londres jamais chamaria apenas para dizer que "não havia nada para ele". Por quê? Sabendo quão de perto o agente estava sendo caçado, a estação central com toda a probabilidade não faria isso justamente agora. Starheim reconheceu que estava na hora de sumir por algum tempo.

Mas quando corria para esconder o equipamento de rádio em uma caverna no meio da mata, a Gestapo cercou a cabana. Trazia consigo grupos de soldados alemães. Uma busca de casa em casa ocorrera por todo o vale. Uma mulher chegou apressada de uma residência vizinha: ali, três homens tinham sido detidos, contou ela. Os batedores fechavam o cerco.

Starheim concluiu que precisava de cobertura para fugir. Chamou Sofie Rorvig. Essa mulher jovem e bonita era sua mensageira, mas hoje teria de desempenhar um papel bem diferente. Sem bagagem para não levantar suspeitas, Starheim saiu de braço dado com Sofie da cabana – jovens namorados aparentemente indiferentes ao que acontecia à sua volta.

Conseguiu passar pelos homens da Gestapo e as tropas alemãs, que vistoriavam todos os celeiros, paióis e construções isoladas. Starheim sabia que seu quartel-general seria descoberto. Só esperava não ter deixado para trás nada que o incriminasse. Com a ajuda de Sofie, dirigiu-se a uma estação ferroviária próxima, mas lá também havia soldados alemães de guarda. Antes que o trem de Oslo saísse, conseguiu atravessar a barreira e subir em um vagão.

Starheim decidiu permanecer inativo por algum tempo na cidade. Tinha ciência do perigo que correra. Escapara por um triz e sabia estar sendo encarniçadamente perseguido. Havia perdido seu equipamento de rádio e era um fugitivo: por muito tempo, não haveria mais mensagens do agente Cheese.

Enquanto Starheim jogava seu jogo mortal de esconde-esconde com a Gestapo, a situação na fábrica de água pesada de Vemork se agravava. A última coisa de que a SOE precisava agora era o silêncio de Cheese. Haviam chegado de Vemork informações das mais preocupantes.

A fonte era um tal Jomar Brun, engenheiro-sênior na fábrica, e Starheim havia colaborado para que as notícias fossem transmitidas ao quartel-general da SOE.

Entre outras coisas, Brun tinha revelado para onde os suprimentos de SH200 estavam sendo despachados: "Forschungsabteilung 1, Hardenbergstrasse 10, Berlim". Conforme se descobriu, esse era o escritório de ninguém menos que o físico Kurt Diebner, o chefe do *Uranverein* – o Clube do Urânio: agora, sem sombra de dúvida, sabia-se qual era a finalidade da água pesada.

Na primavera daquele ano, oficiais alemães da *Wehrwirtschaftslab Norwegen* – o Departamento de Economia de Guerra para a Noruega, organização encarregada de expropriar os recursos naturais do país em benefício do Reich – visitaram Brun, comunicando-lhe que ele agora era "pessoalmente responsável" pela produção de água pesada. Brun, ardoroso patriota norueguês, se viu forçado a desempenhar uma tarefa arriscada.

"Devo continuar fazendo meu trabalho como sempre, para que os alemães não suspeitem de nada", escreveu Brun em um relatório de inteligência. "Por outro lado, tentarei arrancar deles qualquer coisa que porventura saibam." Ao mesmo tempo, procuraria "atrasar a produção" de SH200 e "os planos alemães para aumentá-la".

Em maio de 1942, o papel duplo de Brun parecia estar se tornando ainda mais desafiador. Um grupo de cientistas de alto nível do Instituto Kaiser Guilherme apareceu com planos ambiciosos para intensificar a produção de SH200. Brun deveria obter mais ou menos 3 ou 4 toneladas por ano e não parar por aí.

Com seu físico acanhado, óculos finos e rosto redondo, Brun não lembrava em nada o herói arquetípico ou o agente duplo. Mas as informações que passava eram vitais, fornecendo pistas decisivas sobre o que os cientistas nucleares alemães estavam planejando na fortaleza de ferro da Europa nazista. Na verdade, a fábrica de

Vemork era a única janela suficientemente grande pela qual os Aliados podiam ter acesso ao projeto nuclear secreto dos alemães.

Na Grã-Bretanha, quem estava a par do assunto ia ficando cada vez mais inquieto. Naquele verão, Lindemann – o consultor científico de Churchill – entregou um alarmante relatório ao líder britânico no tempo de guerra.

"É possível a um avião carregar uma bomba complexa de mais ou menos mil quilos, capaz de explodir com a violência de 2 mil toneladas de TNT", escreveu Lindemann. "Uma fábrica para a produção de uma bomba por semana custaria mais ou menos 5 milhões de libras... quem possuir uma fábrica dessas ditará seus termos ao resto do mundo". E concluía: "Seria imperdoável se deixássemos os alemães desenvolverem um processo antes de nós, com o qual poderiam nos derrotar na guerra ou reverter a situação depois de derrotados".

Churchill concordou: um projeto para construir a arma nuclear britânica teria de ser posto em prática, não importavam os custos.

Para esse fim, Churchill formou a "Tube Alloys" – codinome da organização encarregada de colocar a Grã-Bretanha na corrida atômica. Mas, com Lindemann esclarecendo que haveria pouquíssima chance de essa bomba ser construída a tempo, o mais urgente era atrapalhar os esforços alemães onde fosse possível, sobretudo porque suas aspirações nucleares pareciam cada vez mais ambiciosas.

Em um relatório classificado como "Ultrassecreto", a inteligência britânica revelou o novo teatro em que a batalha pela supremacia nuclear estava sendo travada. Intitulado "Interesse Alemão no Congo Belga", dizia: "Desde o começo de 1941, pelo menos, o Serviço Secreto Alemão vem mostrando constante interesse pelo Congo Belga". Descrevia repetidas tentativas de "plantar agentes, alguns deles de... alto calibre, equipados com meios secretos de comunicação".

Um desses agentes alemães havia sido apanhado carregando um equipamento de rádio e tinta invisível. Sua missão era comunicar-se com colegas baseados na supostamente neutra Espanha, de onde suas informações chegavam ao Reich. O Congo Belga seria o principal lugar de onde a Grã-Bretanha – e logo depois os Estados Unidos – tirariam estoques seguros de urânio. A Alemanha, é claro, também andava de olho na riqueza mineral desse país.

Na virada do ano, Jomar Brun – o disfarçado agente duplo de Vemork – foi chamado a Berlim. No quartel-general de Kurt Diebner, apresentaram-lhe planos para aumentar exponencialmente a produção de água pesada, a qualquer custo. Físico e nazista fanático, Diebner, ladeado por oficiais do exército alemão, exigiu que duas novas fábricas de SH200 fossem construídas, dependentes de duas hidrelétricas menores.

Essas hidrelétricas – Såheim e Notodden – ficavam no mesmo vale acidentado que Vemork. Juntas, as três instalações produziriam cerca de 5 mil quilos de água pesada por ano – o novo objetivo estabelecido pelo Reich. Mais preocupante ainda, Brun conheceu os laboratórios do Instituto Kaiser Guilherme. Ali, os cientistas do *Uranverein* lhe revelaram um novo processo de fabricação da água pesada, que segundo eles era quinhentas vezes mais rápido que a eletrólise padrão.

Brun deixou Berlim com ordens para construir uma fábrica-piloto em Vemork, utilizando o novo processo. Na capital do Reich, ele tentara saber exatamente para que os alemães precisavam de tanta SH200. Os cientistas do *Uranverein* alegaram que não era para o esforço bélico. E quando Brun os pressionou, advertiram-no de que "seria considerado traição fornecer essas informações em tempo de guerra".

O relatório subsequente de Brun a Londres deixou todos com os nervos à flor da pele. Sem sombra de dúvida, os planos alemães tinham de ser interrompidos. A pergunta era: como? O precipício estreito e cercado de gelo que abrigava a fábrica de Vemork era quase impossível de ser atacado pelo ar. Um bombardeio de elevada altitude seria lamentavelmente impreciso e um de baixa altitude estava fora de questão. Os alemães haviam coberto o precipício com cabos metálicos, dos quais pendiam cortinas de grossos fios de aço: qualquer avião que ali se aventurasse voando baixo bateria contra essa rede.

Em janeiro de 1942, o professor Peierls – um dos autores do decisivo Memorando Frisch-Peierls – elaborou planos para uma forma inovadora de ataque. Se uma mina pudesse ser lançada dentro do reservatório que alimentava a fábrica de Vemork, romperia a entrada para as tubulações, o que por sua vez sabotaria as turbinas. Teria de ser uma mina flutuante, com um fusível que só detonasse quando ela batesse na grade colocada na entrada para as tubulações.

A grade fora colocada a fim de impedir que detritos penetrassem nos tubos de aço e chegassem à fábrica. Se a mina explodisse ali, a sujeira que descesse pelos tubos paralisaria as turbinas. O problema com esse plano – independentemente de tal mina poder ser fabricada e lançada – era que danificar as turbinas não destruiria a fábrica em si.

A única ligação entre as duas coisas era a eletricidade, que as turbinas forneciam para manter o processo de produção da água pesada. O dano nas turbinas interromperia seu funcionamento, mas só durante o tempo necessário para repará-lo. Mais importante ainda, o ataque revelaria aos alemães que Vemork era um alvo – e então seriam feitos esforços dobrados para fortalecer suas defesas.

Muito provavelmente, só haveria uma chance de deter o rolo compressor da água pesada; e a SOE é que deveria se encarregar disso. Os estrategistas só precisavam conhecer melhor o potencial das defesas de Vemork e seus possíveis pontos fracos, o que os capacitaria a determinar as opções de sabotagem. E para obter essas informações, o agente Cheese teria de enfrentar cara a cara seus perseguidores da Gestapo.

Agora, Odd Starheim – o agente Cheese – já estava de volta a Hardangervidda. Juntara-se a ele um colega da SOE, que tinha o codinome muito apropriado de Biscuit [Biscoito] – o norueguês Andreas Fasting [Jejum]. Sua missão havia sido promovida ao *status* de "operação", com o nome de Operação Cheese (ou Cheesey, em alguns documentos da SOE), tendo a água pesada por alvo principal.

"A importante hidrelétrica de Rjukan deve, com mais proveito, ficar a cargo da organização de Cheese", registra um memorando de 6 de janeiro de 1942.

O agente Biscuit era um especialista em explosivos e armas de pequeno porte. Ele forneceria recrutas locais com treinamento em guerrilha. Uma entrega de armas – inclusive 80 revólveres, 10 submetralhadoras Bren, 100 metralhadoras leves, 60 fuzis, 500 granadas de mão e bastante explosivo plástico – seria feita aos guerrilheiros de Starheim pela flotilha Shetland Bus. Uma força local, bem armada e treinada, conseguiria acabar com as importantíssimas instalações de SH200?

Deixando Biscuit encarregado de treinar os recrutas locais na segurança relativa da mata, Cheese viajou para Oslo. Precisava fazer contato com um intermediário que havia prometido apresentá-lo a uma promissora fonte de inteligência dentro da fábrica de Vemork. Contudo, mal pusera os pés na cidade e a Gestapo entrou em ação.

Starheim havia se instalado na casa de Korsvig Rasmussen, que também era agente. Às 10 horas da manhã de 21 de janeiro, a esposa aterrorizada de Korsvig acordou-o. A Gestapo estava vindo, bradou ela, e Starheim precisava esconder-se. Mas, depois de vestir apressadamente um roupão e enveredar por um corredor, o agente Cheese foi encurralado.

A Gestapo fora informada de que não havia mais ninguém na casa, de modo que a presença de Starheim se tornou imediatamente suspeita. Meia dúzia de agentes da Gestapo agarraram-no. Ele apresentou seu passaporte e outros documentos, todos com nome falso, é claro, e viu-se alvo de uma torrente de perguntas.

O tempo todo, seu cérebro dava voltas, na tentativa de descobrir um meio de escapar. Não podia sair dali sob custódia daqueles homens, pois, uma vez no quartel-general da Gestapo e estabelecida sua verdadeira identidade, tudo estaria perdido para ele. Starheim se vestiu rapidamente, vigiado de perto por seus captores. De repente, teve um lampejo de inspiração. Lembrou-se de um detalhe curioso da casa: o banheiro mais próximo tinha duas portas.

Polidamente e com a máxima deferência, perguntou ao comandante do grupo se podia usar o banheiro. Teve permissão para fazê-lo, mas um guarda se postou à porta. Dentro, Starheim deu a descarga, abriu a outra porta e se esgueirou para o quarto adjacente. Sem perder um segundo correu para a janela aberta, subiu para o peitoril e saltou.

De uma altura de dois andares, caiu no gelo e machucou seriamente um tornozelo. Mesmo assim saltou sobre uma cerca de arame farpado e correu como nunca por sua vida. Avistou uma caminhonete de entregas e, em desespero, abriu a porta do passageiro e pulou para dentro.

"Você é um bom e leal norueguês?", gritou para o motorista perplexo.

"Sim, sou um norueguês de verdade", gaguejou o homem.

"Então dirija como o diabo, pois a polícia está atrás de mim."

Starheim não exagerava. Na frente da casa de Rasmussen estava estacionado um carro da Gestapo. A qualquer momento ele dobraria a esquina. O motorista perguntou se se tratava da Gestapo e Starheim confirmou.

O homem sorriu maliciosamente e agarrou o volante:

"Eles jamais pegarão você, pode crer!"

O motorista saiu em disparada como o proverbial diabo fugindo da cruz, em direção à parte leste da cidade. No caminho, cortou um carro, mas não tirou o pé do acelerador nem por um segundo. Chegando à sua própria casa, fez com que Starheim entrasse apressadamente. Ali ficaria até arranjarem um jeito de mandá-lo para longe de Oslo.

Por fim, Starheim deixou a cidade com o uniforme de policial norueguês e um passe autêntico da polícia com o nome de Harmansen. Assim disfarçado, podia sair sem que ninguém o molestasse e voltar para a segurança relativa de sua rede de resistência rural. Pelo rádio, chamou Londres, informando os superiores sobre sua detenção e fuga em Oslo.

Decidiu-se trazer o agente Cheese de volta: "O sudoeste da Noruega está ficando perigoso demais para ele", declarou Wilson. Uma traineira da Shetland Bus, cheia de armas, foi despachada para um ponto de encontro na remota costa norueguesa: entregaria sua carga clandestina e apanharia Starheim, que levaria com ele outro norueguês importante para os planos da SOE referentes à fábrica de água pesada em Vemork.

O barco da Shetland Bus, o *Olad*, tentou chegar à terra, mas foi repelido pelas más condições de inverno da costa norueguesa. "A missão não pôde ser completada", dizia a mensagem que o *Olad* transmitiu por rádio ao quartel-general. "Impossível penetrar no fiorde escolhido, com uma faixa de 9 a 12 quilômetros de gelo ao largo da costa. Atacados na volta... por um caça alemão e um bombardeiro Heinkel bimotor. Apenas danos superficiais no barco."

Essa última parte da mensagem minimizava a ferocidade da batalha no mar. Um dos artilheiros do *Olad* esperara até que o avião inimigo chegasse a 100 metros de distância do barco, antes de "esvaziar a Lewis contra ele". A metralhadora Lewis .303 era carregada com um pente de 47 ou 97 balas, todas disparadas contra o avião alemão.

Felizmente, a casa do leme do *Olad* fora "blindada com concreto reforçado" e isso tinha ajudado a salvar o barco. Mas o gelo norueguês se revelou imbatível.

Por enquanto, Starheim continuava em maus lençóis.

No início de 1942, o *Uranprojekt* já contava com um novo e poderoso apoio dentro do Reich: Joseph Goebbels, o ministro da Propaganda e um dos mais fervorosos partidários de Hitler. Esse homem de cara chupada escrevera alegremente em seu diário: "A pesquisa no campo da desintegração dos átomos está tão avançada que seus resultados talvez possam ser úteis na condução da guerra. Nesse campo, causas minúsculas provocam efeitos tão destrutivos que se olha com horror para o curso futuro das hostilidades".

Goebbels se pavoneava no palco do mundo gabando as novas "superarmas" nazistas – que logo destruiriam os inimigos da Alemanha. A América entrara na guerra havia três meses, de sorte que os adversários do Reich e os alvos de uma Alemanha nuclearmente equipada incluíam agora as maiores democracias do mundo livre.

Starheim, nesse meio-tempo, sentia-se cada vez mais acossado. Sua verdadeira identidade era conhecida pela Gestapo, assim como sua aparência física e seus pseudônimos. As lesões que sofrera ao saltar da janela em Oslo significavam que ele não poderia ir muito longe andando. E as condições atmosféricas adversas, além dos voos de patrulha cada vez mais numerosos do inimigo, pareciam tornar impraticável o envio de uma segunda embarcação da Shetland Bus.

Uma anotação manuscrita em um memorando de 6 de março de 1942 enviado por John Wilson pesa os prós e os contras de uma tentativa desse tipo: "O 'Cons' escolheu... a forma de comunicação com Cheese".

"Problemas inesperados com os barcos, mais as condições atmosféricas, tornam impossível buscá-lo no momento...", dizia a mensagem enviada a Starheim. "Se sua posição se tornar insustentável, vá para Estocolmo. Lamento a terrível situação presente. Continue firme."

Ir para Estocolmo – capital da Suécia neutra – era, para Starheim, uma aventura difícil. Ele não suportaria uma jornada dessas com o tornozelo machucado. "Assim, esperei pelo barco que nunca veio", lamentou-se ele num tom desanimado e pessimista, que não era o seu.

No quartel-general da SOE, Wilson temia que seu principal agente entrasse em desespero. Mas, a respeito disso, não podia fazer muita coisa. Os agentes da SOE saíam a campo sem levar no bolso uma passagem de volta. Essa era a dura realidade. Muitas vezes, precisavam apelar para sua própria iniciativa e recursos a fim de regressar. Mas, de algum modo, Wilson confiava plenamente no agente Cheese.

Starheim decidiu que não podia mais esperar que Londres enviasse um barco e por isso colocou em prática um plano que vinha acalentando havia tempos. Reuniu sua equipe de perseguidos, entre os quais aquele que se revelaria um dos indivíduos mais importantes jamais retirados da Europa ocupada e que, conforme Starheim ficara sabendo, a SOE queria a qualquer custo. Enquanto, com seus homens, se preparava para uma fuga alucinada rumo à Inglaterra, ele não queria perder tempo discutindo suas ações com Londres.

Os agentes da SOE eram desafiados a pensar o impensável. Que assim fosse.

Iriam roubar um barco e, como piratas modernos, navegar com todas as suas forças para a Grã-Bretanha.

CAPÍTULO OITO

14 de março de 1942. Einar Skinnarland sem dúvida já se sentira melhor. Caminhando na direção do barco ancorado, sua perna o incomodava bastante. Mas a dor era nada em comparação com a que sentira dois dias antes, quando tinha sido operado sem anestesia. À sua frente estava o alvo: o *Galtesund*, um vapor costeiro de 623 toneladas.

Com sua chaminé única a meia-nau, mastros gêmeos na proa e na popa, e casco graciosamente pintado de branco, afilado na parte traseira, o *Galtesund* não era novo. Construído por um estaleiro dinamarquês em 1905, esse navio de 50 metros foi desenhado para transportar carga e passageiros em viagens curtas entre cidades escandinavas costeiras. Parado no ancoradouro, com fumaça escapando morosamente da chaminé e enovelando-se no cordame, não parecia se dar conta do que estava para acontecer.

Skinnarland era um jovem alegre e resoluto de 24 anos, cabelos ruivos, ombros largos e físico compacto, que refletia a vida dura em torno do lago Møs, cujas águas alimentavam a hidrelétrica de Vemork. Dois dias antes, estava deitado de costas, com o joelho esquerdo deslocado – justamente quando planejava escapar da Noruega.

O bisturi penetrara na carne, o fluido fora drenado, o osso fora reposto em seu lugar e a ferida fora suturada. Recusando-se a permanecer sequer uma noite no hospital, Skinnarland – que o médico, é claro, considerou maluco – deu alta a si mesmo e saiu com o joelho enfaixado, apoiando-se com firmeza em numa bengala. Aquilo, quando menos, seria um bom disfarce para o que estava por vir. Quem suspeitaria que um homem encurvado sobre uma bengala fosse se entregar à pirataria mais deslavada?

Já havia examinado dois barcos. O primeiro, um vapor chamado *King Haakon*, tinha ficado preso no gelo perto da costa. O outro, o *Austria*, não transportava passageiros. Então, avistou o *Galtesund*. Fingindo-se de passageiros comuns, ele e o agente Biscuit estavam prestes a subir a bordo para averiguar quanto carvão o barco levava – seria suficiente para chegar à Grã-Bretanha? –, a resistência da ponte e da sala de máquinas, e quantos alemães teriam por companheiros de viagem.

Skinnarland era relativamente novo nesse tipo de trabalho. Por séculos, sua família tinha vivido nas margens do lago Møs, vendo apenas esquiadores durante seis meses por ano. À sombra do monte Gausta, de 1.700 metros de altitude, trabalhavam como pescadores e agricultores, seguindo os ritmos inclementes, mas regulares das estações. Então, veio a mudança: o lago Møs foi represado, tubulações e hidrelétricas brotaram da rocha e a cidade de Rjukan surgiu para atender às necessidades industriais da Norsk Hydro.

Rjukan apareceu completa, com dormitórios para os trabalhadores, estação ferroviária, igreja, escolas, corpo de bombeiros, força policial e até um salão de dança comunitário. Além disso, invernos mais longos e rigorosos, com neve abundante. Oitavo filho do vigia do dique do lago Møs, Einar Skinnarland havia crescido sobre esquis. Ia à escola esquiando; usava esquis para buscar lenha e brincar com os amigos; e, com os irmãos, apostava corridas de esqui pelas encostas do monte Gausta.

Considerado o mais brilhante da família, Einar entrou para a universidade, onde estudou engenharia. Terminado seu serviço militar, a guerra eclodiu: estava em Oslo quando os aviões da Luftwaffe rugiam nos céus. Combateu, como muitos outros, em uma retirada angustiante, embora nobre, antes de voltar para casa desanimado e descobrir que Rjukan tinha sido uma das últimas cidades do sul da Noruega a render-se.

Seus irmãos haviam lutado na defesa malograda do local. Estavam exaustos pelo esforço e assombrados pelo espectro do fracasso. Mas os Skinnarland, cujo instinto inato era resistir, logo recobraram o ânimo. Einar se juntou à resistência ainda incipiente, mas havia coisas maiores à espera do "menino de ouro" da família Skinnarland.

Nascido e criado na região, não havia ninguém por ali que, aparentemente, Einar não conhecesse. Era forte, engenhoso e perspicaz. Em suma, estava no lugar certo para atuar como agente-mensageiro entre o pessoal da SOE na fábrica de água pesada de Vemork e Londres. Treinado como operador de rádio, poderia estabelecer uma linha direta para o que havia se tornado a fonte de inteligência mais importante de todo o esforço de guerra dos Aliados.

Skinnarland devia se preparar para uma viagem à Grã-Bretanha. Recebeu documentos falsos, com o nome de Einar Hansen. O navio da Shetland Bus viria apanhá-lo juntamente com Odd Starheim. Contou à família que passaria os feriados de Páscoa esquiando no planalto Hardanger, distante o bastante para que uma pessoa ficasse por lá durante vários dias. Em vez disso, iria à Grã-Bretanha, onde receberia treinamento para uma missão muito especial.

Melhor ainda, Skinnarland levaria consigo documentos e relatórios que diziam respeito ao que se passava em Vemork – as últimas informações de Jomar Brun, o "agente duplo" de óculos que trabalhava na fábrica de SH200.

Era claro, conforme transpirou, que o navio enviado pela Shetland Bus não pôde se aproximar devido à camada de gelo. Assim, em um longo e animado jogo de xadrez, Starheim e Skinnarland, além do agente Biscuit, esboçaram seu plano alternativo: *pirataria*.

Apoiado na bengala, Skinnarland subiu pela prancha de embarque e entrou no *Galtesund*. Ele e o agente Biscuit haviam comprado passagens para uma viagem curta até Flekkefjord, uma cidade na ponta sudoeste da Noruega e o porto onde Starheim pretendia se unir a eles, caso tudo corresse bem.

A bengala se revelou um bom disfarce. Mancando pelo navio, Skinnarland conseguiu reunir as informações necessárias sem levantar suspeitas: eram 22 noruegueses a bordo e nenhum alemão. O capitão, um velho lobo do mar chamado Knudsen, não entregaria seu navio facilmente, mas a respeito disso nada se podia fazer. Quanto ao suprimento de combustível, o *Galtesund* levava cerca de 60 toneladas de carvão – mais que o suficiente para alcançar o litoral da Escócia.

Quando o *Galtesund* ancorou em Flekkefjord, Skinnarland saiu ao encontro dos outros conspiradores. Deu a Starheim as boas notícias: lá estava o navio esperando para ser tomado. Além dele próprio, Starheim e o agente Biscuit, havia mais três recrutas prontos a entrar em ação: três jovens marinheiros noruegueses, todos sem muito – ou nenhum – treinamento militar.

"Cada um pegue um destes", disse-lhes Starheim, mostrando os revólveres Colt. 45 que havia trazido. "Mas, aconteça o que acontecer, não puxem o gatilho. Se houver tiroteio, nós nos encarregamos disso. Deixem conosco."

Uma hora depois, Skinnarland estava de volta ao cais, carregando uma maleta cheia de pistolas. Na lapela, ostentava o distintivo da Nasjonal Samling (Unidade Nacional) — o partido fascista da Noruega, fundado em 1933 por Vidkun Quisling. Após a invasão alemã, Quisling se declarou primeiro-ministro e, na primavera de 1942, governava o país numa aliança desconfortável com o escolhido de Hitler, o *Reichskommissar* Josef Terboven, que adquiriria uma justa reputação de crueldade e brutalidade.

Com sua bengala e distintivo nazista, Skinnarland sentiu que havia conseguido o disfarce perfeito. A tarde caía e o *Galtesund* embarcava o último carregamento. Skinnarland dirigiu-se à sua cabine e abriu a maleta para checar os pistolas. Cerca de trinta minutos depois, os agentes Cheese e Biscuit se juntaram a ele, iniciando os preparativos finais.

Sob seus pés, os dois motores começaram a funcionar. Por cima, a chaminé única soltava uma fumaça densa e negra. Lentamente, o *Galtesund* abriu caminho para as águas de Flekkefjord, onde barcos de madeira deslizavam rumo à escuridão do mar. Na cabine de Skinnarland, os homens de Starheim sincronizavam seus relógios. Às 6h20, exatamente, quando o navio estivesse longe de todos os olhares, eles atacariam.

Todos ostentavam o distintivo da Nasjonal Samling, como se fossem bons fascistas noruegueses. Deliciosa ironia para Starheim, um dos homens mais procurados da Noruega, ocultar-se sob esse disfarce!

Skinnarland, Starheim e Fasting – o agente Biscuit – deixaram a cabine: seriam o principal grupo de assalto. Outros correriam para a casa das máquinas e as principais cabines de passageiros. Cada homem tinha uma pistola enfiada no cinto e metros de corda enrolados no corpo, sob a jaqueta.

Skinnarland sentia o sangue pulsar nas veias. Estava nervoso. Starheim era mais experiente em aventuras como aquela, mas

Skinnarland vira muito pouca ação e, certamente, nada parecido com um ato de pirataria. Foram para o salão do navio, onde sabiam que o capitão estaria. Starheim estava a ponto de entrar quando foi barrado por Frithjof Halvorsen, o segundo imediato.

"Posso ver sua passagem?", exigiu Halvorsen.

Starheim estremeceu. Preocupado com o sequestro do navio, não achou necessário comprar um bilhete.

"Receio ter chegado muito tarde", respondeu ele, com a maior inocência. "Pensei que pudesse pagar a bordo."

O segundo imediato não iria esperar muito. Starheim foi obrigado a segui-lo, enquanto Skinnarland e Fasting ficavam postados na entrada do salão, à espreita. Após o que pareceu uma eternidade, Starheim e o segundo imediato voltaram, aquele com um bilhete novo na mão. O segundo imediato entrou, aparentemente sem perceber nada das más intenções de seu passageiro.

Momentos depois, Starheim abriu a porta. Fasting se esgueirou para dentro e correu até os fundos, a fim de proteger a segunda porta do recinto. Depois que ele estava posicionado, Starheim entrou de pistola em punho, com um visivelmente apreensivo Skinnarland a tiracolo. Tinham diante deles o capitão, o imediato, o comissário de bordo e um outro homem, provavelmente um passageiro.

"Mãos ao alto!", gritou Starheim, ameaçando os quatro com a pistola.

Eles o fitaram confusos e assombrados. Estavam tão surpresos que não se lembraram de obedecer.

Starheim repetiu a ordem, agora em um tom mais agressivo.

"Mãos ao alto!"

Quatro pares de braços se ergueram acima da cabeça perplexa dos homens.

"Somos oficiais da marinha norueguesa", bradou Starheim, "e estamos tomando sua casa de máquinas. Assumo o comando do navio."

O capitão do *Galtesund* gaguejou alguma coisa. Seu rosto mostrava descrença. Começou a protestar, mas Starheim não lhe deu ouvidos. E quando tentou reagir, foi logo dominado.

"Amarre-os", ordenou Starheim a Skinnarland, enquanto ele e Fasting os vigiavam de perto.

Skinnarland desenrolou a corda que trazia em volta do peito e imobilizou os quatro prisioneiros. Deixando Fasting de guarda, Starheim se dirigiu à ponte do navio. Caso se apossassem da casa do leme – o centro nervoso do navio –, este seria deles.

Viram três marinheiros: o primeiro imediato, o piloto e o homem do leme. Com Starheim à frente, o grupo entrou, apontando as pistolas. Ao ver as armas e as expressões ferozes, o primeiro imediato tentou fugir, seguido do homem do leme, mas agora Skinnarland havia recobrado seu sangue-frio. Movendo-se com uma rapidez notável para quem se recuperava de uma cirurgia no joelho, bloqueou a porta dos fundos.

"Voltem a seus postos", rugiu Starheim, agitando a pistola. "E fiquem ao leme, caso saibam o que é bom para vocês."

Agora, o *Galtesund* se afastara cerca de 40 milhas náuticas da costa. Tinha acabado de se virar para leste e se dirigia ao próximo porto de escala, a estreita enseada de Rekefjord. Era imperativo que não parasse ali. Starheim ordenou a Skinnarland que amarrasse o primeiro imediato e o levasse para baixo. Não havia gostado da expressão do homem.

O piloto parecia controlado e competente, e Starheim resolveu se abrir em parte com ele. Falou-lhe mais ou menos nos mesmos termos que falara com o capitão.

"Leve o navio para alto-mar", ordenou.

Sob a direção do piloto, o *Galtesund* deu meia-volta. Livres de Rekefjord, Starheim determinou o curso sudoeste, a todo vapor para a Escócia, a região mais próxima da Grã-Bretanha onde podiam desembarcar. Mas o piloto fez algumas objeções. Ficariam à vista das forças alemãs baseadas em Egersund, logo ao norte de onde estavam agora. Se os alemães detectassem o *Galtesund* rumando para oeste, em mar aberto, imediatamente dariam o alarme.

O piloto sugeriu que fossem, de preferência, para o sul, pois assim ficariam fora das vistas do inimigo; então, virariam para oeste e se dirigiriam à Grã-Bretanha. Starheim concordou. Deixando um guarda na ponte, ele e Skinnarland se certificaram de que o capitão estivesse bem preso na cabine, para em seguida reunir os outros oficiais e a tripulação do *Galtesund*.

"Somos da marinha norueguesa", informou-os, "e vamos navegar por volta de 100 ou 110 quilômetros para oeste, até encontrar um navio do rei. Se causarem algum problema ou tentarem sabotar equipamentos, saibam que serão prontamente alvejados. Ficarão todos no salão, sob vigilância constante."

O "rei" era o monarca norueguês, embora aquilo fosse, é claro, uma mentira. Não havia nenhum navio do rei. Na verdade, o *Galtesund* percorreria cerca de 1.100 quilômetros até chegar ao local de desembarque escolhido: o porto escocês de Aberdeen. Durante a maior parte do trajeto, estaria sozinho e desprotegido, totalmente vulnerável a ataques aéreos.

Por isso, Starheim havia cronometrado com o maior cuidado o sequestro do navio. O sol se poria por volta de 20h30, uns noventa minutos depois, e então o *Galtesund* ficaria sob a proteção da noite. As noites de primavera eram penosamente curtas (amanhecia às 4 horas), mas pelo menos eles teriam umas boas sete horas para escapar.

Com velocidade máxima de 12 nós, o *Galtesund* poria, ao nascer do sol, 215 quilômetros entre ele e os perseguidores. Estaria, pois, na vasta extensão do mar do Norte – um pontinho no oceano – e grandes seriam suas chances de chegar são e salvo. Além disso, Starheim tinha uma carta na manga. Antes de embarcar no *Galtesund*, havia ditado uma mensagem a ser enviada à SOE caso o sequestro tivesse êxito. Dizia: "Capturado navio costeiro de 600 toneladas... Rumo Aberdeen. Por favor, forneçam escolta aérea, pois esperamos ataque de aviões alemães de manhã. Cheese".

A boa sorte favoreceu os piratas da SOE. Logo que Starheim estabeleceu o curso sudoeste para a Escócia, o tempo fechou. Uma violenta tempestade de neve desabou dos céus enegrecidos, envolvendo o navio em um torvelinho branco. Starheim ordenou que o piloto fosse buscar um mapa do mar do Norte. Precisava saber sua posição exata.

Feito isso, Starheim foi conversar com o capitão Knudsen, que estava muito ressentido.

"Por acaso há algum desvio na bússola do barco?"

O capitão resmungou, mas mesmo assim respondeu. Seu navio era excelente e muito bem cuidado: a bússola não falhava de modo algum.

De volta à ponte, com Skinnarland ao lado, Starheim – agente da SOE e agora comandante de piratas – firmou bem os pés no convés, pois a cada onda o *Galtesund* se sacudia todo. Um vento forte vinha de nordeste, batendo diretamente na popa. O *Galtesund* tinha sido construído para cabotagem, não para cruzeiros em alto-mar sob tempestades. Era de duvidar que os botes salva-vidas resistissem às ondas, mas se as condições climáticas adversas serviam para ocultar o navio dos ataques dos aviões alemães, então, entre os prós e contras, eram uma bênção.

Pouco depois do cair da noite, Starheim foi informado de que o capitão desejava falar-lhe. Dirigiu-se para a cabine do homem, resolvido a fazer as pazes com o idoso guerreiro castigado pelas agruras do mar.

"Lamento muito a situação em que coloquei o senhor e seus tripulantes", começou Starheim, em tom genuinamente contrito. "Mas, se não criar problemas, prometo-lhe que todos ficarão bem."

O capitão parecia cético.

"O que pretende então com meu navio?"

"Vamos para Aberdeen. Se a tripulação e alguns passageiros quiserem partir nos botes salva-vidas..." Relanceou o olhar para a tempestade; pesados flocos de neve vergastavam a escotilha da cabine. "Mas..."

"Não é possível sair nos botes", interrompeu o capitão. "O vento sopra de nordeste e, de qualquer forma, eles não são dos melhores."

Starheim reconheceu que o capitão estava certo. O vento arremessaria os botes para longe da costa norueguesa, rumo ao alto-mar. Talvez mesmo nem resistissem à tempestade. Não havia alternativa: todos a bordo teriam de suportar a travessia até Aberdeen... e o que até lá acontecesse. Como gesto de boa vontade, Starheim desamarrou o capitão, mas exigiu que ele permanecesse na cabine.

À noite, o vento mudou de direção. Agora vinha de sudeste, golpeando o costado do navio. O *Galtesund* balançava e adernava horrivelmente, lutando como uma baleia encalhada. Cargas amarradas no convés romperam as cordas e caíram nas mandíbulas famintas do mar. O imediato alertou Starheim para a necessidade de diminuírem a velocidade. O comandante dos piratas concordou. A velocidade era essencial: cada giro da hélice do navio os levava para mais perto da segurança. Mas seria uma loucura se Starheim empurrasse todos para um túmulo úmido nas profundezas do mar do Norte.

CAPÍTULO NOVE

Ao romper das primeiras luzes, Starheim e Skinnarland foram ficando cada vez mais nervosos. Não havia sinal da escolta da RAF que haviam pedido e a tempestade parecia ter cessado. Com efeito, Starheim precisou ordenar uma mudança de curso para ajustar o navio ao novo rumo e à corrente. Se, de algum modo, o destino não interviesse em seu favor, eles se tornariam um alvo fácil.

A inquietação dominava seus sentidos fatigados: teria a mensagem de rádio que solicitava apoio da RAF sido realmente transmitida? A SOE a recebera? O certo é que não havia nem sinal de aviões britânicos.

Por sorte, a luz da madrugada revelou uma visão absolutamente mágica. Quando as sombras se afastaram, uma densa massa de nuvens baixas foi se aproximando do *Galtesund*. Starheim e Skinnarland mal podiam acreditar naquilo. Os deuses pareciam sorrir-lhes de um modo que jamais teriam esperado. O navio, batido pela tempestade, mergulhou na neblina bem-vinda. Quase imediatamente, os homens postados no convés detectaram o ronco distante de um avião. Seria o inimigo ou a RAF voando em seu socorro?

Olhos ansiosos perscrutavam o céu cinzento e toldado de nuvens, enquanto o ronco se transformava em um ruído trovejante. A ponta de uma asa apareceu, envolta em neblina rodopiante. O desenho nítido da insígnia da Luftwaffe – uma cruz negra contra um quadrado branco de fundo – se tornou momentaneamente visível. Em seguida, o avião passou e desapareceu.

Starheim respirou aliviado: a neblina os salvara.

Às 13h15, outro avião invisível cruzou os céus. Quando emergiu da neblina, Starheim e Skinnarland avistaram, jubilosos, a insígnia da RAF: círculos vermelho, branco e azul. *Resgate*. Starheim ordenou que o imediato hasteasse a bandeira da Noruega. Depois que um segundo e um terceiro aviões se juntaram ao primeiro, os homens do barco sinalizaram:

"Indo para Aberdeen e precisando de escolta."

"Parabéns", responderam os tripulantes dos aparelhos da RAF.

Uma hora depois, um barco de pesca armado apareceu e sinalizou ao *Galtesund* que o seguisse. Os pilotos da RAF inclinaram as asas dos aparelhos, em uma saudação final, e se perderam a distância, deixando ao pesqueiro a tarefa de guiar o *Galtesund* até o porto. O navio norueguês teve de reduzir a velocidade para acompanhar a marcha mais lenta do pesqueiro, mas pelo menos os homens a bordo já se sentiam mais seguros.

Enquanto as duas embarcações rumavam para Aberdeen, os piratas de Starheim sugeriram uma comemoração: o *Galtesund* levava caixas de cigarros e bebidas. Starheim não o permitiu – ao menos até chegarem ao porto. Ainda estavam longe e era cedo demais para baixar a guarda.

Com velocidade reduzida, somente às 8 horas da manhã seguinte é que se ouviu o gemido sonoro de uma sirene em meio à névoa marinha. Ela marcava a posição do farol ao sul de Aberdeen. Starheim deixou que o capitão Knudsen manobrasse o navio para entrar no cais, onde um contingente da polícia militar subiu a bordo.

Starheim contou-lhes de onde o navio viera e quem transportava, e que não havia nenhum nazista reconhecido entre os tripulantes. Pediu também para ver o capitão Ellman, um oficial norueguês de inteligência com base em Aberdeen. Os dois homens se conheciam de operações anteriores e Starheim preferiria relatar sua extraordinária aventura a ele.

"A captura do navio não aconteceria sem Biscuit e Skinnarland", disse a respeito da operação. "Eles foram... muito espertos e desempenharam muito bem seu trabalho. Biscuit me ajudou bastante e é um ótimo rapaz. Skinnarland me causou excelente impressão."

Pelo que se sabe, Starheim não teve nenhuma chance de celebrar a chegada segura do grupo com um de seus camaradas conspiradores. A pedido do ex-chefe de escoteiros John Wilson, o pirata improvisado Skinnarland foi retirado do porto e posto no primeiro trem para Londres. Queriam-no urgentemente no quartel-general da SOE.

Nesse meio-tempo, na Noruega, o desaparecimento do *Galtesund* provocava o maior rebuliço. Como Starheim o manobrara para dentro da névoa bem-vinda, os alemães espalharam o boato de que o vapor costeiro havia afundado com todos os tripulantes e passageiros. Mas ninguém nas comunidades marítimas locais acreditou nessa história.

Comentou-se que o *Galtesund* rumara para a Escócia, provavelmente sequestrado pelos seis misteriosos passageiros que haviam subido a bordo. Pouco depois, os alemães se viram obrigados a admitir que um avião de reconhecimento avistara o *Galtesund* escoltado por navios de guerra britânicos e se dirigindo à costa escocesa. Felizmente, como o sequestro parecia ter sido obra da marinha britânica, nenhuma represália foi tomada contra as famílias dos tripulantes.

Por uma estranha coincidência, a carga do *Galtesund* incluía materiais de real valor para o Reich. Havia pouco, os alemães tinham terminado a construção de dez estações de rádio erguidas ao longo da costa norueguesa. Durante dois meses, aguardaram a chegada, da Alemanha, de equipamento especial a ser instalado nelas. Por acidente ou acaso, essa preciosa carga estava a bordo do navio que caíra nas mãos dos britânicos.

Além do equipamento de rádio, o *Galtesund* transportava um aparelho meteorológico recém-desenvolvido. Starheim é que o levara disfarçadamente para bordo, supondo que seria de interesse da inteligência britânica. Foi descrito como "o instrumento que os alemães agora usam em seus balões de observação meteorológica... Cheese o trouxe por achar que talvez tivesse algo novo nele de nosso ponto de vista".

Fora bebidas e cigarros, a maior parte da carga do *Galtesund* consistia de comida enlatada. Wilson acolheu-a de bom grado. "De modo algum a parte menos importante... eram os rótulos nas latas", explicou ele, "que podiam ser copiados quando enviássemos suprimentos à Noruega." O departamento de falsificação da SOE imprimiria réplicas, de modo que as rações mandadas por avião aos agentes e grupos de resistência pareceriam legítimos produtos noruegueses.

Aliviado de sua carga, o *Galtesund* de 600 toneladas não ficou inativo. Foi posto em serviço na Northraship – a Norwegian Shipping and Trade Mission –, uma linha de mil navios que operava a partir de Londres. Pertencente à frota mercante norueguesa fora das águas controladas pelos alemães, a Northraship, era então a maior empresa marítima do mundo e um grande trunfo para o esforço de guerra britânico. O pirateado *Galtesund* ficou em muito boa companhia, como vários de seus tripulantes – que preferiram continuar servindo nele.

Em reconhecimento por ter liderado o sequestro do navio, Odd Starheim recebeu a Ordem por Serviços Relevantes (Distinguished

Service Order, DSO), por sugestão de seus superiores na SOE – os quais não poderiam estar mais satisfeitos com esse ato não autorizado de pirataria, que além de tudo pusera o cobiçado Einar Skinnarland em suas mãos.

Trazer Skinnarland à Grã-Bretanha era a primeira fase de uma operação ultrassecreta da SOE com o codinome Grouse, cujo objetivo consistia em impedir que mais água pesada chegasse à Alemanha. Skinnarland, é claro, ignorava tudo sobre o assunto. Interrogado por um agente de segurança logo depois de chegar ao cais de Aberdeen, ficou surpreso ao descobrir que o homem sabia muita coisa sobre ele, por conversas com um "amigo comum".

Durante a longa viagem até Londres, o agente informou Skinnarland sobre os esforços dos nazistas para construir uma arma nuclear e o papel importantíssimo da fábrica de Vemork nessa corrida para o Armagedom. Chegando a Londres, Skinnarland foi levado ao escritório de John Wilson no Chiltern Court, um quarteirão de prédios de apartamentos situado perto da estação do metrô da Baker Street, parte dos "esconderijos" de agências secretas da SOE que proliferavam nas imediações dessa rua.

Ainda era muito cedo, mas já o esperavam. Skinnarland iria ter uma grande surpresa. Sentada diante dele, estava uma figura conhecida: Leif Tronstad, um compatriota norueguês que havia passado bastante tempo na área perto da casa de Skinnarland. Mais importante ainda, é que Tronstad tinha projetado e construído a fábrica de água pesada de Vemork.

Tronstad fora um eminente professor no Instituto de Tecnologia Norueguês, em Trondheim. Com 39 anos de idade, era uma presença marcante. Mas, agora, Skinnarland – ele próprio ex-estudante de engenharia – admirava o professor por razões bem diferentes.

Depois da invasão alemã, Tronstad tinha levado a esposa e dois filhos pequenos para a residência rural de seus cunhados na

Noruega. Quando as Divisões Panzer alemãs avançaram para o norte a partir de sua cabeça de ponte, ele se juntou aos defensores da pátria. Durante mais de três semanas e auxiliado por forças britânicas desembarcadas no país, Tronstad lutou ferozmente para barrar a entrada por dois compridos vales que ligavam Oslo a Trondheim.

Tendo de recuar inapelavelmente, quando veio a ordem de rendição, Tronstad e seus homens enterraram as armas e munições para usá-las no futuro. Publicamente, ele voltou a seu trabalho como professor universitário e consultor da Norsk Hydro. Secretamente, tornou-se um líder no movimento de resistência, recrutando alunos para uma célula que ficou conhecida como Skylark B.

Tronstad tinha seu próprio codinome, muito apropriado: "The Mailman" [o Carteiro]. Referia-se a seu papel no envio de informações sobre as indústrias norueguesas à Grã-Bretanha, indústrias que poderiam ajudar bastante o esforço de guerra nazista. Por algum tempo, a Norsk Hydro foi apenas uma de suas muitas áreas de interesse. Mas, na primavera de 1941, Londres se comunicou pedindo para saber tudo quanto fosse possível sobre a fábrica de água pesada de Vemork.

O Carteiro informou o que sabia: os alemães estavam decididos a aumentar em muito a produção. Mas ignorava o que pretendiam fazer com a SH200. Tronstad se pôs em estreito contato com Jomar Brun, o agente duplo em Vemork e seu ex-colega de escola. Juntos, passaram mais dados ao quartel-general da SOE. Logo, porém, a Gestapo entrou em cena: o transmissor de rádio da Skylark B caiu em suas mãos, juntamente com o estudante que o operava.

Esse estudante foi torturado. Falou. A rede Skylark B começou a implodir. A 20 de setembro, uma mensagem de advertência chegou até Tronstad: "O Carteiro tem de desaparecer". Tronstad se despediu às pressas de sua amada esposa, Bassa – namorada de infância –, e de seus dois filhos, e sumiu. Por fim, cruzou a fronteira com a Suécia neutra e dali partiu para a Grã-Bretanha.

Alguns desses fatos Skinnarland conhecia; outros, tinha adivinhado. E agora lá estava ele, apenas setenta e duas horas depois de sequestrar o *Galtesund*, sentado diante do Carteiro em um misterioso escritório de Londres.

Ao lado de Tronstad via-se outro homem, bem mais velho. Havia algo naquela figura que evocava o soldado endurecido na guerra, com seu cabelo ralo, seu nariz cheio de cicatrizes, sua aparência taurina e sua cara de sapo. Mas, por baixo das sobrancelhas cerradas, Skinnarland percebeu olhos que brilhavam com uma inteligência toda própria e não pouca astúcia.

Wilson se apresentou e, por alguns instantes, os três conversaram sobre coisas corriqueiras antes de Wilson e Tronstad dispararem perguntas contra o norueguês recém-chegado.

"Há duas coisas que queremos saber de você. Primeira: acha que deram por sua falta?"

Skinnarland balançou a cabeça. Como muitos em sua região natal, ele era um habilidoso caçador e pescador.

"Acredito que não. Eu disse a todos que estava indo caçar nas montanhas."

Wilson trocou um olhar com Tronstad. Nos últimos meses, os dois homens haviam aprendido a confiar inteira e instintivamente um no outro. Wilson comandava a Seção Norueguesa da SOE e Tronstad, a organização equivalente do governo norueguês no exílio. Juntos, haviam reunido as mais detalhadas e consistentes informações sobre a fábrica de Vemork.

"Beneficiamo-nos consideravelmente do conselho e total cooperação que o 'Professor' nunca nos negou", escreveu Wilson sobre seu "querido e íntimo amigo". "O Professor ia sempre ao nosso apartamento privado em Chiltern Court. A campainha soava, logo a porta se abria e ouvia-se um grito: 'Margaret, você tem aí alguma coisa para comer?'"

Wilson era filho de um clérigo escocês que exerceu também as funções de decano da Universidade de Edimburgo. Quando indagado sobre seu conhecimento do Reino Unido, escreveu em seu formulário de recrutamento da SOE: "Viajei por toda a Grã-Bretanha... mas prefiro as Highlands [Terras Altas da Escócia]". Wilson se casara com uma escocesa e Margaret era sua travessa filha adolescente. Tronstad nutria profunda afeição pelo "velho e malandro chefe de escoteiros", como chamava Wilson, e sua família.

Wilson virou-se para Skinnarland e fez-lhe a outra pergunta – a mais importante.

"Estará disposto, se o treinarmos, a descer de paraquedas no Hardangervidda, antes que deem pela sua falta? Precisamos saber tudo o que se passa em Vemork."

Skinnarland assentiu com um leve gesto de cabeça. Não havia necessidade de dizer nada. Estava mais que pronto.

Wilson fez uma pausa. Observava atentamente Skinnarland.

"Sou forçado a dizer que vai se encarregar de uma missão muito difícil. Não podemos perder um minuto... Falando francamente, estamos bastante preocupados com o que andam fazendo na Norsk Hydro. Os nazistas acabam de pedir quase 5 toneladas de água pesada, a serem entregues no Natal. E você já deve adivinhar que tipo de brinquedo poderá ser dado de presente a Londres."

Em seguida, forneceu os detalhes básicos da Operação Grouse. Skinnarland deveria voltar à Noruega para montar uma rede de inteligência totalmente discreta, sem ligação com as demais. Desceria sozinho de paraquedas, mas outros – um punhado de agentes noruegueses da SOE – logo se juntariam a ele. Sua missão consistiria em sabotar as instalações de Vemork em uma ação clandestina de guerrilha e destruir todos os suprimentos de SH200 antes de serem embarcados para a Alemanha.

O papel de Skinnarland como elemento de vanguarda e ligação com a fábrica de Vemork era de suma importância. O grupo, muito provavelmente, só teria uma chance de atacar. Devia, pois, resolver o caso da primeira vez.

"Não queremos que se meta nisso de olhos fechados", advertiu Wilson. "Descer de paraquedas não é nada fácil e teremos pouco tempo para instruí-lo."

Antes que o ataque fosse desencadeado, Wilson queria saber tudo o que os alemães pudessem estar fazendo dentro e nas imediações da fábrica de SH200. Detalhes sobre as medidas de segurança e as defesas eram imprescindíveis. Quanto mais Skinnarland conseguisse descobrir por que, exatamente, os alemães queriam tanta água pesada, melhor – embora, para Wilson, fosse muito bom que tudo aquilo não passasse de uma artimanha. Wilson encerrou a conversa sublinhando a absoluta necessidade de sigilo.

A missão de Skinnarland deveria ser conhecida apenas pelos três homens que estavam naquela sala. Muitas das informações que ele recolhesse sobre Vemork não poderiam ser transmitidas por rádio, devido à sua importância; um mensageiro as entregaria em um escritório da SOE na Suécia, de onde seguiriam em mala diplomática para Londres. Os mensageiros – locomovendo-se de bicicleta, trem ou a pé em terreno inóspito – eram geralmente mulheres jovens, que atraíam menos suspeitas.

"Mensagens verbais ou escritas eram passadas", escreveu Wilson, "o comprimento de cada uma sendo compatível com a quantidade de papel que um homem pudesse engolir às pressas... Às vezes, um mensageiro levava uma semana para atravessar precipícios e montanhas, a fim de escapar aos controles e patrulhas nos vales."

As mensagens muito longas de Skinnarland, que não podiam ser engolidas rapidamente, iam pelo correio comum, usando-se um meio engenhoso de disfarce. Eram meticulosamente codificadas e enviadas em *duff* [pudim] – ou sistema de micropontos. Fotografavam-se páginas datilografadas inteiras, a seguir reduzidas a pequenas manchas não maiores que cabeças de alfinete e espalhadas por uma carta de aparência inocente, onde ficavam escondidas nos pontos finais como uvas-passas num pudim de Natal. "Pôr frutas secas no pudim", no jargão do exército britânico, significava "enviar mensagem em *duff*". Para recuperar a mensagem, usava-se um microscópio que a amplificava 200 vezes.

Wilson deixou bem claro que Vemork era a prioridade absoluta da SOE e que esse alvo devia ser "eliminado" por completo. O tempo urgia. Skinnarland desceria de paraquedas na Noruega antes que alguém estranhasse sua ausência. O resto do "feriado de Páscoa" era todo o tempo de que dipunham para transformar aquele engenheiro que gostava de viver ao ar livre em um dos agentes mais importantes da SOE na Europa ocupada.

Decidida a missão de Skinnarland, Tronstad o levou a um bar local, para ele degustar alguns copos da boa cerveja britânica. Depois... treinamento.

Eis as ordens para a Operação Grouse: "Uma organização será criada... totalmente independente de outras na Noruega..." Armas, equipamentos de rádio e colegas operadores saltariam de paraquedas para se juntar a Skinnarland. Uma mensagem de rádio em código seria enviada pela BBC informando-o da iminente chegada do grupo. Em vez da frase de abertura do noticiário da noite – "Estas são as notícias de Londres" –, o locutor diria: "Estas são as últimas notícias de Londres".

Wilson tinha enorme apreço por seus agentes noruegueses. "Eu sabia que qualquer agente norueguês qualificado aceitaria a missão, caso eu lhe pedisse", observou ele a respeito da Operação Grouse. Mas o superagente de Wilson, Odd Starheim, estava fora de cogitação – era conhecido demais. Sua atuação como operador disfarçado na Noruega não poderia se repetir. Starheim agora se encarregaria de missões ofensivas, ao estilo comando.

Wilson havia elaborado praticamente sozinho o regime de treinamento da SOE e o dividira em três partes. Na primeira, vinham três semanas de exercícios com explosivos, tiro ao alvo e exames físicos, "principalmente para nos certificarmos de que o candidato estava apto". Os que passavam nos exames se submetiam a "outro processo de eliminação" na área de Arisaig, Escócia, onde se familiarizavam com "explosivos de última geração, armas leves, combate corpo a corpo e treinamento físico". Para quem sobrevivia a isso estava reservado um terceiro período de treinamento especial em Beaulieu, na região de New Forest. Ali aprendiam "códigos, escrita secreta e guerra psicológica" para se tornarem agentes, operadores de rádio e sabotadores.

Wilson percebeu, desde o início, que a SOE não estava formando uma unidade militar convencional. "A disciplina, em grande medida, tinha de ser própria. Era necessário fechar os olhos a certas falhas pessoais e idiossincrasias. Cumpria substituir a rígida disciplina militar por uma política de confiança mútua."

Ele logo aprendeu de que tipo de homem – e mulher – a SOE precisava. "Por mais corajosos e eficientes... que fossem os recrutas, percebi que outras habilidades e qualidades eram exigidas. O gângster durão das histórias de detetive não tinha grande valor e, na verdade, podia ser um perigo."

"Nenhum programa normal de treinamento consegue determinar o caráter de um homem", observou ele. "É estranho, mas verdadeiro, que de alguns dos melhores membros da Companhia

Linge se pensasse a princípio que não dariam bons agentes. E um membro brilhante foi quase rejeitado como incapaz."

Em Einar Skinnarland, Wilson sentiu ter encontrado o operador certo, mas não tinha ilusões quanto aos riscos da missão que lhe pedia para executar. "O clima é terrível a maior parte do tempo", escreveu ele sobre Hardangervidda, a zona onde Skinnarland devia saltar de paraquedas. "Neblinas súbitas, ventos imprevisíveis, redemoinhos inesperados... além de centenas de geleiras perigosas, pântanos, lama e rios intransponíveis." Ninguém, por escolha, saltaria em um lugar daqueles.

Skinnarland tinha menos de duas semanas para receber instrução da SOE – inclusive o treinamento em saltos de paraquedas –, coisa que em geral exigia vários meses. Wilson descreveu esse curso apressado como "a reviravolta mais rápida e a peça mais vital de treinamento que jamais executamos".

Skinnarland passou apenas dois dias na escola de rádio da SOE e mais três recebendo lições de paraquedismo. Seu avaliador disse dele: "Era muito dedicado... Apesar do treinamento feito às pressas". Às pressas, de fato. Após esses poucos dias de preparação febril, Skinnerland foi considerado apto.

Os últimos conselhos de Wilson ao norueguês ruivo foram: se ele alguma vez estivesse acuado ou em uma situação não prevista por suas ordens, então deveria agir segundo seu próprio tirocínio. Tal qual ocorrera com o sequestro do *Galtesund*, tudo o que fizesse contaria com o apoio da SOE.

Com essas palavras ecoando nos ouvidos, Skinnarland se preparou para saltar, sozinho e protegido pela noite.

CAPÍTULO DEZ

O bombardeiro Armstrong Whitworth Whittley fendia o céu soturno, as hélices zumbindo no frio ar primaveril. Era 28 de março de 1942 – apenas duas semanas depois que o bando de piratas de Starheim sequestrara o *Galtesund* nas águas norueguesas. O ronco dos dois motores Rolls-Royce Merlin tornava qualquer conversa impossível. Einar Skinnarland, porém, não teria com quem falar: estava sozinho no porão do Whitley, que vibrava com o movimento das hélices.

O avião solitário trovejava noite adentro, tendo as trevas como única proteção. Armado com uma única metralhadora na frente e quatro atrás, o Whitley era altamente vulnerável. E com uma velocidade máxima não muito superior a 300 quilômetros por hora, dificilmente escaparia aos caças noturnos da Luftwaffe. A única esperança da tripulação era que o aparelho se esgueirasse despercebido pelo céu noturno.

Skinnarland não sabia, mas aquela era apenas a segunda missão do tipo que a SOE mandava pela RAF à Noruega. Na torre da frente, o encarregado das bombas se debruçava sobre seu visor, logo abaixo do artilheiro. Nessa noite, não tinha explosivos para lançar lá de cima. Agora sua tarefa consistia em localizar, juntamente com o navegador do Whitley, a zona de descida de Skinnarland: um ponto ao norte do lago Møs, em meio a uma verdadeira colcha de retalhos composta por neve, pedras, gelo, lagoas, pântanos gelados e montanhas. O Hardangervidda se estendia a perder de vista – o maior planalto da Europa e, aparentemente, o pior pesadelo de um navegador.

Skinnarland vestia seu novo macacão branco e acolchoado de paraquedista, que o mantinha passavelmente aquecido no porão frio da aeronave. Ao lado, jazia a mochila, com seu saco de dormir, rações de emergência e uma garrafa térmica de chá. Mais no fundo da mochila, mudas de roupa, documentos falsos, 20 mil coroas e uma câmera com 20 rolos de filme – para espionar a fábrica de Vemork.

Nos fundos do compartimento de bombas do Whitley, via-se um grande tubo de metal contendo duas Steins, 14 Lugers, 640 balas e 20 facas de luta usadas pelos comandos – armas para a Operação Grouse. Na verdade, a perspectiva de um combate não abalava Skinnarland em demasia. Mas temia uma coisa: deixar-se cair pelo alçapão de bombas na escuridão ameaçadora. Era algo muito pouco natural para se fazer – e enchia-o de terror.

Preparando-se no porão solitário, Skinnarland tinha plena e amarga consciência de quão despreparado estava para o salto iminente. Repetia a toda hora as instruções do treinador: "Junte os pés e deixe-se cair suavemente. Relaxe todos os músculos ao saltar e ao pousar. Dobre as pernas e caia de joelhos. Livre-se do paraquedas o mais rápido possível".

Poucos minutos antes da meia-noite, o despachante da aeronave lhe deu o aviso. Os motores zumbiram alto quando o alçapão de bombas se abriu. Uma forte corrente de ar encheu o porão. *Fria*. Embaixo, estendiam-se lagos parcialmente congelados, geleiras cortadas de fendas, rochedos gigantes e pântanos perigosos. O despachante empurrou a caixa de armas para perto do alçapão e, quando a luz de salto ficou verde, lançou-a na noite vazia.

Skinnarland aproximou-se da abertura ameaçadora, de onde só se avistava a escuridão. Agachou-se e, tomado de pânico, passou as pernas sobre a borda.

"É como um vaso sanitário", gritou o despachante, "com a diferença de que sou eu quem aperta a descarga."

Era uma valente tentativa de aliviar a tensão, mas, de algum modo, Skinnarland não achou graça nenhuma. O despachante baixou rapidamente o braço, avisando que era o momento de saltar, mas o norueguês se sentiu paralisado, preso ao chão. O despachante levantou e baixou novamente o braço, com urgência cada vez maior. Mas Skinnarland não se moveu. *Não podia se mover*. Impasse.

O Withley fez várias passagens sobre a zona de salto e Skinnarland continuava preso ao aço frio do aparelho. Por fim, o despachante aproximou os lábios de seu ouvido e gritou que estavam com pouco combustível, motivo pelo qual teriam de abortar a missão.

"Vamos voltar – bradou ele."

Skinnarland replicou com voz estrangulada:

"Não! Eu salto!"

Sua mente voltou-se então para algo de muito especial que havia guardado bem no fundo da mochila. Uma colher de prata decorada no cabo com o símbolo das Casas do Parlamento. Era um presente para sua mãe; mas, se ele não saltasse, ela não a receberia tão cedo.

Minutos depois da meia-noite, e com muita força de vontade, Skinnarland obrigou-se a agir. Soltou as mãos e, um segundo depois, mergulhava no abismo escuro. Estava preso a uma corda amarrada no porão do Whitley. Ao distanciar-se do avião, a corda liberou o paraquedas de seu invólucro.

O paraquedas abriu-se como uma flor acima dele e firmou-se com um estalido agudo, à semelhança de uma vela de navio percutida por uma lufada de vento. Uma brisa forte assobiou por entre o cordame. Aquilo era bem diferente de descer à luz do dia sobre um prado tranquilo e primaveril da Inglaterra, mas pelo menos agora Skinnarland começava a recuperar a calma.

O vento soprava rijo de noroeste, tangendo-o para uma encosta rochosa. Skinnarland tentou seguir as instruções de seu treinador, mantendo os joelhos juntos e encurvados, na preparação para rolar com o impacto. Mas bateu violentamente no chão coalhado de pedras, com o joelho recentemente ferido e as costas absorvendo o choque. Acabou estatelado em uma saliência.

Penosamente, foi se levantando. A espinha latejava e doía muito. Mas não havia muito que pudesse fazer quanto a isso agora. Examinou o terreno, à procura da caixa de armas. Naturalmente, não a viu. Retardara o salto por uns bons vinte minutos, tentando reunir coragem. A caixa poderia ter caído em qualquer lugar.

Olhou para o monte Gausta próximo, o parquinho de suas brincadeiras e corridas de esqui na infância. Sua silhueta era quase indistinta à luz fraca da lua. Skinnarland calculou que pousara cerca de 15 quilômetros ao norte do lago Møs. Não seria uma jornada difícil em circunstâncias normais; agora, porém, sentia dores por toda a espinha e seu joelho ainda se ressentia da operação recente.

Skinnarland pôs-se a caminho, movendo-se com dolorosa lentidão nas trevas da noite. Chegou à sua casa pouco antes de as primeiras luzes da manhã iluminarem os céus sobre o lago Møs. Só uma pessoa da família sabia onde ele estivera: seu irmão, Torstein Skinnarland, também membro da resistência. Os outros – inclusive a mãe e o pai – saudaram-no como se ele tivesse ido passar uns dias em um lugar remoto.

Fazendo o melhor para evitar perguntas sobre suas costas machucadas, lembrou-se então da colher com o brasão das Casas do Parlamento. Como explicaria isso? Tais coisas não se encontram com facilidade no Hardangervidda! Teria de guardá-la para uma ocasião melhor no futuro, quando a mãe estivesse, em segurança, a par de suas atividades pouco convencionais.

Agora, sua prioridade era encontrar a caixa de armas. Depois de comer e descansar, pegou seus esquis para ir ao encontro de alguns colegas da resistência. A união faz a força e ele precisava do máximo de ajuda possível para descobrir o paradeiro da carga. Caso não o fizesse sem demora, muito provavelmente a próxima nevasca a cobriria e ela ficaria sepultada por toda a duração da guerra.

No mesmo dia em que Skinnarland desceu de paraquedas na Noruega, Wilson compilou um volumoso dossiê de evidências em apoio do ataque a Vemork. Em uma carta "Ultrassecreta" a Michael Perrin, cientista veterano na empresa química britânica ICI, que agora trabalhava para a Tube Alloys, enumerou as quantidades de água pesada enviadas ao Reich, já seis vezes maiores que no início da ocupação alemã:

De abril a dezembro de 1940	240 kg
1941	300 kg
De 1º de janeiro a 6 de março de 1942	300 kg

Concluiu assim a carta: "O senhor pode usar sem problemas esses dados para qualquer finalidade coberta pela ressalva 'Ultrassecreta'... entretanto, talvez seja conveniente que não revele a fonte da informação". A fonte era, é claro, o agente duplo Jomar Brun.

No mesmo dia, Wilson marcou uma reunião com lorde Louis Mountbatten, chefe das Operações Combinadas, a fim de discutir sua principal prioridade: "Um ataque à fábrica da Norsk Hydro com o objetivo de interromper a produção de água pesada ou, de preferência... trazer para este país uma fração dela, altamente concentrada".

Essa última parte era uma decisão inteiramente nova.

O professor Tronstad fora o primeiro a propor que a SH200 de Vemork deveria ser roubada e não destruída, para fomentar o programa nuclear dos Aliados. O plano audacioso de Tronstad – um ato de insolência não muito diferente do sequestro do *Galtesund* – pressupunha o envio de um hidroavião que pousaria em uma faixa estreita de água, talvez o lago Møs, para recolher a SH200 tomada por Skinnarland e seus camaradas da Operação Grouse.

Wilson se entusiasmou com a possibilidade de roubar a água pesada debaixo do nariz dos alemães. Gostava do não convencional, do impensável. No início da guerra, ficou irritado ao saber que só rapazes com mais de 16 anos poderiam entrar para a organização da Defesa Civil Britânica.

"Decisão absurda", escreveu ele na qualidade de chefe do Movimento Escotista, após ter sugerido, a fim de ajudar no esforço de guerra, que seus lobinhos e pioneiros colaborassem como sinalizadores. "Garotos de 14 ou mesmo de 12 anos podem, até com vantagem, atuar como mensageiros." Roubar a água pesada dos nazistas estava bem de acordo com o caráter de Wilson.

Havia cada vez mais pressa no quartel-general da SOE – e por uma boa razão. Recentemente, uma fonte da mais alta credibilidade em Estocolmo havia informado que "os alemães estão bem adiantados no projeto de fabricação da bomba de urânio, extremamente poderosa e capaz de destruir tudo... Uma só bomba terá energia suficiente para arrasar uma cidade inteira".

Citando uma "fonte das mais sigilosas", o Serviço Secreto de Inteligência (Secret Intelligence Service, SIS), jogou mais lenha na fogueira ao identificar um "forte interesse da *Abwehr* pela África Ocidental Alemã em geral e o Congo Belga em particular". A *Abwehr* era o equivalente alemão do SIS e vários de seus agentes tinham sido capturados quando tentavam entrar no país "para espionar".

Pelo que o SIS conseguiu descobrir, esses agentes haviam sido enviados a fim de observar os movimentos de tropas aliadas e as posições defensivas, além de identificar os principais aeródromos. Os alemães analisavam a possibilidade de suas forças aéreas dominarem o país, apossando-se do maior suprimento de urânio do mundo.

Para agravar ainda mais a inquietação, Niels Bohr – o patriarca da física atômica, agora acuado na Dinamarca ocupada – fizera um relatório, que acabara chegando a Londres, onde se referia a um encontro que tivera com seu ex-aluno, Werner Heisenberg. Durante a conversa, Heisenberg – o principal nome do *Uranverein* – admitira que uma bomba atômica podia ser construída e que estavam "trabalhando nela".

Outro fato que intensificava o senso de urgência era que Einar Skinnarland logo iria transmitir seu primeiro relatório. Na terceira semana de abril de 1942 – menos de um mês após seu retorno à Noruega –, Skinnarland entrou em contato com a SOE. No comunicado, revelou que a produção de SH200 havia aumentado de novo e que aumentaria ainda mais.

Os cientistas nucleares na Tube Alloys se debruçaram sobre os dados fornecidos por Skinnarland. Como Wilson, reconheceram a necessidade de entrar logo em ação e enviaram uma nota ao Gabinete de Guerra de Churchill. Cuidadosa na forma, mas claríssima no conteúdo, a nota refletia sua crescente convicção de que os alemães estavam trabalhando em uma arma nuclear à base de plutônio e não mais de urânio.

"O elemento 94 [plutônio] é tão eficiente quanto o U-235 para fins militares. E, como esse elemento pode ser mais bem preparado em sistemas que envolvem o emprego de água pesada... deve-se tentar, se possível, interromper a produção da Norsk Hydro."

Com o tempo, o plutônio se tornaria a matéria-prima de escolha para a bomba atômica. Ele é mais fácil de explodir e mais barato de produzir do que as armas que utilizam o urânio (U-235). Combinar a SH200 com o plutônio era o caminho seguro para a superbomba e os alemães já estavam bem adiantados nessa corrida.

A 29 de abril, os especialistas da Tube Alloys redigiram um telegrama para Wilson, intitulado "Água Pesada": "A produção toda... é destinada pelos alemães a fins científicos da maior importância. Temos o máximo interesse em saber para onde os carregamentos são despachados. Perguntaram-me se existe a possibilidade de obter essa informação. Podem ajudar?"

Wilson, é claro, estava mais ou menos a par de tudo isso. Em junho do ano anterior, ele soubera que a SH200 era enviada para o escritório do físico Kurt Diebner, chefe do *Uranverein*, em Berlim. Mas isso ocorrera dez meses antes. Se é que havia agentes da SOE dentro da Alemanha, nenhum deles seria capaz de penetrar no programa de pesquisa nuclear do Terceiro Reich: sua melhor – e única – fonte de inteligência estava dentro da fábrica de Vemork.

Este era outro pedido que deveria ser enviado por rádio a Skinnarland: *descubra de onde a SH200 é despachada para a Alemanha.*

Na correspondência que ia e vinha entre a SOE, a Tube Alloys e seus chefes políticos, todos os remetentes expressavam a necessidade absoluta de segredo. "Esse assunto, vale dizer, é extremamente confidencial", dizia uma carta da Tube Alloys ao Gabinete de Guerra. Se alguma coisa "vazasse" sobre a Operação Grouse, seria um desastre, pois incursões em pequena escala daquele tipo dependiam, sobretudo, do elemento surpresa.

A fim de preservar o segredo, os alemães haviam adotado um codinome para o precioso líquido de Vemork: SH200. Wilson achou necessário ter o seu próprio. "Não seria adequado inventar algum nome em código para esse assunto em particular?", sugeriu ele. Tomou-se uma decisão: "O codinome Lurgan foi aplicado ao interesse da SOE no óxido de deutério" – nome científico da água pesada.

Na primavera e início do verão, novos relatórios foram mandados por Skinnarland, alguns escondidos como micropontos em tubos de creme dental. Os canais de inteligência de Wilson começaram a bombear informações – de Jomar Brun, o agente duplo em Vemork, via Skinnarland, o intermediário, até o professor Tronstad, o especialista e analista interno, e daí para o próprio Wilson, o homem de ação.

Fotografias, diagramas e esboços minuciosos da fábrica de Vemork foram reduzidos a imagens que podiam ser escondidas em um ponto-final e enviadas a Londres. Wilson certificou-se de que Churchill ficasse a par dos principais desenvolvimentos referentes à água pesada, agora citada como "Lurgan" em todas as correspondências. O primeiro-ministro britânico planejava uma viagem decisiva aos Estados Unidos e, em sua agenda, o tópico principal seriam as armas nucleares.

No dia 17 de junho de 1942, Churchill embarcou em um hidroavião Boeing para aquele que seria possivelmente o encontro mais importante da guerra. Seu destino final era o Hyde Park em Nova York, onde ele e Roosevelt tinham muito a discutir. O quadrimotor Boeing 318 Clipper era um dos maiores aviões da época, especialmente projetado para voos transatlânticos. Churchill foi, o que era bem característico dele, o primeiro chefe de Estado a fazer essa travessia pelo ar e tinha razões de peso para assumir aquele risco na ocasião.

Quando o gigante de 46 metros de envergadura subiu ao céu sobre as águas escuras de Stranraer, a questão da corrida para construir a primeira bomba atômica não saía da cabeça de Churchill. Ele não ignorava que a Grã-Bretanha, sozinha, jamais venceria esse páreo com a Alemanha nazista. Precisava que a América embarcasse no trem nuclear.

Muita coisa, é claro, refervia em sua mente durante o longo voo. A América havia entrado na guerra, mas nem tudo ia bem. No norte da África, as Divisões Panzer do general Rommel acossavam as forças aliadas; os submarinos alemães perseguiam os comboios que levavam material de guerra vital dos Estados Unidos para a Grã-Bretanha; as forças armadas norte-americanas ainda não tinham se recuperado totalmente do ataque japonês a Pearl Harbor; boa parte de Londres tinha sido arrasada pelos bombardeios; e a Europa ocidental definhava sob o punho de ferro de Hitler.

França, Polônia, Dinamarca, Noruega, Bélgica, Holanda, Áustria, Grécia, Tchecoslováquia, Hungria, Romênia e Iugoslávia haviam caído sob o domínio da Alemanha, que tinha por parceira na agressão a Itália fascista. Entretanto, o que mais inquietava Churchill era a pergunta premente: quanto à frente dos Aliados estavam os alemães no campo nuclear e o que poderia ser feito para detê-los?

"Nós dois sentíamos dolorosamente os perigos de não fazer nada", escreveu Churchill mais tarde, o "nós" incluindo seu bom amigo Roosevelt. "Sabíamos dos esforços dos alemães para obter suprimentos de água pesada – um termo sinistro, fantasmagórico, antinatural que começou a aparecer em nossos documentos secretos. E se o inimigo conseguisse a bomba atômica antes de nós? Não podíamos correr o risco mortal de ser superados nessa esfera assustadora."

Com Frederick Lindemann, seu consultor científico, Churchill aprendera que podia, se quisesse, usar cubos de gelo de água pesada em seu uísque, regar suas flores em Chartwell e mesmo permitir que seus netos a bebessem. Ela era tão inofensiva para os seres humanos quanto a água comum. Mas, combinada com plutônio, a coisa mudava de figura.

Após um longo voo – com o sol parecendo "retardar" a passagem do tempo – e duas refeições a intervalos de seis horas, o Clipper chegou a Washington, descendo no rio Potomac. Na manhã seguinte, um avião militar conduziu Churchill ao Hyde Park e dali o presidente o levou para sua residência privada.

Seguiram-se animadas discussões sobre o problema nuclear. Os dois homens estavam bem informados sobre a marcha de seus próprios programas e supunham – crença comum entre os Aliados – que a Alemanha nazista continuava muito à frente. Um famoso cientista americano declarara havia pouco: "Ninguém sabe... se estaremos prontos antes que as bombas alemãs devastem nossas cidades".

Na verdade, se e quando Hitler tivesse a bomba, Londres seria sem dúvida seu primeiro alvo. Caso destruísse a capital britânica de um golpe, obtendo êxito onde a poderosa Luftwaffe havia fracassado, a guerra se aproximaria vertiginosamente do fim. Diante dessa força brutal e implacável, a Grã-Bretanha seria obrigada a render-se – e a América, privada de um trampolim para iniciar a libertação da Europa, não poderia fazer nada.

Ambos os líderes conheciam o papel da SH200 de Vemork. Uma vez que os Aliados não dispunham de um suprimento suficiente de água pesada, sua opção era o grafite como moderador alternativo. Entretanto, se a Grã-Bretanha e a América unissem forças, uma bomba poderia ser fabricada nos Estados Unidos, com instalações eficientes de água pesada construídas no Canadá, que dispunha de um amplo potencial hidrelétrico.

Segundo Churchill, os dois faróis do mundo livre deveriam "partilhar informações, trabalhar juntos em termos iguais e dividir os possíveis resultados entre si". Roosevelt concordou de bom grado e ambos entraram num acordo para colaborar. Ao mesmo tempo, porém, reconheceram a necessidade premente de sabotar o programa nuclear alemão de todas as maneiras possíveis.

De algum modo, a dianteira de dois anos da Alemanha no campo nuclear tinha de ser anulada. Os Aliados precisavam de tempo e espaço para respirar a fim de vencer a disputa com o Reich. Para isso, a água pesada representava o fator-chave: era a única matéria-prima usada na fabricação da bomba nazista que se encontrava ao alcance dos Aliados. Urgia cortar o suprimento de SH200, pois assim eles poderiam recuperar o tempo perdido para a Alemanha.

Churchill voou de volta para Londres e ordenou que a fábrica de Vemork fosse destruída o mais rápido possível. O grande homem falara, com todo o peso do presidente americano atrás de si. O Gabinete de Guerra decretou: "A maior prioridade deve ser dada a esse alvo". Um memorando de 3 de julho aventou a perspectiva de um ataque, ressaltando: "O projeto deve envolver um hidroavião". O plano deveria ser elaborado pelo setor de Planejamento de Ataques do quartel-general das Operações Combinadas.

Wilson foi um dos maiores entusiastas da incursão contra Vemork, mas agora estava um tanto alarmado. Em um memorando "Ultrassecreto" de 29 de julho, reiterou que a água pesada era vista como "um assunto altamente sigiloso". Um ataque iminente com comandos contrariava a opinião dos especialistas. A Tube Alloys advertira contra uma ação que pudesse "atrair a atenção do inimigo para o fato de estarmos conscientes do significado dos trabalhos em Vemork".

Era o impasse de sempre. Se um ataque fosse lançado e fracassasse, o inimigo ficaria sabendo de tudo e se prepararia. Em seu memorando de 29 de julho, Wilson explicou que a SOE contava com um grupo capaz de "empreender uma tentativa para cortar a tubulação em VEMORK... É um projeto difícil, mas que vale a pena arriscar". O "grupo" eram Skinnarland e os homens da Grouse – quatro operadores da SOE que deveriam juntar-se a ele.

Wilson argumentou, habilmente, que Vemork era assunto para a SOE e devia continuar sendo. Sobre a necessidade de destruir tanto a água pesada existente quanto seus meios de produção, ele escreveu: "O uso desse material em explosivos de alta potência é a arma secreta de Churchill e Hitler. Inúmeros cientistas estão empenhados em uma disputa pelo resultado final... É absolutamente necessário que o maior sigilo seja preservado, mas, infelizmente, muitas pessoas parecem estar se metendo nesse assunto muito perigoso".

Quando o calor do verão de 1942 atingiu Londres, Wilson e Tronstad se reuniram com o pessoal das Operações Combinadas e da Tube Alloys para discutir as opções. Vários meios possíveis de ataque foram sugeridos:

1. Sabotagem local, usando-se as pessoas já empregadas na fábrica.
2. Envio de um grupo de sabotagem da SOE.
3. Envio de uma força de comandos com hidraviões para chegada e fuga.
4. Envio de um "esquadrão suicida" – sem chance de escapar.
5. Bombardeio da RAF.

A opção 1 estava fora de cogitação: se falhasse, seu principal elemento de inteligência – Jomar Brun, o homem plantado em Vemork – ficaria totalmente comprometido. A opção 5 tinha algumas vantagens, pois o que se aventava era bombardear o dique Norvann, situado bem acima das instalações de Vemork. Esse bombardeio teria sem dúvida um impacto catastrófico na fábrica embaixo, mas provavelmente "se revelaria fatal para a população inteira do vale". O risco de danos colaterais era altamente inaceitável.

Wilson observou que as opções 3 e 4 eram a mesma coisa: uma força de comandos *era* um esquadrão suicida, pois teria pouca ou nenhuma chance de escapar. O coronel Robert Neville, planejador-chefe das Operações Combinadas, tendia a concordar, mas ainda preconizava uma incursão daquele tipo. Algumas dezenas de comandos poderiam superar quaisquer defesas que os alemães tivessem no local e interromper o funcionamento de Vemork por toda a duração da guerra.

Wilson e Tronstad estavam convencidos de que a força Grouse precisava ser usada, em um ataque em pequena escala ao estilo guerrilha. Com Skinnarland já na área e outros quatro que seriam enviados para a incursão, era a escolha que fazia mais sentido, raciocinaram eles. Um pequeno grupo de noruegueses teria, de longe, a maior chance de entrar na fábrica sem ser percebido – e escapar.

Ao menos por enquanto, Wilson parecia ter vencido a parada. Vemork permaneceria uma operação especialmente da SOE, com Skinnarland e seu grupo constituindo o meio de efetuar aquela missão crucial. Felizmente, a equipe da Operação Grouse já tinha passado para a fase final de seu treinamento intensivo.

E o indivíduo que Wilson pretendia colocar à frente daqueles homens achava que eles estavam prontos para entrar em ação.

CAPÍTULO ONZE

Jens-Anton Poulsson examinou a estrutura que se erguia diante dele – uma fila de cilindros de madeira, 18 ao todo, instalados verticalmente ao longo de uma parede da majestosa casa inglesa. Nas últimas semanas, ele e seus homens tinham sido levados para uma hidrelétrica em Fort William, no noroeste da Escócia, alimentada por uma represa do vizinho rio Spean.

A hidrelétrica de Fort William era o que mais se parecia com Vemork na Grã-Bretanha, um lugar ideal para se ensaiar o próximo ataque. O grupo também percorreu as instalações de células de hidrólise da Lever Brothers, então a maior fabricante de sabão do país, a fim de se familiarizar com esse tipo de estruturas. Mas não há nada como ver o objeto real e praticar nele. Poulsson nunca estivera tão perto da fábrica de água pesada de Vemork que agora tinha diante dos olhos. Iria mandá-la pelos ares ou seria morto ou capturado na tentativa.

Aquilo era o ponto alto das muitas semanas de treinamento no local que agora os alemães chamavam de "Escola Internacional de Bandidos". Os especialistas da SOE haviam ensinado a Poulsson e sua equipe tudo o que era preciso saber para lutar nas sombras. Eles aprenderam a abrir fechaduras e explodir cofres; a se livrar de algemas; a montar todos os tipos de armadilha imagináveis; a manusear TNT, dinamite, algodão-pólvora e Nobel 808; a usar fuzis, submetralhadoras, pistolas, facas, venenos, drogas "boa noite cinderela", punhos e pés.

Sabiam perfurar concreto reforçado para introduzir explosivos e deitar abaixo portas de aço; pressionar levemente o gatilho de uma submetralhadora para disparar tiros isolados e assim economizar munição, que em missões como as deles sempre era escassa. Aprenderam os métodos da morte silenciosa – como usar a faca e o garrote para liquidar um homem antes que ele pudesse emitir qualquer som. Treinaram, no cenário em tamanho natural de uma aldeia, o modo de abrir fogo contra alvos que aparecessem em janelas, portas e esquinas.

Ensinaram-lhes que, em caso de luta, muitas vezes era melhor "mandar um alemão para o hospital. Isso deixa outros alemães de mãos e pés atados. Um inimigo morto vai para a cova e não atrapalha mais seus camaradas". Conheciam os pontos vulneráveis do corpo e nunca deviam esquecer-se de que sempre tinham no bolso alguma arma: uma lixa de unha; um alfinete; uma caneta-tinteiro. Melhor ainda se a caneta saísse do departamento de artefatos da SOE – MD1, Loja de Brinquedos de Churchill – e fosse projetada para espirrar cianeto. O MD1 desenvolveu armadilhas com pães, cigarros incendiários, ratos e camundongos explosivos. Um especialista do Zoológico de Londres foi consultado sobre as cores a serem aplicadas aos animais explosivos, para ficarem iguais aos verdadeiros.

E agora, no Campo de Treinamento Especial XVII (Special Training Station XVII, STS XVII), estavam aprendendo a sabotar uma fábrica de hidrólise de água pesada usando um modelo construído segundo especificações exatas, mas todo de madeira.

A equipe do STS XVII – baseada em Brickendonbury Hall, uma antiga fazenda requisitada pela SOE no início da guerra – havia recebido instruções para "reproduzir uma bateria com concentração de 9 células". Dois desses modelos eram uma réplica de 18 peças do aparato que produzia a água pesada.

Criar esse modelo fora um grande desafio, mesmo para os especialistas do STS XVII. Cada uma das 18 células de hidrólise, separadas por alguns metros umas das outras, tinha duas vezes a altura de um homem adulto. Só um cômodo da mansão eduardiana era grande o bastante para acomodar essa estrutura. Felizmente, os cientistas, inventores, metalúrgicos, carpinteiros, marceneiros e outros profissionais empregados no STS XVII se mostraram à altura da tarefa.

Usando o modelo, Poulsson e seus homens conseguiram treinar a fixação de cinco cargas às partes mais vulneráveis do aparato de SH200, até poderem fazê-lo de olhos fechados. As 18 células de Vemork, é claro, eram de aço e não de madeira, mas o STS XVII tinha uma resposta para isso também. Poulsson e seu grupo conseguiram explodir uma turbina de aço, com excelentes resultados.

"Abriu-se um buraco na base... e no topo", registrou um muito satisfeito instrutor do STS XVII em seu relatório intitulado "Operação LURGAN". Obviamente, se as cargas funcionaram no invólucro de aço espesso da turbina, reduziriam a pedaços as células de hidrólise de Vemork.

Quando Poulsson e seus camaradas deixaram o Campo XVII, podiam percorrer o setor de hidrólise de Vemork de olhos vendados e com as mãos atadas às costas. Exatamente o que Wilson queria. Na ocasião do ataque, eles com certeza operariam na penumbra, poderiam trocar tiros e ser feridos. Wilson estava decidido a proporcionar-lhes todas as vantagens possíveis.

Não teria sentido lançar na Noruega, às escondidas, uma força de sabotagem se as roupas e apetrechos dos comandos os denunciassem. Tudo deveria parecer genuíno e retirado de trás da parede de ferro que Hitler erguera em volta da Europa. Com efeito, melhor seria se cada item carregado pela força Grouse fosse *inteiramente* genuíno.

Para tanto, um departamento inteiro da SOE havia sido mobilizado. Nas salas de controle de imigração do Reino Unido e nações aliadas, agentes alfandegários examinavam viajantes vindos de toda a Europa. Um ou outro podia ser convidado a seguir os agentes. Vestiam roupas feitas em capitais europeias, com as etiquetas dos alfaiates costuradas no forro, e traziam canetas, lápis e outros objetos manufaturados em cidades agora sob ocupação alemã.

Enquanto os passageiros eram interrogados, sua bagagem desaparecia sub-repticiamente. Suas pastas cheias de "material epistolar" – papéis timbrados, carimbos, borrachas provenientes da Europa sob controle nazista – eram meticulosamente examinadas. Invariavelmente o viajante, temendo estar em apuros, nem se dava conta daqueles itens que haviam sumido ou só o percebiam tarde demais.

Os viajantes eram até seguidos para que suas roupas fossem "liberadas" de lavanderias ou quartos de hotel, a fim de aumentar o guarda-roupa cada vez mais atulhado da SOE. Outros especialistas vasculhavam arquivos de empresas jornalísticas e cinematográficas em busca de alguns rápidos minutos de filme que pudessem ajudar um agente a visualizar melhor um território agora sob o controle inimigo.

Tais foram as medidas exaustivas implementadas para o treinamento de Poulsson e sua equipe.

Wilson tinha escolhido Poulsson para liderar a Operação Grouse por uma razão muito simples: a determinação e a tenacidade incríveis que ele havia demonstrado ao escapar para a Grã-Bretanha. Se havia, no entender de Wilson, um homem que não se recusaria a empreender aquela jornada difícil, a fim de lutar contra o inimigo, era ele.

Nascido em uma família abastada e distinta – ela possuía 10 mil acres em Hardangervidda, incluindo terras em volta do lago Møs –, Poulsson crescera no lugar certo. Na cidade de Rjukan, da Norsk

Hydro, a pessoa vivia ao sol ou na sombra, refletindo sua riqueza e *status*. Os abastados e poderosos tinham propriedades nas colinas iluminadas pelo sol; os da outra extremidade da escala moravam nas profundezas do vale, envolvidos por trevas quase permanentes.

Com seus cabelos negros e encaracolados, e maneiras tímidas, Poulsson devorava histórias de aventura e heroísmo na infância. Juntamente com seu bom amigo e colega de escola Claus Helberg, passou grande parte da juventude caçando, pescando, esquiando e escalando no Hardangervidda. Ele gostava de viver ao ar livre e com o tempo foi adquirindo uma autoridade tranquila e suave sobre seus colegas. Sabia o que queria ser quando crescesse: oficial da Real Marinha norueguesa.

No dia da invasão alemã, Poulsson, com vinte e poucos anos, estava na escola de treinamento de oficiais. Em cinco dias seu batalhão foi forçado a render-se, mal tendo disparado um tiro. Foi o momento mais triste de sua vida. Ele queria continuar lutando e ninguém conseguia dissuadi-lo. Em janeiro de 1941, esquiou pelas montanhas até a fronteira sueca. Ali, tentou achar um avião que o levasse à Grã-Bretanha, para alistar-se na Companhia Linge, mas não havia nenhum disponível.

Impaciente, o jovem Poulsson foi para o leste, o único caminho ainda aberto para ele: atravessou a Finlândia e entrou na União Soviética. Dali partiu para a Turquia, na esperança de encontrar um navio que, pelo Mediterrâneo, o conduzisse à Grã-Bretanha. Mas as esquadras alemã e italiana ameaçavam o Mediterrâneo, de modo que Poulsson, o viandante infatigável, se viu forçado a ir mais para o sul: atravessou a Síria, o Líbano e o Egito, de onde embarcou em um navio para a Índia.

Da Índia, cruzou o mar Arábico, chegou à África Oriental, desceu a costa até a África do Sul e ali embarcou em um navio para as Índias Ocidentais. De Trinidad, voou para o Canadá e, por fim, achou passagem em um comboio transatlântico que rumava para a Grã--Bretanha. Após uma odisseia de nove meses, chegou à Inglaterra em outubro de 1941, em um navio que aportou nas docas de Liverpool.

Recrutado para a Companhia Linge, Poulsson, com 1,85 metro de altura e ar decididamente retraído, não parecia à primeira vista um líder óbvio, apesar de sua figura imponente, sua cabeleira revolta e seus olhos azuis brilhantes. Com efeito, o oficial treinador da SOE concluiu dele: "Bem mais inteligente do que possa parecer a princípio... Talvez se torne um bom subcomandante".

Wilson discordou e quis que o norueguês alto e quieto liderasse a Grouse. Um homem capaz de empreender aquela viagem global devia estar ansioso para dar o troco ao inimigo e não havia oportunidade melhor de fazer isso do que liderar a Operação Grouse.

Poulsson, agora com 24 anos, com um físico esbelto e atlético, jamais era visto sem seu cachimbo. Quer enchendo-o de tabaco, fumando-o ou limpando-o, fizera dele seu companheiro e amigo constante. Trazia-o no canto da boca quando se apresentou no quartel-general da SOE em Londres, dois meses antes, para falar com Wilson e Tronstad.

O mais sucintamente possível, Wilson explicou-lhe o que tinham em mente e os dados básicos da Operação Grouse.

"Interessante", observou Poulsson, recolhendo as cinzas do cachimbo na palma da mão.

Caso se juntasse à Operação Grouse, estaria entrando em um jogo perigoso. Seus pais, irmãs e o irmão mais novo ainda moravam em Rjukan. Se ele fosse capturado ou mesmo identificado como um dos sabotadores, não tinha dúvidas do que iria acontecer. Os alemães dispunham de um lugar reservado aos inimigos do Reich. Na clareira de uma floresta, 10 quilômetros ao norte de Oslo, erguia-se o campo de concentração de Grini. Antiga prisão, os compridos pavilhões de tijolos agora abrigavam milhares de pessoas em suas celas.

Muitos iam para Grini; poucos voltavam. Duas cercas de arame farpado rodeavam o campo, protegido por sentinelas e torres de vigia. Se Poulsson fosse capturado, era para aquele lugar que sua família seria conduzida. Ainda assim ele não hesitou. Acendeu de novo o cachimbo, soprou deliciado uma baforada, e garantiu a Wilson e Tronstad que era seu homem.

Wilson tinha certeza de que Poulsson seria um admirável comandante da Operação Grouse. O ex-chefe de escoteiros aprendera a incentivar a independência e a ousadia entre seus agentes. Nada além disso poderia levar ao êxito no tipo de tarefa que Poulsson e seus homens estavam prestes a empreender. Assim, permitiu que o norueguês alto e esbelto montasse sua própria equipe.

A primeira escolha de Poulsson era óbvia: seu amigo de infância, Claus Helberg. Poulsson tinha ganhado uma espingarda em seu décimo primeiro aniversário e, com Helberg, praticamente gastara o cano da arma em seus anos de adolescência no "Vidda", como os habitantes locais chamavam o planalto de Hardanger. Mas não havia dúvida quanto a quem era o melhor caçador. Com seu senso inato de movimento e localização, mais a capacidade de agir puramente com base no sexto sentido e no instinto, Helberg estava à vontade na selva. Nascera caçador e era um sobrevivente natural sem comparação.

Com um brilho selvagem nos olhos, Helberg tinha o hábito de coçar a cabeça quando ruminava seus problemas – que pareciam persegui-lo. Tinha fama de provocar as piores confusões e sair delas miraculosamente. Aquelas feições ingênuas escondiam um tremendo improvisador. Seus amigos brincavam: a ousadia levava-o a se meter em encrenca; a improvisação o fazia sair ileso.

"Nunca vi alguém capaz de arranjar confusão e se livrar dela com tanta rapidez", dizia Poulsson de seu amigo.

Helberg tinha lutado contra os invasores alemães e fora feito prisioneiro de guerra. Valendo-se de sua proverbial astúcia, escapara e fugira para a Suécia, onde descobriu o endereço da SOE em Estocolmo. Apresentou-se como voluntário para tarefas de inteligência e voltou à Noruega como mensageiro. Mas, por ocasião de outra corrida à fronteira sueca, foi detido e passou quatro meses na prisão. Por fim, conseguiu sair da Noruega e ir para a Grã-Bretanha, onde ingressou na Companhia Linge.

Poulsson escolheu mais dois veteranos da Companhia Linge para juntar-se a ele e a Helberg. O primeiro, Arne Kjelstrup, era um rapaz baixo, forte e de ombros largos no final da quadra dos vinte anos. Tinha uma bala alojada no quadril, resultado de sua luta contra os alemães. Gravemente ferido, foi levado prisioneiro, mas fugiu à noite e rumou para o norte, até um lugar onde ele e outro foragido concluíram que lutar ainda era possível.

Depois de encontrar algumas armas Bren e munição abandonadas, resolveram montar uma emboscada ao inimigo. Da margem de um rio no fundo de um vale, dispararam contra uma coluna alemã tantos tiros que as Brens ficaram quentes demais e emperraram. Os dois homens deitaram a correr, enquanto a numerosa força inimiga – após ter inúmeros mortos e feridos – se punha em seu encalço sedenta de vingança.

Kjelstrup fugiu para a Suécia, onde se juntou a Poulsson e empreendeu com ele boa parte de sua jornada por meio mundo até a Grã-Bretanha. Nem é preciso dizer, desenvolveram fortes laços de amizade e camaradagem durante os longos meses passados em terras estranhas.

O quarto recruta da Grouse foi Knut Haugland. Vinte e quatro anos, magro, Haugland tinha feições suaves, juvenis, sob uma cabeleira loira e desgrenhada. Filho de um carpinteiro de Rjukan, já era um excelente operador de rádio antes do início da guerra. Aprendera o ofício em navios mercantes e, após a invasão alemã, na linha de frente, esgueirava-se entre arbustos a fim de localizar os inimigos e comunicar a posição deles por rádio a seus comandantes.

Estava sempre sob o fogo de submetralhadoras, morteiros ou aeronaves e aprendeu o que um homem só percebe em tais condições: por alguma razão, era quase sobrenaturalmente calmo quando em luta, sobretudo ao operar seu equipamento Morse. De fato, quanto pior a situação, mais tranquilo Haugland parecia ficar.

Após a rendição da Noruega, Haugland tornou-se um operador de rádio clandestino na resistência. Entretanto, depois de repetidas prisões, foi obrigado a fugir para a Grã-Bretanha. Ele e Poulsson gostavam de caçar cervos nas montanhas da Escócia, durante as folgas de treinamento na Companhia Linge; e Poulsson logo compreendeu que Haugland tinha tudo o que era preciso para sobreviver na selva. Era uma escolha natural para operador de rádio da equipe.

Wilson depositava a maior confiança nesses homens. Haviam sido testados em combate mortal na Noruega, nas condições mais difíceis; mas testados também na SOE, de um modo que eles próprios talvez nem percebessem. Wilson era especialista em contraespionagem e guerra psicológica, duas áreas em que se aperfeiçoara durante seu período no Serviço de Polícia Colonial da Índia. Naturalmente, introduzira no repertório da SOE tudo o que havia aprendido.

Os recrutas em perspectiva da SOE foram selecionados primeiro na "Escola Patriótica" Royal Victoria, em Londres. Ali, assinaram uma versão do Ato de Segredos Oficiais, que os proibia de falar a quem quer que fosse sobre a organização à qual tencionavam pertencer. Surpreendentemente, considerando-se a desesperadora necessidade de agentes por parte da SOE, os encarregados da seleção eram muito exigentes: só escolhiam os melhores.

Não havia nenhuma fórmula estabelecida para a seleção de recrutas. Os "examinadores" da Escola Patriótica preferiam se guiar pelo instinto, além de recorrer a algumas técnicas dissimuladas e pouco escrupulosas. Os recrutas eram espionados o tempo todo. Mesmo à noite ficavam sob severo escrutínio, para se descobrir se falavam durante o sono ou faziam outra coisa qualquer capaz de denunciá-los. Levados para bares de Londres, bebiam até não poder mais: se começassem a dar com a língua nos dentes e a contar vantagens, ou provocassem confusão, eram dispensados ali mesmo.

Poulsson, Helberg, Kjelstrup e Haugland passaram em todos esses testes exigentes. Na cabeça de Wilson, eram os melhores. E tinham de ser. A lista dos homens convocados para a Operação Grouse estava naquele momento sobre a mesa de Winston Churchill, junto com uma montanha de papéis. Após seu encontro com Roosevelt, o primeiro-ministro revelava um interesse cada vez maior pela missão iminente.

Um homem ansiava por se juntar à equipe Grouse: o bom amigo de Wilson, Leif Tronstad. Ele se sentia frustrado. Viera à Grã-Bretanha com a intenção de lutar, mas acabara montando redes de inteligência e programas de treinamento. Quando não participava de reuniões nas quais se discutiam assuntos nucleares, afundava-se na papelada. Enquanto isso, muitos de seus amigos mais íntimos estavam mortos ou eram prisioneiros – vítimas das depredações da Gestapo.

Pior ainda, sua família sofria em consequência da atitude que ele havia tomado. Expulsa de casa, sua mulher era constantemente pressionada para informar o que acontecera ao marido. Outros – Skinnarland, Jomar Brun – se encontravam na linha de frente arriscando a vida em uma guerra clandestina para libertar seu país. Quanto a Tronstad, o mais perto que parecia ter chegado da ação era um pequeno "treinamento de comandos" do tipo "faça você mesmo" em Hampstead Heath, uma área arborizada perto de sua casa em Londres.

Aos 39 anos, ele próprio acabara de completar seu curso de paraquedismo. Deixara de fumar e exercitava-se como nunca antes.

Sentia-se preparado para acompanhar a força Grouse e sugeriu essa ideia a Wilson. O ex-chefe de escoteiros nem quis ouvir sua proposta. Tronstad era valioso demais em Londres, uma espécie de rocha firme sobre a qual todos os problemas nucleares da Noruega se apoiavam.

No fim do verão de 1942, tudo estava pronto. Só faltava Wilson comunicar à equipe Grouse as histórias que deveriam impingir e as palavras em código. Todos tinham nomes falsos, carteiras de identidade e de racionamento forjadas. Poulsson era mecânico; Helberg e Haugland, estudantes; e Kjelstrup, encanador.

Skinnarland iria recebê-los, colocando luzes em volta da área escolhida para o salto. Se, por qualquer motivo, não o encontrassem, deveriam fazer contato com seu irmão, Torstein Skinnarland, na represa do lago Møs onde ele trabalhava. Diriam a senha: "Você conhece a tia Kjersti?" E Torstein responderia: "Não, mas conheço seu irmão".

Sob a liderança de Poulsson, se reuniriam com Skinnarland e tomariam de surpresa a fábrica de Vemork, cortando pela raiz o fornecimento de água pesada. Desse modo, desfeririam um golpe devastador nas ambições nucleares dos nazistas – o que já não era sem tempo.

Mas então veio o inesperado.

A Operação Musketoon assolara a hidrelétrica de Glomfjord como um furacão e o fato teve forte repercussão por todo o Terceiro Reich.

CAPÍTULO DOZE

A hidrelétrica de Glomfjord jazia em ruínas. As tubulações rompidas já não esguichavam seu dilúvio, mas o mal estava feito. Nenhuma gota de água alimentaria as turbinas por todo o tempo que a guerra durasse; e, mais adiante no fiorde, a fábrica de alumínio também ficaria fora de ação. Sete comandos tinham sido capturados; um morrera e quatro fugiram.

A 24 de setembro de 1942, o navio que levava os sete prisioneiros da Musketoon – o capitão Graeme Black e seus seis camaradas – aportou em Trondheim, de onde eles foram transferidos de imediato para a prisão militar de Akershus. Ali, interrogados novamente, alegaram que haviam agido como soldados britânicos e nada mais diriam sobre a operação.

Por vários dias os interrogatórios continuaram, pois os comandantes alemães queriam saber exatamente quantos homens tinham atacado Glomfjord e quem havia escapado. Black repetiu vezes sem conta a mesma frase, em tom polido: "Lamento muito, senhor, mas não posso lhe dizer coisa alguma". O mesmo fizeram Joe Houghton, seu subcomandante, e os outros prisioneiros.

Mas, enquanto os interrogatórios prosseguiam, o general Von Falkenhorst, comandante em chefe das forças alemãs na Noruega, tentava manter os prisioneiros sob sua custódia, uma vez que no íntimo admirava aqueles homens por sua coragem e feitos impressionantes. Caso falhasse, sabia bem o que aconteceria: eles iriam parar nas garras da SS.

Uma semana após a chegada dos prisioneiros a Akershus, Von Falkenhorst por fim perdeu aquela batalha. Pouco antes do amanhecer, uma fila de caminhões estacionou diante da prisão. Os guardas militares alemães receberam ordem de algemar os sete prisioneiros. A princípio eles resistiram, sabendo que era ilegal pôr algemas em prisioneiros de guerra. Mas o *Oberleutnant* encarregado do comboio repetiu a ordem.

Aqueles homens não eram prisioneiros de guerra, afirmou ele. "São sabotadores que atacaram em trajes civis".

Isso, é claro, não era verdade, mas mesmo assim os sete foram algemados. Os alemães os levaram para o cais, onde embarcariam no SS *Donau*, um grande cargueiro que a marinha alemã requisitara e agora usava como transporte armado. O *Donau* adquiriria a péssima fama de "navio negreiro", que levava judeus para Auschwitz, navegando entre a Noruega e a Alemanha.

A 7 de outubro, após uma longa viagem de navio seguida por outra de trem, os sete comandos da Musketoon chegaram ao fim da jornada. Encarapitado em uma colina coberta de árvores que se ergue acima da cidade de Colditz, no leste da Alemanha, havia um castelo com uma cabana de caça. Oficialmente conhecido como Oflag IV-C e, para os habitantes locais, como castelo Colditz, os prisioneiros de guerra aliados que ali ficaram chamavam-no orgulhosamente de "acampamento dos meninos maus". Era para lá que eram enviados os que tentavam escapar o tempo todo ou que, por algum motivo, deixavam os captores alemães enfurecidos.

Em Colditz, a segurança era prioritária. O castelo ficava totalmente iluminado à noite e os guardas postados junto às cercas de arame ou nas torres de vigia superavam em número os prisioneiros, que eram quase todos oficiais. Estes podiam ser punidos por insultar a Alemanha, por tentar fugir – o que acontecia com surpreendente frequência – ou por empurrar um guarda que estivesse atirando em um fugitivo. Gostavam de jogar água, pedras ou outros projéteis nos guardas que faziam a patrulha ao pé das altas muralhas, embora isso lhes custasse uma longa estadia na solitária.

No começo da manhã, Black e seus homens entraram no pátio externo do castelo. Após os procedimentos de praxe, foram trancafiados em um quarto isolado, onde os outros prisioneiros não podiam vê-los nem ouvi-los. No outro dia, os guardas os tiraram de lá para serem fotografados. Enquanto isso era feito, dois prisioneiros de longa data conseguiram se aproximar deles.

"E aí, amigos, quem são vocês?", perguntaram.

"Somos comandos da Noruega", foi a resposta.

"Alguma mensagem?"

"Informem onde estamos."

Foi tudo o que Black e seus homens puderam dizer antes que os guardas os silenciassem. Sem saber que tinham ido parar na prisão mais bem guardada da Europa, os prisioneiros da Musketoon resolveram fugir. Naquela mesma noite, quando o carcereiro apareceu para fazer a contagem, puxaram-no para dentro, desarmaram-no e amordaçaram-no. Mas logo depois que saíram do quarto, os guardas de Colditz estavam em cima deles, de armas em punho.

Como punição, foram levados para a solitária. Mas mesmo ali um dos prisioneiros de Colditz conseguiu passar-lhes uma mensagem. Em troca, recebeu uma lista com os nomes dos comandos. Essa lista chegaria à Cruz Vermelha e daí a Londres.

Por mais que tentassem, os outros prisioneiros de Colditz não conseguiam descobrir quem eram aqueles misteriosos recém-chegados. Por que ficavam separados dos demais? Entre tantos milhares de prisioneiros aliados, o que, aparentemente, os tornava tão perigosos? Que ações justificavam aquele tratamento inusitado?

A resposta só era conhecida pelos figurões do Reich e pelo próprio Hitler. O sucesso da Musketoon – além do de ataques anteriores, como a incursão a Saint-Nazaire – havia enfurecido a tal ponto o Führer que ele decidira dar um tratamento especial àqueles homens. No dia em que Black e seus camaradas chegaram a Colditz, ele redigiu esta "Ordem de Comando" (*Kommandobefehl*) infame:

> De agora em diante, todos os inimigos encontrados por tropas alemãs durante as chamadas operações de comandos... embora pareçam soldados de uniforme ou grupos de demolição, armados ou desarmados, devem ser mortos até o último homem... Não haverá quartel para eles, mesmo que estejam prontos a render-se.

Os oficiais alemães receberam ordens de "Reportar diariamente o número de sabotadores assim liquidados... O número de execuções aparecerá no comunicado diário da *Wehrmacht* para servir de advertência a potenciais terroristas".

A ordem concluía com uma fria ameaça a qualquer comandante que ousasse desobedecer a ela: "Irão a corte marcial todos os chefes e oficiais que não cumprirem essas instruções – ou por não transmiti-las a seus subordinados ou por ignorá-las em ação".

Hitler devia saber que estava sancionando crimes de guerra, pois os esforços para ocultar a existência da ordem foram sem precedentes. Cada cópia trazia esta ressalva: "Somente para comandantes. Não deve em nenhuma circunstância cair nas mãos do inimigo". Foi classificada como "ultrassecreta" e os destinatários deviam decorá-la, destruindo em seguida as cópias impressas.

A 13 de outubro – seis dias após sua chegada a Colditz –, os sete homens da Operação Musketoon foram transferidos. Agora, com escolta da SS, o destino deles era a capital alemã, Berlim. Logo ao chegar, viram-se no famigerado calabouço do *Reichssicherheitshauptamt* – Escritório de Segurança Central do Reich –, o quartel-general da SS. O *Reichssicherheitshauptamt* era conhecido como um lugar de terríveis sofrimentos, onde torturas medievais foram refinadas e transformadas em uma arte tenebrosa.

Black e seus homens passaram nove dias no *Reichssicherheitshauptamt*. Dali, seguiram para Sachsenhausen, um campo de concentração nos arredores de Berlim. Chegaram no final da tarde e foram colocados no *Zellenbau*, uma prisão dentro de uma prisão. Somente alguns oficiais sabiam de sua existência.

Naquela noite, uma folha de papel foi colada na parede do campo. Citava sete nomes: Graeme Black, Joseph Houghton, Cyril Abram, Rex Makeham, Miller Smith, Eric Curtis e Bill Chudley. Os nomes estavam todos colocados entre parênteses e assinalados com um "SD" (*Sicherheitsdienst* ou Serviço de Segurança da SS) – significando isso que sua execução era iminente.

Ao amanhecer de 23 de outubro de 1942 – pouco mais de um mês após seu ataque em Glomfjord –, eles foram tirados das celas e mortos com um tiro na nuca. Os guardas queimaram os corpos no crematório do campo.

Os sete comandos da Musketoon constam como os primeiros soldados aliados que os alemães executaram em obediência à Ordem de Comando de Hitler, mas esses assassinatos foram apenas o começo. A SS relatou a execução ao exército alemão, que tomou medidas imediatas para ocultá-la. O governo britânico foi devidamente informado de que sete prisioneiros de guerra tinham escapado de Colditz.

Todas as cartas enviadas a eles voltavam com a observação: "*Geflohen*" (fugitivos).

O "fato" da fuga dos comandos foi comunicado às suas famílias na Grã-Bretanha e no Canadá. Não havia provas de sua recaptura. Compreensivelmente, os parentes supuseram que seus filhos, maridos ou irmãos estavam escondidos em alguma parte da Europa ocupada. Essa farsa cruel duraria até o fim da guerra.

Os quatro comandos da Musketoon ainda em fuga – Sverre Granlund, Richard O'Brien, Fred Trigg e Jack Fairclough – conseguiram chegar à Suécia, de onde regressaram à Grã-Bretanha, mas pouco puderam informar a respeito dos sete prisioneiros. As façanhas desses quatro homens – que enfrentaram terríveis condições atmosféricas, tempestades, patrulhas alemãs, fome, exaustão e terreno inóspito, mas sempre ajudados por bravos e leais noruegueses – mereceram elogios sinceros do próprio Mountbatten.

"Parabéns", disse-lhes Mountbatten. "Fizeram um ótimo trabalho. Foi um sucesso completo." Mostrou-lhes uma fotografia de reconhecimento aéreo de Glomfjord, tirada pouco depois do ataque. "O lugar está uma bagunça. Não será possível recuperá-lo até o fim da guerra."

Mas na Noruega ocupada, a transformação de Glomfjord em uma "bagunça" começava a ter repercussões nunca vistas. No dia em que o SS *Donau* levou os sete comandos da Musketoon para fora das águas norueguesas, o general Von Falkenhorst visitou as instalações de Vemork. Depois de passar em revista os guardas e as defesas, o comandante alemão convocou os diretores, engenheiros, operários e soldados ligados à fábrica.

Von Falkenhorst conversou longamente com eles, explicando que poucos dias antes uma força de comandos britânicos havia destruído uma hidrelétrica não muito diferente daquela, em Glomfjord, interrompendo por completo sua produção. O general alemão chegou a dar uma chave de braço em um de seus ouvintes, para demonstrar com quanta violência os comandos britânicos atacariam os guardas. Eles talvez chegassem a Rjukan de ônibus ou trem, advertiu Von Falkenhorst, disfarçados de passageiros comuns.

Estariam equipados com um verdadeiro arsenal oculto, inclusive "armas automáticas com silenciadores, clorofórmio, granadas de mão, socos-ingleses". Von Falkenhorst deixou claro que admirava os comandos e suas ações corajosas, mas insistiu que Vemork estivesse preparada para deter ou repelir tais assaltos. De agora em diante, oficiais de alta patente alemã visitariam a fábrica com regularidade para supervisionar o reforço da segurança.

A melhor maneira de evitar ataques seria bloquear todos os acessos à fábrica, com minas instaladas em volta das tubulações, que se erguiam bem alto nos fundos dos edifícios e por onde era relativamente mais fácil entrar. Os tubos em si seriam envolvidos com arame farpado e um circuito elétrico ligado a alarmes. Caso alguém se aproximasse das tubulações, os guardas saberiam de imediato.

Diante da fábrica, a inviabilidade do terreno tornava qualquer ataque impossível: escarpas íngremes desciam 200 metros até o impetuoso rio Måna, que atravessava o profundo vale Vestfjord. Uma ponte suspensa de vão único cruzava a garganta, dando acesso à fábrica. Presa na extremidade mais distante, essa ponte era guardada e vigiada vinte e quatro horas por dia.

Quanto à fábrica em si, seria transformada em uma fortaleza, com holofotes e metralhadoras instalados no teto, de onde poderiam varrer todo o comprimento do vale. Nos pontos de acesso, haveria minas com detonadores. Trinta e cinco soldados de regimentos alpinos, pertencentes à elite das tropas do Reich e munidos de armas automáticas, reforçariam a guarda. Duzentos soldados permaneceriam na cidade de Rjukan para entrar em ação a qualquer instante.

Depois de dar um tratamento todo especial a Vemork, Von Falkenhorst passou a reforçar suas defesas por toda a Noruega. Mais 300 mil soldados alemães, aproximadamente, entraram no país. Novos postos de guarda, fortificações e espaldão de artilharia começaram a ser instalados em locais estratégicos. Patrulhas aéreas se multiplicariam, incluindo operações noturnas. Todos os lagos nas imediações de alvos possíveis seriam bloqueados, para impedir o pouso de hidroaviões que transportassem comandos.

A natureza das ordens de Von Falkenhorst refletia sem dúvida o que fora arrancado dos prisioneiros da Musketoon submetidos a interrogatório pela SS nos calabouços do *Reichssicherheitshauptamt*. De início, os sabotadores contavam com um hidroavião para recolhê-los após o ataque – daí o bloqueio de grandes extensões de água.

Em breve, Von Falkenshorst estaria fazendo planos para invadir também a Suécia neutra, a rota que os sete homens da Musketoon haviam escolhido para a fuga. O general de cara de falcão queria a todo custo aproveitar as lições da sabotagem de Glomfjord a fim de garantir que tais ataques não se repetissem no futuro.

Einar Skinnarland – a vanguarda da Operação Grouse – enviou para Londres mensagens sobre os reforços da segurança de Vemork.

A 30 de outubro, Tronstad mandou um relatório "ultrassecreto" a Wilson. Começava da seguinte maneira: "LURGAN. Recebi... informação do outro lado que não parece nada promissora". Em seguida, enumerava as principais medidas de segurança tomadas na fábrica de Vemork em resposta direta ao episódio de Glomfjord.

Wilson se sentiu na obrigação de remeter uma carta às Operações Combinadas propondo o cancelamento da Grouse devido ao "influxo de tropas inimigas e um significativo aumento no número e força dos postos de guarda, sobretudo nas imediações de nosso objetivo".

Um ataque em pequena escala – Musketoon – parecia ter acidentalmente comprometido outro, a Operação Grouse. Pusera o inimigo em alerta e convencera-o a reforçar suas defesas, tornando qualquer tentativa de interromper o fluxo de água pesada ainda mais difícil. O plano de explodir as tubulações de Vemork e inundar a fábrica com um dilúvio de detritos parecia agora impraticável.

Essas notícias chegaram aos ouvidos de Churchill. A lista diária de comunicações interceptadas que atulhavam sua mesa ilustrava a repressão em curso na Noruega: "Informou-se à polícia norueguesa que encontros de noruegueses e suecos na fronteira são absolutamente vedados e devem ser coibidos". Havia também ordens para acabar com as redes de resistência, em especial as que tivessem ligação com possíveis operações de sabotagem.

Ao mesmo tempo, a ameaça da Alemanha nazista parecia ainda mais assustadora. No verão, um relatório da Tube Alloys comunicou que Heisenberg "fazia trabalho experimental para a produção de uma bomba de urânio 235". Heisenberg, acreditava-se, tinha 500 quilos de água pesada à sua disposição e deveria "receber outros mil".

Mais inquietante ainda era uma premente advertência recebida dos chefes da inteligência dos Estados Unidos. Ela concluía que "os alemães têm uma usina em funcionamento e existe a possibilidade de que pretendam utilizar produtos de fissão radioativa como arma militar em um futuro próximo". Nesse caldeirão nuclear, logo seria jogado o ingrediente mais indigesto de todos: as "bombas voadoras" V1 e os foguetes V2, então em fase de desenvolvimento e teste na Alemanha nazista.

A princípio, o codinome dos alemães para a V1 – *Flakzielgerat 76* (equipamento antiaéreo) – ajudou a esconder dos Aliados sua verdadeira natureza. Mas logo começaram a ser enviados da Europa ocupada relatórios que falavam de uma bomba voadora capaz de atingir Londres. O "V" de V1 significava *Vergeltungswaffe*: "arma vingadora". Naquele outono, a V1 foi testada em Peenemunde, um centro militar de pesquisa e desenvolvimento ultrassecreto no norte da Alemanha.

Pouco depois, os nazistas lançaram a enorme V2, que alcançou 84,5 quilômetros de altura – apenas 15,5 quilômetros abaixo da fronteira do espaço. A V2 estava dez anos à frente de seu tempo em termos de projeto e engenharia. Foi o primeiro míssil balístico teleguiado de longo alcance, combinando motores de propulsão de combustível líquido com aerodinâmica supersônica, sistemas de orientação por giroscópio e lemes para "controle de jato".

No dia 3 de outubro, quando a V2 cortou os céus do Báltico em seu voo de teste, Walter Dornberger, eminente cientista especializado em foguetes, proclamou "uma nova era... de viagens espaciais". Informações sobre as armas V chegaram à Grã-Bretanha. Relatórios dos Aliados falavam de "bombas de ar líquido sendo desenvolvidas na Alemanha... com terrível poder de destruição". William Stephenson – o canadense calado e chefe dos serviços de inteligência de Churchill – observou que aqueles eram possivelmente foguetes *Vergeltungswaffe* providos de ogivas nucleares.

Ao mesmo tempo, evidências do Holocausto – um assassinato em massa de proporções nunca vistas – chegavam aos ouvidos de Churchill e Roosevelt. Churchill não queria acreditar no que chamou de "política bestial de extermínio a sangue-frio". A mecânica desse assassinato em massa, aperfeiçoada no Reich, estava "entre os acontecimentos mais hediondos da história". Do que Hitler seria capaz se conseguisse traduzir seu maléfico intento e sua tecnologia de foguetes em uma arma nuclear? Essa era a maior preocupação de Churchill e de Roosevelt.

Nos Estados Unidos, o Projeto Manhattan – codinome para o programa conjunto de armas nucleares americano e britânico – fazia rápidos progressos. No Canadá, avançava o Projeto P9 – codinome para a primeira fábrica de água pesada dos Aliados, em Trail,

Colúmbia Britânica, na costa oeste do país. A fábrica de Trail se baseava no projeto de Vemork, mas só começaria a funcionar dentro de dois anos – e, enquanto isso, o inimigo parecia adiantar-se cada vez mais na corrida pela supremacia nuclear.

Nos últimos dias do outono de 1942, chegou um telegrama da SOE de Estocolmo, vindo de Vemork: "ALEMÃES PRONTOS PARA EMBARCAR UM ESTOQUE INTEIRO DE ÁGUA PESADA... QUANTIDADE QUE SE ACREDITA SUFICIENTE PARA SATISFAZER A ATUAL DEMANDA DE BERLIM".

Essa notícia quase criou pânico em Londres; nos Estados Unidos, o medo foi tão real que se cogitou a possibilidade de avisar o público sobre um possível ataque nuclear alemão. Por fim, decidiu-se que o risco do pânico geral superava o perigo de uma bomba nazista e prevaleceu um silêncio provisório. Mas havia a sensação de que o tempo ia ficando cada vez mais curto. Stephenson foi chamado de volta dos Estados Unidos e o Gabinete de Guerra se reuniu para uma sessão de emergência.

"Os alemães utilizam todo o seu estoque de água pesada", comentou Stephenson. "Devem estar perto de uma solução."

Apesar das defesas reforçadas de Vemork, a produção e envio de SH200 simplesmente deviam ser interrompidos. Tomou-se a decisão de ir em frente, a despeito das chances contrárias: os homens da Operação Grouse seriam mandados para a Noruega. A 18 de outubro de 1942, Poulsson partiu com seus homens – um salto no escuro e no desconhecido.

Como Stephenson comentou, "O destino do mundo parecia depender daqueles quatro jovens agentes".

CAPÍTULO TREZE

O aeroporto Tempsford da RAF era um lugar fantasma: o aeródromo que nunca existiu. Situado na aldeia de Tempsford, no interior de Bedfordshire, poucos habitantes locais sabiam que sua comunidade abrigava um dos segredos mais bem guardados da guerra. No final de uma estradinha vicinal marcada com um "fechada para o público", existia uma base aérea da RAF – era só o que conheciam. Nos bares locais, eles ocasionalmente viam homens da RAF tomando alguns copos de cerveja. Mas poucos tinham conhecimento do trabalho perigoso que esses homens executavam.

Para quem estava a par de tudo, aquela era a "Fazenda Gibraltar", uma base aérea da RAF construída para parecer aos observadores uma propriedade agrícola antiga e abandonada. Aberta na primavera de 1942, funcionava como o aeródromo secreto de Churchill, pois era dali é que seus guerreiros do Serviço Especial partiam para a Europa ocupada, nos chamados "voos lunares" – pois invariavelmente eles saíam em noites de lua cheia, quando havia luz suficiente para as manobras dos pilotos.

Construídas nos Tempsford Flats – uma área plana e pantanosa –, essas instalações aparentemente em ruínas lembravam mesmo uma fazenda desolada. Mas só durante o dia. Ao cair da noite, Hassel's Hall, a mansão próxima que servia de alojamento e dormitório para os oficiais, ganhava vida, e a casa-grande, os celeiros e as estrebarias se transformavam em depósitos, centros de recepção de agentes e zonas de preparação para voos.

De muitos modos, Tempsford era o centro nevrálgico da rede de resistência estendida por toda a Europa ocupada, e mantinha comunicações diretas e seguras com o quartel-general da SOE em Londres. De Tempsford, eram enviados para todo o continente armas, munições, explosivos, equipamentos de rádio, rações e até pombos-correio, além dos próprios agentes da SOE.

A tripulação de Tempsford fora escolhida a dedo – veteranos de pelo menos uma incursão completa com o Comando de Bombardeiros. Suas missões de voo – conhecidas como "Táxis de Tempsford" – eram, obrigatoriamente, empreendimentos solitários. Os voos noturnos exigiam muita precisão para se localizarem seus distantes alvos no solo. Os pilotos voavam com as luzes apagadas e sem escolta de caças, confiando na escuridão e nas táticas de voo de baixa altitude para evitar o fogo antiaéreo e os aviões inimigos.

Agora, Poulsson, Helberg, Kjelstrup e Haugland já conheciam muito bem o aeroporto Tempsford da RAF. Por muito tempo haviam esperado uma aeronave que os levasse para a Noruega e chegaram a embarcar algumas vezes, mas a missão tinha sido cancelada devido às más condições atmosféricas. Naquela noite, esperavam para além de toda esperança que as coisas corressem bem. Ao menos, os velhos Whitleys tinham sido substituídos pelos mais modernos e confiáveis Halifaxes, bombardeiros quadrimotores usados cada vez mais para missões de paraquedistas.

As oportunidades de enviar agentes à Noruega ocupada eram poucas. Exigiam escuridão para ocultar o trajeto da aeronave solitária pelo espaço aéreo inimigo, mas, ao mesmo tempo, luar para que o aparelho encontrasse o caminho naquelas regiões inóspitas geladas. Era a "janela de lua", que durava apenas algumas noites a cada mês.

Mas nessa noite a deusa Sorte parecia sorrir à missão de Poulsson. Era uma noite clara, calma, e a "janela da lua" parecia quase perfeita. Pouco depois das 19 horas do dia 18 de outubro, o comandante de asa Hockey e seu tenente Sutton levantaram voo do solo britânico e rumaram para a Noruega, a quatro horas de distância dali.

Enquanto o Halifax solitário se aproximava da costa norueguesa, a tripulação estudava seus mapas para compará-los com o que pudessem ver no solo iluminado pela lua e colocar a equipe da Grouse bem em cima da zona de salto – um pedaço de terreno plano, úmido e relativamente livre de pedras.

Picos montanhosos de 2 mil metros de altura se alteavam à direita e à esquerda, coloridos de um branco-azulado à luz fantasmagórica da lua, a neve densa e os campos de gelo envoltos em uma atmosfera de encantamento e feitiço. Lagos e mais lagos enviavam seus reflexos vítreos ao avião que passava. De 3 quilômetros de altitude, o Hardangervidda era uma visão espantosa: 5.600 km^2 de território inóspito e escassamente habitado.

A 1.000 metros acima do nível do mar, o clima naquela gelada paisagem lunar, com sua neve e rochas faiscantes, era, como todos sabiam, imprevisível. Violentas tempestades de granizo podiam ocorrer a qualquer instante, seguidas por uma calmaria fora de época. Nevascas podiam tingir de branco a paisagem durante dias. Por ali havia pouco alimento, abrigo ou fontes de calor, pois o planalto varrido pelos ventos quase não tinha árvores. Algumas bétulas cresciam nas margens dos lagos mais baixos. No alto, nada.

Não era de surpreender que poucas pessoas escolhessem aquele local para morar. Afora a estranha cabana de caça, construída junto a um lago, quase não se viam sinais da presença humana. Nenhuma estrada cruzava o Vidda. Nenhuma ferrovia. O planalto das Montanhas

Inóspitas se estendia para o norte e para leste, a partir de Vemork, cerca de 150 quilômetros, o que o tornava um bom esconderijo – isto é, caso Poulsson e seus homens conseguissem sobreviver ali.

Mas teriam de conseguir e pelo tempo que a missão exigisse, do contrário – por mais impensável que isso fosse – eles falhariam. Após a façanha da Musketoon e o reforço diário das defesas de Vemork, as chances de fracasso eram, sem dúvida, bem maiores – a ponto de os comandantes em Londres terem resolvido modificar os objetivos da Grouse.

Com a poderosa guarnição agora a postos na fortaleza de Vemork, Poulsson e seus homens agiriam como vanguarda de uma força maior, capaz de dar cabo dos defensores da fábrica com um poder de fogo superior. Um grupo de soldados britânicos já estava de fato treinando às pressas para essa missão.

Antes da partida, Wilson chamou Poulsson a Londres para lhe passar as novas instruções. Eles deveriam preparar uma área em que um grande número de soldados pudesse descer de paraquedas, hidroavião ou até planador. Sinalizariam do solo para essa força com luzes na área de pouso e usariam um radiofarol especial para guiá-los. E o mais importante: conduziriam os soldados diretamente para o alvo.

O novo empreendimento recebeu o codinome de Operação Freshman e deveria ser uma ação fulminante. Wilson pediu a Poulsson que sugerisse uma área na qual, a seu ver, um destacamento de soldados britânicos pudesse desembarcar. Só havia uma área aparentemente viável: os pântanos Skoland, uma fatia de terra no distante flanco oriental do lago Møs. Era um terreno plano, sem pedras, apenas 13 quilômetros a nordeste de Vemork. Os pântanos Skoland estavam perto o bastante para tornar possível o ataque fulminante.

Wilson não disse como os sabotadores britânicos escapariam após a incursão e Poulsson não perguntou. Wilson, sem dúvida, pensava que as chances de sobrevivência daqueles homens não eram muito altas.

Enquanto o Halifax passava trovejando por cima do Vidda, Poulsson refletia nas últimas palavras que Wilson lhe dissera pouco antes da partida.

"Esta missão é muito importante", confidenciou-lhe o ex-chefe de escoteiros, em um tom de voz inusitadamente enfático. "Os alemães não devem pôr as mãos em grandes quantidades de água pesada." Lançou a Poulsson um olhar que exigia total atenção. "Eles a usam para experimentos que, se derem certo... varrerão Londres do mapa."

Wilson lhe disse tudo o que podia, raciocinou Poulsson, tudo o que achava conveniente revelar por questões de segurança. Abrira uma pequena janela para seu mundo, que só ele conhecia e era assustadoramente importante. Mas existia mesmo um explosivo tão poderoso, capaz de destruir uma cidade inteira? Poulsson não sabia, mas prometeu a Wilson que faria o trabalho.

À excitação da volta à Noruega, mesclava-se a apreensão do salto iminente. Na lembrança que Poulsson guardava de suas caçadas na infância, o Vidda não era tão plano quanto agora parecia, de 3 mil metros de altura. Se fosse realmente assim tão liso, eles só deveriam se preocupar com os lagos, ainda não totalmente congelados, quando saltassem.

Poulsson relanceou os olhos pelo porão da aeronave. Por sorte, o Halifax – projetado como bombardeiro pesado – tinha amplo espaço para tudo de que precisavam. Oito grandes recipientes jaziam ao lado do alçapão de bombas. Ele e seus homens saltariam primeiro e em seguida o piloto faria nova passagem para jogar os recipientes. Aqueles oito cilindros de aço estavam repletos de tudo quanto não lhes poderia faltar no Vidda: tendas, sacos de dormir, equipamentos de sobrevivência, armas, munições e, sobretudo, comida.

De repente, as asas do avião se inclinaram, quando o comandante de asa Hockey colocou o aparelho em posição de mergulho. Logo ficariam na altitude de salto. A 300 metros, Hockey nivelou a aeronave e, daquela altura, Poulsson pôde distinguir a verdadeira natureza do Vidda. À direita e à esquerda, viam-se extensões onduladas, cobertas de neve brilhante e entremeadas de vales cinzentos, pedregosos.

Não parecia haver terreno plano em parte alguma. A lâmpada de aviso ficou vermelha: o sinal para que os paraquedistas se preparassem.

"Em posição!", ordenou o sargento Hill, o despachante, em um tom de voz que não admitia atrasos.

Poulsson e sua equipe teriam de saltar o mais rápido possível, para descer um atrás do outro na vertical, do contrário, com o Halifax deslocando-se a 60 metros por segundo, eles se dispersariam por toda a extensão do Vidda. Dez segundos entre os saltos equivaliam a um distanciamento de 600 metros no solo.

Mal se agachara junto ao alçapão de bombas, com as pernas balançando ao sabor do turbilhão provocado pelas hélices da aeronave, Poulsson avistou a luz verde. Espiou rapidamente para baixo – para o borrão de rochas e neve que passavam voando diante de seus olhos – e ouviu o grito do despachante:

"Número um... vá!"

A equipe Grouse – que, diferentemente de Skinnarland, completara o curso de paraquedismo da SOE – saltou. Poulsson primeiro, seguido de perto por Haugland, Kjelstrup e, por fim, Helberg. Poulsson, uma pilha de nervos antes de saltar, sentiu-se invadido por uma onda de contentamento quando o paraquedas, liberado do invólucro pela linha estática, se abriu sobre sua cabeça.

Dali a alguns segundos seus pés tocariam o chão.

O último homem da sequência, Helberg – o caçador e encrenqueiro nato –, olhou para o céu. Bem acima de seu paraquedas, o Halifax executava uma segunda passagem e uma fileira de recipientes surgiu ao luar, faiscando contra a silhueta de aço do bombardeiro.

Todos os homens estavam fora. E também os recipientes, que desciam para o solo em uma formação perfeita. Só havia um problema: o terreno embaixo não lembrava em nada sua zona de pouso conforme a tinham imaginado.

Os quatro comandos deslizavam na direção de uma encosta coalhada de rochas e seixos – o tipo de terreno que quebra pernas e desloca tornozelos, mesmo num salto à luz do dia. Não havia nenhum lugar adequado para pousar.

O Halifax perdeu-se a distância, partindo para uma ação diversiva. Os tripulantes lançariam milhares de folhetos nas imediações de Stavanger, a terceira maior cidade da Noruega, para simular que seu voo fora uma missão de propaganda, o que daria cobertura aos recém-chegados.

Por sorte, havia poucos ventos laterais no Vidda. Escolhendo os pedaços de terreno mais limpos possíveis, Poulsson e os demais sentiram suas botas se chocar contra a superfície dura e gelada. Haviam sido bem treinados para essa missão e se consideravam fortes o bastante. Todos os quatro sobreviveram ilesos à queda, como também os recipientes. Até o equipamento de rádio parecia estar intacto.

Após um ano ou mais na Grã-Bretanha, a vastidão inclemente, gelada e vazia do Vidda tirou o fôlego dos noruegueses. Helberg havia mergulhado até o peito em um monte de neve. Contemplando a extensão infinita do planalto batido pelo luar, ele se sentia sozinho no mundo. A sensação era ainda mais bizarra pelo fato de Helberg, assim como Poulsson e Haugland, terem seu lar de infância a poucos quilômetros dali – e nele ainda residiam seus pais, avós e irmãos.

Precisariam acampar no deserto gelado do Vidda, sabendo que em pouco tempo poderiam chegar de esqui às suas casas. Mas eles não podiam fazer contato com seus entes queridos. Flocos de neve giravam no ar, como uma tempestade de areia. Helberg colheu alguns na mão enluvada e deixou-os deslizar por entre os dedos.

Endireitando-se, admirou a cúpula brilhante do céu. Agora, as campinas e a névoa sutil das charnecas escocesas pareciam um mundo distante. Até certo ponto, a Grã-Bretanha havia se tornado um lar para Helberg e os outros. Mas tinham voltado à sua verdadeira pátria e poucos sabiam, como aquele grupo, sobreviver no Vidda.

Era muito tarde para recolherem todos os recipientes e eles precisavam descansar. Pegaram o mais necessário – comida, sacos de dormir, fogareiro – e se abrigaram atrás de uma grande pedra. Sabiam, por uma longa experiência, que a neve endurecida é um dos melhores isolantes. Deixá-la acumular-se em volta do saco de dormir ajuda a manter a pessoa aquecida.

Encostado à pedra, Poulsson tirou seu fiel cachimbo e encheu-o de tabaco. Acendeu um fósforo, aproximou-o do fornilho e tragou, deliciado. Aquilo era uma visão tranquilizadora para todos, um pouco de normalidade em meio à estranheza selvagem do Vidda.

"É hora de dizer a vocês o que sei", começou Poulsson, sua voz mais parecendo um ronronar quase encoberto pelo uivo do vento. "Estamos aqui numa missão vital: ajudar a destruir a fábrica de água pesada de Vemork." Expeliu uma densa baforada de fumaça aromática, antes de detalhar os fatos básicos da Operação Freshman. "Precisamos descobrir um bom local de pouso e guiar os soldados daqui até Vemork."

Trocaram-se algumas palavras e chegou-se à conclusão de que os pântanos Skoland eram o lugar a ser examinado primeiro.

"A operação deverá ocorrer na próxima fase da lua", continuou Poulsson. "Temos quatro semanas para estudar o alvo, reunir informações sobre os guardas alemães e escolher o local de pouso. Amanhã, porém, nossa primeira tarefa será ir atrás dos suprimentos.

O despachante nos fez saltar com bastante rapidez, mas ignoro onde estejam os recipientes. Alguns podem ter caído a quilômetros daqui."

Poulsson deu boa-noite aos camaradas. Mas alguma coisa o preocupava. Se a neve caísse durante a noite, cobriria os recipientes e não seria possível encontrá-los. O fato de o céu agora estar claro não significava muita coisa. No Vidda, o tempo costumava mudar num piscar de olhos.

Era 19 de outubro de 1942 e Poulsson sabia muito bem o que o início do inverno no Vidda lhes reservava. Pelos próximos meses, o lugar se tornaria um deserto de neve ameaçador, habitado apenas por tetrazes, raposas árticas e bandos de renas errantes. Homens que penetravam no Vidda durante o inverno faziam-no por sua conta e risco. Mas Poulsson e seus homens teriam de sobreviver ali.

Às primeiras luzes, o tempo continuava bom, calmo e límpido. Os quatro homens se puseram a vasculhar as imediações à procura dos recipientes. Essa tarefa se tornou mais difícil porque seus esquis, imprescindíveis para o deslocamento naquele terreno, estavam em um dos recipientes perdidos. Foram necessários dois dias de busca na neve acumulada para localizar todos os recipientes – e, de conformidade com a lei de Murphy, os esquis estavam no último.

Agora, já sabiam em que ponto o comandante de asa Hockey os fizera saltar: em uma área chamada Songdalen, uns bons 10 quilômetros a leste de onde deveriam cair. Por isso, Einar Skinnarland não estava à vista. Teriam de caminhar 30 quilômetros até seu destino final, uma remota cabana de caça ao norte de Vemork.

Normalmente, essa distância seria fácil para eles, sobretudo se usassem esquis. O problema era que carregavam quase 320 quilos de armas e equipamentos, além de rações para um mês. Resolveram esconder o "supérfluo" sob a neve em um local aonde pudessem voltar mais tarde, mas isso ainda os deixou com um peso considerável.

Para piorar as coisas, alguém se esquecera de acondicionar combustível à base de parafina para seu fogareiro Primus. Se quisessem avançar diretamente pelas montanhas, o calor seria vital para aquecer a comida e os corpos, bem como secar roupas após um longo dia de marcha. Mas agora teriam de descer aos vales, onde cresciam bétulas, das quais poderiam retirar lenha durante a caminhada.

Haugland tentou fazer contato com Londres pelo rádio. Do Vidda, isso nunca era fácil, pois o terreno escarpado perturbava os sinais. Haugland não conseguiu nenhuma resposta do quartel-general da SOE. Talvez o problema fosse mesmo o terreno, mas ele temia que o equipamento tivesse sido danificado na queda. Nesse caso, sendo impossível consertá-lo, eles não teriam meio de se comunicar com a SOE. E, sem esse contato por rádio, sua missão se tornaria praticamente impossível.

"Tentamos em vão falar com Londres", escreveria Poulsson sobre aquele impasse. "Não tínhamos parafina para nosso fogareiro Primus e precisamos evitar boas rotas de montanha porque lá não havia madeira... Pusemo-nos penosamente a caminho. Eu calculava que nossa comida, se economizada ao máximo, duraria trinta dias. Nossas instruções eram não fazer contato com ninguém, exceto em uma emergência grave."

Pelo menos, o tempo parecia estável. Postos os esquis, os quatro homens partiram para a próxima etapa de sua jornada, mas o avanço se revelou penoso. "Em altitudes elevadas e com um frio terrível, não se pode esperar que alguém consiga carregar um peso maior que 30 quilos", observou Poulsson. "O terreno era irregular e ingrato; a neve, pesada e profunda. Quem deixasse escapar seu esqui, afundava até os joelhos."

Os rios que cortam essa região do Vidda têm nomes enganadoramente poéticos: Poço de Todas as Águas; Melodioso; Profundo; Barreira a Todas as Viagens. Na verdade, a altitude do planalto – mil metros acima do nível do mar – torna-o dolorosamente exposto. Ventos selvagens sopram sem prévio aviso e a temperatura pode descer a 30 graus negativos. Durante uma tempestade violenta, é impossível ver a própria mão erguida diante dos olhos.

Tão logo os quatro homens partiram, o tempo mudou. O céu escureceu, um vento mordente começou a soprar das alturas e uma tormenta de neve desabou. Essas condições podem enregelar um homem até os ossos, sugar sua energia e matá-lo em questão de horas. O segredo da sobrevivência no Vidda é um conhecimento acumulado ao longo de gerações: só sobrevive ali quem sabe sobreviver.

Vergados ao peso das cargas e lutando contra a tempestade, Poulsson e seus homens não ignoravam o que tinham de fazer: encontrar abrigo. Dirigiram-se para o vale Haugedalen, onde Poulsson e Helberg sabiam existir uma cabana sólida e aconchegante. Entretanto, por mais que procurassem, não a encontravam. Não fazia sentido. Aquele era o lugar certo, a cabana devia estar ali. Mas, por algum motivo, não estava.

Sem que Poulsson e Helberg soubessem, o dono desmanchara e transferira havia pouco tempo a cabana para um lugar mais conveniente: esse era o grande risco por terem estado longe do Vidda, mesmo que só por poucos anos. E agora encontrar um abrigo era questão de vida ou morte. O inverno tinha chegado cedo ao Vidda, como que para se vingar de alguma coisa. Aqueles homens precisavam abrigar-se logo.

Com isso em mente, continuaram se embrenhando nas mandíbulas da tempestade, em uma corrida desesperada pela sobrevivência.

CAPÍTULO CATORZE

Enquanto Poulsson e seus homens combatiam a monstruosa tempestade, Wilson tentava exorcizar seus próprios demônios. Preocupava-se com a equipe da Operação Grouse, agora desgarrada na imensidão do Vidda. A tripulação do Halifax havia lhe comunicado que eles tinham chegado com sucesso ao solo. "Carga jogada de 200 a 300 metros em voo para o sul... Homens saltaram em ordem, sem hesitação... Doze paraquedas se abriram e todos os homens pousaram..."

Mas, desde então, silêncio. Era desconcertante.

Mas Wilson se preocupava também com a Operação Freshman. Alguns comandantes questionavam os detalhes finais da missão e, francamente, Wilson não gostava do que ouvia. A seu ver, a Freshman fora mal concebida em sua forma atual e ele não achava que ela tivesse grandes chances.

Pior ainda, se a operação falhasse, poderia alertar o inimigo para o ataque iminente a Vemork. Caso isso acontecesse, seria um desastre. Não havia dúvida alguma quanto à reação do general Von Falkenhorst: o "efeito Musketoon" seria quadruplicado.

Não era a força de assalto em si que inquietava Wilson: seus homens estavam perfeitamente aptos a cumprir a tarefa. O que o inquietava era a maneira de penetrarem no Vidda. Anotações de uma reunião em outubro no quartel-general das Operações Combinadas registram os elementos básicos do plano de ataque da Freshman. Em primeiro lugar, um caminhão seria capturado na represa do lago Møs, perto da zona de pouso. Dali, os soldados se precipitariam para Vemork.

"O veículo com nossos homens avançará contra os guardas", propunham as notas, referindo-se à guarnição da ponte que dava acesso à fábrica de Vemork. Depois de entrar, a força atacaria determinados edifícios, que deveriam "explodir, com dano para todas as instalações e mortes por todo o vale... Romper as tubulações... avisar as famílias para fugirem".

As notas manuscritas registram que "o acesso está bloqueado ao sul por precipícios intransponíveis". Ou seja, ninguém desceria no vale Vestfjord e depois escalaria um paredão de quase 200 metros até a fábrica; por isso "um caminhão ou ônibus é vigorosamente recomendado" como meio de acesso pela ponte suspensa.

Na teoria, tudo isso fazia sentido. Mas a maneira de se infiltrar – fazendo uso de dois planadores Horsa rebocados por aviões Halifax desde a Escócia – deixava Wilson muito aflito.

O Airspeed AS.51 Horsa foi batizado em homenagem ao lendário chefe guerreiro bretão do século V. Media 20 metros de comprimento e tinha uma sólida estrutura de madeira revestida de placas encurvadas de compensado. Era tido como um aparelho robusto e ágil, ao menos para um planador. Sua cabine despojada abrigava dois homens e ele podia levar uma carga de 4 toneladas – um jipe ou um canhão de campanha, por exemplo –, com poltronas dobráveis para acomodar soldados.

Mas as missões por planador eram notoriamente arriscadas até nas melhores condições, que a Noruega, é claro, estava longe de oferecer. Esses planadores exigiam solos planos para o pouso – quase impossíveis de encontrar, principalmente no Hardangervidda. A possibilidade de descer em um lago congelado foi sugerida, mas logo descartada porque o Horsa, avançando, ergueria uma espessa parede de gelo e seu peso por fim romperia a superfície endurecida.

Para piorar ainda mais a situação, o tempo na Noruega estava se revelando atroz, conforme o grupo Grouse não tardou a descobrir. Os planadores poderiam alçar voo em perfeitas condições na Grã-Bretanha, mas logo mergulhariam em uma tempestade infernal, sobretudo acima do Vidda.

Ser piloto de planador era uma das tarefas mais perigosas em todas as forças armadas britânicas, mas o que agora ia ser feito estava totalmente fora de escala. As Operações Combinadas entregaram o plano da Freshman para Wilson e Tronstad. Eles deram uma resposta detalhada, que, como seria de esperar, foi bem direta.

"De todos os países, a Noruega é o menos adequado a operações com planadores. Tem poucos locais de pouso; suas montanhas, em densa aglomeração, são íngremes e assustadoras". O sucesso da missão exigia boas condições no Vidda, onde, "no inverno, o clima raramente é favorável e jamais previsível... No planalto, ocorrem súbitas correntes de ar verticais fortes o bastante para estraçalhar um planador Horsa.

O local de pouso será difícil de identificar caso nuvens obscureçam a lua ou, mais provavelmente naquela altitude, estejam muito baixas... O pouso noturno de uma aeronave frágil, em uma área conhecida por suas fendas e cristas, grandes pedras e afloramentos rochosos, pode ser extremamente arriscado."

Um relatório oficial sobre a Freshman reproduziu essas preocupações. "Mesmo na fase de planejamento, percebeu-se que a operação era muito perigosa. De todos os países, a Noruega é o menos adequado a operações com planadores... Para o piloto... as montanhas parecem erguer-se de repente, quase bater nas pontas das asas do avião e desaparecer como em um passe de mágica... As condições atmosféricas no outono de 1942 eram horríveis."

O fato de a Operação Freshman ter recebido sinal verde, apesar de tudo isso, mostra como os Aliados estavam ansiosos para interromper o programa nuclear dos nazistas. Vemork tinha de ser destruída a qualquer custo.

Wilson descreveria a Freshman como uma de suas "maiores dores de cabeça" durante toda a guerra. Obstinado e extremamente franco, não acreditava naquilo que, para ele, seria um desastre. "Não fazendo caso de advertências, inclusive as minhas, as Operações Combinadas decidiram enviar uma força de 30 homens do Serviço Especial... em dois planadores rebocados por aviões."

Ele não era o único a mostrar tais preocupações. "Duvido que o emprego de planadores seja necessário ou desejável", escreveu o chefe do estado-maior da força aérea sobre a Operação Freshman. "Não temos suficiente experiência para rebocá-los a longa distância durante a noite e a operação talvez possa ser realizada com paraquedistas." E acrescentou esta nota manuscrita: "O uso de planadores parece-me uma loucura..."

Na visão dele – e de Wilson –, a força Freshman deveria seguir as pegadas da Grouse, descendo de paraquedas. A opinião contrária – de que planadores colocariam o destacamento completo no chão, permitindo-lhe assim desfechar um ataque rápido e concentrado – não convencia. O uso de planadores só faria sentido caso os soldados sobrevivessem à infiltração e temia-se que suas chances de conseguir isso fossem muito poucas.

Wilson também questionou como a força escaparia depois do ataque. Os homens teriam de atravessar centenas de quilômetros de terreno inóspito em pleno inverno, perseguidos dia e noite pelo inimigo. Teriam de "abrir caminho para a Suécia" com poucas chances de consegui-lo. Era a mesma ideia que já se aventara do envio de um "esquadrão suicida" com quase nenhuma perspectiva, para qualquer dos comandos, de sair vivo da aventura.

Ainda assim, no final de outubro de 1942, a Freshman foi aprovada como uma operação por planadores e seu treinamento já estava bastante adiantado. O plano operacional previa que cada planador cheio de tropas fosse rebocado por um Halifax até a zona de pouso, no Hardangervidda, assinalada pela equipe Grouse já no local. Então as cordas de reboque seriam cortadas e os planadores Horsa desceriam nos pântanos que cercam o lago Møs, pousando sobre os esquis instalados debaixo de sua fuselagem.

Os Horsas levariam explosivos, armas e... bicicletas dobráveis. Uma estrada de montanha ia do lago Møs até Vemork. Após o pouso, os 30 homens desdobrariam as bicicletas, montariam e pedalariam como demônios até o alvo, situado ao pé de uma encosta que descia do lago. Chegariam a Vemork protegidos pela noite, com as bicicletas lhes dando a vantagem do silêncio e da surpresa.

Todas as linhas telefônicas dentro da fábrica seriam cortadas. Se encontrassem cercas elétricas, os homens poriam "Luvas de borracha – para 500 volts". Atravessariam a ponte suspensa, matariam os guardas com pistola Sten providas de silenciadores e explodiriam tanto a fábrica quanto os estoques de água pesada que lá estivessem. Feito isso, fugiriam para a Suécia em pequenos grupos. Qualquer ferido receberia uma injeção de morfina e ficaria para trás, pois a fuga seria impossível se sobrecarregada com mais esse peso.

Detalhe importante, o plano se beneficiaria de um novo mas ainda não testado equipamento, o sistema de orientação Rebecca/Eureka, projetado para "conduzir" uma aeronave até seu alvo. Mais corretamente conhecido como o "radar transmissor-receptor

Rebecca/Eureka", consistia de um receptor e uma antena a bordo – o "Rebecca" –, que captavam sinais de rádio emitidos de uma unidade "Eureka" instalada no solo.

O Rebecca calculava o alcance e a posição do Eureka com base na periodicidade e direção do sinal de retorno. Era acurado até 80 mil metros em boas condições climáticas, mas mesmo com nuvens e névoa densa a transmissão podia ser detectada a vários quilômetros de distância. A equipe Grouse voara com um Eureka, que teoricamente eles conseguiriam usar para guiar a aeronave, não importava o tempo que fizesse no solo.

O comando-geral da Operação Freshmam – algo assim como uma taça de veneno – coube ao tenente-coronel Henneker, da Divisão Aerotransportada dos Engenheiros Reais. Ao recrutar uma equipe para aquela missão, ele se viu diante de uma tarefa quase impossível. Tinha de pedir voluntários para uma tarefa arriscada sem poder lhes dar nenhum detalhe da missão, inclusive o nome do país onde operariam.

A operação toda estava envolta em tamanho sigilo que Henneker só podia revelar isto: seria uma incursão atrás das linhas inimigas. Todo voluntário com motivos sólidos para não ir, como filhos pequenos ou mulher grávida, poderia desligar-se a qualquer momento sem nenhuma consequência.

A 19 de outubro de 1942, no mesmo dia em que a equipe Grouse desceu de paraquedas no Vidda, Henneker se dirigiu a seus potenciais recrutas. Eles se reuniram no acampamento militar de Bulford, erguido na planície de Salisbury, no interior de Wiltshire. Dentro de uma cabana Nissen fria, Henneker se postou diante dos homens de duas unidades dos Engenheiros Reais – a 9ª e a 216ª Companhias de Campo – para convocar voluntários.

Henneker – o rosto sulcado e endurecido na luta desesperada contra o avanço alemão durante a queda da França – disse aos homens que todos ali estavam "loucos" para entrar em combate, ele sabia, mas que a próxima missão não era nada comum. Era, muito pelo contrário, extremamente perigosa. Seu desfecho poderia determinar a sorte da guerra: se a missão falhasse, os alemães talvez obtivessem a vitória dentro de seis meses.

O fato de todos, sem exceção, terem dado um passo à frente, diz muito do valor desses homens. O mais velho, com 31 anos, era Ernest Bailey, que acabava de voltar de uma licença em seu Hampshire nativo. O mais novo, Gerland Wiliams, de Doncaster, celebrara havia pouco seu aniversário de 18 anos com uma rodada de cerveja. Um terceiro, Bill Bray, era ex-motorista de caminhão cuja esposa daria à luz dentro de três meses.

Henneker estava certo: aqueles jovens – ex-encanadores, carpinteiros e mecânicos – ansiavam por dar o troco ao inimigo. Nenhum queria desperdiçar a chance – por mais misteriosa e assustadora que fosse – de fazer isso.

Henneker tinha muito orgulho de seus homens. O que mais queria era vê-los cumprir a missão. Mas uma coisa o atormentava: o transporte até o alvo. Aquele seria o primeiro uso operacional de planadores na guerra. E Henneker não gostava de inovações. Não queria que seus homens fossem "calouros" (*freshmen*) como o nome da missão implicava. Queria, isso sim, que fossem lá, fizessem o trabalho e voltassem sãos e salvos.

Era preciso inventar uma história para explicar por que aqueles homens iriam desaparecer durante as semanas de treinamento duro e intensivo. Espalhou-se que fariam parte da "Competição Washington", uma prova de resistência disputada com a unidade americana equivalente à sua.

Os Engenheiros Reais – mais conhecidos como "Sapadores" – haviam sido escolhidos para a Operação Freshman porque aquele era, principalmente, um trabalho de demolição, a especialidade dos

"Sapadores". Um relatório oficial de planejamento da Freshman dá uma ideia da tarefa à sua frente.

Ao descrever a fábrica de eletrólise de Vemork, ele registrava: "Esta, a maior do mundo, funciona em um edifício de oito andares... de concreto armado, com 45 metros de altura e reforçado internamente com vigas de ferro e colunas de sustentação".

Havia milhares de toneladas de aço e concreto reforçado para ser explodidas em Vemork. Muito prestigiados entre os militares britânicos, aqueles engenheiros de combate eram bem capazes de abrir caminho até a fábrica e instalar os explosivos para provocar um enorme estrago.

Preparando-se para a tarefa, os Sapadores iniciaram um treinamento do tipo comando, com marchas forçadas e um fardo de quase 40 quilos às costas. Foram lançados à meia-noite em Snowdonia, para sobreviver com o que carregavam, enquanto se dirigiam para seu local de encontro usando apenas mapa e bússola.

No alto de uma colina, o ex-motorista de caminhão Bill Bray não resistiu ao cansaço. Os companheiros levantaram-no, devolveram-lhe o ânimo e dividiram seu fardo entre si. Quem não conseguisse suportar o treinamento ficaria fora da missão e eles não queriam perdê-lo.

Um dos que ajudaram a carregar o fardo de Bray foi Wallis Jackson, um rapaz forte de 21 anos que tinha três irmãs em sua Leeds natal. Manipulando explosivos com facilidade, Jackson tinha um lado surpreendentemente doce em seu caráter. Escrevia sempre para a mãe e as irmãs, em tom muito afetuoso e externando grandes esperanças na sorte da guerra.

Mas não havia nada que pudesse contar-lhes sobre a próxima missão. Ainda que soubesse alguma coisa não diria nada, pois estavam proibidos de falar sobre o assunto. Os Sapadores se deslocaram para as Terras Altas da Escócia a fim de simular ataques e assaltos.

De vez em quando, um deles falhava e era excluído. Só os mais resistentes seriam bons o bastante para a Freshman.

Apesar desse rigoroso treinamento, os especialistas do MI9 – o setor secreto encarregado de preparar fugas e evasões nas operações de guerra – não achavam que as chances de sobrevivência dos Sapadores fossem maiores que as calculadas por Wilson. O major De Bruyne, especialista em evasão do MI9, apontou o maior risco de seu plano de fuga: a luta sem quartel que travariam ao longo de 300 quilômetros em terreno hostil. Temia que ninguém voltasse.

O MI9 fabricou um lote de roupas em estilo norueguês para cada homem, a fim de melhorar suas chances de sobrevivência. Essas roupas deviam deixá-los protegidos e confortáveis antes do assalto. Os Sapadores vestiriam uniformes britânicos completos, para que os alemães não tivessem dúvida alguma sobre quem havia destruído sua fábrica. Isso era crucial para impedir represálias locais. Mas depois, logo que possível, usariam roupas civis e escapariam fingindo-se de moradores da região.

Uma nota manuscrita do MI9 enumerou as "Necessidades" de evasão e fuga. Incluíam "limas para serrar cadeados de barcos". Era preciso cruzar lagos e, caso um barco fosse "tomado de empréstimo" para a fuga, algumas coroas norueguesas deveriam ser deixadas nele, como uma forma de "agradecimento". E obviamente, bem no topo da lista, constava uma quantidade generosa de benzedrina, o combustível para a jornada de fuga.

Frases-chave em norueguês foram ensinadas aos voluntários da Freshman. Por exemplo: *"Jeg har vært ute og kjøpt litt proviant til mor"* (Fui fazer compras para minha mãe); *"Leve Norge og Heil Quisling"* (Viva a Noruega, viva Quisling); *"Unnskyld men jeg ma hurtigst til tannlegen"* (Desculpe-me, mas preciso ir ao dentista imediatamente). Esta última frase deveria ser pronunciada como se a pessoa tivesse "uma pedra ou um pedaço de cortiça na boca".

Papéis e envelopes com o timbre "Comissário do Reich para Territórios Noruegueses Ocupados" faziam parte da bagagem. Um cartaz seria pregado em cada janela do planador com as palavras "NÃO TOQUE!" em norueguês; talvez assim os moradores locais pensassem que aquela era uma aeronave alemã e não comunicassem logo sua presença às autoridades de ocupação.

A caminho da fábrica e durante o ataque, os membros da força de assalto se identificariam amistosamente entre si assobiando "Hurra para o CER", o verdadeiro hino de seu regimento, o Corpo de Engenheiros Reais. Música marcial cantada com gosto pelos Sapadores em todo o mundo, terminava com estes versos imortais:

> Ma-ninga sabenza, somos nós de novo.
> Oolum-da, grita Matabele, oolum-da, lá vamos nós.
> Ah, ah, ah, ah, ah, ah, ah.
> Silêncio... Uau!

Na última hora, o tenente-coronel Henneker solicitou permissão para juntar-se à missão e liderar seus homens no teatro de operações. A permissão não lhe foi dada. Ele era necessário no quartel-general para coordenar um empreendimento complexo, que envolvia diferentes ramos das forças armadas britânicas.

A 18 de novembro, Mountbatten escreveu a Churchill delineando o plano final para a Operação Freshman. "Trinta e seis homens de várias patentes da Divisão Aerotransportada voarão em dois planadores para destruir a usina, a hidrelétrica e os estoques de 'água pesada'... Os alemães têm dela um estoque de mil quilos... Quando tiverem 5 mil, poderão começar a produzir uma nova forma de explosivo mil vezes mais poderoso que qualquer outro atualmente em uso..."

Churchill respondeu: "Aprovado. Peça a lorde Cherwell que me ponha a par dos aspectos técnicos. Ele já é meu consultor na questão principal. W. S. C. (Winston Spencer Churchill)"

A sorte estava lançada.

Mas um problema inquietava Wilson: até o momento, ele não tinha ninguém no local para guiar a equipe Freshman. Havia dias não recebia nenhuma notícia dos homens da Grouse.

Poulsson e seu grupo tinham descido no Hardangervidda – aparentemente, para sumir sem deixar rastros.

CAPÍTULO QUINZE

Os quatro noruegueses haviam vencido a tempestade. Pelo menos, a *primeira*. Mas outras viriam, intercaladas por períodos de calor fora de época durante os quais os homens ficavam horrivelmente encharcados. Não havia meio-termo no Vidda: ou congelamento ou derretimento. A neve grudava nos esquis como goma de mascar. O que eles tinham para lubrificar a superfície de contato era parafina, que quase não funcionava.

Poulsson estabelecera uma ração diária de um naco de carne em conserva, quatro biscoitos, um pouco de manteiga, uma fatia de queijo e um tablete de chocolate, além de um punhado de aveia. Estavam queimando mais calorias do que as absorvidas enquanto tentavam levar seus suprimentos para a cabana acima dos pântanos Skoland, seu destino predeterminado. A fome roía seus estômagos.

Para piorar ainda mais a situação, tinham de ir e vir o tempo todo. Grande parte do equipamento não podia ser deixada para trás, na zona de pouso. Levavam um rádio, sua bateria (que, sozinha, pesava quase 15 quilos), o transmissor-receptor Eureka, um gerador manual, armas, o kit de sobrevivência e comida. Não era possível carregar tudo isso em uma única jornada. Assim, eles avançavam, descarregavam o fardo e voltavam para pegar um segundo ou terceiro.

Era cansativo; era desanimador.

Então, a sorte lhes sorriu. No terceiro dia de sua marcha arrastada, depararam-se com uma casa de fazenda abandonada. Devoraram a carne congelada e a farinha rançosa que encontraram na cozinha. Porém, melhor ainda, descobriram um velho trenó de madeira e lona. Ao examiná-lo de perto, Poulsson mal pôde acreditar no que via: era o que seu pai havia lhe dado quando criança. De algum modo, fora parar ali.

A Providência vinha em seu socorro na hora de maior necessidade. Aquilo era um alívio. Já não precisavam ir e vir para carregar os fardos. Durante os seis dias seguintes, avançaram mais rapidamente, com o peso dividido entre as mochilas e o trenó superlotado. A caminhada ainda era difícil, mas pelo menos não estavam marcando passo.

A certa altura, Poulsson, que ia na frente, afundou em uma lagoa meio congelada. Kjelstrup, deitando-se de bruços sobre a fina camada de gelo, estendeu uma vara para seu líder, a fim de ajudá-lo a sair. Poulsson estava encharcado até os ossos e não havia maneira fácil de secar-se no Vidda. Prosseguiram, arrastando o pesado trenó, com Poulsson tremendo de frio.

Lábios ressequidos. Pele gretada e purulenta. Os quatro homens estavam constantemente molhados e com frio, não conseguindo nunca se secar. Seus pés, afundados na neve dos vales e nas águas semicongeladas dos lagos, ficavam permanentemente úmidos. Até a madeira de seus esquis, pesada com a água que absorvera, tornava cada passo uma prova de resistência. O couro das botas começou a rachar. Toda manhã eles precisavam costurá-las. Barbudos, de olhos encovados e faces magras, já pareciam um bando de lunáticos.

Sempre que encontravam uma cabana de caça no Vidda, transformavam-na em sua base para a noite. Em muitas delas Haugland descobriu varas de pesca, que requisitou e guardou no trenó – "doações" para o esforço de guerra. Uma tarde, após treze dias de marcha, juntou as pontas das varas e conseguiu assim uma antena de grande altura para seu rádio. Isso aumentaria as chances de fazer contato com Londres.

Pararam em outra cabana, no vale Reinar, onde Poulsson anotou em seu pequeno diário: "Estamos conseguindo". Haugland decidiu que já era hora da equipe da Grouse quebrar o silêncio do rádio. Isso os animaria bastante e, seguramente, era necessário no momento.

Para Haugland, aprender a operar um rádio e transmitir mensagens em código Morse foi como aprender a datilografar sem olhar para o teclado. Seu progresso foi lento e desajeitado no começo, mas com o tempo ele se tornou um ás. No início da guerra, Haugland servia como operador de rádio em um navio mercante de 3 mil toneladas. Captava, horrorizado, pedidos de SOS de navios distantes, afundados em violentas batalhas, e tudo o que ele podia fazer era ouvir.

Mais tarde, na Base 52 de Treinamento Especial da SOE – uma escola para agentes operadores de rádio –, revelou-se o aluno mais brilhante. Fazia transmissões em código Morse mais rápido que qualquer outro e criptografava com a maior desenvoltura. Conseguia montar um aparelho com apenas um punhado de peças soltas. Na verdade, seus professores acabaram concluindo que era *ele* quem devia instruí-los. Agora, treze dias depois do início da Operação Grouse, Haugland ainda não tinha conseguido entrar em contato com Londres.

Isso o irritava profundamente.

Ao amanhecer – uma das melhores horas do dia para transmitir sinais –, ele ligou o sistema de ondas curtas. Mal tinha começado a acionar a chave interruptora quando lhe pareceu que estava obtendo retorno. Londres finalmente o ouvia. Mas segundos depois a comunicação cessou. Haugland percebeu o que havia acontecido. De algum modo, a grande e pesada bateria que devia durar um mês se esgotara, talvez devido ao frio intenso no Vidda. Tentou carregá-la com o gerador manual, mas sem sucesso. Não havia o que fazer: a bateria tinha pifado.

Os ânimos, na cabana, estavam sombrios. Dentro de duas semanas, a "janela da lua" se abriria e a força Freshman alçaria voo. Mas, sem rádio, não era possível passar nenhuma informação a Wilson sobre o estado atual das defesas de Vemork, a definição dos pântanos Skoland como local de pouso, as condições atmosféricas e, principalmente, a presença de um "comitê de recepção" quando os Sapadores descessem.

Foi então que Helberg sugeriu um plano. O lago Møs estava a menos de 12 quilômetros de distância. Ele iria até lá e procuraria os Skinnarland – Einar ou Torstein – para pedir ajuda. Caso tivessem uma bateria reserva, a missão ainda poderia ser salva.

Depois que o esquiador solitário partiu, Poulsson registrou em seu diário: "Helberg ilustrou bem o velho ditado: 'Homem que é homem cai duas vezes e se levanta três'".

Horas depois, Helberg chegou à represa do lago Møs e perguntou por Torstein Skinnarland, que trabalhava ali. Torstein tinha sido avisado pelo irmão de que talvez um amigo o procurasse. Contou a Helberg que Einar de fato havia escondido alguns equipamentos no Vidda, entre eles uma preciosa bateria, como preparação para a chegada da equipe Grouse.

Em seguida, separaram-se, combinando reunir-se depois que os irmãos Skinnarland apanhassem a bateria e algum alimento extra. No caminho de volta para a cabana, Helberg encontrou seus camaradas.

A temperatura desabara e, com a neve recomeçando a cair, a jornada ficava mais fácil, então eles resolveram seguir em frente.

Na manhã de 5 de novembro – 16 dias após sua chegada ao Vidda –, a equipe de Poulsson alcançou seu destino, a pequena cabana Sandvatn, acima dos pântanos Skoland. Ela se erguia em uma remota depressão atulhada de neve, com uns poucos picos baixos em derredor – o tipo de lugar onde quatro homens poderiam permanecer seguros, além do fato de o terreno aberto propiciar bons contatos de rádio.

Apesar da melhora do tempo, todos estavam exaustos. Pele terrosa, faces magras, insones, roupas em farrapos, botas rasgadas, mas ainda assim felizes por ter chegado até ali. Mesmo o trenó da infância de Poulsson achara a jornada difícil demais: começava a estalar e a cair aos pedaços em virtude do esforço exigido.

Na manhã seguinte, os famintos Poulsson e Kjelstrup saíram de esqui para examinar o terreno alagadiço em volta do lago Møs – o possível local de pouso dos planadores. Agora, as rações estavam quase no fim. Helberg se dirigiu sozinho para a represa do lago Møs a fim de averiguar se a bateria estava pronta e na esperança de encontrar algum alimento. Haugland permaneceu na "residência" Sandvatn da equipe, para construir uma antena de rádio nova e melhor.

Primeiro, juntou duas torres feitas com varas de pescar – cada qual em forma de mastro de tenda – e esticou, entre elas, um fio de cobre isolado. A seguir, puxou o cabo de sinal por um vão da janela da cabana e atou-o ao fio de cobre, que parecia um varal entre as duas torres. Se algo podia enviar um sinal a Londres, seria aquela geringonça.

Tudo de que precisava agora era uma fonte de energia: a tão esquiva bateria.

Em Londres, Wilson se desesperava: mais de duas semanas e nenhum contato ainda da equipe Grouse. Apenas silêncio. Os motivos podiam ser muitos. Problemas com o rádio, o que era mais provável. O clima: atroz no Vidda, segundo todos os relatos. O inimigo: talvez Poulsson e seus homens tivessem sido denunciados pelos "quisling", como eram conhecidos os simpatizantes locais dos nazistas, e capturados.

Se fosse esse o caso, nem valia a pena pensar mais no assunto. A SS e a Gestapo possuíam meios de fazer qualquer um falar. Todos acabavam falando. Se algum membro da equipe Grouse tivesse sido capturado vivo antes de conseguir engolir sua cápsula de cianureto de efeito fulminante, a Operação Freshman podia ser esquecida.

Mas, em ocasiões como essa, Wilson tinha uma maneira de se acalmar. Quando confrontado com o que chamava de "situação crítica", ele voltava aos tempos de estudante em Glenalmond. Mentalmente, ouvia o sussurro musical e tranquilizador do rio Almond – seu quarto ficava no lado norte da escola, de onde se avistava a água –, que corria graciosamente sob galhos de árvore e contornava rochas luzidias. Wilson se sentia assim mais equilibrado.

"Isso me dava força e vontade para fazer o que precisava ser feito", observou ele. E, quando o murmúrio do rio não operava o milagre, transportava-se para o vale próximo, onde o farfalhar das folhas serenava seus pensamentos agitados. Durante as duas últimas semanas, ele passara boa parte do tempo em Glenalmond – pelo menos, em imaginação.

Dias antes, Wilson tinha recebido um longo relatório de Einar Skinnarland que detalhava as últimas medidas de defesa adotadas em Vemork e as condições atmosféricas locais. "Há no momento uma guarda de cerca de 40 homens e auxiliares... 25 são soldados rasos austríacos e uns 15 são sapadores alemães... Vemork está protegida por arame farpado e talvez por minas terrestres... Os guardas possuem fuzis comuns e granadas de mão... Muita neve nas elevações; quase todos os lagos de montanha congelados".

Essas informações eram úteis, mas Wilson precisava de um contato direto e instantâneo por rádio. Precisava também de dados atualizados e com mais detalhes sobre as defesas de Vemork. A mensagem de Skinnarland havia chegado por carta, devendo estar dias ou mesmo semanas defasada. Mas, principalmente, ele precisava de uma equipe a quem notificar por rádio que a força Freshman já estava a caminho e necessitava de uma zona de pouso.

Contudo, nem notícia da Grouse. Apesar do efeito Glenalmond, a situação era desesperadora. A 8 de novembro, Wilson enviou um telegrama cifrado para o escritório da SOE em Estocolmo. Pedia que uma mensagem fosse entregue em mãos a Einar Skinnarland determinando que ele descobrisse o paradeiro da equipe Grouse.

"Não estamos conseguindo... estabelecer contato por rádio com o grupo e, por razões urgentes, da máxima importância operacional, precisamos – repito, precisamos – nos comunicar com ele o mais rápido possível."

Wilson ignorava quanto tempo levaria para a mensagem chegar até Skinnarland e ele próprio receber a resposta em Londres. Seria inconcebível autorizar o salto dos homens da Freshman sem que uma equipe os aguardasse no solo para guiá-los. Caso a Grouse houvesse falhado, então a Freshman teria de ser esquecida, pelo menos até Wilson montar outro grupo e colocá-lo no teatro de operações. E nem com a maior boa vontade do mundo haveria tempo para isso.

Um mês antes, os especialistas da Tube Alloys aventaram o impensável: a Grã-Bretanha deveria se preparar para um ataque nazista com "produtos de fissão", o refugo de um reator nuclear operacional, inseridos em uma bomba de radiação tosca.

"Precauções devem ser tomadas para evitar um ataque-surpresa. Isso pode ser conseguido utilizando-se os métodos normais de detecção... Testes de rotina serão realizados em grandes cidades... Devem ser tomadas precauções especiais para preservar o segredo."

Notícias recentes de Vemork aumentaram a preocupação. Naquele outono, Kurt Diebner, o chefe do *Uranverein*, visitou a Norsk Hydro. Deixou bem claro que deveriam ser implementadas as "medidas necessárias" para acelerar a produção de SH200. Logo seria introduzida a tecnologia de "troca catalítica", que facilitaria em muito o processo.

Um dos cientistas que trabalhavam em Vemork era o doutor Hans Suess, austríaco. Depois de descobrir que ele antipatizava secretamente com os nazistas, Jomar Brun – o agente duplo plantado na fábrica – convidou o doutor Suess para uma série de conversas amistosas nas quais perguntava por que, exatamente, os alemães pediam tanta água pesada. A resposta do doutor Suess foi reveladora: o *Uranverein* precisava de 5 toneladas de SH200 como moderador em sua "máquina de urânio".

O tempo urgia. Aquilo, na verdade, era uma bomba-relógio. Os Aliados temiam um ataque nuclear às suas cidades. A Grã-Bretanha – a SOE – tinha de agir, e rápido. Mas o que diabo acontecera à Grouse?

Na cabana Sandvatn, Haugland tinha certeza de que a sorte da equipe estava mudando. Ao cair da noite de 9 de novembro de 1942 – três semanas após sua infiltração no Vidda –, ele fez os preparativos finais. Olhou pela janela. À luz débil da lua, as duas torres de rádio feitas com varas de pescar brilhavam com reflexos fantasmagóricos. Diante dele, sobre a mesa tosca de madeira, estava a bateria, um presente do "mágico" – Einar Skinnarland.

Mas ela funcionaria? O rádio conseguiria transmitir a mensagem? Só havia uma maneira de saber.

Em um bloco de notas, Haugland rabiscara uma série de letras aparentemente aleatória: sua mensagem cifrada. A SOE tinha ensinado seus operadores de rádio a usar o "código-poema". Tanto quem enviava quanto quem recebia tinham diante de si os mesmos poemas. Destes, algumas palavras eram tiradas dos versos para a formulação do código. O receptor só precisava conhecer as palavras escolhidas, que seriam enviadas por um grupo de letras indicativas postas no início da mensagem.

A princípio, os operadores de rádio tendiam a selecionar versos conhecidos: Shakespeare era uma escolha óbvia. Mas esses clássicos eram muito conhecidos pelos alemães que interceptavam as mensagens e procuravam quebrar o código. A equipe Grouse preferiu um poema bem mais enigmático, popular apenas na Noruega e escrito em norueguês. "Fjellsangen" era na verdade o "hino" de Gjest Bårdsen, um famoso ladrão, especialista em fugas e, depois, escritor norueguês.

Em 1939, foi feito um filme de muito sucesso na Noruega sobre a vida de Bårdsen. "Fjellsangen" era a trilha sonora. No caso de Poulsson, Helberg, Kjelstrup e Haugland – eles próprios fugitivos escondidos nas imensidões geladas do Vidda –, foi uma escolha perfeita para seu código-poema. "Fjellsangen" significa "Canção da Montanha".

Haugland estendeu a mão para a chave interruptora do equipamento de código Morse. Atrás dele, seus três camaradas da SOE observavam como falcões. Haugland reparou que, estranhamente – pois era um homem que se mostrara frio sob o fogo inimigo em muitas ocasiões –, sua mão tremia. Ligou o rádio, que começou a funcionar sem problemas. Enviou seu sinal de chamada identificador e esperou.

Quase que de imediato, uma série de bipes pulsou em seus fones de ouvido, informando-o de que tinha feito contato com a estação central da SOE em Grendon Underwood. Às suas costas, os três camaradas montanheses quase pularam de alegria. Com um leve sorriso, Haugland inclinou-se sobre as anotações cifradas e sua mão começou a executar uma dança delicada na chave interruptora do equipamento de código Morse.

"Pouso bem-sucedido, apesar das pedras por toda parte", informou ele. "Lamento tê-los feito esperar tanto pela mensagem. Nevascas e neblina nos forçaram a buscar refúgio nos vales. Impossível andar com equipamento pesado em camada de neve de mais de um metro... Temos de correr para alcançar o alvo a tempo."

A segunda mensagem explicou o que haviam descoberto sobre Vemork: "Notícias importantes: depois da sabotagem em Glomfjord, sentinelas alemãs foram enviadas para centros industriais... Quarenta e quatro alemães chegaram à área de Rjukan... Equipes de engenheiros terminaram o túnel ao longo das tubulações... A mensagem seguinte será sobre os itens que nos devem ser enviados por planador".

A Grouse chegara. Estava a postos e transmitindo.

No dia seguinte, sorte dupla. Haugland e Helberg encontraram um carneiro que tinha se perdido entre as rochas. Mataram-no e levaram-no para a cabana. Poulsson, que se julgava cozinheiro, debruçou-se sobre o fogão a lenha e foi jogando na panela ervilhas enlatadas e tudo o mais em que conseguia pôr a mão. Os outros observavam por cima de seu ombro, salivando. Chegaram a estender uma toalha na mesa.

Lá fora, o vento uivava, arremessando punhados de neve contra a janela. Mas outra tempestade havia caído sobre o Vidda sem que ninguém dentro da cabana Sandvatn se desse conta. Todos os pensamentos se concentravam no banquete iminente. A chama da única vela que iluminava o recinto bailava ao sabor do vento que açoitava as paredes. Poulsson se afastou do fogão, com a panela nas mãos. Deu um passo rumo à mesa, tropeçou em um tapete de pele de rena estendido no chão e a preciosa iguaria se foi.

Depois de um segundo de hesitação, os quatro se puseram de gatinhas e devoraram o cozido espalhado pelo piso de madeira. Quando terminaram de comer, só restavam alguns ossos triturados.

Kjelstrup se queixava de ter descoberto "um fio de cabelo em minha sopa", o que arrancou gargalhadas dos outros.

Poulsson registrou em seu diário: "Os amigos não acharam graça nenhuma no acidente". Ainda assim, foram dormir felizes de barriga cheia.

Em nota rabiscada à margem da transcrição da mensagem de Haugland, Wilson ordenou, exultante: "Que mandem a lista completa dos equipamentos necessários". Fazia sentido enviar, com a força Freshman, quaisquer suprimentos solicitados pela equipe Grouse – e o mais rápido possível.

As mensagens de Haugland deixavam claro que Vemork continuava sendo reforçada e guarnecida contra ataques.

Chegara a hora de agir, caso Londres conseguisse despachar os planadores.

CAPÍTULO DEZESSEIS

As coisas não iam bem em RAF Skitten, uma charneca sem árvores e aberta a todos os ventos junto ao mar do Norte. RAF Wick, na extremidade nordeste da Escócia, ficava no ponto mais próximo da Noruega. O aeródromo vizinho de Skitten – uma fileira de cabanas desoladas – era um satélite de Wick, com a vantagem de ser mais distante e menos visível a olhos perscrutadores.

Era 17 de novembro de 1942 e os trinta e tantos Sapadores tinham voado para Skitten a fim de se preparar para seu salto no escuro. Mas o principal rebocador Halifax – *A for Apple* – se tornara inutilizável devido a um vazamento de óleo. Os tripulantes do *A for Apple*, liderados pelo capitão de grupo Tom Cooper, foram obrigados a dar meia-volta e viajar para o sul em uma aeronave reserva, depois de trem e carro, até RAF Netheravon, onde o Esquadrão 38 – a unidade que levaria a Freshman – tinha sua base.

No dia seguinte, dois Halifaxes – um sobressalente – estavam de novo no ar para um teste de voo de Skitten até o alvo. Dessa vez, o *B for Baker* foi forçado a voltar com um radiador quebrado e um motor parcialmente fora de ação, mas pelo menos a aeronave da frente conseguiu chegar a um ponto de onde os tripulantes julgaram avistar a zona de pouso dos pântanos Skoland. E, por sorte, não encontraram artilharia antiaérea, holofotes ou caças inimigos.

Pouco antes do amanhecer, as duas aeronaves pousaram novamente em Skitten. Após um café da manhã com ovos e bacon na cantina da base, o capitão de grupo Cooper e o tenente-coronel Henneker – que tinham viajado no banco da frente de um dos Halifaxes – conferiram suas anotações. Henneker insistira em ir no voo de teste para ver de perto o lugar onde os Sapadores desceriam. E não tinha gostado nada do que vira.

De 3 mil metros de altitude, as elevações e vales do Hardangervidda se estendiam até o horizonte em faixas "claras e escuras" como a pele de um tigre. Exceto em condições atmosféricas perfeitas, o terreno era extremamente confuso. Parecia homogêneo. E isso significava que precisariam confiar no sistema de orientação Rebecca-Eureka para guiá-los – coisa que preocupava, e muito, Henneker e o capitão de grupo Cooper.

O capitão e seus homens tiveram pouquíssimo tempo de treinamento para aquela missão. Não habituados a voar nos Halifaxes quadrimotores, restaram-lhes poucas semanas para se adaptar à nova aeronave. E não apenas isso: os Halifaxes tinham sido entregues sem nenhum equipamento de comunicação. A equipe de terra do Esquadrão 38 teve de instalar ela própria, às pressas, unidades Rebecca-Eureka.

"As dificuldades da operação eram tremendas", escreveu o capitão de grupo Cooper sobre a Freshman. "Exigia condições atmosféricas excepcionais para... rebocar de noite um planador e percorrer uma distância nunca antes tentada... nem mesmo durante o dia; pouso de planadores em terreno muito difícil... tripulação com pouca experiência e apenas poucos dias de treinamento..."

As únicas fotografias disponíveis da zona de pouso foram tiradas de um guia turístico norueguês. Os mapas também deixavam muito a desejar. Havia gráficos noruegueses de campos de esqui, mas cada qual dava forma diferente aos lagos do Vidda, que eram pontos de referência essenciais para a navegação.

Mais preocupante ainda, os geradores que alimentavam as unidades Rebecca às vezes queimavam a fiação, prejudicando seu funcionamento. Naquela missão, mais do que em qualquer outra, "a localização da área de pouso seria extremamente difícil sem o 'Rebecca'", constatou Cooper. Em suma, o capitão de grupo Cooper temia que fracassassem.

Enfatizou a boa vontade do Esquadrão 38 em participar da missão, "sabendo que um grupo pequeno de homens escolhidos a dedo... pode fazer coisas que jamais estariam ao alcance dos participantes de uma operação normal". Mas, ainda assim, pediu mais tempo para os preparativos. Pedido recusado.

"Tarde demais. Só resta esperar pelo melhor", resumiu seu comandante.

Outro problema atormentava Cooper. Os planadores Horsa seriam ligados aos reboques por cordas de cânhamo trançado – uma fibra vegetal resistente – que também levariam um cabo de intercomunicação entre as aeronaves. Mas o que aconteceria, perguntava-se o capitão de grupo, se as cordas congelassem com o frio? Voariam 3 quilômetros por cima da Noruega ártica, em novembro. Ali faria um frio dos diabos. Se congelassem, as cordas perderiam a flexibilidade e se romperiam? Não havia como saber.

Só a Grouse havia prorporcionado alguns momentos de otimismo. As transmissões por rádio de Haugland informavam que, por enquanto, o tempo estava frio e claro no Vidda. A neve branqueava os pântanos Skoland, mas o vento a compactara e endurecera.

"Local de pouso... não pode ser visto pelos alemães", comunicou Haugland. "Ótimo terreno plano, sem árvores nem pedras, com aproximadamente 650 metros de comprimento." Podia mesmo ser uma boa pista, mas a nevasca significava que ir de bicicleta até o alvo estava fora de cogitação. "Impossível, para o grupo, pedalar. Profundidade da neve no local de pouso, 30 centímetros. Na estrada, cerca de 10 centímetros e muito dura."

Devido às condições, as bicicletas dobráveis teriam de ficar para trás, mas Haugland achava que uma marcha forçada levaria os Sapadores a seu objetivo. "Percurso total, mesmo sob difíceis condições de neve, não levará mais que cinco horas."

Fato crucial, os homens da Grouse conseguiram informações de primeira mão. De um local privilegiado, puderam ter uma visão bem próxima da fábrica de SH200. "Guardas alemães patrulham a ponte suspensa... Do lado de Vemork, há uma guarita... Diante da porta da fábrica, uma sentinela alemã... A ponte suspensa é fácil de defender caso venham reforços de Rjukan."

Apesar da advertência que fora a Operação Musketoon, a Grouse confirmou que a fábrica de água pesada poderia ser invadida, mas apenas se os 30 Sapadores chegassem em segurança ao local.

Exceto para o pessoal da Freshman, Skitten tinha sido totalmente isolada e a segurança aumentou ainda mais. Os planadores, bem protegidos, ficaram invisíveis a quem passasse por perto, embora houvesse pouco tráfego na área. A força de assalto ostentava divisas comuns em seus uniformes, sem quepes ou qualquer outra coisa que, identificando-a, suscitasse perguntas difíceis. Fez-se o possível para evitar que os homens "dessem com a língua nos dentes".

Cartas e telefonemas foram proibidos, pelo menos até os aviões alçarem voo. Isso não impediu que o ex-caminhoneiro Bill Bray escrevesse uma carta à sua esposa grávida: "Rabisco às pressas estas poucas linhas a fim de comunicar-lhe que estou saindo em missão. Não posso dizer para onde, mas não se preocupe muito, querida, se ficar sem notícias minhas durante as próximas semanas... Voltarei no Natal para saborear aquele frango... Até lá e Deus a abençoe. De seu sempre amoroso marido, Billy".

Wallis Jackson – que tinha ajudado a carregar, pelas montanhas de Gales, a mochila de um Bray exausto – não tinha namorada a quem escrever. A mãe é quem ainda lavava suas roupas. Conseguiu redigir uma mensagem curta para ela, pois tudo parecia indicar que a partida era iminente: "Mãezinha, pode mandar minhas roupas e cartas para cá sem problemas. Logo terei uma licença. Muitos e muitos beijos com amor, Wallie".

Pouco antes do voo de teste realizado por Cooper e Henneker, Wilson enviou um mensageiro a Skitten com as últimas ordens para a Freshman. Essas ordens deveriam ser guardadas pelos comandantes da missão em forma escrita ou de memória. Depois, nos gélidos pântanos Skoland, os Sapadores receberiam suas instruções antes do ataque.

O mensageiro de Wilson entregou as ordens a um dos subordinados do tenente-coronel Henneker e voltou para colocar seu chefe a par do que ficara sabendo. Os homens de Henneker lhe pareceram "bastante confiantes no êxito da tarefa, caso cheguem ao lugar certo... Perguntei-lhe como pensava destruir seus planadores e ele me disse que ninguém lhe dera semelhante ordem. Achava isso muito estranho". Bem melhor seria mandá-los pelos ares com explosivos para que não caíssem nas mãos do inimigo.

A maior preocupação: como haviam se saído os planadores Horsa? O subordinado de Henneker afirmou que seu desempenho fora excelente sobre a planície de Salisbury, mas que "nunca tinham sido usados sobre montanhas e achamos que isso será difícil". Não bastasse tudo isso, um dos pilotos dos Halifaxes relatara ter "encontrado dificuldades para rebocar um planador nas Terras Altas devido às correntes de ar e despencara nada menos que cerca de 150 metros por minuto!".

Wilson achou tudo isso alarmante. O problema dos planadores parecia estar ficando cada vez mais grave. Mas, agora, só uma coisa poderia deter a Freshman: as condições atmosféricas. A "janela da lua" daquele mês estava quase se abrindo.

A mensagem seguinte de Haugland praticamente decidiu a questão. "Nas últimas três noites, luz e céu muito claro. Temperatura em torno de 5 graus Celsius negativos. Vento forte do norte se acalmou. Esta noite, tempo bonito. Desligo."

O dia 19 de novembro amanheceu feio, cinzento e chuvoso em Skitten – bem típico nessa parte da Escócia durante o inverno. Mas, com base na mensagem de Haugland e no boletim meteorológico, Cooper e Henneker decidiram que a Freshman seguiria em frente ao entardecer.

Entre os consultores que trabalhavam em Skitten, estava um meteorologista norueguês, o tenente-coronel Sverre Petterssen. Ele passou a manhã toda debruçado sobre mapas e previsões do tempo. Apesar da informação da Grouse, Petterssen se preocupava com os fortes ventos do oeste que sopravam no mar do Norte. Ao almoço, aconselhou: a operação devia ser adiada por dois dias, quando uma "irrupção de ar ártico" traria frio, claridade e condições estáveis.

Henneker e Wilson fizeram uma pausa para reflexão. E agora? Tinham de ponderar a urgência – a "janela da lua" estava bem próxima – contra a probabilidade de sucesso. Por fim, decidiram que o tempo estava " bom o bastante para justificar uma tentativa... as chances de haver outra oportunidade durante o período da lua eram muito raras".

Ao saber de sua decisão, Wilson enviou uma mensagem final à Grouse: "Avisem o mais cedo possível se o ataque foi bem-sucedido... Essa informação é importante. Boa sorte a todos".

Em Skitten, a neblina fria e a chuva persistiram o dia todo. Como outros Sapadores, Wallis e Bray comeram sanduíches e fumaram sem parar a fim de matar o tempo. Os homens tagarelavam, contavam piadas – a velha fanfarronice de guerreiros alardeando coragem antes de ir para trás das linhas inimigas em uma missão que, de uma maneira ou de outra, mudaria o curso da guerra.

Pouco antes da hora zero, o tenente-coronel Henneker reuniu seus homens para uma última conversa. Passou em revista o destacamento à sua frente – dois oficiais e 30 soldados, todos bravos Sapadores – e deu-lhes uma ideia geral de sua missão, que se iniciaria naquela noite.

Seriam levados à Noruega, onde explodiriam uma hidrelétrica e uma "fábrica de hidrogênio", escapando depois, a pé, para a Suécia. Se capturados, revelariam apenas "nome e número, recusando-se a fornecer qualquer outra informação". Não deveriam mencionar jamais que receberam "ajuda local" – uma referência velada aos quatro homens que os guiariam.

Os grupos dos dois planadores de Sapadores eram comandados pelos tenentes Alexander Allen e David Methven. Cada qual sabia que, se a outra equipe não conseguisse pousar, seguiria em frente com a sua para desferir o ataque. "Não importa o que aconteça", explicou Henneker, "alguém terá de chegar até o alvo e cumprir a missão. A detecção pelo inimigo não é desculpa para a interrupção."

Dadas as últimas instruções, desejou a seus homens boa sorte e bom trabalho. Pelo menos em espírito, viajaria com eles.

Os Sapadores pegaram seus equipamentos e suas armas – cada um levava uma Sten – e se embrenharam na garoa do crepúsculo. Carregavam "mapas de fuga" em papel de seda, que eram na verdade um engodo: mostravam uma rota falsa pontilhada de azul e deviam ser espalhados pela cena do ataque na esperança de enganar os perseguidores.

O capitão de grupo Cooper e sua tripulação subiram para o Halifax *A for Apple*. O *B for Baker* ficou a cargo de um piloto de 26 anos da Real Força Aérea Canadense, Arthur Parkinson. Atrás deles, duas fileiras de homens – de feições jovens, muitos no final da adolescência ou início da quadra dos vinte, que mal haviam despido seus uniformes de escola – entraram nos Horsas. A equipe de terra fechou as portas articuladas da traseira dos planadores e os Sapadores se viram enclausurados em seus caixões de madeira.

Queriam embarcar e cumprir logo aquela etapa da missão, mas tiveram de amargar um atraso frustrante. Por algum motivo, a tripulação dos rebocadores não conseguia se comunicar com a dos planadores. Apesar de repetidas tentativas, os homens dos Halifaxes não conseguiam fazer contato com os dos Horsas. Por fim, decidiu-se que partiriam assim mesmo e se comunicariam por sinais luminosos.

Às 18h45, os dois Halifaxes mergulharam na escuridão densa e úmida, cada qual com seus quatro motores radiais Bristol Hercules no máximo da potência para arrastar um peso morto de 7.045 quilos com uma corda de 110 metros de comprimento. De pé na pista de Skitten, Henneker acompanhou com o olhar as quatro aeronaves e as dezenas de homens que elas levavam, até desaparecerem nas nuvens baixas e tempestuosas.

Então virou-se e voltou para sua sala de operações a fim de aguardar notícias da missão. Agora, o rádio era o seu único vínculo: com a tripulação dos Halifaxes, que devia avisá-lo da liberação segura dos planadores sobre a zona de pouso; com a equipe da Grouse no solo, que confirmaria o êxito da descida da Freshman.

A sala de rádio de Skitten enviou uma curta mensagem à SOE e ao quartel-general das Operações Combinadas: *Freshman a caminho*. Só restava esperar.

Na cabine do *A for Apple*, o piloto estabeleceu de início o curso sudoeste para permanecer acima da densa camada de nuvens. Esta se estendia por 1.500 metros e os rebocadores precisariam irromper pelas aberturas que achassem nela a fim de alcançar céus mais claros. O Halifax, subindo mais e mais, conseguiu por fim se livrar da massa escura. Rebocador e planador viraram para nordeste e rumaram para a Noruega.

Cerca de três horas depois, o navegador do *A for Apple*, graças a um hábil cálculo de posição, sobrevoou Egersund, a base alemã por onde Odd Starheim e seus piratas haviam passado quando se afastavam das costas da Noruega a bordo do *Galtesund* que sequestraram. Era o ponto exato pelo qual a tripulação planejara entrar no espaço aéreo norueguês – façanha de navegação considerável, após um voo de 1.100 quilômetros sobre o mar do Norte.

Todos observavam atentamente os arredores. Era uma bela noite, a lua brilhava através de nuvens leves e vaporosas, proporcionando uma boa visibilidade. Havia, pois, condições quase perfeitas para a descida. Pelo intercomunicador, o artilheiro de cauda brincou que as "tênues nuvens brancas" eram mais provavelmente picos de montanhas esperando para rasgar a barriga do Halifax.

Muitas verdades são ditas com pilhérias.

Depois de ultrapassar a primeira cadeia de montanhas, o *A for Apple* estabeleceu o curso para Vemork, 300 quilômetros a nordeste de sua atual posição. Acompanhando uma sequência nítida de lagos, os tripulantes tencionavam ir diretamente ao ponto onde liberariam o planador. Mas então, na cabine do *A for Apple*, o humor mudou de súbito.

Começou a sair fumaça de uma bobina: o gerador estava superaquecido. Segundos depois, os fios queimaram e a unidade Rebecca silenciou. Era exatamente o que o capitão de grupo Cooper temia: a repetição dos problemas surgidos durante o treinamento. Ele bem que avisara. Pedira mais tempo. Ninguém lhe dera ouvidos. Agora, aquilo.

Só com os mapas para guiá-los, os tripulantes do Halifax – com o planador ainda rebocado – ziguezaguearam pelo espaço hostil.

Embaixo, os vales felizmente pareciam livres de névoa; em cima, o céu estava pela maior parte claro e sem nuvens. Mas a gelada silhueta do lago Møs, com uma espécie de "Y" toscamente traçado em sua cabeceira, ainda não surgira. Continuaram à procura, como linha e agulha serpenteando pelos céus sombrios.

Mais atrás, o *B for Baker* não estava se saindo muito melhor. Já sobre o mar do Norte, seu Rebecca também começara a falhar.

Por fim, Cooper e seus tripulantes puderam determinar com maior precisão onde estavam: a cerca de 25 quilômetros da zona de pouso. Se não pudessem completar a manobra, talvez não tivessem combustível suficiente para rebocar o planador de volta para a Escócia – e onde estavam os sinais que a equipe de terra deveria fazer para orientá-los?

Em um dos lados dos pântanos Skoland, Poulsson apurou o ouvido. Não, *não* estava enganado. *Podia* ouvir um barulho no céu. Sentiu a pulsação acelerar. Era a Freshman.

Junto dele, Haugland colocou os fones de ouvido e se debruçou sobre o Eureka. Nas últimas horas, a brisa havia refrescado, mas as condições ainda favoreciam o pouso de planadores. Olhou para cima, os olhos brilhando de ansiedade.

"Estou ouvindo!", gritou bem alto, para se fazer ouvir em meio ao zumbido do vento. "São eles!"

Em resposta, Poulsson saltou sobre os esquis e desceu a encosta até onde se encontravam Kjelstrup e Helberg.

"Acendam as luzes!", berrou. "Acendam as luzes!"

Os dois homens puseram mãos à obra e logo depois uma sequência de luzes vermelhas em forma de "L" começaram a piscar sobre a neve. Poulsson deslizou até o ápice do "L" – L de Londres – e sacudiu sua tocha. Com o facho apontado para o céu, passou a mão por cima dele ritmicamente: aceso-apagado, aceso-apagado.

Lá no alto, apesar do vento, podia ouvir o ronco surdo de um avião se aproximando de sudoeste.

"Estou ouvindo!", gritou Poulsson. "Estou ouvindo!"

O ruído, aumentando, se transformou num bramido rouco, enquanto o Halifax passava sobre a área. Devia então soltar o planador. Quatro pares de olhos varriam a noite, à espera de que a forma rotunda do Horsa descesse assobiando do céu. Mas sua espera – e todo o seu trabalho nos pântanos Skoland – não foram recompensados. Nenhum planador apareceu.

Sem problemas, raciocinou Poulsson: o Halifax faria uma segunda passagem. E com efeito, minutos depois, o céu noturno vibrou mais uma vez com o pulsar dos motores. De novo o ruído se aproximou e a atividade na zona de pouso tornou-se mais intensa. Mas, novamente, nenhum planador se materializou do éter.

Que teria acontecido? Era o que intrigava os quatro homens. O rebocador voara diretamente sobre a zona de pouso: como, então, não vira as luzes no solo?

Bem acima do Vidda, o capitão de grupo Cooper tomou a única decisão que podia: ordenou a seu navegador que determinasse o curso mais direto possível para a Escócia. Calculou que seu combustível não lhe permitiria pousar em terra, mas talvez conseguisse levar o planador a uma distância de 50 quilômetros da costa escocesa e soltá-lo no mar.

Felizmente, o Horsa de casco de madeira poderia permanecer flutuando até que os Sapadores e os dois pilotos fossem resgatados.

Enquanto isso, o *A for Apple* cruzava os céus acima do Vidda em todos os sentidos e não enxergava as luzes que marcavam a zona de pouso. Uma nuvem fina surgira e, sem dúvida, as obscurecera. De qualquer jeito, o Halifax tinha perdido altura nessas manobras. Quando se virou para sudoeste, uma densa camada de nuvens apareceu à frente, a 4 mil metros de altitude. O *A for Apple* voava diretamente para ela. Estava agora a 2.700 metros, com o planador ainda preso a ele. Carregando tamanho peso, o Halifax tinha de dar força total para subir, o que consumia muito combustível.

Aos poucos e penosamente, o *A for Apple* – com o Horsa preso a ele – ganhou altitude. Chegou aos 3 mil metros. Aos 3.300, atingiu as primeiras nuvens. Quando as ultrapassou, alcançando os 3.600, eram 11 horas da noite e ele voava havia quatro. Mas nessa subida a aeronave se cobrira de gelo, conforme Cooper constatou. Podia vê-lo brilhando nas hélices e espalhando-se ao luar como fragmentos de vidro.

Mais preocupante ainda, o planador e a corda do rebocador pesavam como chumbo em sua retaguarda. O Horsa estava se congelando. A temperatura externa atingia 10 graus Celsius negativos devido ao vento inclemente. Cooper temeu que planador e rebocador fossem travar uma batalha perdida contra o gelo. Ordenou que o *A for Apple* controlasse o combustível, mas o Halifax parecia não estar conseguindo manter a altitude. Ao contrário, começou a perder impulso e voltou a mergulhar na massa de nuvens opacas e geladas.

Ali, à medida que afundavam nas garras geladas, só restava uma opção a Cooper: descer o mais rápido possível para a base das nuvens. Quanto mais baixo ficassem, mais quente se tornaria o ar e talvez o gelo se desgrudasse de ambas as aeronaves. Mas, lá embaixo, é claro, erguiam-se os picos pontiagudos, alguns a 1.800 metros.

Cooper deu a ordem – sabendo que, fazendo isso, tomava nas mãos a vida de seus tripulantes e dos homens embarcados no planador. As duas aeronaves cobertas de gelo desceram em meio às nuvens com todas as luzes acesas, pois a tripulação, na cabine do Halifax, se mantinha de olhos bem abertos para quaisquer obstruções que surgissem na escuridão. A 2.000 metros, o *A for Apple* encontrou a nuvem mais densa de todas e um começo de turbulência.

Por instantes, foi como se o pesado bombardeiro não passasse de uma folha à mercê de violenta tempestade. Bam! O Halifax bateu no primeiro bolsão de ar e estremeceu de ponta a ponta. Bam! No segundo. Bam! No terceiro, corcoveou como um cavalo selvagem – e aconteceu. Aconteceu o que Cooper temia. Atrás, a corda endurecida pelo gelo se partiu.

O planador do *A for Apple* se soltou e começou a girar na tempestade escura.

CAPÍTULO DEZESSETE

Era meia-noite no RAF Wick, onde Henneker estabelecera a sala de operações da Freshman. Uma densa fumaça de cigarro flutuava pesadamente no ar. E a tensão também. O primeiro sinal de má sorte e problemas havia chegado cinco minutos antes, transformando o lugar num caos completo.

Inesperadamente, uma mensagem fora recebida do *A for Apple*: "Planador solto no mar". *No mar?* Henneker só podia concluir que o rebocador tentara voltar à base quando algo dera terrivelmente errado.

Tentou achar uma aeronave para a busca e o resgate. Não havia nenhuma disponível. Mas, sem que ele o soubesse, isso era uma verdadeira bênção. A mensagem do capitão de grupo Cooper fora um engodo intencional para alertar Wick do impasse sem trair a posição do planador desgarrado. Se os alemães estivessem ouvindo – e, sem dúvida, estavam –, fazia sentido não revelar o local onde o Horsa se desprendera.

A situação foi ficando cada vez mais confusa. Uma mensagem estranha do *B for Baker* parecia solicitar pouso em Wick. Ao que tudo indicava, as duas aeronaves estavam tentando voltar à base. Mas, e quanto aos planadores e homens que eles conduziam?

Em seguida... nada. Nenhum contato foi possível com qualquer uma das aeronaves. Muito pálido, Henneker não tinha ideia do que havia acontecido, mas temia o pior.

A 2 quilômetros de altitude, o Horsa coberto de gelo se desprendera inesperadamente do *A for Apple*, tornando-se como que um brinquedo nas mãos de um gigante. As ranhuras no piso de metal corrugado da aeronave impediam que o vômito fizesse alguém escorregar. Mas, à medida que o Horsa ia balançando, girando e estremecendo nas garras da selvagem turbulência, os Sapadores começaram a se sentir mal por causa do medo.

O Horsa parecia um floco de neve ao sabor de uma rajada de vento. Então, ouviu-se um estalo na parte dianteira, como o produzido por uma bala de grosso calibre, e a aeronave entrou em queda livre. O Horsa recoberto de madeira pôs-se a girar violentamente. Na cabine, os pilotos, sentados lado a lado, agarravam-se com todas as forças aos controles. Atrás, os Sapadores seguravam firmemente seus assentos, preparando-se para o mergulho desamparado no desconhecido.

Enquanto o Horsa descia, de todos os lados os ventos da montanha bramiam e golpeavam. A fina fuselagem de madeira respondia com estalos e rangidos, ameaçando se partir em pedaços. Os Sapadores podiam estar presos pelos cintos de segurança, mas o equipamento, não. Ele rolava pelo espaço fechado, martelando o arcabouço de madeira do porão e marcando um terrível ritmo fúnebre.

Com as nuvens e a escuridão se adensando, os pilotos tentavam seguir a olho para onde pensavam estar o solo. Mas comandavam um trem sem freios e a montanha se aproximava rapidamente. A cerca de 600 metros, saíram da base das nuvens e tiveram um vislumbre das imediações, mergulhadas na névoa. Neve, rocha e gelo desfilavam diante da cabine numa velocidade estonteante.

"Segurem-se!", gritaram os pilotos.

Os quinze Sapadores e seu oficial mal tiveram tempo de dar-se os braços: o planador se chocou contra a encosta. O nariz cônico de vidro da aeronave achatou-se como uma folha de alumínio e os pilotos morreram na hora. As duas asas se soltaram enquanto o Horsa se arrastava, fazendo-se em pedaços contra as rochas e arestas de pedra.

Quando o que restava da aeronave por fim parou, a fuselagem estava rasgada em vários lugares; na sua esteira, bagagens e equipamentos se espalhavam pela inóspita região gelada. O milagre foi que algumas das vítimas daquela queda diabólica sobreviveram.

Se possível, o *B for Baker* encontrou um destino ainda pior. Tendo, do mesmo modo, sobrevoado o Vidda em busca da zona de pouso, rebocador e planador se viram enfim obrigados a voltar para casa – dentro da mesma massa gelada de nuvens que envolvera o primeiro planador. Com pouquíssima visibilidade e acumulando gelo, o *B for Baker* teve de descer a uma altitude mais baixa.

Quando cruzava a costa norueguesa, bateu contra o pico oculto da montanha Haestad, de 500 metros de altura, e se espatifou do outro lado. Tão desastrosa foi a explosão logo a seguir que pôde ser vista do *A for Apple*, cuja tripulação, entretanto, não soube num primeiro momento que se tratava de sua aeronave irmã. O desastre iluminou a cabine do *A for Apple* com um clarão fantasmagórico cor de laranja.

Ninguém a bordo do *B for Baker* sobreviveu. Atrás dele, o Horsa se soltara. A aeronave de casco de madeira deslizou por um vale densamente arborizado, onde os pilotos tentaram um pouso de emergência. A copa dos pinheiros amorteceu o choque para os Sapadores, mas não para quem estava na frente do planador. Galhos quebrados irromperam pela cabine, matando ambos os pilotos instantaneamente.

O Horsa parou com a frente esmagada e a fuselagem pesadamente danificada, mas a bravura dos pilotos pelo menos salvara a vida de muitos dos que estavam na parte de trás. Os feridos eram muitos – porém, inacreditavelmente, apenas um Sapador morreu.

Enquanto o vento sacudia os destroços e flocos enormes de neve invadiam as entranhas diláceradas do Horsa, seu comandante, o tenente Alexander Allen, se perguntava aonde diabo ele fora parar e, por Deus, o que deveria fazer agora.

Três horas depois, o *A for Apple* pousava na Escócia. Tendo perdido seu planador, o Halifax ficara com combustível mais que suficiente para voltar. O capitão de grupo Cooper contou a Henneker o que sabia: que seu planador, muito provavelmente, não tinha conseguido pousar. Quando se desprendeu, ainda teria de percorrer dezenas de quilômetros até os pântanos Skoland; não havia como chegar lá.

"A corda finalmente se partiu", explicou Cooper. "Não podíamos fazer nada pelos pobres coitados que caíam girando no torvelinho de neve."

Ao amanhecer, o primeiro avião de busca partiu, embora Henneker alimentasse pouquíssimas esperanças. O *B for Baker* sem dúvida tinha despencado. O Halifax não tinha combustível para permanecer no ar durante tanto tempo. Havia, é claro, a vaga possibilidade de que o *B for Baker* conseguira sobrevoar a zona de pouso e soltar seu planador com sucesso, antes de ter problemas. Por enquanto, não restava outra esperança ao comandante da Freshman.

Mas essa esperança se foi com a primeira mensagem por rádio de Haugland: "Luzes e Eureka O. K. no prazo marcado. Tempo mudou às 19h00 para vento e nuvens baixas em alguns lugares. Aeronave captada em Eureka por volta das 20h40... Depois, durante uma hora, ruído baixo de motores. Bateria de Eureka funcionando por quatro horas".

Os homens da Grouse aguardaram na zona de pouso conforme o combinado. Tinham ouvido o barulho de uma aeronave e pensaram ter recebido uma mensagem positiva no Eureka, mas nenhum planador apareceu. Os dois Horsas deviam estar perdidos em algum lugar ainda ignorado.

Henneker caminhou sozinho pela pista, perdido em negros pensamentos. Quais eram as chances de uma aeronave de casco de madeira ter pousado em segurança na Noruega, em meio a uma noite tempestuosa? E em uma região selvagem, que não constava dos mapas? Essas chances deviam beirar o zero. Haveria sobreviventes? Se houvesse, teria algum caído prisioneiro? Nesse caso, restariam esperanças de que não falasse?

Aqueles homens partiram com corações puros e a mais corajosa das intenções. Voluntários, todos eles. Bem no fundo da mente de Henneker, agitava-se sua maior preocupação: a Freshman tinha falhado e isso significava que o monstro nuclear nazista não fora abatido.

Henneker procurou algum conforto na ideia de que os Sapadores capturados seriam tidos como prisioneiros de guerra. O Exército Alemão os trataria com humanidade. Eram uma força militar profissional e respeitada, afinal de contas. Mas esse não era o ponto principal. O ponto principal era: quem agora enfrentaria o monstro chamado Vemork? Quem organizaria uma missão bem-sucedida após o fracasso da Freshman e tudo o que isso sem dúvida significava?

Por sorte, havia um homem, um ex-chefe de escoteiros com cicatrizes no rosto apelidado de "Baghmara": Matador de Leopardos.

Na Índia, Wilson tinha sido enviado a uma povoação remota para resolver uma disputa aparentemente insignificante. Quando chegou à aldeia, viu-se diante de um sério motim prestes a explodir. Como quase sempre na Índia, o motivo era religioso: um garoto muçulmano havia se banhado no poço de onde os moradores hindus tiravam sua água.

Um obeso *babu* – ancião respeitável e santo hindu – liderava a confusão, espicaçando a turba frenética. Wilson ordenou-lhe que ficasse quieto enquanto ele tentava resolver o problema. O *babu* não obedeceu. "Creio ter perdido as estribeiras com o sujeito", lembrou-se Wilson mais tarde. Agarrou o imenso *babu*, levantou-o no ar e jogou-o num tanque próximo.

Agora você se meteu em uma boa encrenca, pensou Wilson. *Está perdido.*

O santo homem voltou à superfície, a cabeça enfeitada com uma coroa de algas. Ao vê-lo assim, os aldeões puseram-se a rir. A atmosfera pesada se dissipou. Com um único gesto a perigosa situação se resolvera. Wilson ajudou o *babu* a sair do tanque e os dois pediram desculpas um para o outro. Mais tarde, vez ou outra, voltavam a se encontrar e riam muito daquele primeiro encontro inesquecível.

Às vezes, Wilson costumava dizer a si mesmo, é preciso pegar o touro – no caso, o *babu* – pelos chifres.

Tão logo ouviu de Henneker as péssimas notícias daquela manhã, chamou Tronstad. Os dois homens ficaram sentados em seu escritório de Chiltern Court, remoendo o pior. Eram as primeiras horas dos dia 19 de novembro de 1942 e a Freshman tinha sofrido um desastre irreparável.

Em algum ponto das regiões inóspitas da Noruega, dois planadores repletos de Sapadores, explosivos e outros materiais especiais de demolição haviam se espatifado ao tentar o pouso. Dos 32 homens a bordo, alguns deviam ter sobrevivido. E um homem vivo – ainda que gravemente ferido – podia ser interrogado. Wilson e o Professor tinham de presumir que os alemães descobririam tudo.

Isso era potencialmente catastrófico para os planos de interromper o programa nuclear de Hitler. Ninguém poderia prever tudo o que aconteceria no lugar, exceto uma coisa: Vemork logo se transformaria em uma autêntica fortaleza. E isso, na visão de Wilson, significava que não havia tempo a perder.

Não hesitou por muito tempo. Sem uma palavra a seus superiores, pegou o telefone e ligou para o oficial responsável pela Freshman nas Operações Combinadas. Depois de lamentar as baixas, esboçou o que tinha em mente.

"Nossas últimas informações e deduções confirmam que o trabalho pode ser feito por um pequeno grupo de noruegueses, esquiadores experientes e com conhecimento detalhado do local", explicou ele. "Você nos permitiria assumir toda a responsabilidade?"

Ouviu-se nitidamente um suspiro de alívio do outro lado da linha.

"Graças a Deus! Façam isso, por favor."

A SOE agora tinha plena responsabilidade pela sabotagem da água pesada.

Ainda sem nenhum sinal verde de seus superiores, Wilson discou outro número e falou com o coronel Charles Hampton, que dirigia a escola de treinamento norueguesa da SOE em Glenmore, nos Cairngorms. Pediu ao coronel que liberasse um certo Joachim Ronneberg – então instrutor na escola – de seus atuais deveres. Ronneberg selecionaria cinco homens, todos bons esquiadores, para um "empreendimento particularmente perigoso".

Wilson prometeu enviar à Escócia, pelo trem da noite, uma pessoa que desse informações a Ronneberg. Feito isso, só lhe restava se comunicar com seus superiores. Após dar os telefonemas, Wilson se dirigiu ao escritório do brigadeiro Colin McVean Gubbins, o diretor de Operações da SOE. Gubbins, é claro, sabia do fracasso da Freshman, assim como, naquela manhã triste, muitos Irregulares da Baker Street.

"Fiz contato com as Operações Combinadas", anunciou Wilson, "para lhes expressar meus sentimentos." Uma longa pausa. "E reivindiquei a missão toda para a SOE."

O normalmente imperturbável Gubbins empalideceu a olhos vistos.

"Mas não pode fazer isso! É difícil demais!"

Era hora de apelar para a idade. Gubbins tinha 46 anos; Wilson, 54. E com seu rosto cheio de cicatrizes e cabeça calva, parecia até mais velho. Sua face adotou um ar sério, sua voz ressoou repassada de experiência enquanto procurava envolver Gubbins.

"Já fiz. Nomeei um líder para a missão em Glenmore e ele está escolhendo os homens necessários. Tenho certeza de que poderemos fazer o trabalho. E o faremos."

Por algum motivo nebuloso, Wilson estava mesmo convencido de que o aparentemente impossível *era* possível, caso os homens certos fossem chamados e agissem da maneira certa. E o brigadeiro Gubbins também tinha lá suas razões para confiar. Gostava particularmente da Noruega e de seu povo. Tinha lutado naquele país durante a primavera de 1940 e respeitava muito os noruegueses como guerrilheiros. Além disso, havia apoiado a indicação de Wilson para a chefia de sua seção norueguesa e confiava no homem.

Mas se falhassem num empreendimento tão arriscado, isso bem poderia significar o fim de todas as atividades da SOE, a quem não faltavam poderosos detratores. Pior ainda, talvez resultasse em supremacia nuclear – e vitória final – para o lado errado: a Alemanha de Hitler. Para impedir isso, Gubbins deveria contar com um ex-chefe de escoteiros grisalho e um punhado de sabotadores noruegueses sobre esquis.

Conta muito em favor da liderança inspiradora de Gubbins o fato de ele ter dado total liberdade a Wilson, apesar das chances adversas. Mas com uma ressalva: Gubbins deveria, daí por diante, ser informado de cada passo da missão.

Depois que Wilson saiu, Gubbins inclinou-se sobre a escrivaninha e rabiscou uma nota para sua secretária datilografar. Era dirigida a Mountbatten, chefe das Operações Combinadas: "Agora, devemos empreender nós mesmos a operação em uma escala menor, mas, conforme esperamos, eficiente", escreveu ele, enquanto tentava encontrar uma forma diplomática para dizer que a SOE estava assumindo onde as Operações Combinadas haviam falhado. Segundo os cientistas, acrescentou Gubbins, não poderia haver mais atrasos.

Enquanto isso, Wilson preparava um comunicado urgente para a Grouse: "Vocês trabalharam extraordinariamente. Mudança no tempo obrigou planadores a se desprender a 100 quilômetros do alvo. Operação cancelada para este período lunar. Estamos planejando agir com nossos próprios homens na próxima lua. Vocês têm algumas sugestões? Esconder Eureka com o máximo cuidado, para uso futuro".

A resposta de Haugland exprimiu muito bem o espírito aparentemente indestrutível do pequeno grupo a postos no isolamento total e absoluto do Vidda: "A operação ainda ficará a cargo de ingleses?... Esquiadores serão de grande valia. Gostaríamos de tomar parte nos trabalhos, caso isso ajude".

Na manhã seguinte, os piores receios de Wilson foram confirmados. Os alemães enviaram uma mensagem por rádio, captada pela BBC: "A 19-20 de novembro, dois bombardeiros britânicos, cada qual rebocando um planador, voaram sobre o sul da Noruega. Um dos bombardeiros e ambos os planadores foram obrigados a pousar. Os esquadrões de sabotagem que conduziam entraram em combate e foram dizimados".

Os muitos detalhes da mensagem convenceram Wilson de que boa parte deles era verdadeira. *Um bombardeiro britânico e dois planadores*: tal como ele temera, as três aeronaves desaparecidas tinham despencado. Que até o último homem houvesse sido morto "em combate", conforme dizia a mensagem, era um ponto irrelevante.

Em certo sentido, ele preferia que tivesse sido assim. Os mortos não falam. Entretanto, duvidava que esse pormenor fosse verdadeiro. Talvez se tratasse de mera informação falsa. Naquele momento mesmo, alguns dos Sapadores da Operação Freshman deviam estar nas garras dos alemães.

Churchill foi informado. Esse não era de modo algum o primeiro revés que a Grã-Bretanha sofria durante a guerra, mas, como o mais importante esforço de sabotagem de todo o conflito, podia ser considerado a aposta mais alta. O belicoso líder britânico não se perturbou. Respondeu com apenas uma expressão enfática: "Que pena!"

Tendo assumido a responsabilidade de destruir Vemork quase sozinho, Wilson trabalhou sem descanso. Em um comunicado "ultrassecreto", enumerou com notável exatidão, presciência e clareza as implicações da mensagem radiofônica transmitida pelos alemães naquela manhã.

"Quase tudo depende de: A. Ninguém ter sido capturado vivo; B. Não haver evidência documental revelando qual é o alvo; C. As deduções do inimigo não o terem conduzido ao ponto vulnerável."

O "ponto vulnerável" eram os quatro agentes da SOE escondidos na cabana Sandvatn, acima do lago Møs.

"A posição da Grouse é de primordial importância", escreveu Wilson. "O grupo deve ser protegido levando-se em conta ele próprio e sua futura utilidade." Propôs que Haugland fosse advertido do conteúdo da mensagem alemã para que pudesse tomar todas as precauções possíveis.

A advertência de Wilson foi logo transmitida. Terminava assim: "É absolutamente necessário que vocês cuidem bem de sua segurança... E quase igualmente necessário que recebamos, o mais breve possível, informações sobre o aumento de tropas inimigas nas vizinhanças do alvo". Wilson pediu à Grouse que trabalhasse com Einar Skinnarland para obter essas informações; depois, poderiam desaparecer.

"Tenham ânimo", exortou. "Vamos cumprir a tarefa."

Ao receber a mensagem, os quatro homens acocorados na cabana Sandvatn alimentavam pouquíssimas ilusões quanto ao que estava por vir. Os alemães por certo fariam, como nunca antes, um barulhão dos diabos. Logo o grupo precisaria se embrenhar ainda mais fundo nas vastidões geladas do Vidda para iludir seus perseguidores.

"Vamos sair daqui nos próximos dias", respondeu Haugland a Wilson. "As comunicações por rádio serão mantidas em parte."

Como não poderia deixar de ser, os quatro homens ficaram profundamente chocados com a sorte dos Sapadores da Freshman. "A mensagem radiofônica de Londres sobre o desastre com o planador foi um golpe duro", escreveu Poulsson. "Triste e amarga, em particular porque o tempo na região onde estávamos começava a melhorar..."

Abalado, Haugland cometeu um erro raro e potencialmente mortal em sua mensagem de rádio. Wilson mandou-lhe em resposta um aviso urgente para que queimasse todos os seus códigos. "Na desorientação do momento, no dia 21, você transpôs sua mensagem nº 1 apenas uma vez. Isso poderá capacitar o inimigo a quebrar o código." Wilson aconselhou-os a sair da área o mais rápido possível e desaparecer.

A réplica de Haugland soou alarmada: "Código Primus queimado... vamos para as montanhas hoje". Com isso, ele, Poulsson, Kjelstrup e Helberg recolheram seu material e abandonaram a cabana Sandvatn. Rumaram para o norte de esqui, demandando o coração remoto e gelado do Vidda. Já tinham uma ideia de onde se esconder para enfrentar a tempestade que se avizinhava.

Saíram bem a tempo. Agora as mensagens iriam rarear, mas uma chegou a Wilson informando que Haugland iria interromper as comunicações: "Condições de trabalho difíceis. Patrulhas alemãs de esqui vasculhando cabanas e fazendas. Estação rastreadora de rádio montada em Møsdammen. Único contato agora é Grouse Um".

Von Falkenhorst tivera notícia da Operação Freshman – e nos mínimos detalhes. O contragolpe alemão havia começado, incluindo a montagem de uma estação rastreadora na própria represa do Møs, perto dos pântanos Skoland. Enquanto isso, as cabanas de caça e fazendas invadidas pela neve no Vidda eram esquadrinhadas por soldados alemães de esqui.

Com Poulsson e seus homens em plena fuga, o empenho de Wilson em forçar um novo ataque a Vemork parecia fadado ao insucesso. Tentando escapar de um inimigo vingativo, Poulsson tinha confiado a tarefa da comunicação com Londres ao único homem em condições de cumpri-la: Einar Skinnarland, "Grouse Um". Mas a Gestapo já se aproximava de Skinnarland e de sua família.

Ninguém, contudo, deteria Wilson. A 23 de novembro de 1942 – apenas três dias após o fracasso da Freshman –, ele conseguiu do brigadeiro Gubbins autorização para a nova tentativa de destruir a fábrica de água pesada de Vemork, com o consentimento do Gabinete de Guerra. A Operação Gunnerside – nome de uma distante estação de caça escocesa que Wilson conhecia bem – já estava em curso.

A aposta da Gunnerside não podia ser mais alta, conforme William Stephenson – "Intrepid" – deixou claro ao presidente dos Estados Unidos Franklin D. Roosevelt. "Se os alemães capturarem... a equipe viva, deduzirão sem dúvida que esse ataque suicida foi desferido somente porque os Aliados sabem agora que a bomba atômica é viável."

A Gunnerside não tentaria mandar a fábrica inteira de Vemork pelos ares. Dispondo apenas de alguns poucos homens, Wilson mirava um escopo mais modesto.

"Objetivo: destruir a parte das instalações que produz LURGAN..." Uma força de 6 ou 8 homens "atacará os setores, no térreo, responsáveis pela fabricação" – isto é, os locais de onde saía o produto final, a SH200 concentrada.

Sem tempo a perder, a força de Wilson levantaria voo já na próxima "janela da lua".

CAPÍTULO DEZOITO

Joachim Ronneberg era uma dessas aves raras de fala mansa e modestas, mas que nasceram líderes autênticos. Mostrara-se à vontade com o tipo de "artes negras" em que a escola de comandos da Companhia Linge era especializada. Com 22 anos de idade e sem experiência militar prévia, mal completou o treinamento e foi nomeado o instrutor mais jovem da Companhia.

Os novos recrutas estranhavam que aquele rapaz estivesse encarregado de treiná-los. Mas logo ficavam conhecendo-o. Ronneberg não era um homem a quem a maioria das pessoas pudesse ignorar.

"Foi um dos melhores do grupo", comentou o coronel Charles Hampton, seu chefe na escola de treinamento da SOE em Glenmore. "Equilibrado, intrépido, muito inteligente e durão."

Com 1,80 metro e olhar frio, Ronneberg, à semelhança de muitos de seus compatriotas, escapara para a Grã-Bretanha em um barco de pesca. Levava consigo um forte senso do certo e errado – a bússola moral que o compelira a deixar a Noruega e aderir à luta contra a Alemanha nazista.

Sabia bem o motivo pelo qual havia desembarcado na Grã--Bretanha: "Achávamos que nenhum sacrifício era grande demais para expulsar os alemães... As pessoas têm de entender que a paz e a liberdade precisam ser conquistadas dia após dia".

Ronneberg estava na Grã-Bretanha havia dezoito meses e já via a nação insular como sua nova e bem-amada pátria. "Nunca me esquecerei da acolhida dos britânicos", declarou mais tarde. "Ali, nunca nos sentimos convidados, mas parceiros na mesma causa... Sempre senti que tinha duas pátrias: aquela em que nasci e aquela em que vivi durante a guerra."

Joachim Ronneberg era justamente o tipo de guerreiro que Wilson procurava. A SOE queria "homens de caráter preparados para se adaptar, com seus pontos de vista – e mesmo ordens, às vezes –, a outras pessoas e outras considerações... Senso comum e adaptabilidade são as duas principais virtudes exigidas de alguém que trabalha nas sombras, revelando um amplo e profundo espírito de lealdade, que é o essencial".

Ronneberg era de Alesund, na acidentada costa noroeste da Noruega. Desde cedo trabalhou no negócio de pesca da família, sentindo-se à vontade nas montanhas. Havia nele algo de intensamente físico, que amava o perigo. Na escola de treinamento da SOE, mostrou-se particularmente dotado para o manuseio de explosivos e saiu-se bem nas simulações de ataques.

Ao viajar para Londres a fim de receber instruções de Wilson, Ronneberg ainda não sabia quase nada sobre a Operação Gunnerside. Seu comandante em Glenmore só lhe contou que ele deveria escolher cinco homens para uma missão a respeito da qual não poderia dar mais detalhes.

Ronneberg era uns bons 20 centímetros mais alto que Wilson, mas logo os dois estavam se entendendo. Wilson dissera uma vez aos recrutas da Companhia Linge que tinha "sangue viking" nas veias, embora este houvesse ficado ralo com o tempo, assim como seu cabelo. Em Ronneberg, concluiu que havia encontrado um homem de verdade.

"Então, para onde vamos?", perguntou Ronneberg, indo direto ao ponto.

Falando, parecia fazê-lo com o corpo inteiro, movendo os ombros e os braços poderosos ao ritmo das palavras. Era como se um atleta de alto nível estivesse se preparando para alguma prova espantosa de resistência humana. Wilson não duvidava do que Ronneberg seria capaz caso o pusesse, com seus homens, no teatro de operações.

"Para Vemork", foi a resposta igualmente direta. "Vão explodir a fábrica que existe lá."

Wilson prosseguiu, fornecendo os detalhes da Operação Gunnerside. E deu um passo nada usual, reflexo do respeito que sentia pelo norueguês, apesar de sua pouca idade. Falou sobre o fracasso da Operação Freshman, indo com isso muito além do que Ronneberg precisava saber.

Concluiu assim:

"Um avião despencou, o outro conseguiu voltar para a base. Os dois planadores se perderam e, pelos relatórios que recebemos, os prisioneiros de pelo menos um deles foram fuzilados pelos alemães, embora estivessem todos de uniforme."

Essa última notícia tinha acabado de chegar e foi um verdadeiro choque para os envolvidos na Operação Freshman.

A princípio, o tenente-coronel Henneker havia insistido para que seus homens fossem inscritos como desaparecidos em ação. As famílias – inclusive a esposa de Bill Bray, que daria à luz nas próximas semanas – receberam o seguinte comunicado: "Não é de modo algum certo que os comandos tenham sido mortos, capturados ou feridos", com a recomendação de "serem pacientes e não dizerem nada".

Mas então chegaram relatórios do escritório da SOE na Suécia, baseados em fontes norueguesas confiáveis, confirmando que três aeronaves britânicas haviam sido forçadas a descer por causa do mau tempo. Uma delas se espatifara na queda e todos a bordo morreram. Um planador havia conseguido pousar e sofrera danos, mas vários comandos tinham sobrevivido. Esses homens foram capturados, levados para um acampamento inimigo e mortos por um pelotão de fuzilamento no mesmo dia.

Um segundo planador também se espatifara e pelo menos alguns sobreviventes tinham sido submetidos a interrogatório. Outros, ao que tudo indicava, acabaram fuzilados. A situação era confusa, mas uma coisa parecia certa: a esperança expressa por Henneker de que os alemães se comportariam de maneira civilizada para com os homens capturados da Freshman tinha sido lamentavelmente um equívoco.

Wilson não escondeu quase nada de Ronneberg. Revelou-lhe o destino dos prisioneiros da Musketoon antes da Operação Freshman, que também se temia terem sido assassinados. Com efeito, relatórios de Estocolmo indicavam que todos os soldados britânicos envolvidos em atos de sabotagem seriam "fuzilados imediatamente, estivessem ou não de uniforme".

Wilson advertiu Ronneberg de que ele e seus homens poderiam ter o mesmo destino, se caíssem prisioneiros. E de que as chances de captura eram muitas. Depois da Freshman, o elemento surpresa praticamente não existia mais: os defensores alemães em Vemork estariam de olhos bem abertos para qualquer incursão.

"Vocês terão 50% de chances de fazer o trabalho e muito poucas de escapar", explicou Tronstad sem rodeios.

Ronneberg e seus homens receberiam cápsulas de veneno para que, na iminência de serem capturados, pudessem se suicidar. As palavras de Wilson, nesse assunto, deixavam pouca margem ao esforço da imaginação.

"Dois comprimidos "L" de cianeto de potássio serão levados por cada homem, que se suicidará caso esteja prestes a cair prisioneiro."

Wilson passou então ao aspecto positivo da Operação Gunnerside: ele havia elaborado um plano astucioso. O grupo de Ronneberg atacaria a fábrica na véspera do Natal, o único dia do ano em que, a seu ver, os guardas de Vemork poderiam afrouxar a vigilância.

"O ataque terá de ser desfechado antes que os alemães reforcem ainda mais suas defesas", concluiu Wilson. "E isso significa: não há tempo a perder."

Ronneberg e seus homens voariam a 17 de dezembro – restando-lhes alguns dias para fazer contato com a Grouse, aclimatar-se e familiarizar-se com o alvo. A fim de cumprir essa agenda, tinham apenas três curtas semanas para se preparar.

Ronneberg, aparentemente, não se abalou com o que Wilson lhe disse. "Pouco nos importava que aquilo fosse perigoso ou não", revelaria depois. "A decisão mais importante que tomamos no curso da guerra foi quando resolvemos deixar a Noruega para cumprir nosso dever. Interessava-nos o trabalho, não o risco."

Ele já havia escolhido sua equipe, com homens "fortes, fisicamente aptos, com bom senso de humor e capazes de rir na pior das situações". Estavam preparados para uma missão que exigiria vigor, coragem, determinação, familiaridade com a neve e habilidades de sobrevivência, tudo na mesma medida.

Ronneberg nomeou como seu subcomandante um dos homens mais experientes em batalha de toda a Companhia Linge: Knut Haukelid. Haukelid, com 29 anos, era um tanto velho para recruta da Companhia. Tinha uma irmã gêmea, Sigrid, considerada uma beleza rara. Descoberta por um produtor de Hollywood, tornara-se atriz famosa, conhecida como "a Sereia dos Fiordes".

Sigrid partilhava, com o irmão, o ódio pelos nazistas – mas não a aparência. Quase nada, em Haukelid, impressionava de imediato.

Com 1,75 metro de altura, tinha peito largo, ombros musculosos e cabelos loiros ondulados. O que chamava a atenção eram os olhos. Seu olhar azul e penetrante podia, numa piscadela, mudar de brincalhão para caçador e daí para sobrevivente solitário, conforme a necessidade.

Knut e Sigrid Haukelid nasceram nos Estados Unidos. Seu pai, engenheiro civil, havia emigrado em 1905, em busca de trabalho. Mas, um ano depois do nascimento dos gêmeos, a família voltou para a Noruega, onde o pai montou um escritório de engenharia. Desde o princípio, Knut – disléxico, mas intelectualmente bem-dotado – detestou a escola. Achava os professores tagarelas e chatos, e a leve gagueira de que sofria só aumentava seu desconforto naquele ambiente.

Rebelou-se e começou a pregar peças nos outros. Certa vez, soltou uma cobra na classe, o que lhe valeu mais um castigo. O único lugar em que se sentia de fato vivo era em terras incultas. Seus pais tinham uma cabana no Vidda e o jovem Knut passava ali todas as suas horas livres caçando, pescando, acampando e esquiando com o avô, também chamado Knut. À noite, em volta da fogueira, o velho regalava-o com histórias antigas de ogros, duendes e elfos que dominavam a floresta.

O jovem Knut amava essas histórias. Acreditava, sobretudo, nos ogros. A única coisa a que parecia mais apegado era seu ursinho de pelúcia, Bonzo. Esse nome, "Bonzo", se tornaria ao mesmo tempo seu apelido de infância e seu codinome na SOE.

Na adolescência, Bonzo devorava romances dos escritores americanos Steinbeck e Hemingway, cuja abordagem dos temas universais do amor, guerra, perda e injustiça calava fundo em seu íntimo. Sentindo-se uma alma desgarrada em busca de alguma coisa, viajou para a América no final da adolescência a fim de "se encontrar" no país tão magnificamente descrito pela prosa daqueles dois autores.

Achou emprego em uma fazenda. Amava a vida ao ar livre, a vida física. Mas insurgiu-se contra o puritanismo do patrão. Uma noite, ao jantar, ofereceu-se para dar graças e entoou uma canção, em norueguês, que nada tinha a ver com Deus. Feito isso, deliciou-se com a irreverência que praticara.

Voltando para a Noruega, Haukelid continuou sendo um rebelde sem causa, mas essa causa logo surgiu. Sempre errante, foi para Berlim com a intenção de estudar. Uma noite, encontrou um bêbado, fanático do partido nazista, que proferia injúrias e acusações preconceituosas. Derrubou-o com um soco.

Regressou à Noruega, mas levou consigo o ódio cego pelos nazistas. Quando os alemães invadiram o país, Haukelid se apresentou como voluntário para lutar. Deram-lhe um fuzil e 30 balas – era tudo o que o oficial do exército norueguês podia tirar de seu magro arsenal.

"Há muitos alemães na aldeia de Klekken", avisou o oficial a Haukelid e seus companheiros voluntários.

Eles pegaram um caminhão e partiram, combatendo ferozmente por vários dias. Os alemães, porém, trouxeram veículos blindados e ele precisou recuar. Durante a retirada, avistou várias aldeias em chamas. Os soldados alemães queimavam qualquer construção onde encontravam resistência. Era um aviso brutal: *lutem e nós deitaremos fogo às suas casas.*

"Juramos que jamais desistiríamos", escreveu Haukelid mais tarde sobre aquela época, "nem mesmo se os alemães vencessem a guerra."

Haukelid e seus companheiros se refugiaram nos confins do país, onde, conhecendo bem o local, levariam vantagem. Foram perseguidos ao longo do vale de Valdres, no centro da região sul da Noruega. Sem cobertura aérea e sem armas antitanque, o grupo se viu reduzido a alvejar os blindados alemães com seus fuzis Krag de pequeno calibre.

Na extremidade do vale, abria-se a garganta Tonsaasen, densamente arborizada. Do alto das escarpas e protegidos pela mata, Haukelid e seus camaradas arremessavam coquetéis Molotov – garrafas de vidro cheias de gasolina e com trapos por estopins. Conseguiram incendiar 12 tanques de grande porte. Apanhados na armadilha, os alemães entraram em pânico e afastaram-se uns bons 30 quilômetros do vale.

O grupo de Haukelid tomou prisioneiros e armas em quantidade. "Mas os alemães pareciam ter forças inesgotáveis", escreveu mais tarde Haukelid sobre essa campanha. "Por fim, fomos empurrados para as montanhas cobertas de neve."

Haukelid e alguns outros escaparam. Decidiram ir para Oslo. A caminho, entraram em uma balsa que cruzava o lago Mjosa, onde viram um homem vestido com o uniforme dos *hirds*, os guardas nazistas de Quisling. Quando a balsa chegou ao meio do lago, Haukelid se aproximou do homem. "Heil, Hitler", cumprimentou, oferecendo-lhe a mão. O *hird* correspondeu; então, Haukelid e seus camaradas atiraram-no à água, por cima da amurada. Só seu quepe ficou boiando na superfície.

O capitão da balsa acorreu para ver o que se passava. Ao descobrir o que havia acontecido, observou: "Ótimo. Velocidade máxima à frente!"

Haukelid ainda acreditava nas antigas criaturas da floresta. Para ele, os ogros jamais permitiriam que sua pátria caísse nas mãos dos alemães. Mas o pior ainda estava por vir. Depois que ele escapou para a Grã-Bretanha, sua casa foi invadida pela Gestapo, que prendeu sua esposa e sua mãe. O ódio que sentia pelos alemães se aprofundou, tornando-se intensamente pessoal.

Agora Haukelid estava na chamada "escola de bandidos" da SOE, um nome que considerava "indiscutivelmente apropriado". O lema da escola era: *Nunca dê ao inimigo sequer metade de uma chance*. Inculcavam-no dia e noite nos recrutas. Haukelid aprendeu as técnicas da luta dura, rápida e suja: "Se o adversário cair, mate-o sem pestanejar".

Haukelid era franco: "Nós, que viemos de um pequeno país oprimido, adotamos sem hesitação qualquer método capaz de ferir o inimigo, pois quem está por baixo não pode fazer a guerra de acordo com as regras de quem está por cima".

Ninguém menos que o brigadeiro Colin McVean Gubbins escreveu a respeito de Haukelid:

> Knut é, antes de qualquer coisa, um caçador, um homem que conhece e ama a floresta, que faz parte dela, que tem os sentidos superaguçados; não bastasse isso, é um filósofo que experimentou cada lado da vida... e que, graças a essa experiência, chegou por conta própria à compreensão dos valores legados pelos filósofos gregos.
>
> Enfim, é um homem de ação sempre pronto a enfrentar diretamente quaisquer situações que se apresentem, certo de haver uma solução... que ele sem dúvida encontrará. Cabeça fria, coração quente – não há combinação melhor, seja na guerra, seja na paz.

Em Haukelid, só uma coisa inquietava Ronneberg: ele era um rebelde contumaz, sempre disposto a quebrar regras apenas por prazer. Era também vários anos mais velho que Ronneberg e muito mais experiente na guerra de guerrilhas. O líder da Gunnerside se perguntava como o irrequieto Bonzo se comportaria sob suas ordens. Só o tempo diria.

Haukelid observou o seguinte a propósito de seu treinamento na escola de bandidos da SOE: "É incrível como um homem pode fazer tanta coisa colocando um punhado de explosivos no lugar certo e na hora certa – pode deter um exército ou devastar toda a estrutura de que uma comunidade depende". Com a Operação Gunnerside, Bonzo estava sendo convocado para fazer tudo isso.

Mas, agora, o destino do mundo inteiro é que giraria em torno da próxima missão.

CAPÍTULO DEZENOVE

Birger Stromsheim foi a escolha seguinte de Ronneberg para sua equipe. De rosto redondo e cabelos loiros ondulados, Stromsheim – aos 31 anos de idade, o vovô do grupo – era intransigentemente honesto. Em seu dossiê na SOE, consta: equilibrado e "confiável como uma rocha".

Após o "vovô" Stromsheim, veio Fredrik Kayser, um magricela também veterano da guerra na Noruega. Fora alvejado, tivera gangrena por congelamento e cortara a perna acidentalmente com um machado, mas nada disso prejudicou seu bom humor nem o impediu de continuar lutando. Era inabalável e gaiato sob pressão, qualidades ideais para a tarefa que se avizinhava.

Depois do "divertido" Kayser, entrou para o grupo Kasper Idland, um verdadeiro homem de montanha. Tal como muitos outros de físico imponente, Idland era uma espécie de gigante bondoso. Na escola, havia sofrido muito com o *bullying*, mas não retaliava com receio de machucar alguém. Entretanto, depois de um episódio particularmente desagradável, perguntou à mãe se era certo dar o troco. Ela respondeu que sim. No dia seguinte, derrubou dois dos piores agressores. Ninguém o incomodou mais.

Idland era um soldado admirável. Tinha o que Ronneberg e Wilson mais prezavam: uma lealdade a toda prova. Após o "gigante bondoso", foi a vez do último membro do grupo: Hans "Chicken" [Galinha] Storhaug, assim chamado por causa de seu pescoço fino e ossudo de galinha. Storhaug conhecia bem o interior do país até a fronteira com a Suécia. Seria de enorme utilidade durante a fuga – isto é, caso o grupo conseguisse entrar e sair vivo de Vemork.

Cinco homens bons e confiáveis; seis com Ronneberg; dez depois de se juntarem à equipe Grouse; onze, se Grouse Um – Einar Skinnarland – também se unisse a eles. Onze homens se locomovendo de esquis e equipados apenas com as armas e explosivos que conseguissem carregar pelas vastidões geladas da Noruega: neles residia a esperança dos Aliados de impedir que Hitler construísse a primeira bomba atômica do mundo.

Como ocorrera com a Grouse e a Freshman, a força de Ronneberg passou por treinamento especializado, inclusive um período em uma nova e melhorada simulação da fábrica de SH200 de Vemork, em Brickendonbury Hall – Estação XVII. Chegaram à grande casa de campo e foram para seu dormitório. Sobre cada cama havia uma mochila, vários equipamentos e um revólver Colt .45 novo.

Instintivamente, os homens, um por um, começaram a examinar como a arma funcionava. Ronneberg engatilhou a sua; quando apertou o gatilho, ouviu-se um estalido baixo e fragmentos de argamassa voaram de um orifício na parede. Dois elementos da Estação XVII chegaram correndo para ver o que tinha acontecido.

"Que diabo foi isso?", perguntou um deles.

Com ar irônico, Ronneberg apontou para o buraco na parede.

"Eu estava apenas testando minha arma. Funciona perfeitamente."

Os dois homens da Estação XVII se entreolharam irritados e sacudiram a cabeça. *De onde tinham vindo aqueles noruegueses malucos?*

Ronneberg e seus homens tinham uma vantagem decisiva sobre seus predecessores. Pouco antes do fracasso da Freshman, Jomar Brun – o agente duplo de óculos que trabalhava na fábrica de Vemork – fora aconselhado a fugir para não ser envolvido na repressão que se seguiria ao ataque. E chegara havia pouco à Grã-Bretanha.

Com um nome falso dado pela SOE – "doutor Hagan" –, instalou-se em um apartamento em Londres com a esposa, que o tinha acompanhado na fuga. O doutor Hagan era agora o principal consultor técnico para a missão iminente. Havia trazido consigo uma grande quantidade de documentos sobre a fábrica de Vemork, a partir dos quais o plano de ataque da Gunnerside poderia ser aperfeiçoado e completado.

Wilson, enquanto isso, procurava desesperadamente saber ao certo o que Von Falkenhorst havia arrancado dos prisioneiros da Freshman. A 30 de novembro, enviou a seguinte mensagem: "Pedimos informações urgentes sobre detalhes dos bombardeiros e planadores que caíram nas montanhas... Alguns homens escaparam? Os aparelhos foram destruídos pelo fogo? Parte do equipamento caiu nas mãos do inimigo?"

Essa mensagem chegou à Swan, codinome para outra célula de resistência baseada no noroeste do Vidda, na região onde se presumia que a aeronave houvesse caído. Com a Grouse fora do ar, seria inútil tentar se comunicar com ela – e, de qualquer modo, aquela não era a sua área. A Swan respondeu alguns dias depois.

"[Bombardeiro] se espatifou contra encosta, todos os ocupantes morreram. Dos passageiros do planador, seis sucumbiram no desastre, 11 foram aprisionados e fuzilados. O outro planador, aparentemente, fez um pouso forçado – oito mortos, nove prisioneiros fuzilados no acampamento alemão... O grupo foi descrito como 'civis armados'."

O que Wilson queria saber era se os prisioneiros da Freshman tinham sido coagidos a falar e, em caso positivo, se haviam revelado alguma coisa. Foi então que um agente da SOE – o norueguês Kirkeby Jacobsen, codinome Crow II – conseguiu escapar das garras da Gestapo. Por estranha coincidência, Crow II havia participado do interrogatório de cinco soldados britânicos capturados: os Sapadores feridos em um dos planadores da Freshman.

Quando Crow II chegou a Londres, Wilson pediu que o MI5 o sondasse para atestar sua boa-fé. E o MI5 confirmou: "CROW merece confiança".

Crow contou a Wilson que os Sapadores se recusaram a divulgar seu objetivo, motivo pelo qual ele tinha sido forçado a intervir em benefício dos captores. A Gestapo esperava que a presença de um camarada da SOE e bom falante do inglês convencesse os prisioneiros britânicos a falar. Os alemães não ignoravam para onde os Sapadores pretendiam ir: haviam resgatado mapas dos destroços do planador, onde Vemork aparecia marcada por um círculo azul. Mas queriam detalhes.

Crow II resumiu para os Sapadores os métodos mais indigestos usados pela Gestapo. Explicou que eles não conseguiriam resistir por muito tempo. Foram amontoados num cubículo escuro, úmido e infecto, sem que ninguém cuidasse de seus ferimentos. Era uma posição altamente vulnerável. Se não concordassem em falar, seriam "trabalhados" e não tardariam a revelar tudo: sua missão, meios, números, colaboradores locais e rota de fuga planejada.

À luz do testemunho de Crow, Wilson tinha de presumir que o general Von Falkenhorst sabia de tudo.

E, como para confirmar essa suposição, na madrugada de 3 de dezembro de 1942, as sirenes de ataque aéreo ecoaram pelo vale profundo onde se localizava Vemork. Na verdade, não havia ataque nenhum: os alemães se valiam de todo aquele estardalhaço para manter os moradores de Rjukan em suas residências, enquanto cercavam a cidade. Agentes da Gestapo – apoiados por centenas de soldados regulares – empreenderam buscas de casa em casa, detendo dezenas de "suspeitos". Estavam atrás, em particular, da equipe local que ajudaria a guiar os homens da Freshman.

O cérebro da incursão em Rjukan era o *Reichskommissar* Josef Terboven, governador da Noruega nomeado pelo Führer. De óculos, ex-bancário e cruel, Terboven fora um dos primeiros acólitos de Hitler, o qual, quando ele se casou com a secretária de seu bom amigo Joseph Goebbels, compareceu à cerimônia como convidado de honra. Na Noruega, Terboven comandava uma guarda pessoal de cerca de 6 mil homens e sua brutalidade logo afastou o povo norueguês.

O feito máximo de Terboven em termos de extrema crueldade foi a chamada "tragédia de Telavag". Telavag era uma pequena aldeia na costa oeste da Noruega cujos habitantes haviam escondido dois homens da Companhia Linge. A 26 de abril de 1942, forças alemãs chegaram para prendê-los e oficiais da Gestapo subiram ao sótão onde eles estavam escondidos. Houve tiroteio e dois desses oficiais da Gestapo morreram, entre eles um famigerado comandante da SS.

Terboven supervisionou pessoalmente a represália. Os aldeões tiveram de presenciar o incêndio de suas casas, o afundamento de seus barcos no cais local e a degola de seus rebanhos. Os homens da aldeia foram presos, fuzilados ali mesmo ou conduzidos ao campo de concentração de Sachsenhausen, no noroeste da Alemanha. Poucos voltariam. Até as mulheres e crianças de Telavag permaneceram detidas, algumas até o final da guerra.

O amigo de Terboven, Goebbels, decretara com relação aos povos dos países ocupados: "Se não aprenderem a gostar de nós, deverão ao menos nos temer".

Um dia depois da incursão da Gestapo em Rjukan, Terboven e Von Falkenhorst visitaram as instalações de Vemork. Houve palestras e instruções sobre o modo de aumentar a segurança da fábrica. Fios de alta voltagem correriam ao longo das tubulações, acima do nível do solo, e seriam perfeitos para eletrocutar qualquer sabotador. Mais campos minados barrariam todas as rotas de aproximação possíveis; e os pântanos Skoland, onde a Freshman pretendia pousar, permaneceriam sob guarda constante.

Exigia-se vigilância máxima. "Nossas equipes de segurança devem ter mobilidade e ser capazes de combater dentro da fábrica", sublinhou Von Falkenhorst. "Devem perseguir rapidamente o inimigo, detê-lo no curso da fuga e superá-lo na luta corpo a corpo... Os bandidos escolherão a dedo o caminho mais difícil para penetrar na fábrica, esperando encontrar ali menos proteção e barreiras menos sólidas."

As palavras do general alemão revelavam quão profundamente ele compreendia a doutrina dos comandos e da SOE, e quanta informação fora sem dúvida arrancada dos cativos da Freshman. "O inimigo passa semanas e até meses planejando meticulosamente operações de sabotagem. Não poupa esforços a fim de obter sucesso. Portanto, nós também temos de recorrer a todos os meios possíveis para frustrar seus planos..."

Um terceiro indivíduo acompanhava Terboven e Von Falkenhorst: o *Obergruppenführer* (general da SS) Wilhelm Rediess, chefe da SS na Noruega. Como Terboven, Rediess era um nazista fanático. Defendia o programa *Lebensborn* ("Fonte da Vida"), que incentivava a procriação de crianças arianas "racialmente puras e saudáveis", na maioria das vezes por garanhões integrantes das tropas da SS. Em seu período na Noruega, cerca de 8 mil crianças *Lebensborn* nasceram no país, que se tornou assim o segundo, depois da Alemanha, no número desses nascimentos.

Por ordem de Rediess, a Gestapo se dirigiu à residência dos Skinnarland, nas margens do lago Møs. O casal comemorava o aniversário de um de seus filhos e a festa foi interrompida pelo ronco de motocicletas que chegavam. Einar Skinnarland não estava em casa, mas Torstein, sim. A Gestapo prendeu-o, confundindo-o com o "operador de rádio e líder da resistência" que estavam procurando.

Relatórios sobre boa parte desses acontecimentos chegaram até Wilson. Mesmo para ele, eram notícias alarmantes. Primeiro a Musketoon, e agora aquilo: o fracasso da Freshman não poderia ter sido mais completo. Wilson sempre receara que a Freshman fosse uma missão suicida. E estava certo. Os bravos e corajosos Sapadores haviam sido mandados para a morte em um trágico desperdício de vidas humanas. Mas as consequências... poderiam determinar o destino de toda a guerra.

A despeito disso, Wilson não tinha escolha a não ser continuar. O ex-chefe de escoteiros havia dado sua palavra de que a produção de SH200 em Vemork seria interrompida. Tinha reivindicado a operação para a SOE e o próprio Winston Churchill se mantinha atento. O 17 de dezembro se aproximava rapidamente: a hora zero para a Gunnerside.

Wilson contava agora com uma vantagem potencial: muito do que soubera do teatro de operações viera de Haugland, o operador de rádio da Grouse. Em plena repressão (*Razzia*) alemã, Poulsson e seus homens se arriscaram a quebrar o silêncio para garantir que Wilson ficasse bem informado do que lhes acontecia.

Em uma remota e gelada cabana, nos confins do Vidda amortalhado de neve, Haugland se inclinou sobre seu aparelho e teclou em código: "Devido ao pouso do planador, os alemães fizeram repetidas incursões em... Telemark... Em Rjukan, apareceram mais de 100 agentes da Gestapo e soldados. Estado de emergência... Os alemães... parecem saber que Vemork será atacada com a ajuda de noruegueses".

Fornecendo pormenores sobre as atividades nas próprias instalações de Vemork, Haugland explicitou: "Canhões antiaéreos de 20 mm. Holofotes... A Gestapo continua investigando... Rediess, Falkenhorst e Terboven fizeram inspeções. Metralhadora instalada no teto da fábrica de hidrogênio".

Mas a equipe Grouse sofria muito devido à tamanha dedicação. As mãos de Haugland estavam duras de frio enquanto ele teclava a mensagem em código Morse apenas à luz de velas, dentro de uma cabana em que o ar condensado lembrava tentáculos de gelo. Entretanto, ele sabia que não devia usar luvas, pois isso alteraria sua "assinatura" de rádio e poderia redundar em desastre.

Os funcionários da estação central da SOE estavam familiarizados com a assinatura em código Morse de seus agentes de campo. Essa era uma das maneiras de averiguar a autenticidade de uma mensagem. Um operador teclava os pontos mais depressa que outro, ou prolongava os traços, e essa "marca" ficava registrada em seu dossiê. Caso mudasse, era bem possível que a Gestapo houvesse tomado o aparelho e o usasse para passar informações falsas a fim de enganar o inimigo.

Tais riscos eram absolutamente reais e Wilson estava sempre alerta para essa eventualidade. No início do mês, um operador de rádio norueguês – codinome "Lark" –, caçado pela Gestapo, saíra de repente do ar. Dias depois, parecia ter voltado ao trabalho, mas sua assinatura havia mudado bastante. Eis sua mensagem:

"Perdi cinco expressões em código. Assim, daqui por diante, só usarei a frase 'Quando a bandeira norueguesa tremular'. Número 3217. É tudo."

A mensagem tinha muitos erros. A "frase" convencionada – para Lark transmitir em caso de emergência – devia ser: "Quando a bandeira norueguesa *flutuar sobre Berlim*". Estava ao mesmo tempo errada e incompleta. O número "3217" não era sequer o código de operador correto de Lark.

"Presumimos que quem transmitia, caso fosse mesmo nosso homem, tentava de tudo para revelar que enviava a mensagem sob pressão", concluiu Wilson. Com efeito, logo recebeu um relatório confirmando que Lark tinha sido preso e torturado, e que seu aparelho caíra nas mãos da Gestapo. Prouvesse a Deus que Haugland e a equipe da Grouse não tivessem o mesmo destino.

Em meados de dezembro, Haugland enviou uma mensagem tarde da noite, mas o sinal não parecia coincidir com sua assinatura, pelo menos não para as pessoas que a decodificaram. O alarme começou a soar. Com a *Razzia* a todo vapor, teria a Gestapo surpreendido o grupo da Grouse e se apossado de seu rádio?

O encarregado de decodificar a mensagem estava sentado em uma sala relativamente confortável, num pitoresco povoado inglês – lugar bem diferente do Vidda em pleno dezembro. Fez várias averiguações e em todas obteve a mesma resposta. Então, lançou a pergunta final de segurança – cuja réplica nenhum agente da Gestapo jamais adivinharia.

"O que você viu descendo o Strand nas primeiras horas da manhã de 1º de janeiro de 1941?"

Dedos enrijecidos teclaram estas palavras: "Ao coronel. Três – repito, três – elefantes cor-de-rosa".

Em seu escritório da Chiltern Court, Wilson dormia a alguns passos do corredor, mas sempre disponível. O ex-chefe de escoteiros grunhiu de satisfação. Seus operadores de rádio eram instruídos a passar por cima de todos os canais normais de segurança, caso necessário, para chegar até ele. Qualquer mensagem que começasse com "Ao coronel" devia ser entregue a Wilson de imediato, não importando a hora do dia ou da noite.

Wilson acordara de seu sono para ser informado de que a Grouse talvez houvesse sido capturada e desfeita. Não acreditou muito. E agora os "elefantes cor-de-rosa" na resposta de Haugland provavam que ele estava certo. "A mentalidade... alemã jamais atinaria com o significado de uma troca de palavras tão frívola", observou Wilson. Na verdade, Haugland transmitira a mensagem metido no saco de dormir, com a mão nua comprimindo a tecla do aparelho Morse e os dedos tão enregelados que sua "assinatura" havia mudado.

Wilson, porém, continuava preocupado. Precisava da Grouse mais do que nunca. Antes, ela só deveria fornecer informações vitais a Londres e guiar a equipe da Gunnerside; agora, forneceria metade da força encarregada de atacar a fábrica da Vemork. Todavia, com a aproximação do Natal de 1942, a Grouse vinha sendo ainda mais acossada – e não eram apenas a Gestapo, a SS e os destacamentos alemães regulares que tentavam acabar com ela.

Conforme Wilson sabia muito bem, seus homens estavam sem suprimentos. Devido às péssimas condições atmosféricas no Vidda, fora impossível enviar suprimentos pelo ar, um problema bastante comum naquele inverno.

"Os pedidos de suprimentos vindos do teatro de operações... eram contínuos e nem metade deles podia ser atendida", comentou Wilson. "Nós nos esforçávamos para explicar... a razão da omissão, mas isso quase nunca era possível... Tabaco, café e chocolate estavam sempre em falta. Muita gente acha que esses itens são um luxo. Para quem vive no alto das montanhas, são essenciais."

O frio e a fome esgotavam os homens da equipe Grouse, levando-os a extremos na tentativa de sobreviver.

CAPÍTULO VINTE

O cachimbo de Poulsson estava vazio. Levado à Noruega para uma missão que, supostamente, deveria durar um mês, ele tinha ficado sem tabaco. Mas na verdade essa era a menor de suas preocupações. Examinando a cena em seu novo reduto – uma cabana nua conhecida como "Cabana do Primo" –, percebeu que a situação do grupo era literalmente desesperadora.

Os homens da Grouse ficaram reduzidos a escarafunchar a neve em busca de "musgo de rena" – um líquen cinza-esverdeado que os rebanhos de renas pastam durante os longos meses de inverno. Todos conheciam bem o musgo, mas não como alimento: usavam-no como leito, na infância, quando acampavam.

As vastidões norueguesas abrigam os maiores rebanhos de renas da Europa. Poulsson lembrou aos camaradas que, no inverno, aqueles milhões de animais sobreviviam comendo apenas musgo. "Tem muitas vitaminas e sais minerais", garantiu-lhes, procurando reerguer seus ânimos abatidos.

Sem dúvida, o tal musgo era consumido pelos povos sami, nativos do Ártico, mas bem cozido e misturado com frutas silvestres, ovas de peixe ou toucinho. Infelizmente, porém, Poulsson e os outros tinham pouca coisa a acrescentar ao líquen duro e amargo. O musgo dava uma sopa rala e azeda que não saciava a fome, sendo discutível se cortar lenha para cozinhá-lo não consumia mais energia do que ele proporcionava.

A Cabana do Primo tinha sido construída na verdade pelo próprio Poulsson com a ajuda de um primo – daí o nome. Erguia-se em uma região de "lagos em forma de dedos" – entrecruzada por estreitos canais que se espalhavam pela terra como os dedos de uma mão espalmada. Estava longe de tudo, não aparecia em nenhum mapa e nenhuma trilha levava até ela – o que a tornava ideal para quem quisesse desaparecer.

Em uma gaveta da mesa, Poulsson encontrou o livro de visitas. Folheou-o, nostalgicamente: lá estavam os nomes de todos os seus queridos amigos e familiares. Muitos ainda viviam em Rjukan ou nas imediações, 30 quilômetros a sudeste da cabana isolada. Entretanto, por mais que soubessem de sua presença ali, era o mesmo que se Poulsson e o grupo estivessem em outro planeta.

Os últimos dias tinham presenciado um quase desastre após outro. Foi "surpreendente", anotou Poulsson em seu diário, que houvessem escapado da morte ou da captura. Certa vez, Haugland se embrenhara na floresta à cata de algo para comer quando soldados alemães apareceram. Procurou imediatamente um esconderijo e a patrulha passou a alguns metros dele. Poulsson e Kjelstrup também escaparam por pouco à prisão quando saíram em busca de renas.

Mas Helberg é que correu o maior perigo. Dirigira-se à casa de Skinnarland justamente quando a Gestapo voltava. Torstein Skinnarland foi levado para o campo de concentração de Grini e seu outro irmão, Olav, também estava preso. A Gestapo, porém, prosseguia na busca do próprio Einar. Por sorte, irrompeu uma violenta tempestade e Helberg se viu forçado a retroceder, evitando assim cair nas garras da Gestapo.

Famintos como estavam, aqueles homens ainda tinham de carregar suas armas, explosivos, kits de sobrevivência, o rádio pesado, o Eureka e as baterias pelo Vidda até sua nova localização. Curvado ao peso das baterias do Eureka, Helberg foi surpreendido por uma nevasca. O homem que Poulsson saudara como capaz de cair duas vezes e levantar-se três por fim cedia. Quando o tempo piorou, não teve outra alternativa a não ser esconder as baterias em um bosque e se estirar por terra.

O inverno de 1942-1943 consta como um dos mais rigorosos de que se tem memória. Os outros guerreiros da Grouse também cederam à tempestade que havia derrotado Helberg e que se transformou em uma tormenta monstruosa, descida dos céus enegrecidos. Não havia como chegar ao abrigo da Cabana do Primo. Em vez disso, tiveram de afundar na neve e se enrodilhar dentro de seus sacos de dormir.

"Muitas vezes, fomos obrigados a nos arrastar de quatro", registrou Poulsson sobre essa tempestade.

A certa altura, abrigaram-se sob um de seus velhos paraquedas a fim de se proteger da neve. Em outra ocasião, Haugland quase foi atirado a uma poça de água congelada. O vento soprava com tanta força que o empurrou por cima do gelo, pois seu esqui aparentemente era incapaz de se firmar na superfície. Caso houvesse caído na poça durante uma tempestade daquelas, com certeza morreria.

Por fim, a tempestade cessou e os quatro voltaram para a Cabana do Primo, mais ou menos incólumes. Havia muito tinham devorado toda a horrível comida – peixe seco mofado – que encontraram em uma casa de fazenda. Ensopado, o peixe parecera delicioso a homens famintos. Em desespero, apelaram para uma carne de rena salgada que haviam encontrado em uma cabana, mas a carne estava podre. Todos ficaram doentes por causa da comida estragada.

Helberg foi quem ficou pior. Depois de engolir a carne estragada, desenvolveu um edema – uma dolorosa retenção de líquido no corpo provocada, no caso, por desnutrição. Seu peso aumentou quase dez quilos. Estava tão inchado que não conseguia abotoar a camisa e precisava urinar a todo instante. Mas, por mais incrível que pareça, ainda tentava sair todos os dias, carregando seu fardo e procurando, em desespero, algum alimento.

Uma mensagem de rádio, em meados de dezembro, para a central da SOE demonstra bem a situação terrível em que se encontravam. "Sem contato. Impossível carregar o acumulador [bateria]. Energia apenas para três horas. Mandem pelo menos o mínimo. Avisem a central sobre isso."

Naquele impasse, a Grouse iria silenciar.

Se não fosse por Einar Skinnarland, os quatro não teriam ido tão longe. Perseguido pela Gestapo, Grouse Um foi obrigado a juntar-se a eles no esconderijo. Mais bem nutrido, resoluto e com o bom humor de sempre, a simples presença de Skinnarland levantou o ânimo de todos. Também trouxe a pouca comida que lhe restara e uma bateria recém-carregada.

Helberg escreveu sobre sua companhia: "Era um prazer estar com ele... Coisa muito importante nas circunstâncias tão difíceis em que nos encontrávamos".

Após a chegada de Skinnarland, Haugland ligou o aparelho para enviar mensagens, que agora tinham de ser rápidas, pois quanto mais tempo permanecesse no ar, mais chances teria de ser capturado. Os alemães possuíam unidades de detecção móveis e tentavam captar quaisquer sinais de rádio provenientes do Vidda. Enviavam aeronaves de busca e dizia-se que estes também eram providos de detectores.

A Gestapo, é claro, podia ouvir a equipe Grouse. Sabia que agentes inimigos estavam transmitindo de algum lugar nas vastidões geladas do Vidda. Precisavam apenas localizar a fonte dos sinais.

"Einar Skinnarland... vinha sendo caçado pela Gestapo...", dizia a breve mensagem de Haugland. "Escapou para as montanhas e juntou-se a nós... Einar e suas conexões foram de grande valia."

De grande valia, sem dúvida; mas não por muito tempo. Ao prender Torstein e pôr Einar Skinnarland fora de ação, a Gestapo estancara a única fonte de alimento de que a Grouse dependia. A fome e o mau tempo eram agora seus piores inimigos – e pareciam estar vencendo.

A 10 de dezembro, as coisas melhoraram um pouco. Haugland achou um fuzil Krag e alguma munição em uma cabana. Poulsson pegou o fuzil com alegria indisfarçável: aquela arma de longo alcance lhe permitiria caçar renas. "Esperem só até os bichos aparecerem por aqui", bradou ele. O desafio era encontrar os rebanhos.

No outro dia, Poulsson saiu a campo de arma em punho. Mas o tempo parecia persegui-lo. Uma forte neblina descera sobre o planalto, como uma sopa grossa. Quanto mais Poulsson subia esquiando em busca das renas, mais densa a neblina ficava. Jamais as avistaria naquelas horríveis condições. À noite, voltou de mãos vazias, depois de esquadrinhar o Vidda, para a cabana escura, onde imperavam a fome e a doença.

Daí por diante, saía todos os dias – e, todos os dias, regressava sem ter conseguido nada, para decepção de quatro pares de olhos esperançosos. A Cabana do Primo era aquecida por um fogão a lenha, mas esta precisava ser arrancada de sob a neve. Por quanto tempo, perguntava-se Poulsson, seus homens teriam forças para fazer isso? Se o fogo na cabana morresse, eles morreriam com ele, congelados e sem ninguém por testemunha.

A data da chegada da Gunnerside se aproximava a passos rápidos. Ronneberg e sua equipe deveriam saltar de paraquedas em uma extensão plana de neve, não muito longe da Cabana do Primo. Mas o que Poulsson tinha a lhes oferecer? Cinco pares de mãos letárgicas, incapazes de segurar uma arma.

Estariam mesmo em condições de permanecer na zona de salto para orientar os paraquedistas? Poulsson não sabia. E nem em imaginação conseguiriam esquiar 30 quilômetros no Vidda para invadir a fábrica de Vemork. Na verdade, Poulsson ignorava até se sobreviveriam.

Ou encontraria uma rena, e rápido, ou seria o fim de todos ali – e da missão.

Em Londres, Wilson tinha seus próprios problemas. Quando surgiram mais provas de que Hitler aparentemente havia ordenado a execução de todos os sabotadores capturados, o alto comando começou a hesitar em promover outras missões desse tipo. Mountbatten – à vista do que tinha acontecido com os comandos da Freshman – estava muito inseguro. Poderia ele, em sã consciência, continuar enviando sabotadores se, ao que tudo indicava, os cativos seriam torturados e mortos?

Mountbatten escreveu aos chefes de estado-maior solicitando orientação. De um modo ou de outro, teria de fornecer dados concretos a Churchill. Wilson tinha uma resposta simples a tudo isso: agora, a fábrica da Vemork era assunto da SOE. Depois de informar Ronneberg sobre o que ele e seus homens deviam esperar, sentia-se absolvido. No fim das contas, a missão Vemork era importante demais para que semelhantes considerações viessem à tona. Ainda que a Gunnerside fosse mesmo uma missão suicida, os homens nela envolvidos estavam prontos para seguir em frente.

No final de dezembro, circulou um memorando sobre as execuções da Freshman e as preocupações de Mountbatten. Qualquer ação ligada "aos pretensos fuzilamentos de seus homens na Noruega será perigosa até levarmos a termo a operação GUNNERSIDE, que...

tem o mesmo objetivo". Mountbatten não deveria agir "enquanto não dermos autorização".

Em outras palavras, eles poderiam se permitir ficar aborrecidos depois que o programa nuclear de Hitler estivesse bloqueado, não antes. E isso significava seguir em frente com a Gunnerside de qualquer modo.

Assoberbados por tantas preocupações, Wilson e Tronstad resolveram contar tudo à equipe Gunnerside. Se aqueles homens iriam correr tamanhos riscos, deveriam ao menos saber por quê. Tronstad mostrou-lhes um relatório marcado por todos os carimbos usuais de sigilo e dirigido ao alto comando aliado.

"Trata-se da água pesada", informou Tronstad em tom sombrio, folheando o documento. Haukelid deu uma boa olhada no conteúdo: o relatório falava da desintegração do átomo. "Ela é fabricada em Vemork para uso em alguns dos trabalhos mais sujos que vocês possam imaginar." Com a água pesada, os alemães "vencerão a guerra", advertiu Tronstad.

Inacreditavelmente, Jomar Brun havia trazido da Noruega algo mais que seus papéis e plantas das instalações: dois frascos do próprio líquido precioso. Esses 2 quilos de SH200 foram entregues aos especialistas da Tube Alloys. Fizeram-se testes urgentes. Não havia dúvida: era mesmo água pesada. Combinada com plutônio e utilizando-se a tecnologia certa, o resultado era uma bomba atômica.

Na América, Stephenson se encontrou com Roosevelt. "O que mais nos preocupa é Niels Bohr", disse ele ao presidente, "cujo trabalho lembra muito os projetos atômicos em curso nos Estados Unidos." Mencionou o risco de a pesquisa de Bohr em seu laboratório na Dinamarca ser de grande proveito para o *Uranverein*.

"Poderá Bohr ser tirado das garras dos nazistas, bem debaixo do nariz deles, e trazido para integrar o Projeto Manhattan?", perguntou Roosevelt.

"Seria necessária uma missão britânica", esclareceu Stephenson. Mais uma – e Vemork ainda não tinha sido destruída. "Bohr é um pacifista teimoso. Não acha que seu trabalho... vá beneficiar os militares alemães... Também não é provável que queira colaborar em um empreendimento americano cujo único objetivo consiste na fabricação de uma bomba." Bohr tinha bons amigos na Grã-Bretanha – colegas físicos em quem confiava. Eles poderiam acolhê-lo.

Uma carta com micropontos foi enviada a Bohr, que a recebeu na privacidade de seu laboratório em Copenhague. Resposta de Bohr: ele não deixaria a Dinamarca nem mesmo pela Grã-Bretanha e com certeza não participaria de nenhum projeto para fabricar bombas atômicas. De qualquer modo, "o uso imediato das maravilhosas descobertas da física atômica é impraticável", concluiu.

A correspondência de Bohr, porém, pareceu estranhamente contraditória. Segundo ele, os alemães – que o tratavam com a maior cortesia, por razões óbvias – andavam em busca de mais urânio e água pesada para fabricar suas bombas atômicas. Quando a notícia chegou aos ouvidos de Churchill, o líder britânico ficou irritado. Lá estava ele em Londres organizando a Operação Peppermint, um programa anglo-americano para defender as cidades dos dois países contra um possível ataque nuclear dos nazistas. Nos Estados Unidos, construíam-se apressadamente aparelhos de detecção de radiação, como parte daquela iniciativa.

E enquanto isso Bohr se recolhia à sua torre de marfim, pregando a paz!

Bohr, esbravejou Churchill, estava praticamente "cometendo um crime mortal". Lindemann, o consultor científico do líder, também estava preocupado. A Alemanha "aumenta as exigências de água pesada e urânio metálico", escreveu ele, "e seus cientistas apresentam propostas para o uso de reações em cadeia com nêutrons lentos, para a produção de bombas."

Lindemann sugeriu que a SOE colocasse um explosivo sob o laboratório de Niels Bohr, onde seus cíclotrons zumbiam, para destruir tudo.

Mas, primeiro, o mais importante: *Vemork*.

Na Grã-Bretanha, os comandos encarregados de acabar com a fábrica agora contavam com uma grande vantagem, de novo propiciada pelo surpreendente Jomar Brun. Após a Musketoon e a Freshman, era claro que uma força de apenas onze homens não conseguiria abrir caminho até as instalações da fábrica. Só pela astúcia e a surpresa Ronneberg e sua equipe lograriam êxito – e Brun conhecia um acesso secreto para o alvo.

Do lado da fábrica voltado para a ravina profunda, havia uma pequena abertura, do tamanho de um homem. Ela levava a um tubo de fiação que corria pelo teto do setor de hidrólise. Brun tinha descoberto essa abertura havia pouco tempo, quase por acidente, quando procurava uma entrada alternativa para o edifício depois de uma forte nevasca. Caso houvesse escapado às medidas de segurança pós-Freshman, ela poderia garantir um acesso despercebido.

Havia outra vantagem na escolha desse caminho. "Se tentarem forçar a porta do térreo", ponderou Tronstad a seus homens, "com toda a probabilidade dispararão o alarme, o que resultará em uma luta com os soldados alemães e inúmeras baixas. A morte deles provocará sérias represálias... Aconselho-os, portanto, a usar o tubo de fiação para entrar na fábrica."

Mas Brun tinha outra informação preciosa para dar de presente. Na varanda que circundava o maciço edifício, estavam instalados queimadores de hidrogênio. Os operários chamavam-nos de "canhões" por causa do barulhão que faziam. Quando começavam a funcionar ou seu fluxo de gás diminuía, eles geravam uma pequena explosão e mesmo uma grande.

Os soldados alemães acabaram se acostumando àquele barulho. Talvez, com sorte, isso proporcionasse alguma cobertura à equipe Gunnerside quando suas cargas explodissem na fábrica de SH200. Pelo menos, lhes daria um pouco de tempo.

As três semanas de treinamento frenético para pôr em prática a Operação Gunnerside chegaram ao fim. Sua avaliação foi ótima: "Um grupo excelente sob todos os aspectos. Cada membro tem perfeito conhecimento do alvo... O desempenho nas tarefas de demolição pode ser considerado muito bom e completo, e seu Treinamento com Armas, notável. Sendo adequadas as condições, eles têm todas as chances de completar a missão".

Wilson estava animado. O único problema agora seria enfrentar o selvagem e tempestuoso Vidda. O pior inverno de que alguém poderia se lembrar mantinha o planalto das Montanhas Inóspitas em suas garras ferozes, de modo que os voos da Operação Gunnerside tiveram de ser cancelados.

A janela da lua de dezembro veio e se foi. O plano de Wilson de atacar na noite de Natal acabou sepultado pelo clima impiedoso do Vidda. Tanto para a equipe Gunnerside, bem nutrida e bem-disposta, quanto para o grupo faminto da Grouse, o clima era agora o principal inimigo. Ronneberg e seus homens se sentiram deprimidos ao contemplar o aeroporto fantasma de RAF Tempsford.

Parecia que o lugar ria dos recém-chegados, pois a missão deles também havia se tornado um fantasma.

CAPÍTULO VINTE E UM

Poulsson protegeu os olhos. Depois de tantos dias passados no crepúsculo cinzento do Vidda sempre envolto em neblina, e incontáveis noites na cabana escura do Primo, não estava mais acostumado com a luz forte e ofuscante. Finalmente, o sol brilhava. Era 23 de dezembro de 1942 e Poulsson tinha despertado para um glorioso alvorecer.

A neblina havia desaparecido, permitindo a passagem dos raios. Um dia perfeito.

Por uma hora ou mais, ele tinha seguido as pegadas das renas. Era um rebanho bem grande e o caçador já sentia o pulso disparar. Se conseguisse... se, encontrando os animais, conseguisse abater pelo menos um, seria o salvador de seus homens. Subiu uma encosta, a neve estalando sob o esqui, o ar fresco e denso enchendo-lhe os pulmões. Contemplou a extensão branca lá embaixo. Nada. Onde estavam os malditos bichos?

Lembrou-se de umas frases de infância sobre as renas: "São como fantasmas. Surgem do nada, enchem a paisagem e somem". Teriam ficado assustadas com alguma coisa? Um lobo? Humanos? Patrulhas alemãs? Um rebanho em fuga pode percorrer facilmente mais de 40 quilômetros em uma hora. As renas deviam estar bem longe.

Continuou avançando, de olhos baixos em busca das pegadas características. Subiu outra colina. Parou e pegou o binóculo, limpando as lentes com um pedaço de pano preso à pulseira do relógio. Observou o terreno a seus pés. A luz chapada do meio-dia pregava peças, comprimindo tudo e distorcendo formas e distâncias.

Varreu com as lentes, de lado a lado, a brancura que reverberava à luz do sol. Por pouco não avistou aquele grupo de rochas em um vale distante. Mas... as rochas se moviam! Lentamente, quase como um único corpo, arrastavam-se para o norte, em meio à neve.

Era ele: o rebanho.

Com a pulsação acelerada, pôs-se de novo a caminho, procurando seguir a direção do vento, do contrário as renas sentiriam seu cheiro. Foi deslizando pelo terreno que o separava delas até outra colina, que subiu. Esperou. Tirou o esqui e entrou no campo de visão. As renas agora estavam perto. Cerca de 70, pastando o líquen que Poulsson e seus homens haviam comido e os tinha deixado gravemente doentes.

Hoje, se a caçada fosse bem-sucedida, eles festejariam como reis.

As renas ainda estavam fora de alcance. Entre Poulsson e o rebanho, estendia-se um terreno aberto, que ele não podia correr o risco de cruzar. Os bichos poderiam vê-lo ou ouvi-lo. O melhor seria esperar que viessem até ele. Passou-se uma hora, com o frio espicaçando sua pele. Não queria fazer nenhum movimento, mas para isso tinha de ficar exposto ao ar gelado. Ergueu a cabeça, sacudindo os fragmentos de gelo colados à barba espessa e esfregando as áreas que começavam a ficar insensíveis – os primeiros sinais de gangrena.

Entretanto, por mais que esperasse, o rebanho não parecia disposto a se aproximar mais. Pastando o líquen que cobria a margem de um pequeno lago, muitas das renas lembravam estátuas. Devido ao grosso pelo cinza-esbranquiçado, confundiam-se com o ambiente e misturavam os vapores de sua densa respiração. Poulsson tinha de arriscar um movimento. A luz logo se extinguiria e a última coisa que ele desejava era esquiar de volta na escuridão, com as mãos vazias... de novo.

Esgueirou-se para o vale, ocultando-se da melhor maneira possível. Dois machos estavam mais perto. Colocou-se atrás de um montículo, a uma distância conveniente. Na teoria, o fuzil Krag era preciso até mais ou menos 900 metros. Na prática, Poulsson precisava aproximar-se um terço dessa distância para ter certeza de acertar o alvo. Caso errasse o tiro, em um instante o rebanho se dispersaria.

Poulsson já estava quase chegando ao montículo por trás do qual miraria e dispararia quando escorregou. Momentos depois, estava deslizando encosta abaixo em meio a uma pequena avalanche. Lá em cima, os machos começaram a berrar, seu alarme ecoando na neve dura como batidas de tambor. Em instantes, o vale se enchia do som de cascos em disparada – e o rebanho se foi.

Poulsson ficou estendido sobre a neve fria, amaldiçoando aquela terra inóspita. Estava exausto. Lágrimas de frustração correram de seus olhos. Quanto não daria por um punhado de fumo, a fim de recuperar um pouco o ânimo! Restava-lhe uma fagulha de esperança, no entanto. Quando havia avistado o rebanho, percebeu um pequeno grupo de renas pastando em um vale mais acima. Talvez não tivessem se assustado e fugido. Era sua única chance.

Avançou rápido, pois a luz se extinguia. Não acharia o segundo rebanho caso ficasse escuro demais para atirar. Chegou à encosta que levava ao terreno mais elevado, livrou-se do esqui e pôs-se a subir, tentando combinar velocidade com extrema precaução. A última coisa de que precisava era levar um segundo tombo e assustar aquele rebanho – caso ele ainda estivesse lá.

Chegou ao fim da subida e deitou-se de bruços, arrastando-se e rezando para sentir o vento no rosto quando se levantasse. Ergueu a cabeça, o coração batendo descompassadamente. Lá estava. Bem à frente, a uns 300 metros. Renas. Contou 30, nervosas e assustadas com o vento que varria o terreno plano e exposto. Se esse vento mudasse de direção e começasse a soprar às suas costas, elas sentiriam seu cheiro e fugiriam.

Poulsson continuou rastejando, com o fuzil bem seguro à frente. Alvejaria o primeiro animal na barriga. Se acertasse, a vítima se estenderia lentamente sobre a neve, como que tomada por uma súbita necessidade de repouso. Talvez conseguisse até acertar uma segunda rena. O rebanho poderia reaparecer e, é claro, a fome dos companheiros de Poulsson não conhecia limites.

Aproximou-se e encostou a culatra do fuzil ao ombro. Respirou fundo para acalmar os nervos e concentrar-se, como seu avô havia lhe ensinado. Fez pontaria. A respiração dos animais formava uma nuvem quente que os envolvia. Levou o dedo ao gatilho do Krag e disparou. Ouviu-se um estrondo.

Mas o animal em sua mira não caiu. Ao contrário, correu. Poulsson atirou mais duas vezes. Nenhum bicho baqueou e todos fugiram apavorados em uma revoada de flocos de neve.

Poulsson não conseguia entender. Teria errado três vezes? Estaria tão mal fisicamente que tinha perdido a habilidade de segurar um fuzil e mirar com precisão?

Esquiou atrás do rebanho. Quase que de imediato, avistou sangue entre as pegadas dos animais. Não havia errado. Sem dúvida, a culpa era da munição: balas militares revestidas de aço, não os projéteis lisos de chumbo que ele usava para caçar. Os tiros deviam ter atravessado o animal sem lhe provocar maiores danos.

Havia três trilhas de sangue. Escolheu uma para seguir e logo encontrou o animal ferido, escavando desesperadamente a neve na tentativa de se levantar. Poulsson apontou-lhe o fuzil e acabou com seu sofrimento. Quis seguir as outras trilhas sangrentas, mas já estava muito escuro. Lamentava deixar dois animais morrer aos poucos na neve – a questão ali, porém, era de sobrevivência.

Poulsson aproximou-se do animal morto. Pegou um pequeno copo e encheu-o de sangue. Bebeu, sentindo uma onda de calor e energia correr por suas veias. Recolheu o resto do sangue em um balde e reservou-o. Em seguida, tirou a pele do animal e esquartejou-o, colocando a cabeça e a língua na mochila, e depois o bucho, ainda cheio do líquen semidigerido. Com base em sua longa experiência, sabia que aquelas eram as partes do animal ideais para homens famintos, por serem saborosas e ricas em nutrientes.

Juntou também coração, fígado, rins e costelas, além, de fatias de gordura, para dar energia. Fez uma pilha com as carnes magras e cobriu-a de neve: voltaria para pegá-la no dia seguinte. Por fim, quebrou os ossos pequenos perto dos cascos e sugou a medula leitosa – mais um pouco de energia para o longo regresso de esqui, com o pesado fardo nos ombros.

Certa vez, comentara que nenhum homem devia carregar mais de 30 quilos na altitude e no frio do Vidda. Estava agora perto desse limite, sozinho e com a noite se aproximando. Mas a euforia do momento lhe dava forças.

Voltando na escuridão, encontrou o mesmo rebanho que de início havia escapado. As renas fugiram, enchendo a noite com o rumor de seu tropel. Chegou à cabana, colocou a mochila manchada de sangue na porta e limpou as mãos na neve. Entrou de cabeça baixa, em silêncio, como se – de novo – tivesse fracassado. Poulsson julgava ser um bom ator.

Quatro pares de olhos se voltaram para ele, desanimados. Todas as suas esperanças já tinham morrido vários dias antes. Lamentavam pelo companheiro; e mais ainda por si mesmos. Foi Kjelstrup quem viu primeiro: sangue nas calças de Poulsson. Observou as feições cansadas do líder da Grouse e percebeu que ele escondia alguma coisa.

Com um grito de alegria, correu para fora e se deparou com a mochila cheia, escorrendo sangue. Os outros o seguiram, seus gritos selvagens vibrando na escuridão do Vidda.

Salvação.

Com aquilo, viveriam. Estavam salvos. Os tão esperados rebanhos de renas tinham voltado. Haveria mais caça. Pelo menos por enquanto, a vida estava assegurada.

Bem se pode dizer que havia poucos que sobreviveriam naquela terra inóspita, por isso Wilson tinha enviado Skinnarland e depois Poulsson com seus homens:

> Nem os esquiadores britânicos mais experientes... conseguiriam viver nas montanhas do outro lado do mar do Norte. Seria suicídio exigir que nossos próprios homens descessem de paraquedas ali, para um trabalho de sabotagem. Em poucos dias, se não horas, o inimigo saberia do desembarque. Convém não esquecer que havia... *quislings* na região e não apenas homens leais.
>
> A Noruega, em termos geográficos ou sob qualquer outro aspecto, era por assim dizer o pior país do mundo para operações secretas. O tempo podia mudar de favorável a tremendamente perigoso em questão de minutos. As áreas propícias à descida... eram poucas e distantes umas das outras... Era um lugar para homens com treinamento de montanha, capazes de se confundir com o ambiente minutos depois de pousar.

No dia seguinte, véspera de Natal, Poulsson e seus homens se reuniram em torno da mesa rústica da cabana, um galho de junípero e algumas estrelas de papel fazendo as vezes da árvore natalina. Com um fundo de hinos tocados no rádio e os fones de ouvido postos sobre um prato de metal para amplificar o som, eles festejaram. Poulsson – o autonomeado chefe de cozinha da Grouse – havia preparado uma sopa com sangue de rena e líquen semidigerido, tirado do bucho do animal.

Dessa vez ninguém tropeçou em uma pele de rena, espalhando pelo chão a preciosa iguaria. Depois da sopa vieram língua e fígado fritos. Pela primeira vez em semanas os homens comeram até se fartar. O animal dera sua vida para que eles vivessem. Na verdade, dera sua vida para que o mundo continuasse livre e em paz, pois é isso que logo mais estaria em jogo.

Contudo, por enquanto, aqueles homens celebrariam a inaudita façanha que era sua sobrevivência. Ninguém antes havia derrotado o Vidda. Era preciso entendê-lo. E então ele correspondia. Na hora certa. Como agora.

Recostaram-se satisfeitos e um deles começou a entoar uma canção de que passaram a gostar durante os longos meses de treinamento na Escócia. Todos fizeram coro – tranquilos, esperançosos, reanimados. Era véspera de Natal e eles tinham algo muito simples a comemorar: estavam vivos. Uma melodia suave ecoou pela cabana:

> Quando ela vier, virá contornando a montanha,
> Quando ela vier, virá contornando a montanha...

Seres humanos não sobrevivem comendo apenas carne e gordura. Precisam de vitaminas e carboidratos, tirados de frutas e legumes. Poulsson e seus homens sabiam disso e não hesitaram em devorar o conteúdo do bucho do animal. Nos próximos dias consumiriam até o último pedaço da carcaça e cozinhariam os ossos por quarenta e oito horas a fim de fazer com o resíduo um "mingau" grosso e viscoso.

"Comemos tudo, menos os cascos", observou Poulsson, referindo-se à rena abatida. E depois de consumir o animal por completo, saíram de novo à caça, pois os rebanhos haviam voltado. Não haveria desperdício. "Vamos colocar as peles no chão, no teto e nas paredes para aquecer a cabana."

O fracasso da descida da Gunnerside em dezembro significou uma longa espera pelo período lunar de janeiro de 1943. Mas, graças ao sacrifício das renas, eles aguentariam. Uma mensagem de 14 de janeiro mostra que a equipe de Poulsson estava bastante revigorada. Como sempre, minimizava as privações das semanas anteriores:

"Motivo de nosso silêncio, dificuldades para carregar a bateria... Rações acabando... Duzentos soldados alemães ainda no distrito. Nenhuma mudança na tropa em Møsdamm e Vemork. Nova... estação de rastreamento em Møsdamm. Operações aéreas para despistar consideradas importantes para a segurança do salto. Todos os lagos congelados e cobertos de neve."

A última parte da mensagem aludia ao iminente lançamento de Ronneberg e sua equipe. Com os alemães vasculhando o Vidda e ouvindo tudo, Haugland sugeria que a aeronave executasse uma manobra de diversão a fim de disfarçar o pouso da equipe Gunnerside.

Em Londres, Wilson resolveu seguir o conselho de Haugland. Ele e Tronstad "queimaram os miolos" em busca de um estratagema conveniente. Nenhum lhes ocorria. Tinham de pensar mais a respeito. Nesse meio-tempo, Wilson enviou uma mensagem realista e de encorajamento, em igual medida, à Grouse: "Tempo ainda ruim, mas rapazes ansiosos para se juntar a vocês".

O "ansioso" Ronneberg foi ver o ferreiro local. Ele e seus homens já haviam encomendado sacos de dormir, botas, mochilas, galochas, esquis e gorros de esquis, tudo sob medida, a vários artesãos da cidade. Adquiriram até suportes atléticos de pele de coelho para proteger sua virilidade das provações e tribulações do Vidda. Mas faltavam-lhes torqueses com cabo isolado, para evitar choques elétricos.

Ronneberg conseguiu-as. Nenhum detalhe, por menor que fosse, lhe escapou. Uma nota referente a "um par especial de tesouras" foi enviada a Wilson em Londres, acompanhada do recibo, com vistas a operações futuras. "Mando-a caso queira anotar o endereço do fornecedor..."

Nas semanas anteriores, a equipe Gunnerside aprendera lições do manual de treinamento da SOE que ensinavam a transformar a dança do combate em uma forma de arte. O ponto de referência dessa dança era a submetralhadora Thompson. Popularizada pelos gângsteres da década de 1930, a SOE acreditava que essa arma emblemática servia admiravelmente a seus propósitos.

> A "tommy gun" tem cano curto e dispara balas de pistola de ponta arredondada... devido ao grosso calibre dos projéteis e à alta taxa de tiro, é uma arma valiosa para qualquer tipo de combate a curta distância... como lutas em campo aberto e em ambiente fechado...
>
> Quando mira um alvo, ela não se move independentemente do corpo. Volta-se para o alvo graças ao movimento do tronco e dos pés... equilibrando naturalmente o corpo... pode-se disparar com tremenda velocidade... Nota: dar saltos não é tão eficiente quanto um trabalho rápido e preciso dos pés...

Ronneberg havia chegado às mesmas conclusões quanto aos méritos da arma. "Primeiro optamos pela Sten, por causa do peso..."

A Sten pesava pouco mais de três quilos e a 'tommy', quatro quilos e meio. "Durante o treinamento na Escócia, mudamos de ideia, dada a pouca confiabilidade daquela arma... Resolvemos levar 'tommy guns', que podiam ser usadas como fuzis a 180 metros com boa precisão."

A certa altura, Ronneberg e seus homens fizeram exercícios de tiro sob a orientação de um instrutor do exército regular. Receberam 200 balas cada um e deviam descer, atirando, por uma rua cenográfica. Começaram com a arma à altura dos quadris, disparando e girando graciosamente, conforme haviam aprendido.

O instrutor interrompeu o exercício: eles deviam parar, levar a culatra ao ombro, fazer pontaria e atirar "corretamente", explicou. Ronneberg e seus homens não lhe deram ouvidos e continuaram disparando como antes. No fim do curso, o instrutor não abriu mais a boca. Nunca tinha visto ninguém atirar mais rápido e com mais precisão.

Antes da janela da lua de janeiro, Tronstad deu as últimas instruções sobre o alvo: "GUNNERSIDE... Aproximação da área da fábrica" descrevia, nos menores detalhes, os meios que os homens deveriam empregar para abrir caminho até as instalações de Vemork, tomá-las e impedir que reforços alemães os expulsassem de lá.

> Todas... as linhas de aproximação podem ser cobertas por um ou dois postos no... abrigo logo atrás da porta principal. Ele é de concreto, com uma porta chapeada de ferro de 1,50 centímetro, provida de olho mágico. Acima do gasômetro de hidrogênio corre uma plataforma alcançada por uma escada e que oferece uma ótima vista da porta principal. A chapa de ferro de 0,6 centímetro oferece alguma cobertura... Presume-se que os alemães hesitem em atirar no gasômetro de hidrogênio por medo de uma explosão... O melhor lugar é a parte nivelada entre os gasômetros, que proporciona...

linhas de retirada entre eles ou pelo compartimento do compressor. O campo de fogo à frente é bom sobre todas as linhas de aproximação.

As instruções cobriam ponto a ponto, nesse teor. Eram excelentes: um guia passo a passo sobre como tomar e manter as instalações de Vemork. O equipamento estava pronto. Seus serviços de inteligência eram os melhores possíveis. Os comandos estavam mais que preparados. Agora só precisavam de um tempo bom no Vidda para aproveitar a próxima janela da lua.

A 23 de janeiro, Ronneberg e sua equipe levantaram voo de RAF Tempsford e foram em direção à Noruega, esperando não voltar antes da hora. Teriam uma grande decepção. O Vidda mostrou-se esquivo como sempre. Não tendo encontrado a zona de pouso, o piloto se recusou a permitir que os seis homens saltassem.

Para cúmulo da ironia, foi em parte devido ao novo apelido de Haukelid que o piloto decidiu abortar o salto. Cansado talvez de "Bonzo", alguém começou a chamar zombeteiramente o grande rebelde da Gunnerside de "General". Ao que parece, a tripulação tinha ouvido alguém chamar Haukelid dessa forma e concluiu que estavam conduzindo um oficial de alta patente do exército norueguês.

Depois de pousar novamente em RAF Tempsford, Ronneberg e seus homens foram tirar satisfações com os tripulantes. O piloto olhou para Haukelid: "Pensei que não seria bom lançar um general de paraquedas".

De qualquer modo, a janela da lua de janeiro se fechou. Ronneberg sentiu-se frustrado e desanimado. "Nós queríamos saltar", lamentou ele, "mas o piloto não deixou."

A equipe Grouse teria agora de sobreviver a outro mês terrível no Vidda. Quanto a Ronneberg e seus homens, como suportariam a longa espera, presos na Grã-Bretanha? Mais um tempo em Tempsford ou outro lugar semelhante e enlouqueceriam. Tinham de se cercar de condições parecidas ao máximo com as do Vidda, que a Grã--Bretanha em janeiro pudesse oferecer.

Wilson concordou: a equipe da Gunnerside devia estar no auge da forma, tanto física quanto mentalmente. Os sucessivos adiamentos poderiam corroer seu moral e suas convicções, o que ele não devia permitir.

Na América, a virada do ano trouxe, em igual medida, medo e previsões sombrias. A pilha atômica do Projeto Manhattan – seu reator nuclear experimental – conseguira a massa crítica, tornando-se assim autossustentável. Foi um marco significativo no desenvolvimento da bomba. Uma pilha autossustentável poderia "criar" plutônio – desde que usasse a água pesada como moderador. E, convencidos de que seus colegas alemães estavam à sua frente, os cientistas norte-americanos naturalmente imaginavam que os nazistas haviam conseguido a massa crítica anos antes. Isso suscitava a pergunta: quanto plutônio os alemães já possuíam?

Samuel Goudsmit – figura proeminente do Projeto Manhattan – declarou:

> Dado que os alemães iniciaram sua pesquisa com urânio cerca de dois anos antes de nós, devem estar pelo menos outro tanto à nossa frente. Talvez ainda não tenham a bomba, mas sem dúvida suas pilhas de reação em cadeia já devem funcionar há muito tempo. Segue-se que provavelmente dispõem de assustadoras quantidades de material radioativo artificial. Para eles, então, seria muito simples... espalhar a morte em larga escala entre nós...

Sobre o pessoal do Projeto Manhattan, Goudsmit escreveu: "Alguns desses homens... ficaram tão inquietos que mandaram suas famílias para o campo. As autoridades militares foram informadas e o medo se espalhou... instalaram-se aparelhos científicos... para detectar a radioatividade se e quando os alemães atacarem".

Os relatórios alarmantes dos norte-americanos chegaram à Grã--Bretanha. Embora relutante em partilhar desse medo exagerado, Churchill se sentiu coagido a acelerar a Operação Peppermint. Contadores Geiger, com equipes prontas para usá-los, foram instalados por toda a Grã-Bretanha, na previsão de um ataque nuclear. A Peppermint estava sepultada sobre camadas e camadas de sigilo. Caso algo vazasse, haveria pânico nas ruas; e, em janeiro de 1943, os Aliados nem de longe podiam permitir que algo assim acontecesse.

Isso aumentou a pressão sobre Wilson.

No momento, ele precisava de um refúgio onde a equipe Gunnerside pudesse descansar. Procurou um local isolado em que os seis homens recuperassem o ânimo e recarregassem as baterias. Encontrou-o em Crispie, uma casa isolada na margem oeste do lago Fyne, o maior lago-mar da Grã-Bretanha. Ali, os únicos intrusos eram os esquilos vermelhos, muito abundantes na região. Morava em Crispie um tal senhor Mackenzie, veterano da Primeira Guerra que havia trabalhado nos serviços de inteligência.

"A atmosfera e as cercanias são, é claro, especialmente propícias a noruegueses: selvagens, rudes e acidentadas", explicou um relatório "Ultrassecreto". Sobre o senhor Mackenzie, foi dito: "Incapacitado de tomar parte muito ativa nesta guerra por causa de uma 'perna inchada'... está, não obstante, disposto a colaborar no que puder".

Crispie era um lugar secreto. Propriedade particular e distante, localizada em um cenário que lembrava o Vidda. "Parece exatamente o que queremos", declarou Wilson. No final de janeiro, Ronneberg e seu grupo foram levados para o norte, para Crispie. Ali, poderiam vagar tranquilamente pelas charnecas, caçar e pescar.

Depois de isolar a equipe da Gunnerside, Wilson precisava agora manter a Grouse onde estava. Comunicou-se com Haugland, pedindo que ele e seus homens aguentassem por mais um mês, até a próxima janela da lua.

"Lamentamos muito que as condições climáticas tenham impossibilitado o salto da equipe. Esperamos que possam resistir até o próximo período propício... Tomem cuidado. Recebam a gratidão e a admiração de todos aqui."

A resposta de Haugland foi firme e pragmática.

"Devido à necessidade de usar manivela manual, a mensagem segue um pouco mais lenta... Se possível, enviem munição Krag para podermos caçar..."

A equipe da Grouse estava ficando sem munição para abater renas, mas, ainda assim, sem dúvida resistiria. Abrigado na Cabana do Primo, Skinnarland tinha conseguido até montar um mecanismo de recarga para sua bateria, operado manualmente – a tal "manivela".

Wilson, porém, sentia cada vez mais a pressão. O general Groves – o norte-americano que chefiava o Projeto Manhattan – havia entrado em contato com o general Eisenhower, comandante em chefe das forças norte-americanas na Europa. A fábrica de SH200 em Vemork tinha de ser desativada a qualquer custo. Caso a sabotagem não funcionasse – isto é, caso os britânicos não tivessem um plano viável –, um bombardeio maciço da Força Aérea dos Estados Unidos seria suficiente?

Wilson tinha de realizar a tarefa, pois outros estavam ansiosos por assumi-la.

Quando janeiro cedeu lugar a um fevereiro chuvoso, parecia que, em Crispie, se realizara um excelente trabalho. "Meu caro Mackenzie", escreveu Wilson, "quero agradecer-lhe os arranjos que fez para garantir a boa forma e o bom ânimo da equipe... A meu ver, essa oportunidade de passar algum tempo nas montanhas será bastante proveitosa para nossos homens no trabalho que terão de realizar lá do outro lado."

Com a janela da lua de fevereiro se aproximando rapidamente, Wilson, Tronstad e Ronneberg concluíram que havia chegado a hora. Não poderiam tolerar mais adiamentos, nem eles nem, muito menos, os homens da Gunnerside. Estes insistiriam com a tripulação para saltar de qualquer maneira no próximo voo, avistassem ou não a zona de pouso.

Uma vez entre a neve e as rochas do Vidda, Ronneberg não tinha dúvidas de que encontrariam seu caminho.

CAPÍTULO VINTE E DOIS

Uma chuva torrencial caía sobre RAF Tempsford – Gibraltar Farm. Os hangares cobertos de folhas de zinco, disfarçados como prédios de fazenda e celeiros quase em ruínas, repercutiam o estrondo incessante das pancadas de chuva. Ronneberg e seus homens rondavam por ali, ensopados. Mas uma coisa lhes dava ânimo: dessa vez, não haveria volta. Realizariam o salto nem que tivessem de sequestrar a aeronave.

Aquelas seis figuras pareciam um tanto incongruentes: macacões, gorros e mochilas brancas. Até as "tommy guns" tinham sido laboriosamente pintadas de branco. Homens da neve em um fevereiro britânico chuvoso.

Tronstad reuniu a equipe Gunnerside. Falou em nome de Wilson, mas, em um certo sentido, em nome de todos os povos do mundo amantes da liberdade. "Em memória dos que foram antes e tombaram, conclamo-os a fazer o melhor e tornar esta operação um sucesso... estejam certos de que suas ações permanecerão na história pelos próximos cem anos... O que fizerem, farão pelos Aliados e pela Noruega."

Seguiu-se um pesado silêncio. Ronneberg olhou para o Professor, as pupilas brilhando. "Você não se livrará de nós tão facilmente."

Era 16 de fevereiro e a janela da lua tinha acabado de se abrir de novo. Por incrível que parecesse, com as condições em Tempsford tão ruins, o clima no Vidda estava supostamente perfeito: calmo, frio e claro. Tronstad e Ronneberg ainda precisavam discutir um assunto antes da partida.

Dirigiram-se ao escritório do chefe de esquadrão Gibson, o piloto que conduziria a equipe Gunnerside. Gibson apontou para um mapa na parede e explicou-lhes o plano de voo. Ronneberg ouviu atentamente e sugeriu uma importante alteração: se a zona de pouso marcada pela Grouse não fosse encontrada, mesmo assim Gibson liberaria o salto.

"Uma vez lá, encontraremos nós mesmos o caminho", garantiu Ronneberg.

Gibson consultou Tronstad. O Professor concordou.

Aqueles que realizavam os voos da lua tinham grande respeito por seu trabalho. Arriscavam-se pelos céus solitários e perigosos, mas ao menos havia a esperança de voltar para o aconchego e a mesa farta de seus lares. Os agentes da SOE, porém, saltavam no desconhecido e passavam meses em território hostil. Já era difícil o bastante deixá-los saltar em uma zona demarcada, mas quase impossível fazê-lo quando não havia nenhum comitê de recepção à vista.

Contudo, o chefe de esquadrão Gibson compreendeu. Aquela noite seria diferente. Os homens saltariam de qualquer maneira.

Na pista, Tronstad se despediu e desejou-lhes boa sorte. Os seis homens entraram no Halifax que esperava, espremendo-se em meio a recipientes de aço com seus kits, explosivos e armas. Um desses recipientes continha as mochilas, que por sua vez guardavam o equipamento de primeira necessidade. *Tudo pronto.* Em outras caixas iam os esquis para os seis homens e aparelhos sobressalentes para a Grouse.

Um dos recipientes levava machados de bombeiro, para despedaçar o painel de telefone da fábrica de Vemork. Isso seria mais rápido e mais fácil que usar explosivos. Havia também caixas com rações calculadas para durar os "130 dias" dos seis homens e comida extra para a Grouse. Eram enumeradas como: "Biscoitos do exército; porções de alimento desidratado; tabletes de chocolate; frutas secas (uvas, damascos, figos); torrões de açúcar; manteiga; sal; chá, café".

Não podia faltar, é claro, o tabaco. Haveria confusão caso esquecessem o fumo do adorado cachimbo de Poulsson.

A aeronave taxiou na cabeceira da pista e virou-se, nariz ao vento. Os homens esperavam em silêncio naquela atmosfera febril, cheios de ansiedade e excitação. Tanto preparo. Tanto treinamento. Tanta frustração e excitação. Mas não esta noite. Esta noite, tudo daria certo. Eles podiam sentir isso no ar.

A fuselagem começou a sacudir-se e vibrar, o barulho dos quatro motores se convertendo em um rugido de tempestade. Por fim, o piloto soltou os freios e o bombardeiro acelerou, ganhando velocidade. No momento da decolagem, os homens da Gunnerside sentiram o peso da aeronave se transferir das rodas para as asas.

Estavam a bordo, varando os céus cinzentos.

O Halifax subiu a 3 mil metros, abrindo caminho pelos buracos na cobertura de nuvens. Nessa altitude, nivelou, trovejando sobre o mar do Norte. Avançando mais, as nuvens desapareceram e a luz da lua cintilou nas ondas lá embaixo – a faixa de oceano que aqueles homens tinham cruzado havia meses. Agora voltavam para desferir, em nome da liberdade, um golpe que ninguém jamais imaginara possível.

A aeronave cruzou a costa ocidental da Noruega, onde silhuetas distantes reluziam à luz branco-prateada da lua, e manteve-se bem alto para evitar os primeiros picos cobertos de neve. Logo, os homens no porão percebiam que o aparelho estava descendo, enquanto o chefe de esquadrão Gibson se dirigia para um vale profundo, que os ocultaria do radar inimigo.

O rugido dos motores radiais Bristol Hercules do Halifax ecoava pelos paredões do vale. Os seis homens se revezavam a fim de olhar pela pequena janela da aeronave. Embaixo estavam as florestas salpicadas de neve, os lagos e rios congelados, as encostas lisas de que se lembravam com tanta saudade na Grã-Bretanha. Nas margens das enseadas e correntes, botes revirados brilhavam. Um cachorro perseguia a sombra da aeronave por um campo. Nas aldeias e fazendas, rostos se viravam para cima, curiosos à sua passagem.

Pouco antes da meia-noite, o Halifax cruzou a borda do planalto das Montanhas Inóspitas. O chefe de esquadrão Gibson avisou: "Dez minutos!" Ronneberg e seus homens não sabiam se o piloto tinha encontrado a zona de pouso da Grouse ou detectado o sinal do Eureka, enviado por ela.

De qualquer modo, eles saltariam.

Enquanto se preparava, cada homem tinha plena consciência dos riscos. Havia pouco, uma equipe da Companhia Linge descera sobre um lago parcialmente congelado do Vidda. O gelo havia se partido e todos se afogaram. Enquanto se dirigiam para o escuro alçapão de bombas do Halifax, tentavam esquecer esses medos.

Os seis se puseram em fila. Sabiam a ordem dos saltos: primeiro, Ronneberg; depois, Hans "Galinha" Storhaug; o "vovô" Birger Stromsheim; o jovial Fredrik Kayser; o gigante bondoso Kasper Idland e, por último, o corajoso Knut "Bonzo" Haukelid.

A luz de advertência ficou verde. Ronneberg, Storhaug e Stromsheim saltaram, seus corpos se recortando por um instante contra a neve iluminada pela lua. Seguiram-se caixas contendo "tommy guns", munição, esquis, um fuzil de precisão, rações, um trenó e sacos de dormir. O Halifax executou uma curva graciosa e voltou para uma segunda passagem. Os últimos recipientes foram lançados pelo buraco escuro; Kayser e Idland saltaram.

Haukelid ia segui-los, mas parou à beira do alçapão: sua linha estática enroscara-se na perna do despachante. Se pulasse, o homem seria arrastado e os dois teriam, sobre o Vidda, uma morte prematura. Sem uma palavra, empurrou o despachante, que rolou pelo porão do Halifax, liberou a corda e saltou.

Embaixo, Haukelid contou 16 paraquedas – 17 com o que se abriu na escuridão acima de sua cabeça. Seis homens. Onze recipientes. Todos flutuando para o chão, suspensos por uma ampla abóbada de seda. E, com eles, explosivos e espírito guerreiro suficientes para fazer em pedaços o programa nuclear nazista.

A cerca de 30 quilômetros dali, via-se um grupo de quatro pessoas. Depois de sua épica resistência no Vidda, os homens da Grouse agora se pareciam verdadeiramente com montanheses: cabelos longos e desgrenhados; barba espessa; pele curtida pelo frio; olhos perdidos na distância, atrás de rebanhos de renas. Haviam se aguentado ali por três meses menos um dia e naquela noite esperavam companhia.

De manhã, Haugland tinha recebido o "estalido", a mensagem codificada de Londres – um número de três algarismos, 211 – avisando que a missão estava em curso. Mas à noite, exceto o ruído longínquo de um motor de aeronave, não havia detectado nada. O Eureka estava carregado, as luzes de marcação do lugar de pouso haviam sido acesas – e nenhum paraquedas surgia do céu iluminado pela lua.

Recolheram-se cedo à cabana e aos sacos de dormir. Poulsson olhou, ansioso, para seu cachimbo. Os outros esfregavam a barriga. Tendo sobrevivido durante dois meses quase que exclusivamente de carne de rena, estavam desesperados por comida de verdade.

Até se comunicar com Londres, não teriam ideia do que havia acontecido com a Gunnerside, para não mencionar os suprimentos e o tabaco prometidos.

Ao amanhecer, Ronneberg e seus homens chegaram à cabana deserta que tinham avistado. Por sorte, ela se erguia a cerca de um quilômetro e meio da zona de pouso. Ninguém sabia ao certo onde tinham descido. Ronneberg consultou Haukelid, pois Bonzo conhecia o Vidda melhor que ninguém.

"Alguma ideia de onde estamos?"

Haukelid observou os arredores planos, cobertos de neve, e deu de ombros.

"Pelo que sei, poderíamos estar até na China."

Soprava um vento forte. Um recipiente tinha sido levado pelo paraquedas a quase dois quilômetros de distância e ficado preso em uma fenda no gelo. Continha três de suas preciosas mochilas e sacos de dormir. Cavaram um buraco, esconderam o equipamento por ora desnecessário e marcaram o local com varetas enfiadas verticalmente na neve.

A única maneira de entrar na cabana seria arrombar a porta a machadadas. Pelos padrões dos caçadores, era suntuosa: tinha quarto de dormir, cozinha e lenha de bétula seca. Acenderam o fogão e se meteram em seus sacos de dormir. Precisavam descansar antes de partir para a Cabana do Primo e encontrar-se com a equipe Grouse.

À noite, antes de sair, Ronneberg mandou que os homens conferissem seus relógios fornecidos pelo exército britânico. Por algum motivo, talvez o frio intenso, dois deles tinham parado. Não houve como acertá-los e foram jogados fora. Um contratempo. Ronneberg sabia que todos os seus passos deveriam ser rigorosamente cronometrados quando atacassem a fábrica. A precisão era essencial.

Esperou que, depois de se juntarem à equipe Grouse, Skinnarland encontrasse no local substitutos para os relógios danificados.

Com Ronneberg à frente, os seis rumaram para o leste, onde esperavam encontrar a Cabana do Primo. Carregavam pesados fardos e arrastavam dois trenós, cada qual com 50 quilos de equipamento. Mal iniciaram a jornada e o vento oeste tornou-se mais intenso. Logo soprava violentamente, arremessando cristais pontiagudos de gelo às suas costas mal protegidas.

A visibilidade diminuía, mas eles continuavam. Afinal, era para isto que haviam treinado: para descer no Vidda e conquistá-lo. A certa altura, Ronneberg avistou galhos saindo da neve. Puxou um. Não conseguiu arrancá-lo. Topos de árvores. Seria possível haver árvores ali? Pensavam ter descido em um lago gelado, o Bjornesfjord. Mas, então, como podiam estar esquiando por cima de um bosque?

Parou. Os outros se aproximaram. "Precisamos voltar..." As últimas palavras de Ronneberg foram levadas pelo vento.

Meia-volta, foi a ordem. Agora estavam se metendo nas mandíbulas da tempestade. Com a mão enregelada, Ronneberg pegou sua bússola, o único guia de que dispunha. A neve movediça havia apagado suas pegadas. Com a outra mão, tentou proteger o rosto, pois partículas de gelo picavam sua pele exposta. Os longos dias passados nas colinas acima de Crispie agora pagavam sua dívida: por um milagre de navegação, Ronneberg conduziu a equipe de volta para a cabana misteriosa.

Entraram. O interior ainda estava abençoadamente aquecido. Membros rígidos começaram a se descontrair. O gelo se formara até dentro de suas narinas. Ronneberg tinha poucas ilusões quanto ao que poderia ter acontecido caso tivessem perdido o rumo daquele verdadeiro santuário.

Depois de estabelecer uma vigia por turnos, Ronneberg tirou um mapa da parede. O papel fora bastante usado antes que o emoldurassem. À luz de uma tocha, examinou sua superfície e descobriu que uma parte do mapa estava descolorida, quase esfarelada pelo atrito de dedos. Fixou-se naquele ponto e conseguiu ler o nome: lago Skrykken.

Havia na cabana um quarto trancado. Ronneberg arrombou a porta. Dentro, encontrou um livro de hóspedes. A cabana se chamava Jansbu e pertencia a um armador norueguês. Localizava-se, com efeito, na margem do lago Skrykken, o que os colocava a uns bons 30 quilômetros da zona de pouso escolhida e do ponto de encontro com a equipe Grouse.

Não havia o que fazer. Lá fora, o vento uivava e bramia sua cólera. Nenhum dos seis jamais vira tempestade igual. Era como se uma fera ensandecida esmurrasse o telhado na ânsia de entrar e devorar os que ali se abrigavam. Agora, não duvidavam do que enfrentariam se tivessem insistido em prosseguir na caminhada. Sem refúgio, pereceriam nas garras selvagens da tormenta.

Lembraram-se da lição crucial sobre o planalto das Montanhas Inóspitas: ninguém luta contra o Vidda, a menos que queira morrer. A única escolha era deitar-se e proteger-se dos golpes que ele quisesse vibrar.

Em Londres, Wilson recebeu com alívio o relatório otimista que a tripulação do Halifax redigiu sobre a descida da Gunnerside. "Grupo lançado nos termos do acordo entre o líder e o piloto... sobre uma superfície congelada do lago... Saída conforme o plano e em perfeita ordem. Sucesso absoluto, com os homens no maior entusiasmo... Todos os 17 paraquedas se abriram... Voo para despistar de 25 quilômetros rumo noroeste após salto."

Mas, depois disso, nada. Pelo menos, nada da Gunnerside. Haugland tinha enviado uma mensagem que, no entanto, apenas confirmou não haver sinal da força de Ronneberg em parte alguma.

Isso deixou Wilson atônito. Sobrecarregado de explosivos, armas, comida e kits de sobrevivência, o grupo de Ronneberg não levara equipamento de comunicação. O plano era encontrar a Grouse, quando então Haugland se tornaria o operador de rádio da Gunnerside, habilmente assistido por Skinnarland.

Decorreu outro dia sem nenhum comunicado da Gunnerside. Tal como no caso da Grouse, Wilson começou a temer que eles tivessem saltado no Vidda apenas para ser engolidos sem deixar rastros.

Pois, do contrário, onde diabos estariam?

As anotações de Ronneberg sobre a missão revelam exatamente onde eles se encontravam – espremidos na cabana açoitada pelo vento, na margem do lago Skrykken. "A tempestade de neve continua, com a mesma força... impossível sair." Esta era a realidade no Vidda: o clima podia mudar de repente e nenhuma previsão se sustentava por muito tempo.

Era o segundo dia dos homens da Operação Gunnerside e eles continuavam presos. A tempestade não cessava. Soprando do oeste, o ar vinha carregado da umidade recolhida em sua longa passagem pelo Atlântico. Chocando-se com as frias montanhas costeiras da Noruega, levantava furiosos torvelinhos de neve.

Dentro da cabana, era como se os homens estivessem ilhados sob uma cachoeira semicongelada. Rajadas de neve, de 50 quilômetros por hora, vergastavam a estrutura de madeira da cabana, ameaçando arrancá-la dos alicerces e arremessá-la por sobre o lago congelado. Fora, a visibilidade era zero. A paisagem havia desaparecido.

"A cabana parecia a ponto de sair voando", observou Ronneberg, "mesmo com seis homens lá dentro pesando meia tonelada."

A temperatura desceu a 10 graus abaixo de zero. A neve se acumulava junto às paredes da cabana, chegando a mais de um metro de altura. Na tarde do décimo nono dia, o segundo de tempestade, eles abriram a porta apesar da intempérie. O panorama mudara. Esculturas bizarras de gelo se erguiam à sua frente, como se monstros primitivos houvessem emergido do lago e se imobilizado no tempo. No meio dessas formas, viam-se depressões que o vento escavara no gelo.

"Condições atmosféricas sem mudança", anotou Ronneberg. "Tempestade e redemoinhos de neve. Tentamos ir até o depósito em busca de mais comida... Desistimos com receio de nos perder."

No dia seguinte, fez-se nova tentativa para encontrar o depósito, mas a tempestade havia alterado de tal forma a paisagem que os homens se sentiram confusos em terra estranha. Na terceira expedição, encontraram um recipiente e recuperaram um pouco do precioso alimento.

Apenas a proteção da cabana e o calor do fogo os mantinha vivos. Então, o fogão começou a soltar fumaça. Algo estava errado com a chaminé. Ronneberg decidiu investigar. Subiu em meio a uma massa revolta de neve até o telhado. Para onde se virava, a atmosfera era escura, coalhada de flocos brancos, alguns do tamanho de moscas gigantes. Não se via nada; e, lá do alto, a visão era duplamente desorientadora.

Em todas as direções, tudo parecia igual. Ronneberg sentiu-se como que sentado em um tapete voador, pairando sobre um mundo feito de neve. Com suas mãos hirtas de frio, agarrou-se ao telhado, a única âncora de que dispunha naquele mar assustador de brancura gélida, ofuscante. Arrastou-se na direção da chaminé. Uma braçadeira havia se soltado com a força do vento. Sozinho, tentou reajustá-la. Enquanto fazia isso, o vento o tangia de um lado para o outro, em uma espécie de combate bizarro com a natureza.

Por fim, a tempestade venceu. Uma rajada incrivelmente violenta arrancou Ronneberg do telhado. Afundou na neve, como pedra enorme arremessada por mão gigantesca. Pôs-se de joelhos, mas a tempestade derrubou-o de novo. E de novo. Agora, seu maior medo era ser levado para longe da cabana. E onde estava ela? Ronneberg não conseguia ver a própria mão diante dos olhos, muito menos aquele inestimável santuário de madeira.

Virou-se contra a face cruel e zombeteira do vento e começou a rastejar. Tateando como um cego, seus dedos tocaram um obstáculo frio de madeira. Seu coração pulsou de alegria: a parede. Fora empurrado para o calor e a segurança lá de dentro, mas sabia que não podia entrar. Com esforço, subiu de novo ao teto, onde terminou de fixar a chaminé, mas foi derrubado pela segunda vez. Por fim, conseguiu achar o caminho para a porta da cabana.

Na manhã de 21 de fevereiro, a equipe Gunnerside acordou para uma extraordinária e abençoada quietude. Desobstruíram a porta e viram uma paisagem de sonho, do tipo *Alice no País das Maravilhas*. As janelas da cabana estavam cobertas de neve; as paredes pareciam feitas de neve; a estrutura toda estava envolta em neve; e formas brancas, gigantescas, esculpidas pelo vento, jaziam como icebergs desgarrados sobre a superfície do lago.

Aquela calma contrariava as impressões de Ronneberg. Ele estava preocupado. Haviam saído da Grã-Bretanha cinco dias antes e, nesse meio-tempo, conseguiram avançar menos de 2 quilômetros a partir da zona de pouso. A equipe da Grouse deveria ter feito contato com Londres. Ela não tinha como saber que Ronneberg e seus homens haviam encontrado abrigo – e qualquer pessoa apanhada por aquela tempestade ao relento com certeza morreria.

Era imperativo que se comunicassem com a Grouse. Ronneberg ordenou aos homens que fossem pegar seus suprimentos. A velocidade era essencial e precisariam viajar com pouco peso. Levariam apenas o suficiente para garantir sua sobrevivência durante a próxima jornada e o ataque à fábrica de SH200. À tarde, estavam prontos.

Suas mochilas pesavam 25 quilos; outros 70, de equipamentos, estavam divididos pelos dois trenós.

Era o mínimo que podiam levar sem correr riscos.

Ronneberg ia dar a ordem de partida quando algo incrível aconteceu. No lago esculpido pela neve e bem diante da cabana igualmente esculpida, uma figura surgiu. Estava só, locomovendo-se de esqui e arrastando um trenó. Ronneberg não ficaria mais surpreso se uma das formas primitivas de gelo se materializasse diante de seus olhos.

Era como se aquela figura solitária houvesse sido expelida pela tempestade.

CAPÍTULO VINTE E TRÊS

A princípio, ninguém acreditou que aquele estranho pudesse se tornar um ótimo guia. Mas foi o que aconteceu. Aproximara-se da cabana do lago Skrykken aparentemente convencido de que era o único ser vivo caminhando pelo Vidda. Mas se deparou com seis homens barbudos e uniformizados, que empunhavam armas. Obviamente, quase teve um infarto ali mesmo.

Ronneberg sondou-o. Sua carteira de identidade revelou que se chamava Kristian Kristiansen, tinha 48 anos e era de Uvdal, uma cidade a leste do planalto. Disse ser caçador de renas. Carregava um fuzil e uma lista de clientes a quem venderia os animais abatidos. Já trazia um deles em seu trenó. Então Ronneberg disparou a pergunta mais importante: Kristian era membro do Nasjonal Samling, o Partido Nazista Norueguês?

O homem confessou que, de fato, apoiava esse partido, embora não fosse membro contribuinte. Ronneberg suspeitou que o desconhecido, com medo e assustado, estivesse mentindo, talvez por tê-los confundido com soldados alemães ou membros da Hird, a guarda nazista de Quisling. Quem mais estaria enfrentando as tempestades do Vidda, com armas pesadas e de uniforme?

Mas, independentemente do que dissesse Ronneberg, o homem não parecia disposto a admitir que era leal ao rei ou nutrisse o mínimo desejo de expulsar os invasores alemães. Ronneberg só tinha então duas alternativas: matá-lo ou levá-lo consigo, como prisioneiro. Por fim, ele teve uma ideia. Se falasse com seus vizinhos em Uvdal, eles confirmariam que Kristiansen era um bom e leal nazista?

Kristiansen tentou se safar. Aparentemente, não havia ninguém em Uvdal que, em definitivo, confirmasse isso. Estava claro que mentia quanto às suas simpatias nazistas, para salvar a pele. Por fim, conseguiram convencê-lo de que eram compatriotas noruegueses e tão antinazistas quanto se podia ser.

Ao ouvir isso, Kristiansen abriu um largo sorriso: "Meu Deus, como é bom vê-los, camaradas! E justamente aqui, no Vidda!"

Naquela manhã, puseram-se a caminho, com Kristiansen à frente. Conhecia o lugar como a palma de sua mão, por mais que a tempestade houvesse transformado seus horizontes. Logo mostrou ser um exímio esquiador. "Conseguia subir uma colina em zigue-zague, usando todos os contornos em seu favor", observou Ronneberg sobre a "habilidade expedita, quase inacreditável daquele homem simples nas montanhas."

Não havia muito naquela solidão branca que escapasse aos olhos de Kristiansen. Ao amanhecer, já se aproximavam do longo vale que conduzia à Cabana do Primo. Do alto de uma colina, sempre com seu guia à frente, descortinaram uma paisagem deslumbrante, recoberta de neve. Quase imediatamente, Kristiansen levantou a mão, em sinal de advertência. Dois homens de esqui subiam do vale.

Como um só corpo, os sete se abrigaram por trás da elevação. Ronneberg direcionou seu binóculo e, com Haukelid, examinou as figuras que se aproximavam. Bonzo treinara com a equipe Grouse, com quem no início deveria trabalhar, mas acabara atirando acidentalmente no próprio pé durante os exercícios. Se aquelas duas figuras misteriosas fossem mesmo da equipe Grouse, ele as reconheceria.

Nenhuma lhe pareceu familiar. Mas, com aquelas barbas enormes e os gorros enterrados até os olhos, isso não significava muita coisa. Deixando os demais para cobri-lo – e Kristiansen escondido atrás de uma pedra, para o caso de haver tiroteio –, Haukelid saiu para investigar. Contornou a borda do vale, procurando ficar fora do raio de visão dos desconhecidos, e conseguiu se colocar atrás deles.

Ao chegar a terreno elevado, pararam. Recostando-se nos bastões, um dos homens sacou de uma luneta e observou o terreno à sua frente. Sem dúvida, os dois procuravam algo ou alguém. Tinham a mesma estatura de Claus Helberg e Arne Kjelstrup, notou Haukelid, mas pareciam infinitamente mais magros.

Sem soltar a arma escondida, tossiu alto, deliberadamente. As duas figuras se viraram, empunhando suas pistolas. Sim, eram Helberg e Kjelstrup, mas absolutamente irreconhecíveis: esqueléticos, roupas em frangalhos, olhos vermelhos espiando por entre barbas selvagens e longas.

De seu esconderijo, Ronneberg e os outros ouviram os gritos de alegria. Juntaram-se – nove, incluindo Kristiansen – e, para celebrar, atacaram alguns dos itens que haviam trazido da Inglaterra: uvas-passas e figos, lavados com neve derretida e misturados, em uma pequena caneca, com leite em pó e chocolate. Delicioso. Depois, cigarros.

A Cabana do Primo estava a poucos quilômetros dali. Só não se sabia o que fazer com Kristiansen, seu camarada inesperado. Ronneberg mandou-o embora com algumas rações britânicas, incluindo um tablete de chocolate – luxo inusitado naqueles tempos de escassez – e uma firme advertência zumbindo-lhe nos ouvidos: "Podia voltar a caçar se quisesse e permanecer nas montanhas por quanto tempo desejasse; mas, ao regressar, não diria nada sobre o que vira – absolutamente nada, a ninguém".

Eles tinham sua lista de clientes do mercado negro e era rigorosamente proibido pelos alemães portar armas. Se Kristiansen dissesse uma palavra a respeito do que acontecera no Vidda, isso seria o seu fim.

Enquanto Kristiansen se afastava de esqui, os homens se perguntaram se haviam feito a coisa certa. Wilson os advertira repetidamente para que não pusessem a missão em risco de modo algum. Caso Kristiansen voltasse para Uvdal, entrasse em um bar e enchesse a cara, poderia dar com a língua nos dentes. A notícia logo chegaria ao conhecimento da Gestapo. Deveriam tê-lo eliminado, para garantir seu silêncio? Ou os instintos da equipe estavam certos?

Só o tempo diria.

Chegaram à Cabana do Primo às quatro horas da tarde, no dia 22 de fevereiro. Ronneberg e seus homens haviam percorrido quarenta e cinco quilômetros em dezoito horas, carregando fardos bem pesados. Sua missão já durava uma semana e chegara o momento de comemorar. A reunião na cabana foi alegre e barulhenta, embora os recém-chegados levassem algum tempo para se acostumar ao ambiente.

A Cabana do Primo parecia um matadouro. Em volta, a neve estava coalhada com o sangue, os chifres e os cascos das renas abatidas. Dentro, as paredes haviam sido forradas de peles de rena do chão ao teto. No fogão, uma panela enegrecida de fumaça emitia jatos de vapor. Ao que tudo indicava, todos os órgãos de um desses bichos – olhos, miolos, gordura, conteúdo do bucho – tinham sido jogados naquele caldeirão de bruxa, que os homens da Grouse olhavam com apetite.

Isso dizia mais sobre os últimos meses do que palavras jamais poderiam expressar.

Boa parte da comida que a Gunnerside levava consistia de rações K, do nome de seu inventor, o professor norueguês Leiv Kreyberg. Trabalhando na Universidade de Cambridge, Kreyberg tinha desenvolvido um método para comprimir alimento desidratado em blocos sólidos, que forneciam nutrição compacta e altamente energética para os combatentes.

Ronneberg visitou Kreyberg e explicou a distância que teriam de percorrer até chegar em segurança à fronteira sueca, esclarecendo que cada grama que carregassem contaria muito. As rações K ajudariam a reduzir a carga. Com a adição de água, ficavam prontas para comer e só eram necessárias uma caneca de latão e uma colher grande, o que diminuiria ainda mais o peso.

Mas não era hora de rações K. Era hora de pegar suas canecas e colheres para saborear o maravilhoso mingau de rena. Na cultura norueguesa, a hospitalidade é tudo. Poulsson e seus homens precisavam sentir-se bons anfitriões e isso significava oferecer uma refeição. E o que tinham para ser oferecido era rena – cada pedaço do animal.

Depois de se alimentarem, os convidados partilharam os itens trazidos da Grã-Bretanha e riram como velhos amigos. Por fim, Haukelid – franco como sempre – fez a pergunta que não saía da cabeça dos recém-chegados: os rapazes da Grouse por acaso haviam tido algum problema sério durante os longos meses enfurnados no Vidda?

"Nenhum", foi a resposta simples de Kjelstrup. "Nenhum."

E o assunto morreu por aí.

Nessa primeira noite, não se falou da missão iminente. Era o que os trouxera àquele lugar e naquela ocasião, mas no momento eles só queriam comemorar seu encontro – significando isso que as últimas semanas de luta e resistência além das medidas tinham valido a pena.

Houve só uma alusão – de passagem – à Gunnerside, feita, no entanto, mais por acaso que intencionalmente. Haukelid trouxera uma mensagem especial de encorajamento à equipe Grouse, escrita por um antigo comandante aliado. Leu-a em voz alta para todos e amassou-a a fim de jogá-la no fogo.

Haugland – o operador de rádio da Grouse – ergueu a mão para detê-lo.

"Isso aí é comestível?"

Uma pergunta razoável. Mensagens importantes da SOE eram impressas geralmente em papel de arroz para que o portador pudesse engoli-lo na iminência de ser capturado.

Haukelid olhou para a bola de papel.

"Bastante digerível, imagino."

"Bem, nós não jogamos comida fora aqui."

Haugland pegou o papel e pôs-se a mastigá-lo. Era um pouco duro e de gosto ruim, mas bem melhor que líquen de bucho de rena.

Depois de devorar a mensagem do comandante, Haugland redigiu a sua própria, que enviaria a Londres ao amanhecer, hora programada para a primeira transmissão: "O grupo chegou ontem à noite. Tudo em ordem. Ânimos excelentes. Voltaremos ao ar após a operação. Cordiais saudações de todos".

Os homens se deitaram naquela noite como sardinhas, encolhidos sobre as ásperas peles de rena que cobriam o piso da cabana. Ninguém reclamou das péssimas condições. Estavam juntos. A Operação Gunnerside agora contava com todos os seus homens. *Não demoraria.*

De manhã, bebericaram seu café e puseram mãos à obra. Era tempo de combinar o plano de ataque e, para tanto, precisavam antes ver o desafio que tinham pela frente: Vemork. Ronneberg esboçou de cabeça a localização da fábrica e das terríveis defesas naturais que a tornavam praticamente inexpugnável. Jamais visitara o local, mas, durante as simulações na Grã-Bretanha, passara a conhecê-la melhor que qualquer um que já tivesse estado lá.

A fábrica se erguia como uma antiga fortaleza, encarapitada no alto de uma rocha à beira de precipícios. O abismo negro e sem luz a seus pés – o vale Vestfjord – formara-se havia milênios, quando um terremoto partira o Vidda em dois. O rio Måna invadira a ravina assim formada, cujos altos paredões permaneceram imunes às suas águas e à erosão que provocavam.

Tão profundo era o vale que uma pedra jogada da plataforma rochosa da fábrica de Vemork caía sem interrupção por 200 metros, até chegar à corrente gelada do rio Måna, lá embaixo. Em cima, as montanhas atingiam mais de mil metros, com as instalações da Vemork a meia altura de seus flancos íngremes.

Apenas três caminhos levavam à fábrica: o primeiro, pela ponte suspensa no fim da estrada que vinha da extremidade do vale; o segundo, descendo-se pelos condutos de água, que terminavam atrás do edifício; e o terceiro, por uma ferrovia de uma só linha que serpenteava ao longo de uma borda escavada na encosta, ligando a fábrica à cidade de Rjukan.

Esses acessos óbvios estavam fortemente defendidos: minas, guardas, arame farpado, cercas elétricas e armadilhas não faltavam. Se um antigo rei viking houvesse procurado um lugar para construir uma fortaleza inacessível, sem dúvida escolheria aquela plataforma rochosa que sustentava a planta de SH200 de Vemork.

Ronneberg começou a povoar seu esboço com detalhes das defesas, sombreando grandes extensões de terreno que deveriam ser evitados a todo custo – os campos minados. Seu lápis corria sobre o papel, traçando os círculos concêntricos das cercas que rodeavam a fábrica – sua segunda linha de defesa – e, em seguida, a pesada linha da ferrovia, sombreada para indicar sua finalidade.

Enquanto rabiscava, Ronneberg comentou: "A estrada de ferro só é usada ocasionalmente, para transportar equipamento e máquinas entre a fábrica e Rjukan. Ela adentra o pátio da instalação depois de passar por um portão de ferro da cerca..."

Traçou um pequeno quadrado perto de outro, maior, que assinalava a posição da fábrica de SH200, seu alvo principal. "Há aqui um alojamento com 15 soldados alemães. E ali, a uns 20 metros dele, estão os tanques de armazenamento que nos darão cobertura caso sejamos surpreendidos."

Ronneberg desenhava e explicava com base, em parte, nas minuciosas instruções de Tronstad, "GUNNERSIDE... Aproximação da área da fábrica", onde cada possível posição de tiro e abrigo era assinalada. Os sábios conselhos de Jomar Brun também estavam bem vivos em sua memória. Fez um minúsculo quadrado na parede sul da fábrica, chamando-o de "portinhola". Aquela, disse ele, era a entrada do duto de fios que chegavam às entranhas do edifício.

Olhou para seus homens. "Fui informado de que poucas pessoas, mesmo em Vemork, sabem da existência desse duto. Só há espaço para um homem de cada vez entrar rastejando, mas vamos usá-lo se necessário."

Ronneberg fez uma pausa. Não havia maneira fácil de falar sobre o assunto. Eles tinham todas as armas e explosivos de que precisavam para executar o trabalho; nenhuma equipe poderia estar mais bem treinada e preparada. O desafio seria entrar na fábrica para colocar os explosivos e depois sair. A missão anterior, a Operação Freshman, confiava em sua força e poder de fogo. Em um assalto frontal, correriam pela ponte, abririam caminho e explodiriam o lugar.

Em consequência do trágico fracasso daquela missão, as defesas de Vemork tinham sido reforçadas em grande medida. A Gunnerside precisaria encontrar um método diferente, recorrer ao subterfúgio, disfarce e malícia para mantê-las a distância. Ronneberg deixou claro que nem tudo estava decidido: se alguém tivesse uma ideia melhor, que a apresentasse.

Claus Helberg – o colega de escola de Poulsson na infância – tinha uma sugestão. Era o aventureiro e criador de confusões nato do grupo – aquele que se metia em encrenca por causa da curiosidade e saía dela por causa do encanto de suas feições inocentes. Quando Helberg falava, os outros costumavam ouvir, já que ele quase sempre tinha uma visão diferente das coisas.

Era óbvio que a ponte estava fora de questão, explicou. "A outra alternativa é cruzar a ravina... subir pelo paredão até a ferrovia, no lado mais distante, e seguir os trilhos para entrar na fábrica sem que ninguém perceba." Provavelmente não havia minas ou soldados em grande número na ferrovia, "pois os alemães não esperam que alguém tente atravessar a ravina".

Em diversos relatórios de instruções, cada homem ali na cabana havia aprendido que era "impossível" escalar as encostas a pique da ravina. Na verdade, aquela rota de aproximação tinha sido considerada para a Operação Freshman, mas posta de lado imediatamente. Tanto defensores quanto atacantes concluíram que aquele era um caminho inviável – e justamente por isso Helberg o propunha.

Quantas vezes disseram a Ronneberg e seus homens que era impossível escalar a ravina? No entanto, se houvesse um mínimo de possibilidade de escalá-la, talvez fizesse sentido tentar o absolutamente inesperado.

Ronneberg perguntou várias coisas a Helberg. A linha férrea era vigiada? Com que frequência a usavam? O ponto em que os trilhos encontravam a cerca poderia ser forçado?

A todas as perguntas, Helberg respondia praticamente da mesma maneira. As últimas informações davam conta de que nenhum desses fatores lhes causaria grandes problemas. Porém, os alemães mudavam suas rotinas e defesas diariamente. A segurança nunca deixaria de ser incrementada.

Ronneberg concluiu que precisariam da informação mais atualizada possível, para considerarem a fundo aquela proposta. Helberg se prontificou a obtê-la. Tinha um contato em Rjukan, que trabalhava na fábrica e poderia lhe contar tudo. Não disse o nome da pessoa e ninguém perguntou: não se divulga a identidade de uma fonte, exceto quando isso é absolutamente necessário.

Elaborou-se um plano. Mais uma vez desde que haviam descido de paraquedas no Vidda, Helberg iria fazer a barba, vestir as melhores roupas civis que ainda possuía e esquiar até o vale das sombras. Para voltar à civilização, teria de eliminar o visual de fugitivo nas Montanhas Inóspitas. "O rosto barbado de um homem de uniforme ou trajes civis levanta suspeitas imediatas", observou a equipe Grouse. "Uma aparência limpa e cuidada é essencial."

Helberg, barbeado e bem-vestido, partiria para Rjukan a fim de obter as informações definitivas de que precisavam. Em seguida, se juntaria aos demais em uma cabana solitária, erguida no lado oeste da ravina, onde o vale se encontra com o planalto do Vidda. A cabana, chamada Fjosbudalen e conhecida de todos, devia estar vazia nessa época do ano.

Caso tudo desse certo, eles se encontrariam ali dentro de três dias.

Em Londres, Wilson foi tomado por uma onda de entusiasmo ao receber a mensagem de Haugland. Rabiscou uma nota para seu chefe, McVean Gubbins, comunicando-lhe que a equipe Gunnerside estava viva e forte. Os homens haviam "encontrado o comitê de recepção", escreveu ele, e, "ao que tudo indicava, achavam-se em excelente estado de espírito".

A espera durante aquela semana fora angustiante, mas agora o cérebro da Operação Gunnerside se sentia recompensado pelas notícias que aguardara tão desesperadamente. Wilson tinha certeza de que seus homens estavam bem perto de realizar o trabalho. Enviou uma lista detalhada de instruções à central, tratando das mensagens que fossem recebidas do teatro de operações: "Toda informação deverá ser relatada... o mais rápido possível".

A próxima mensagem comunicaria o tão ansiado sucesso da Operação Gunnerside ou outro fracasso lamentável. Prouvesse a Deus que comunicasse o sucesso, pois raramente uma missão fora tão perigosa.

Havia pouco, o ministro da Propaganda nazista, Goebbels, proferira seu discurso sobre a *Totaler Krieg* – guerra total – em Berlim, para uma audiência de milhares de pessoas. "Pergunto-lhes: vocês querem uma guerra total?", bradou ele. "Querem uma guerra mais generalizada e extrema do que qualquer coisa que possamos imaginar hoje?" E o público gritara seu apoio a essas medidas.

Goebbels sacudiu os punhos e terminou: "Pois então, meu povo, levante-se e deixe que a tormenta desabe!" Esse discurso foi divulgado no mundo inteiro. Para os líderes aliados que estavam a par de tudo, a mensagem não podia ser mais clara; se, como muitos suspeitavam, o Reich possuía armas nucleares, ou mesmo bombas radiológicas toscas, estava pronto para usá-las.

Urgia desfechar o contra-ataque. E todas as esperanças se concentravam nos onze homens agora reunidos no Vidda.

CAPÍTULO VINTE E QUATRO

Helberg deslizou pela encosta traiçoeira, movendo-se com o máximo cuidado. Bem no fundo de sua mente, alojava-se uma das principais lições aprendidas da Operação Musketoon. A equipe que com tanto êxito sabotara a hidrelétrica de Glomfjord fora criticada por não preparar devidamente sua fuga.

"O grupo, aparentemente, não teve tempo de determinar sua rota de fuga imediata... quando o tempo é curto, pelo menos um dos membros deve se encarregar dessa rota, enquanto os outros desfecham o ataque."

Lembrando-se dessa lição, Helberg estava fazendo justamente isso agora. Sua missão em Rjukan terminara. Encontrara-se com seu contato, Rolf Sørlie, engenheiro civil na fábrica de Vemork e, secretamente, membro muito ativo da resistência. Conseguira respostas às perguntas de Ronneberg, respostas que às vezes foram preocupantes.

Agora devia examinar seus meios de fuga, isto é, encontrar o caminho para as profundezas da ravina escura. Segundo Helberg, a melhor rota para atacar a fábrica seria também a melhor rota para fugir. Sem dúvida, teriam de escalar os paredões "impossíveis" duas vezes – mas antes isso que travar um combate violento para cruzar a ponte.

Quando terminou a observação, Helberg havia examinado as margens do rio Måna, que no curso dos meses de inverno havia se transformado em uma longa faixa de gelo. Testara sua superfície endurecida. Era traiçoeira, mas, tomando-se o devido cuidado, suportaria o peso de um homem. Estudara o paredão no lado mais distante – seguramente, a mais assustadora das duas encostas a pique com que teriam de cruzar.

Olhando atentamente, mapeou o caminho que iriam subir. Tomou nota mentalmente dos pontos principais e regressou. Pôs o esqui e se dirigiu para o local de encontro com seus camaradas de armas.

Helberg foi o primeiro a chegar. Entrou na cabana deserta e fez o que sempre fazia em tais ocasiões: procurou comida. Após quarenta e oito horas longe, e driblando constantemente as patrulhas da Gestapo, Helberg estava exausto. Sentia um apetite irrefreável por açúcar.

Enquanto vasculhava os armários, refletia sobre a visita clandestina que fizera à sua cidade natal. O pior de tudo fora ver a casa onde crescera, a escola onde estudara com Poulsson e outros, as residências de familiares e amigos – e não poder sequer deixar um bilhete sob a porta de uma delas. Vagara por ali como um fugitivo em sua própria terra. Guerra nojenta, aquela; só maldades.

Em um armário, Helberg encontrou uma garrafa de Upper Ten, uma marca norueguesa de uísque. Resolveu não abri-la, para que o grupo pudesse mais tarde comemorar o fim da missão. *Se tudo corresse bem.* Avistou então uma lata de xarope. Perfeito. Ótimo para dar energia. Alimento reconfortante para levantar de fato o ânimo.

Pegou uma colher e abriu a tampa. Grande decepção: a superfície viscosa estava cheia de formigas mortas. Helberg ficou olhando para aquilo durante um longo minuto. Sentiu-se tentado a mandar a precaução às favas e engolir o xarope assim mesmo, mas já tinha ingerido quantidade suficiente de comida estragada e insalubre no Vidda. Recolocou a tampa e pôs a lata de novo na prateleira.

Esperaria os outros com seus grossos tabletes de chocolate.

Às seis horas da tarde, uma fila de esquiadores surgiu na clareira escura, perto da cabana Fjosbudalen. Eram oito. Um relutante Haugland fora deixado com Einar Skinnarland para compor a equipe de comunicação oculta no Vidda. Não importava o desfecho da missão, alguém teria de dar notícias a Londres.

Para variar, um vendaval irrompera nas alturas do Vidda. Mesmo assim Poulsson conduzira o grupo por cerca de 60 quilômetros em meio à neve escorregadia e com pouca visibilidade, sem errar o caminho. Depois de saudar Helberg e assegurar-se de que a cabana estava completamente às escuras – janelas fechadas e frestas cuidadosamente tapadas com trapos –, Ronneberg estabeleceu uma vigilância por turnos. Todo cuidado era pouco para garantir que sua presença não fosse detectada na última hora.

A cabana se erguia na base de um pico gigante. Parecia que ainda estavam em plena região inóspita, mas na verdade o alvo estava a apenas 7 quilômetros dali. Ao norte, estendia-se o vale coberto de sombras que, obviamente, era desabitado e patrulhado pelo inimigo.

Da cabana, avistava-se Rjukan, mas não Vemork, escondida profundamente no abismo. Da porta, percebiam-se as luzes da cidade cintilando ao longe. Muitos elementos do grupo tinham amigos e parentes vivendo lá. Outro motivo para atacar ardilosamente e de surpresa: quanto menos alemães mortos, menos probabilidade de represálias contra os habitantes locais.

Todos estavam plenamente conscientes do massacre de Telavag; e as visitas do *Reichskommissar* Terboven haviam deixado claro quanto ele, pessoalmente, investia em Vemork. Dez meses antes, varrera Telavag da face da Terra porque dois agentes da SOE mataram um oficial graduado da Gestapo. De que não seria ele capaz se a fábrica de SH200 fosse pelos ares?

Tais preocupações tornavam sua tarefa um ato de cuidadosa – se não impossível – ponderação: deveriam destruir implacavelmente aquele que era por certo o alvo mais sensível de todo o Reich e, ao mesmo tempo, minimizar as baixas inimigas. Ronneberg esperava que a missão de coleta de informações de Helberg os ajudasse a determinar exatamente como fazer isso.

Após uma rápida refeição, Helberg limpou a mesa e cobriu-a, como num passe de mágica, com um mapa em larga escala. Este, declarou ele orgulhosamente, fora comprado em uma papelaria de Rjukan bem debaixo do nariz de um oficial alemão. Na casa vizinha de seu "amigo", o mapa fora até marcado com os pontos principais. Aquele era Helberg: ousado além das medidas e petulante com o inimigo.

O mapa mostrava uma confusão de círculos e espirais delineando os contornos de colinas e depressões do Vidda. Mas um traço se destacava: um risco preto que cortava o mapa em dois, assinalando o curso do rio Måna em sua corrida veloz para o mar. Usando a largura do polegar como medida, Helberg indicou os pontos principais.

"A ponte suspensa: 23 metros de comprimento sobre a ravina escavada pelo rio. Paredões a pique ao lado do rio, como todos sabem. É daí que esperam o ataque." Helberg ergueu os olhos, cercados por rugas de riso. "Mas isso seria um suicídio."

Todos se viraram para ele, curiosos.

"Como assim?"

"Há sempre duas sentinelas patrulhando a ponte de uma extremidade à outra. Podem sacudir suas lanternas e alertar os homens que guarnecem a metralhadora instalada no telhado da fábrica antes que tenhamos percorrido metade do caminho. Isso traria patrulhas e a estrada de Rjukan seria iluminada, caso sobrasse algum de nós para fugir."

Helberg fez uma pausa. Ninguém disse uma palavra. Com seu talento de *showman*, ele conseguira impressioná-los.

"Mesmo que um batalhão inteiro tentasse tomar a ponte, o resultado seria um massacre." Examinou o mapa em silêncio. E logo: "Vou pôr o dedo no ponto fraco... aqui!" – Mostrava um local a jusante da ponte, talvez no meio do caminho para Rjukan. "Quando menino, cruzei o Måna várias vezes nesta estação, logo depois da curva do rio." Olhou inquisitivamente para Poulsson. "Lembra-se, Jens?"

Poulsson franziu o cenho.

"Se me lembro! Tive de pescá-lo várias vezes."

"Deixamos nossas mochilas ali", explicou Helberg. "Descemos o precipício, atravessamos o rio e subimos pelo outro lado. Ninguém, em sã consciência, acharia isso possível. Mas examinei o local e descobri que é. Difícil. Muito difícil. Mas pode ser feito."

Poulsson e Helberg – ex-colegas de escola em Rjukan – eram muito ligados, mas o líder da Grouse ainda não estava convencido. Escalar a ravina já constituiria uma façanha no verão, à luz do dia e com fardos leves; mas em pleno inverno, com mochilas cheias de explosivos e armas, e no escuro... seria mesmo possível?

"Isso daria a eles maior espaço para nos detectar", objetou alguém, ecoando a preocupação geral. "Seriam quilômetros e quilômetros a mais."

"Precisamos chegar lá *sem ser percebidos*", resmungou Ronneberg. "Não importa quantas voltas ao redor dos edifícios tenhamos de dar."

Ronneberg, Poulsson, Haukelid e os outros observaram o dedo de Helberg traçar sua rota "em volta dos edifícios". Saía da cabana, atravessava uma clareira em um bosque de pinheiros, desviava-se do alvo, contornava o povoado de Vaer – um grupo de casas de madeira perto da cabeça mais próxima da ponte suspensa – e terminava no ponto de onde Helberg calculara a travessia do abismo.

Do fundo do vale, Helberg havia notado uma tênue linha de árvores raquíticas balançando-se levemente no paredão mais distante. Se árvores conseguiam escalar aquela encosta escura e coberta de gelo, o mesmo poderiam fazer os nove homens de seu grupo, raciocinou Helberg. Uma vez chegados ao topo, seguiriam a linha férrea e "atacariam a fábrica pela porta dos fundos".

Oito pares de olhos examinavam o mapa, tentando entender o que Helberg propunha.

"E quanto à fuga?", perguntou um dos homens. "Vamos escapar pela ponte?"

Helberg sacudiu a cabeça.

"Essa seria a melhor maneira de ter os guardas em nosso encalço."

Sairiam por onde haviam entrado, explicou Helberg, o paredão da ravina. Isso implicaria cansaço e riscos naturais, mas seria absolutamente inesperado.

Poulsson tinha dúvidas.

"Estaremos mesmo em condições de escalar o paredão duas vezes em uma noite?"

Ronneberg também não parecia convencido.

"Seremos apanhados no vale se tentarmos escapar pelo mesmo caminho. A explosão sem dúvida alertará os guardas, que por sua vez avisarão os soldados em Rjukan. Ficaremos presos no vale se tropas alemãs chegarem ao topo antes de nós."

"E quanto a voltarmos ao ponto de partida?", perguntou alguém. "Ao local onde deixamos as mochilas? Para onde iremos depois?"

Durante sua missão de reconhecimento, Helberg havia considerado outra alternativa. Dado que Rjukan ficava na escuridão por boa parte do ano, a Norsk Hydro construíra o bonde Krosobanen como um presente aos habitantes, para levá-los da treva à luz. Ele subia por uma das vertentes do vale, chegando a 800 metros de altura e oferecendo uma vista esplêndida das montanhas banhadas de luz.

Os alemães agora controlavam o bonde, é claro, mas Helberg não estava propondo que o grupo o usasse. Correndo por baixo dos cabos havia uma linha de manutenção, conhecida como Estrada Ryes. Só era utilizada por uns poucos moradores. A Estrada Ryes os levaria diretamente à borda do Vidda sem deixar pistas.

"Uma escalada dos diabos", objetou alguém. "Cerca de 500 metros da estrada de Rjukan até o pico..."

Helberg concordou. Não era uma opção fácil. Entretanto, uma opção fácil seria óbvia para o inimigo, atraindo perseguidores. Mas ninguém pensaria em procurar os fugitivos na Estrada Ryes. E, de qualquer modo, haveria outra escolha?

"Subir em linha reta pela encosta, sobre um metro de neve escorregadia, será quase impossíve", observou Helberg, "mesmo se usarmos a ponte suspensa como rota de fuga. Nós nos separaríamos antes de chegar ao topo."

Fez-se um silêncio momentâneo, cada homem perdido em seus pensamentos. Qualquer que fosse o caminho, as chances eram mínimas. Com os holofotes varrendo o vale e soldados afluindo da fábrica de Vemork e de Rjukan, eles seriam apanhados em uma pinça gigante.

Ronneberg achava melhor abrir caminho pela ponte suspensa, que oferecia o meio mais rápido e imediato de escaparem. Mas, como comandante da missão, não queria impor nada. Todo homem tinha o direito de dar sua sugestão, conceber um plano e acreditar nele de corpo e alma.

Ronneberg pediu a opinião de cada um. Kasper Idland foi quem deu a resposta mais surpreendente.

"Para mim, pouco importa a rota de fuga que tomarmos", disse ele, tranquilamente. "Não acredito muito nessa fuga. Nem que consigamos chegar à Suécia."

Idland – o gigante bondoso que tinha sofrido *bullying* na escola – era o esquiador menos experiente do grupo. Duvidava de sua capacidade de seguir os outros. Mas, acima de tudo, estava convencido de que aquela missão era suicida. Poderiam entrar e destruir o alvo, mas teriam poucas chances de sobreviver. No íntimo, os outros partilhavam seus receios, mas confessá-los não ajudaria em nada.

"A esperança é a última que morre", filosofou Helberg, na tentativa de levantar os ânimos.

Procedeu-se à votação. Idland e outro se abstiveram. Ronneberg votou pela ponte; os restantes preferiram a retirada pela ravina e a subida até a Estrada Ryes.

"Está decidido: atravessaremos a ravina", confirmou Ronneberg. "E agora, ao trabalho!"

Dividiriam a força em dois grupos, explicou Ronneberg. O primeiro, de demolição e formado por quatro, seria liderado por ele e se encarregaria de explodir o equipamento de SH200. O segundo, de cobertura e formado por cinco (incluindo Poulsson, Helberg e Haukelid), daria proteção ao primeiro – se e quando o inimigo atacasse.

"Se todas as portas para o prédio estiverem trancadas e o duto de cabos bloqueado, explodiremos uma das portas de aço", declarou Ronneberg. "Nesse caso, o grupo de cobertura deverá estar pronto para tudo. Uma vez dentro, os demolidores realizarão o trabalho em cerca de sete minutos." Esse era o tempo que a tarefa exigira em seus ensaios na Estação XVII.

"O único aviso seguro, para o grupo de cobertura, de que o trabalho foi feito será a explosão. Se os demolidores forem mortos antes de chegar à fábrica, o grupo de cobertura os substituirá e instalará os explosivos. Cada qual deverá agir segundo sua própria iniciativa. Alguém terá de chegar ao objetivo e cumprir a tarefa."

Ronneberg fez uma pausa e olhou para seus homens.

"Repetindo o que se disse na Grã-Bretanha: Hitler ordenou que todo sabotador ou comando, de uniforme ou não, seja fuzilado. Assim, se algum de vocês for ferido ou estiver na iminência de ser preso, dê fim à própria vida."

Durante os meses lutando pela sobrevivência no Vidda, nenhum dos homens da equipe Grouse havia pensado muito nas pílulas de veneno que carregava; o mesmo acontecera com a força Gunnerside em suas longas semanas de treinamento. Agora, todas as mentes se voltavam para as cápsulas de cianureto guardadas no bolso das jaquetas. Morrer pelas próprias mãos era uma coisa; mas, e se o ferido não tivesse forças para pegar a cápsula a tempo?

Dadas as últimas instruções, Ronneberg chamou Idland de lado. Explicou-lhe o óbvio. Nas últimas semanas, Idland esquiara com os outros nas piores condições imagináveis. Não devia supor que era incompetente. Ninguém seria deixado para trás. Venceriam ou tombariam como irmãos.

A hora zero foi marcada para as oito da noite seguinte. Até lá, tentariam dormir da melhor maneira possível, apesar do pouco espaço, se revezariam na vigilância e fariam os preparativos finais. Ronneberg queria que todos descansassem e comessem bem: precisariam ter por si o máximo de vantagens a fim de empreender a epopeia que estava por vir.

Na manhã seguinte, Helberg saiu da cabana e sentou-se em um tronco ali estrategicamente colocado. Granadas e armas ainda estavam com a camada de graxa de fábrica e precisavam ser limpas. Abrigados no vale coberto de bosques, haveria poucas chances de os homens serem descobertos e, graças às sentinelas postadas, ele logo seria advertido caso alguém se aproximasse.

Enquanto limpava e lubrificava sua "tommy gun", o sol subia no horizonte. O tempo estava bom para a estação e, por alguns instantes,

Helberg desfrutou daquela tepidez inesperada. Seus pensamentos se voltaram para a Estrada Ryes – a rota de fuga que, graças a ele, todos agora aceitavam. Os riscos eram muitos. Os alemães só precisariam perceber o que os atacantes estavam fazendo e colocar um destacamento de infantaria em um dos bondes: chegariam ao topo e a equipe ficaria em maus lençóis.

Helberg pôs-se a lubrificar sua Colt .45, já meio enferrujada após três meses no Vidda. Sentiu que o vento soprava mais forte. Em grande medida, tudo agora dependia do clima. Na última vez que o checara, o rio Måna lhe parecera traiçoeiro, mas passível de se atravessar. Contudo, seria necessário apenas que a temperatura subisse um pouco para a ponte de gelo desmoronar.

A brisa em seu rosto era um vento cálido. Prouvesse a Deus que isso não pressagiasse um *foehn*. O *foehn*, ou "comedor de neve", era um vento seco, que vinha do alto, causado pelo ar que depositava sua umidade em terreno elevado e logo se aquecia. Podia aumentar a temperatura em até 14 graus centígrados em questão de minutos. O nome "comedor de neve" se referia não tanto ao calor do vento, e sim à sua secura: ele sugava a umidade como um secador de cabelos gigante.

Se um *foehn* atingisse o vale ensombrecido, os homens poderiam ficar presos ali e os alemães os caçariam à vontade.

CAPÍTULO VINTE E CINCO

Helberg se segurou no pinheiro raquítico e flexível, usando-o como uma âncora para começar a descer cuidadosamente a encosta. Poucos raios de lua se filtravam pela densa vegetação e o local estava escuro como um túmulo. Helberg ia na frente e até o momento tudo corria bem. A rota de abordagem "em volta dos edifícios" que ele mapeara na noite anterior parecia estar funcionando conforme o esperado.

Só tinha havido um contratempo sério. Quando desciam da cabana, dois ônibus com os operários do turno da noite saíram das sombras, tomando o caminho de Rjukan para a ponte que levava a Vemork. Os sabotadores por pouco não caíram sobre o teto dos veículos, só se salvando porque conseguiram se agarrar às árvores.

Agora, porém, é que vinha o teste de verdade: a descida para a ravina, o lugar que Ronneberg havia descrito como "uma armadilha gigante".

Poucos metros antes de chegar à base da encosta, Helberg e o resto do grupo de assalto tiraram seus esquis e esconderam todo o equipamento supérfluo. Agora, cada homem só tinha o mínimo necessário: arma principal, pistola, granadas, explosivos e esponjas impregnadas de clorofórmio (para pôr a dormir possíveis guardas noruegueses), além de um pouco de água e comida.

Com as botas afundando na neve, Helberg sentiu a brisa correr por entre as árvores. Desde as primeiras horas da manhã, quando ele limpava suas armas, o vento vinha soprando cada vez mais forte. Aumentara de velocidade em talvez uns dez nós ou mais, calculou. A neve estava mole e viscosa sob seus pés; o ar, quente demais para a época. Não seria fácil seguir em frente.

Helberg sentia o suor escorrer pelas costas e encharcar seu grosso uniforme de lã do exército britânico. Mas não era só o esforço físico o responsável por isso: o vento parecia realmente quente. Arrancava punhados de neve do chão, onde ele havia pisado, e dispersava-os violentamente para longe. Em cima, desenraizava moitas pesadas, que voltavam a cair com um som cavo, fantasmagórico.

Quanto mais desciam, mais o vento se acirrava: abafado, nervoso, imprevisível. Não havia como negar: tinha todas as características de um *foehn*. Se soprasse com força e calor suficientes, a neve derretida desceria do alto para a ravina, primeiro inundando, depois partindo a superfície gelada do rio, com consequências catastróficas.

Mas eles estavam decididos. Não havia retorno. Tinham votado. Ou seria aquele caminho ou nenhum.

Uma lufada atingiu Helberg e quase o jogou ao chão. Trazia consigo algo mais: algo estranho e, no entanto, envolvente ao mesmo tempo. Lembrava uma pulsação lenta, profunda, que reverberava pelo ar escuro à sua volta e pela rocha fria a seus pés, como se viesse de todas as direções.

Percebeu imediatamente o que era. Ouvira aquele som na infância. Era a pulsação da hidrelétrica, o pulsar das turbinas. Vemork, sem nenhuma dúvida.

Em seguida, quando as nuvens descobriram a lua, seu alvo surgiu de repente lá embaixo, no lado mais distante do abismo, envolto no luar prateado, com tons de azul.

"Lá estava ela, a menos de 2 quilômetros de distância", lembrou-se Ronneberg mais tarde, "a enorme fábrica de concreto, semelhante a uma fortaleza..."

Como que obedecendo a uma ordem tácita, todos se detiveram. Os nove sabotadores olharam, boquiabertos.

Com sete andares de altura, construído com 800 toneladas de aço e 17 mil barris de cimento, o edifício da eletrólise se compunha de blocos maciços de pedra retirada da encosta da montanha. Em cima, corriam as tubulações, cada qual com mais de 1,50 metro de diâmetro e capaz de conduzir 53 m^3 de água por segundo para a fábrica lá embaixo. A fricção da passagem do líquido era tão grande que esquentava os tubos de aço e derretia a neve à sua volta; suas formas nuas brilhavam ao luar como serpentes monstruosas.

Eram, pois, o fluxo da água e o martelar resultante das máquinas da fábrica que eles agora ouviam. Para os garotos locais que haviam visto, perplexos, o edifício se erguer ao lado da montanha, bloco por bloco, parecia irreal estarem de volta, dessa vez para lançar a desordem nas entranhas da maciça estrutura. E os outros mal podiam acreditar que estavam tão próximos, na iminência de desferir tamanho golpe em nome da liberdade.

Foi Ronneberg que os trouxe de volta ao momento atual.

"Birger, está com suas cargas à mão?", sussurrou.

Stromsheim – 31 anos, o vovô do grupo – assentiu com um gesto de cabeça. Ele e Ronneberg carregavam um conjunto completo de explosivos Nobel 808, acondicionados pelos especialistas em demolição da SOE na Grã-Bretanha e sob medida para se adaptarem às enormes células de eletrólise. Se um deles tombasse a caminho, o outro ainda poderia plantar as cargas e destruir o alvo.

Ronneberg virou-se para Helberg, os olhos brilhantes de excitação.

"Ótimo, então a caminho. Vá na frente."

Helberg dirigiu-se para a estreita fenda na face rochosa – a mesma pela qual havia descido poucas horas antes – e sumiu de vista. Um por um, os outros o seguiram. A escuridão os envolveu e eles se confundiram com o abismo.

Às vezes, Helberg afundava até o peito em uma fossa profunda onde a neve havia se acumulado traiçoeiramente e tinha de fazer o maior esforço para sair. Logo adiante, mal se mantinha de pé no ponto em que a encosta se transformara em um lençol de gelo escorregadio. Precisava se agarrar com força às moitas de juníperos ou aos galhos baixos de abetos e bétulas para evitar uma queda fatal.

Sem a cobertura das árvores, a descida seria impossível.

Por fim, suas botas tocaram chão firme, nivelado. Ou melhor, chão pegajoso, lamacento. Estava agora nas entranhas do vale; no alto, o céu estrelado parecia uma faixa espremida entre encostas a pique. Ali, o hálito quente do *foehn* era mais forte, o que intensificava os efeitos do degelo.

Filetes de água escorriam pela face da rocha. Um som de degelo e gotejamento enchia o ar. As poucas manchas de neve que restavam eram moles e esponjosas sob os pés. A água deslizava para o rio, transformando sua superfície parcialmente congelada em um ringue de patinação traiçoeiro. Quando Helberg se aproximou, procurando a sólida ponte de gelo que havia descoberto pouco antes, compreendeu que a travessia seria um verdadeiro pesadelo.

Fazendo sinal para que os outros o seguissem – mas um atrás do outro, a fim de limitar seu peso sobre a crosta –, Helberg colocou o pé na superfície endurecida. Curiosamente, estava gostando do desafio. Prosseguiu, procurando encontrar as partes mais resistentes e grossas da crosta, como em um jogo de roleta-russa. Um passo em falso e seria sugado pela água gelada embaixo.

Perto da margem, o gelo assumira formas bizarras – ondas imobilizadas no tempo. Claro e translúcido, ele sequestrara a vegetação – ervas, brotos – e a conservara fresca em seu abraço glacial. Aqui e ali o gelo, engrossando e endurecendo, tinha assumido uma coloração cinza-azulada, mas em alguns lugares podiam-se ver rachaduras.

A pergunta era: "Que força da natureza, o congelamento ou o degelo, triunfaria?"

A ponte de gelo estalava e rangia, como que reclamando da passagem de Helberg. Mas por fim ele chegou à outra margem. Os que vinham atrás iniciaram sua dança bizarra e arriscada por sobre a superfície vítrea do rio, enquanto Helberg examinava o caminho à frente. Aquele lado do abismo era bem mais íngreme. A encosta que haviam descido era vertical apenas em alguns trechos. Havia, a espaços, protuberâncias de rochas e árvores onde se podia segurar.

Ali, o paredão era a pique. Enquanto os outros se juntavam a ele e contemplavam, assombrados, a rocha ameaçadora, Helberg procurava reentrâncias e quinas que lhes dessem apoio. Avistou alguns abetos e pinheiro mirrados, tão pouco confiáveis quanto a encosta a que aderiam. Os homens teriam de tatear e pôr à prova cada apoio para as mãos e os pés, pois todos seriam um passo para o desconhecido.

Helberg olhou para a margem do rio, coalhada de pedras que os repetidos congelamentos e degelos das encostas haviam aguçado. Se alguém perdesse o equilíbrio e resvalasse, duas coisas podiam lhe acontecer: espatifar-se contra o gelo do rio ou empalar-se naquelas rochas semelhantes a lanças.

À direita e à esquerda, figuras saíram da sombra e testaram os pontos de apoio. Os sabotadores enfiavam os pés nas fissuras do paredão, ensaiando os primeiros movimentos que fariam. Estranhamente, a descida nas trevas apurara sua percepção e tato, levando-os a sentir qual ponta de rocha era firme e qual vegetação suportaria o peso de um homem.

Depois que os nove se agruparam, Ronneberg deu ordem de seguirem. Como uma só, as figuras começaram a subir na direção dos trilhos da ferrovia, 200 metros acima delas. Agora, ninguém seguiria o líder: Helberg havia testado a descida, mas não a subida. Daí em diante, era cada um por si.

Com o fuzil à bandoleira, Helberg levantou as mãos e agarrou-se à rocha escorregadia. O *foehn* entoava um canto de sereia deslizando pela ravina e transformava estalactites em pequenas cachoeiras. De todos os lados, Helberg podia ouvir água escorrendo. *Maldito foehn*. Mas, quanto a isso, não havia o que fazer no momento.

Helberg encontrou duas protuberâncias, alçou-se e procurou o próximo apoio de rocha ou vegetação capaz de suportar seu peso. Uma coisa seus instrutores em guerra de montanha haviam enfatizado durante o treinamento nos Cairngorms: *nunca olhe para baixo*. Todos ali repetiam esse mantra enquanto se agarravam às saliências do paredão e enfiavam as botas nas fendas de onde escorria água, para erguer ao mesmo tempo o corpo e os fardos pesados.

Na Grã-Bretanha, é claro, treinavam em locais já escalados incontáveis vezes. Cada apoio para as mãos ou para os pés havia sido testado à exaustão pelos escaladores que os precederam. Mas agora estavam em território virgem.

Haviam sido instruídos a se assegurar de quatro apoios firmes na rocha antes de soltar um para subir mais. Ali, isso não era possível. Ao contrário, impulsos desesperados em direção a apoios promissores de raízes ou proeminências estavam na ordem do dia. Um apoio precioso era percorrido da esquerda para a direita, liberando a outra mão dedo a dedo para que ela pudesse se estender o suficiente e encontrar outro apoio. Às vezes, um pé ficava balançando, com a ponta tateando a rocha em um esforço tremendo para entrar em contato com alguma coisa – qualquer coisa – que pudesse oferecer apoio.

Durante o treinamento, os homens aprenderam que o uso dos joelhos e cotovelos nem sempre era aconselhável. Podia ajudar durante alguns instantes, mas colocava o corpo em uma posição retorcida da qual era difícil sair. Como ignorar os joelhos quando se está suspenso a 60 metros de altura em um paredão? Essas lições não faziam sentido ali, naquele vale sombrio. Cotovelos, joelhos e às vezes até o rosto – tudo estava arranhado pela rocha suja e úmida, na ânsia por uma ponta de rocha ou um galho de arbusto.

As figuras pareciam se congelar no meio de um movimento. As cãibras atacavam os músculos, pouco acostumados a tantas e tamanhas exigências. Faces se voltavam para a lua, inquietas, e eram atingidas por uma chuvarada de seixos e detritos deslocados pelo homem mais acima. Os comandos iam tateando seu caminho sob cascatas de água tão grossas quanto cachoeiras.

Depois de vários minutos empreendendo a impossível escalada, Kasper Idland parou. Chegou a um ponto em que, de súbito, seus pés deslizaram debaixo dele. Ficou precariamente dependurado apenas por uma das mãos. Idland – o gigante gentil – era muito forte, mas nem ele poderia se sustentar por muito tempo com um único apoio.

Com a mão livre, tateou os contornos da rocha, procurando com os dedos a mínima fenda ou protuberância. Nada à esquerda, apenas uma depressão rasa e áspera, repetidamente limada pelo gelo e agora transformada em uma face escorregadia pela umidade. Trocou a mão esquerda pela direita, tentando ao mesmo tempo comprimir os pés contra a superfície lisa.

Estendendo ao máximo a mão para a direita, sentiu com as pontas de seus dedos uma tentadora promessa de vegetação: três raízes encravadas profundamente em uma fissura da rocha. Estavam fora de alcance, mas quanto mais ele hesitasse, mais a força em seus dedos da mão esquerda se esgotaria. Sentiu uma forte dor no ombro quando começou a fazer a única coisa possível: balançar por um dos braços, diante da encosta.

Deu um último impulso e soltou a mão esquerda. Por um instante, seu corpo ficou suspenso no ar, sem nenhum apoio. Então tocou com os dedos da mão direita a base do arbusto e, perfurando a massa de agulhas de pinheiro podres e terra, agarrou-se ali com todas as suas forças. Segurou com firmeza a preciosa escora com ambas as mãos, enquanto uma repentina lufada de vento quente irrompia pela ravina, açoitando seu corpo exposto. Se não tivesse saltado, teria sido apanhado por aquela rajada e com toda a probabilidade se precipitaria no abismo.

O desesperado movimento tomara preciosos segundos e Idland agora estava bem atrás dos outros. Limpou o suor da testa e umedeceu os lábios ressequidos. O medo da queda fazia com que os homens continuassem escalando em um ritmo acelerado. Era o medo que os empurrava. Idland subia, seguindo as marcas das botas que o precediam.

Incansáveis, decididos, febris: nove homens iam chegando cada vez mais alto. Noventa metros; centro e vinte; a meta impossível estava próxima. Mas mesmo assim a fadiga abatia o ânimo daqueles homens. *Nunca olhe para baixo. Não olhe para baixo. Não olhe nunca para baixo.* O mantra não saía de suas cabeças, ainda que os membros doloridos gritassem por um curto repouso em uma pequena saliência e houvesse a tentação de dar uma rápida olhada ao trajeto percorrido. Afinal, uma espiadela para baixo mostraria até onde já haviam chegado e quão pouco restava para subir.

Três olharam para baixo. Rostos pálidos, sujos de lodo e com manchas de sangue, espiaram o abismo imerso em sombras. O rio Måna parecia uma fita de prata retorcida, bem no fundo, com os paredões que o ladeavam espremendo-o em uma escuridão vazia, embriagadora, aliciante: como seria bem mais fácil saltar, em vez de forçar o corpo para cima!

Nunca olhe para baixo. À direita e à esquerda, seus irmãos sabotadores entoavam a prece dos alpinistas, o mantra dos montanheses. *Nunca olhe para baixo.* Isso servia para quebrar o feitiço. Só o fato de ver e ouvir seus companheiros lutando para subir trouxe-os de volta à ação e à escalada.

Cento e cinquenta metros. Cento e setenta. Com mãos e joelhos esfolados, os homens da frente se alçaram para a borda do leito da ferrovia, inspirando aos outros um esforço ainda maior. Entre os primeiros, Helberg e Ronneberg caíram de joelhos na superfície plana e firme. Mesmo tendo vencido, a realidade de sua façanha – mostrando que o impossível era possível – parecia difícil de aceitar.

Mais figuras surgiram para tocar o aço frio e duro dos trilhos – prova de que estavam de fato na plataforma rochosa por onde a ferrovia avançava até as portas da fábrica de Vemork. Pelo menos até ali, ninguém os vira. Afora o gemido do vento e o ruído da fábrica, tudo estava mergulhado no silêncio e na calma da noite escura.

A oeste, estendiam-se os trilhos, retos e nivelados, cerca de 900 metros até o alvo. O edifício se erguia austero, anguloso e cinzento à luz da lua. Parecia fora de lugar naquelas paragens bravias e acidentadas. Enquanto os nove homens procuravam recuperar o fôlego e controlar a pulsação febril, o ruído da fábrica de Vemork parecia aumentar de intensidade.

Carregado pelo *foehn*, aquele som servia para que concentrassem suas mentes. A mudança de turno deveria estar se realizando agora nos diversos setores da fábrica; e, nos postos de guarda, haveria sem dúvida soldados alemães. Felizmente, nenhum deles sabia que uma força de nove sabotadores havia penetrado suas defesas.

"Muito bem, vamos nos aproximar", disse Ronneberg depois que os nove se reuniram na plataforma rochosa. "O grupo de cobertura irá na frente."

Haukelid e Helberg puseram suas mochilas ao ombro. Partiram na direção oeste, de onde soprava o vento. Sabiam que suas vidas corriam perigo: se a ferrovia tivesse minas, eles seriam os primeiros a descobrir.

Haukelid percebeu algumas pegadas na neve: alguém tinha passado por ali recentemente. Colocou os pés sobre essas pegadas, pois seus donos com certeza sabiam onde deviam estar as minas. Atrás dele, Poulsson fez o mesmo e todos avançaram em fila indiana, reproduzindo os movimentos de quem ia à frente. Ronneberg esperou até se adiantarem cerca de 50 metros e fez sinal aos demolidores para que o seguissem.

Chegaram a uma pequena instalação de ferro, que abrigava algum equipamento elétrico. Ali, a pulsação de Vemork era ainda mais forte. Para quem havia passado tanto tempo nas regiões inóspitas do Vidda, o estrondo daquele maquinário gigantesco soava antinatural e agourento. Mas servia para que se concentrassem ainda mais na ação iminente.

Ronneberg ordenou uma parada sob a proteção das instalações. "Daquele ponto, tínhamos uma visão muito boa. Esperaríamos que os guardas da ponte fossem rendidos. Isso aconteceria à meia-noite, dali a 30 minutos."

O complexo inteiro da fábrica se desdobrava diante deles. Do outro lado do vale, a luz de um veículo piscou na estrada de Rjukan-Vemork. Embaixo e à direita, estendia-se a estreita faixa da ponte suspensa. Em uma de suas extremidades, viam-se nitidamente as silhuetas de dois guardas alemães. Mais adiante estava a porta da ferrovia e, depois, os dois edifícios maciços: atrás, o espaço do gerador; na frente, a fábrica de SH200. E, comprimida entre ambos, a forma negra e achatada do acampamento dos guardas.

"O vento trazia até nós o ronco das máquinas", disse Ronneberg sobre aquele momento. "De vez em quando, ouvíamos uma porta sendo aberta ou fechada."

Os segundos voavam. Alguns comiam chocolate para repor as energias gastas na escalada. Outros observavam o zigue-zague da Estrada Ryes, que subia o vale em uma série de curvas que lembravam grampos de cabelo. Helberg procurou acalmar suas preocupações quanto àquela rota de fuga não ensaiada contando-lhes a história do xarope cheio de formigas mortas. Ronneberg olhava para seus homens sem se admirar de sua calma; eles estavam prontos e bem-dispostos.

Sentia-se muito próximo deles e, ao mesmo tempo, um pouco distante. Pensava em Londres, onde sabia que as autoridades ansiavam pelo sucesso de sua missão, após tantos fracassos. Os comandos estavam bem perto disso agora; muita coisa dependia daquele momento. Entretanto, seus homens ouviam a história de uma lata de xarope coalhada de formigas, como se nada os preocupasse no mundo.

Um arroubo de confiança invadiu-o de súbido. Se a tarefa pudesse ser cumprida, sem dúvida eles a cumpririam. Tinham escalado a encosta com serena determinação: de que não seriam então capazes aqueles homens?

Às 23h57, a porta do alojamento se abriu, derramando luz na escuridão. Duas figuras, com suas armas e capacetes inconfundíveis, adiantaram-se para a ponte. Nove pares de olhos espiavam seus movimentos. Chegaram à ponte e bateram continência para as sentinelas, que logo se recolheram ao alojamento. Um desses homens era mais alto que o outro e muito falante. Enquanto caminhavam, estufou o peito para enfatizar o que dizia.

Era estranho observá-los a caminhar descuidados para o perigo. Nenhum tinha o menor pressentimento do que iria ocorrer. Ronneberg esperou mais alguns minutos, para que as novas sentinelas se acomodassem à rotina e ao tédio de sua ronda. Depois, os nove avançariam.

O líder da Gunnerside era um homem que gostava da tensão que precede a ação. Ficava mais calmo na iminência do perigo. Dirigiu-se a cada um dos companheiros, lembrando-lhes com brandura seu papel no ataque e os pontos principais a ter em mente. Insistiu com todos sobre a necessidade de minimizar ao máximo as baixas alemãs, no interesse de seus compatriotas noruegueses.

À 00h30, Ronneberg deu a ordem: o grupo de cobertura irromperia pela linha férrea e abriria o portão. "Quando o portão estiver aberto, deem o sinal. Nós os seguiremos imediatamente."

Cinco figuras se voltaram e desapareceram na escuridão golpeada pelo vento, com Helberg, Haukelid e Poulsson à frente. Um deles levava uma pesada torquês que seu chefe, Joachin Ronneberg, havia encontrado na loja de um ferreiro britânico.

Era agora ou nunca.

Capítulo Vinte e Seis

Tudo estava calmo e silencioso. Talvez silencioso demais. Kjelstrup curvou-se sobre a torquês, os ombros retesados. Os poderosos dentes se fecharam em volta da corrente de ¾ de polegada do cadeado que fechava o portão da ferrovia de Vemork. Os comandos aguardavam, tensos, o estalido do aço cortando aço.

A torquês de Ronneberg decepou a corrente como se esta fosse um dedo humano, pondo a nu seu miolo prateado à luz do luar. Quando a corrente se partiu, Haukelid segurou-a para que a parte solta não batesse contra a porta de aço. O barulho do corte, porém, soara atroador aos ouvidos dos sabotadores.

Cortada a corrente, Kjelstrup abriu a porta e os primeiros sabotadores irromperam, mergulhando na escuridão. Na verdade, o estrondo da fábrica de Vemork tinha aumentado e isso, sem dúvida, tinha ajudado a mascarar o tumulto de sua entrada.

Estavam dentro.

Haukelid e Poulsson se adiantaram com seu grupo para buscar proteção em um local onde as sombras fossem mais densas. Pararam a menos de 50 metros da fábrica de SH200. Se ela parecera enorme a distância, de perto era verdadeiramente monolítica. Surgia diante deles com um tamanho e uma escala que acentuavam os perigos de onde estavam e do que iriam empreender.

Atrás deles, Ronneberg e seus três demolidores chegaram até uma segunda porta trancada, abriram-na e prepararam assim uma rota de fuga alternativa.

"Parei e ouvi", lembrou Ronneberg mais tarde. "Ainda não tínhamos sido detectados. O ruído das máquinas era ininterrupto e normal. À luz muito clara do luar, eu só via meus próprios homens."

Ronneberg sinalizou para que os grupos se posicionassem nos pontos predeterminados. Helberg se fundiu à sombra junto à cerca entre as duas portas: vigiaria a rota de fuga. Kjelstrup foi para a esquerda, na direção da encosta que se erguia aos fundos da fábrica: não perderia de vista as sentinelas alemãs que patrulhavam os tubos e talvez corressem para a fábrica após as explosões.

Storhaug – Galinha – se dirigiu para o ponto onde uma senda descia a encosta, ligando a fábrica à ponte suspensa. Dali é que os alemães enviariam reforços. Abaixados, Haukelid e Poulsson correram para o local mais ameaçador: a forma negra e achatada do alojamento alemão. Esgueiraram-se por trás de um prédio de escritórios, saíram para campo aberto e avançaram na direção da parede da instalação do gerador, de onde alcançaram o primeiro de uma série de tanques de armazenamento gigantes.

Poulsson empunhou sua "tommy gun", o dedo firme no gatilho. Nos bolsos da calça, Helberg levava esponjas de clorofórmio. Se encontrassem trabalhadores noruegueses, usariam esse recurso para deixá-los desacordados. Com suas botas de sola de borracha deslizando pelo chão sujo da fábrica, os dois homens correram de tanque a tanque, procurando a melhor posição de onde pudessem ameaçar o alojamento.

Poulsson fez um sinal e eles pararam. A porta para o edifício do alojamento estava a poucos metros. Se os guardas alemães irrompessem em bando por ali, Haukelid estaria em ótima posição para alvejá-los com rajadas à queima-roupa.

"Bom lugar", sussurrou Poulsson, olhando para a porta. "A poucos metros de distância."

Relanceou o olhar para a fábrica de SH200, que se erguia a apenas algumas dezenas de metros à direita. Daquele ângulo – estavam um pouco abaixo das instalações –, avistavam alguns raios de luz que se filtravam das janelas fechadas. Aqui e ali, o terreno escuro era iluminado por pontos de luz, como se o chão tivesse olhos.

Avançando para a esquerda, Ronneberg parou pela segunda vez e escutou atentamente. Mal podia acreditar: não havia ainda o menor indício de que sua presença fora descoberta. Ronneberg perscrutou a escuridão, fixando-se nos estranhos pontinhos de luz; mas não notou movimento em parte alguma.

As máquinas da fábrica continuavam a emitir seu estrondo contínuo. A própria terra parecia vibrar. Até o momento, tudo bem.

Coberto por Kayser, Ronneberg disparou em direção à fábrica de SH200, com todo o peso da mochila de explosivos nas costas. Stromsheim seguiu-o, também encurvado sob o peso de seu fardo. Esses dois homens levavam o aparato de demolição e deveriam ser protegidos a todo custo pelos outros.

Postaram-se a um canto do edifício de eletrólise. Salpicos de luz escapavam nos pontos onde a tinta de blecaute não alcancará os caixilhos das janelas. Ronneberg inclinou-se para uma dessas pequenas frestas. De repente, estava olhando para uma versão real daquilo que tantas vezes praticara na Estação XVII: uma fileira de barris de aço cobria por completo uma das paredes maciças, cada qual cheio do líquido mais precioso – e perigoso – do mundo.

Ronneberg afastou-se da fresta, mas não sem antes notar uma figura solitária montando guarda ao local.

Os quatro homens caminharam até a sólida porta de metal que dava acesso à fábrica de SH200. Segurando a pistola com uma das mãos, Ronneberg estendeu a outra e tocou o aço frio. Girou o pulso para a direita, mas o trinco não cedeu. O ferrolho tinha sido corrido.

"Trancada", sussurrou.

Virando-se para Stromsheim e Idland, mostrou a escada de concreto que subia para o andar superior.

"Tentem a porta lá em cima."

Os dois subiram correndo os degraus, mas logo voltaram com a mesma rapidez. Idland sacudiu a cabeça: aquela porta estava trancada também.

Ronneberg se perguntou que opções lhe restavam. Tinham granadas para explodir a porta ou uma das janelas – mas isso sem dúvida alertaria os guardas alemães. E quanto mais tempo permanecessem ali parados, bem na entrada da fábrica de SH200, mais chances haveria de serem surpreendidos. Até o momento, isso não acontecera; mas sua sorte não podia durar para sempre.

A resposta tinha de estar no duto de fios, caso conseguissem achá-lo. Ronneberg ordenou que os grupos se separassem para localizar aquele pequeno ponto de entrada. Ele e Fredrik Kayser tomaram a direita a fim de contornar a fábrica, enquanto Stromsheim e Idland iam em sentido contrário. Mas a fábrica era tão grande que pareciam estar procurando a proverbial agulha num palheiro.

Um limpa-neve tinha trabalhado ali recentemente, abrindo caminho em volta do edifício. A neve fora deslocada para os lados, formando montículos. Se um desses houvesse coberto inadvertidamente a fresta de entrada do duto, os sabotadores ficariam em má situação.

Perto da extremidade mais distante do edifício, Ronneberg avistou uma escada de metal fincada em um montículo de neve. Olhou para cima. Os últimos degraus terminavam junto a um quadrado pequeno, escuro e vazio. Aberto na parede maciça de pedra, parecia a entrada da caverna de um monstro.

Gesticulou excitadamente.

"Lá está!"

Correu para a escada, limpou a neve e começou a subir. A figura magricela de Kayser seguiu-o. Ronneberg chegou ao topo e removeu a neve que bloqueava a entrada. Não havia tempo para chamar os outros e isso seria arriscado. Stromsheim e Idland teriam de encontrar eles mesmos o caminho.

Ronneberg inclinou-se, enfiou a cabeça e os ombros na abertura e arrastou-se para dentro. Estava muito escuro e o pouco ar naquele espaço exíguo era fétido. Sob seus joelhos, alguma coisa que corria ao longo do piso incomodava-o. Não havia como seguir em frente sem uma luz.

Tirou do bolso uma lanterna e acendeu-a, usando uma das mãos para proteger o facho. O duto se estendia interminavelmente diante dele: estreito demais para virar-se; comprido demais para pensar em sair; apertado demais para seguir em frente às cegas. Prouvesse a Deus que nem ele nem Kayser se descobrissem claustrofóbicos no meio do caminho.

Aquela devia ser a rota de que Jomar Brun lhes falara na Grã--Bretanha. Mas vários meses haviam se passado desde que ele havia entrado ali e quem poderia saber se, nesse meio-tempo, algo não tinha mudado em razão das medidas de segurança de Von Falkenhorst?

Por cima da confusão de canos e tubos só havia espaço para seguir em frente de gatinhas. Ronneberg avançou, ouvindo atrás de si Kayser resfolegando enquanto fazia força para respirar e manter-se firme. Ronneberg tentava se concentrar. Vistoriava o caminho à frente com a lanterna, procurando cabos, tubos ou detritos que pudessem ser removidos da passagem. Isso lhe dava algo em que fixar a mente.

Mas uma coisa o preocupava: ele e Kayser bem poderiam estar rastejando sobre o teto do alvo, sem rota direta para a entrada a menos que o duto de fato levasse a algum ponto por onde conseguissem descer. Tal ponto devia existir, pois fora o que Brun lhes garantira. Entretanto, isso poderia ter mudado desde então.

Ronnenberg nem queria pensar no que aconteceria se ele e Kayser fossem descobertos dentro daquele túnel estreito. Uma rajada de submetralhadora Schmeisser, disparada da extremidade do duto, poria os dois em maus lençóis. E não havia nenhuma chance de alcançarem suas pílulas de cianureto, espremidos como estavam.

Varreu esses pensamentos da cabeça e prosseguiu. A meio caminho, encontrou alguns canos de água que cruzavam o duto e desciam para o compartimento embaixo. Provavelmente, levavam SH200 rarefeita do piso superior até o destino final: as células de alta concentração. Rastejando por cima do obstáculo, Ronneberg estremeceu. Os canos não se encostavam no teto e, pelo vão, ele podia ver o interior da fábrica; logo abaixo, sentado em uma escrivaninha e tomando notas, estava o guarda solitário.

Contendo a respiração, Ronneberg avançou mais um pouco e parou para recuperar o equilíbrio. Atrás dele, Kayser prosseguiu para ultrapassar os canos, mas deve ter se abaixado demais: sua pesada Colt deslizou do coldre e bateu nos canos de água. O barulho do aço contra o aço ecoou como uma badalada de alarme.

Os dois homens se imobilizaram, aterrorizados pela possibilidade de que o inimigo os descobrisse já tão próximos do alvo. Esse pensamento era amargo demais para ser considerado.

Ronneberg então arriscou um olhar para o piso inferior, justamente a tempo de ver o guarda suspender seu trabalho e voltar-se. O homem, porém, deve ter concluído que aquele fora apenas um desses barulhos estranhos muito comuns nas grandes fábricas.

Ronneberg acenou para que Kayser prendesse de modo correto a pistola no coldre e ela não caísse de novo.

Em seguida, virou-se e continuou. Estava com a boca seca e seu coração batia acelerado como uma metralhadora. Espremeu-se por entre vários feixes de cabos até chegar por fim a um buraco no piso. Tal como Brun havia descrito, o duto terminava em uma portinhola, destrancada e aberta para o andar onde estava instalado o equipamento de alta concentração da fábrica. Ronneberg precisaria saltar de uns três metros de altura – pouca coisa para quem acabara de sair do treinamento em Crispie.

Agora, cada segundo era precioso. Mais cedo ou mais tarde seriam descobertos – ou eles ou o grupo de cobertura. Sem sinal de Stromsheim e Idland – os encarregados de demolições –, Ronneberg decidiu seguir em frente e realizar a tarefa apenas com a ajuda de Kayser.

Apoiando-se com as mãos dos dois lados da abertura, Ronneberg baixou primeiro as pernas, depois o tronco e pulou. Pousou como uma cobra enroscada, sacando a pistola antes mesmo de tocar o chão. Olhou para todos os lados. O recinto estava deserto. Havia chegado a uma câmara anexa à fábrica e distante dela apenas alguns passos.

"ENTRADA PROIBIDA", dizia uma placa acima da porta.

Já com Kayser a seu lado, Ronneberg levou a mão ao trinco. Com a cobertura do companheiro, abriu a porta e avistou as vastas dimensões do compartimento de alta concentração de SH200. O local parecia familiar, mas era ao mesmo tempo estranho contemplá-lo: as simulações na Estação XVII prepararam-nos para aquele momento, porém não para a sensação de penetrar no âmago do sonho nuclear nazista.

"Lá estavam as células", contou Ronneberg mais tarde, lembrando-se daquele momento, "exatamente iguais aos modelos que havíamos atacado durante o treinamento. Mas agora eram reais."

O vigia da noite, um norueguês gordo e de cabelos grisalhos, estava sentado de costas para eles, ainda sem perceber coisa alguma. Em volta, a fábrica rugia e pulsava, abafando seus passos. Kayser adiantou-se de arma em punho.

"De pé", ordenou ao norueguês. "E mãos ao alto."

O guarda virou-se abruptamente. Seu susto foi acentuado pela necessidade urgente de tirar os óculos. Era sem dúvida hipermetrope e com eles não conseguiria ver bem os visitantes inesperados. Atrapalhou-se, tirou por fim os óculos e olhou-os, boquiaberto.

"De pé", repetiu Kayser. "Mantenha as mãos acima da cabeça. Onde está a chave da porta que abre para o pátio?"

Referia-se à porta pela qual Ronneberg e os outros tinham tentado em vão entrar. Precisariam sair por ela depois de instalar as cargas. Por certo não poderiam se arrastar de volta pelo duto com os explosivos detonando debaixo deles.

"A chave!", insistiu. "Nada lhe acontecerá se obedecer." Mostrou a insígnia britânica no ombro "Veja, somos soldados ingleses."

"Continue falando com ele sobre a Grã-Bretanha", gritou Ronneberg para Kayser, propositadamente em inglês.

Se pudessem convencer o homem de que eram britânicos, menos probabilidade haveria de represálias – pelo menos, era o que os dois esperavam. Enquanto Kayser negociava com o guarda, Ronneberg trancou a porta por onde tinham entrado, barricou-a com a escrivaninha, abriu a mochila e tirou suas 20 cargas de Nobel 808 – uma para cada célula de eletrólise e duas sobressalentes.

Suas mãos trabalhavam febrilmente, mas com eficiência: agora, estava fazendo apenas o que havia ensaiado inúmeras vezes na Estação XVII. As cargas tinham a forma de salsichas, com cerca de 30 centímetros de comprimento e dotadas de fusível e detonador. Colocando luvas de borracha para evitar choques ao contato com as células de SH200, aproximou-se da primeira e começou a trabalhar.

Ela se erguia bem alto diante dele, uma massa de canos, tubos, lacres, conectores de borracha, ânodos, cátodos, luvas metálicas e flanges – tudo enroscado em volta de um grande cilindro de metal, o recipiente de aço inoxidável de SH200. Ronneberg estendeu a mão e aplicou a primeira carga em torno da base do recipiente, à qual ela aderiu como plasticina grudenta.

Quando detonasse, a carga arrancaria as entranhas do equipamento e mandaria a preciosa SH200 para o ralo. Os explosivos "pareciam feitos sob medida e se ajustavam como uma luva", notou Ronneberg. Pegou outro par de Nobel 808 e correu para o segundo cilindro de aço.

"Qual o seu nome?", perguntou Kayser ao guarda, para manter o homem calmo.

"Gustav Johansen", respondeu ele, sem afastar os olhos de Ronneberg, com uma expressão de medo e espanto no rosto.

Kayser continuou falando com o guarda, contando-lhe histórias da Inglaterra. Segundo relatórios, Johansen era um bom e leal norueguês, e eles queriam fornecer-lhe o máximo de razões possível para fazê-lo acreditar que o grupo sabotador era britânico.

"Olhe bem", disse Kayser, apontando para as insígnias de sargento em seus ombros. "Está vendo estes desenhos? Depois você poderá descrever o uniforme inglês aos alemães. Não creio que muitos *Übermenschen* tenham tido a oportunidade de ficar tão perto de um soldado aliado!"

Ronneberg já havia chegado à nona célula, quase metade de sua tarefa, quando um súbito ruído de vidro estilhaçado se misturou à pulsação ininterrupta da fábrica de SH200. Uma bota apareceu em uma das janelas do fundo do recinto. Kayser esqueceu o guarda noturno e se virou de arma em punho e dedo no gatilho.

Ronneberg sacou de pronto sua pistola e ambos se prepararam para o combate.

CAPÍTULO VINTE E SETE

Bonzo Haukelid e Jens Poulsson examinaram cautelosamente o prédio do alojamento. O que o líder da Grouse não daria agora por uma bela tragada em seu cachimbo! Haukelid consultou o relógio: vinte e cinco minutos haviam se passado e nem sinal do grupo de sabotagem.

"Será que estão tendo problemas?", sussurrou Poulsson.

"É o que eu gostaria de saber", respondeu Haukelid, dando de ombros.

Durante as simulações na Inglaterra, a colocação das cargas não exigira mais que 7 minutos. Ronneberg e seus homens talvez houvessem encontrado dificuldades para entrar na fábrica.

Poulsson estava com sua "tommy gun" apontada para a porta do alojamento. Se houvesse ali algum sinal de movimento, ele começaria a "mandar chumbo contra o alojamento". Haukelid tinha meia dúzia de granadas ao alcance da mão; caso os alemães fizessem barulho e gritassem, ele se adiantaria e as atiraria pela porta ou pelas janelas. Teria, porém, de ser muito cuidadoso: as paredes de madeira do alojamento ofereceriam pouca resistência à explosão.

"Lembre-se de gritar Heil Hitler quando jogar as granadas", recomendou Poulsson, sem tirar os olhos da porta.

A sugestão foi apenas parcialmente jocosa. Esse grito de saudação ao Führer poderia valer-lhes uns segundos a mais para perpetrar a carnificina.

Por um instante, a mente de Haukelid remontou a um acontecimento que ele trazia profundamente encravado na memória. A certa altura, durante a luta contra os invasores alemães, Haukelid e seu grupo cercaram um destacamento inimigo. Este se abrigou em uma casa de madeira, sem perceber quão pouca proteção ela oferecia. Quando Haukelid e seus homens suspenderam o fogo, havia alemães mortos pendurados nas janelas. O alojamento que ele agora tinha pela frente ofereceria proteção igualmente limitada.

O barulho insistente vindo da sala do gerador irritava Haukelid. O que estaria detendo o grupo de sabotagem? Parecia que ele e Poulsson esperavam ali havia séculos. Devia ser bem pior para os outros. Helberg, Kjelstrup e Storhaug estavam totalmente isolados em seus postos solitários. À medida que decorriam os minutos, cada qual pensava sem dúvida: "Teriam Ronneberg e seu grupo sido apanhados dentro da fábrica?"

A curta distância, na encosta, Storhaug vigiava as duas sentinelas da ponte. Estava tão perto que conseguia ouvir sua conversa descontraída. Por certo, não faziam ideia de que uma força de soldados "britânicos" havia se infiltrado na fábrica de SH200. O problema era que Storhaug não sabia onde se encontrava o grupo de sabotagem ou mesmo se tinha sido capturado.

Aquilo era de dar nos nervos.

Dentro da sala de alta concentração, Ronneberg e Kayser afrouxaram a pressão dos dedos nos gatilhos. Um dos seus – Stromsheim, o vovô do grupo – enfiou a cabeça pela janela quebrada e quase levou um tiro. Foi reconhecido no último instante.

Stromsheim, que transportava o segundo fardo de cargas de demolição, não tinha conseguido encontrar a entrada do duto e resolveu entrar a qualquer custo. O barulho de vidro quebrado e a luz que agora se projetava da janela tornavam a tarefa de Ronneberg ainda mais urgente.

Com suas luvas de borracha protegendo-o, Ronneberg removeu os cacos de vidro do caixilho e ajudou Stromsheim a entrar. Ordenou que seu companheiro, Idland, fosse para a porta de aço e ali se posicionasse, a fim de garantir a saída de todos. Mas, depois de retirar um último fragmento de vidro e indicar o caminho a Stromsheim, Ronneberg sentiu uma pontada de dor na mão.

Baixou os olhos e viu sangue escorrendo. Uma lasca de vidro havia perfurado a luva de borracha e o corte parecia grave. Pensou de imediato na ravina e na difícil descida que teria de empreender para deixar o local. Agora precisaria tentá-la com uma mão machucada e sangrando.

Procurou se livrar desses pensamentos. Já tinha perdido bastante tempo. Pedindo que Stromsheim o ajudasse, Ronneberg voltou ao trabalho. Dois pares de mãos tornariam mais fácil a colocação e, com sorte, instalariam os últimos explosivos em poucos minutos. Agitadamente, Ronneberg e Stromsheim se desincumbiram da tarefa e puseram as cargas nos cilindros de SH200 restantes.

Enquanto trabalhava, Ronneberg refletia: cada pacote de Nobel 808 estava equipado com um estopim de 120 segundos, mas ele não queria arriscar uma demora tão longa. Se eles deixassem o recinto marcando a explosão para dali a 2 minutos, era possível que um guarda aparecesse e apagasse os estopins. Decidiu reduzir o tempo – e reduzi-lo muito. Usaria estopins de 30 segundos.

Isso lhes deixaria apenas meio minuto para sair do recinto em disparada. E também não teriam nenhuma chance de distanciar-se da fábrica antes que as explosões a mandassem pelos ares. Mas Ronneberg achou que o risco valia a pena, desde que a sabotagem obtivesse sucesso.

Instalados os estopins e as cargas, Ronneberg e Stromsheim fizeram uma última e rápida checagem para ver se tudo estava em ordem. Então Ronneberg se virou para Kayser.

"Muito bem, deixe a porta do pátio destrancada."

Kayser, de arma em punho, empurrou o guarda para a saída. A sólida porta de aço estava encaixada em concreto grosso e reforçado. Abriu-a alguns centímetros, para se assegurar de que nada obstruiria a fuga. Trinta segundos não permitem que algo saia errado.

Ronneberg deu o toque final à sua obra. Tirou do bolso um punhado de insígnias dos paraquedistas britânicos e espalhou-as pelo chão – o cartão de visitas dos comandos. Feito isso, e com sangue pingando da mão ferida, pegou uma caixa de fósforos.

Acendeu o primeiro. Não havia ainda nenhum sinal de alarme em parte alguma da fábrica. Mas, quando Ronneberg se inclinou para o estopim, o vigia noturno gritou, assustado.

"Um momento! Meus óculos. Deixei-os na escrivaninha. Preciso de meus óculos!"

Ronneberg se deteve. Pelos relatórios de inteligência de Jomar Brun, sabia haver guardas alemães dentro do edifício. A qualquer momento um deles poderia entrar, fazendo sua ronda. Cada segundo era precioso. Mas Ronneberg sabia também que os alemães haviam tomado todas as fábricas de produtos ópticos da Noruega, de modo que o pobre homem não conseguiria substituir seus óculos tão cedo.

Apagou o fósforo, correu até a escrivaninha e pegou o estojo de óculos.

"Aqui está."

"*Tusan takk*, muito obrigado", agradeceu o guarda.

Ronneberg voltou para as cargas e acendeu um segundo fósforo. Mas a voz ecoou de novo.

"Espere, por favor! Meus óculos! Não estão no estojo!"

Ronneberg rogou uma praga silenciosa. Iria pôr a missão em perigo por causa de uns óculos? Roosevelt, Churchill, o rei norueguês e muitas outras altas autoridades contavam com seu bom desempenho. Se eles falhassem agora – se um soldado alemão aparecesse e desse o alarme –, seguramente não haveria segunda chance. Nem para eles, nem para outros sabotadores nem, com certeza, para o mundo livre.

Apagou o segundo fósforo.

"Onde estão vocês, seus malditos óculos?", rosnou.

Correu para onde o homem indicava e encontrou-os no meio das folhas de um diário. Jogou-os para o guarda.

"Pegue-os!"

O homem agradeceu de novo.

Ronneberg acendeu um terceiro fósforo. *A terceira vez dá sorte.* Mas, ao se inclinar para acender o estopim, ouviu o barulho que mais temia: passos pesados desciam a escada de ferro, vindos do andar superior. Os cabelos de sua nuca se arrepiaram. Um soldado alemão se aproximava. Deveria mandar a cautela às favas e acender o estopim? Ou esperar e pôr o guarda fora de combate?

Por um instante, a chama vacilou, indecisa, antes que Ronneberg a apagasse. Virou-se para Kayser e Stromsheim; todos empunharam suas armas. Os três homens se prepararam para a luta. Uma figura surgiu à porta. E os três respiraram aliviados. Não era um alemão de uniforme. Era um norueguês – o administrador da fábrica fazendo sua ronda.

O recém-chegado ficou pasmo com a cena, incrédulo. Seus olhos pousaram no guarda, Johansen, com as mãos para cima; nos três soldados ameaçadores, trajando uniformes ao que tudo indicava britânicos, de armas em punho; e nas cargas de Nobel 808, enroladas como salsichas nos 18 cilindros de SH200.

Não era possível. O prédio estava protegido por arame farpado, cercas elétricas, minas, alarmes, holofotes, ninhos de metralhadoras e guardas alemães. Então como isso podia estar acontecendo ali, no coração de uma fábrica da maior importância para o Reich?

Mas o administrador não teve tempo para se aprofundar no assunto e foi obrigado a levantar as mãos, sob a ameaça de três canos de armas.

"Levem os dois para a escada", ordenou Ronneberg. "Depois que eu acender o estopim, mandem-nos correr. Devem chegar ao segundo piso antes das explosões, para ficarem a salvo... Instruam-nos a deitar-se e manter a boca aberta, do contrário seus tímpanos arrebentarão."

No último instante, ocorreu a Ronneberg espalhar pelo chão algumas ferramentas que havia trazido, gravadas com as palavras "Indústria Britânica" – mais uma pista de quem havia causado todo aquele dano.

Feito isso, Ronneberg aproximou o fósforo do estopim e gritou: "Corram!"

Na escada, Kayser perdeu alguns segundos a fim de se assegurar de que seus dois prisioneiros não fariam nada para interferir na marcha dos acontecimentos. Em seguida, empurrou-os degraus acima, urgindo em seus calcanhares: "Corram, corram! O mais rápido que puderem!"

Ronneberg e Stromsheim abriram a porta, saíram, fecharam-na e trancaram-na. Em seguida, viraram-se e partiram em disparada, com os músculos das pernas retesados e os pulsos latejando, na direção leste, para dentro da escuridão acolhedora. Mal haviam percorrido 20 metros e foram alcançados pelo clarão das explosões.

As paredes maciças do edifício e a grossa porta de aço abafaram o estrondo; mas, dentro da sala de SH200, tudo eram chamas.

O calor das explosões chamuscou suas costas enquanto corriam para se proteger. Os estopins curtos garantiram que "nenhum alemão desesperado ou incauto" pudesse atrapalhar o trabalho. Mas, depois de golpear o coração do maior – e mais tenebroso – segredo dos nazistas, os sabotadores precisavam agora salvar a pele.

Para Poulsson e Haukelid, que vigiavam o alojamento, as explosões soaram um tanto frouxas. O barulho foi como o de "dois ou três carros colidindo em Piccadilly Circus", registrou o primeiro. Mas o revérbero vermelho-alaranjado da detonação cortara as trevas como um relâmpago e eles tinham de presumir que o grupo de sabotagem havia cumprido sua tarefa.

Os dois homens se imobilizaram, esperando a reação dos guardas alemães. Passaram-se alguns momentos antes que a porta se abrisse. Uma única figura apareceu, recortada contra a luz. Sem capacete e aparentemente sem armas, relanceou o olhar para a varanda que corria em volta da fábrica de SH200 – onde ficavam os queimadores de hidrogênio, os "canhões" bem conhecidos por emitir frequentes estampidos.

O guarda balançou a cabeça, como se o comportamento imprevisível dos queimadores explicasse o barulho que ouvira. Ombros encurvados por causa do frio, caminhou até a porta de aço da fábrica. Experimentou-a, achou-a trancada como sempre e voltou para o aconchego do alojamento. Haukelid e Poulsson baixaram as armas e se prepararam para empreender a fuga.

Mas então a porta do alojamento se abriu de novo. A mesma figura saiu, porém agora com aspecto mais decidido. Trazia um fuzil e segurava uma lanterna na mão.

"O filho da p... voltou", praguejou Poulsson. "Deve ter farejado encrenca."

"Isso pode ser fatal", resmungou Haukelid.

Erguendo a lanterna, o alemão começou a varrer o terreno com o facho. Foi se aproximando do lugar onde Poulsson e Haukelid estavam deitados, de armas em punho. Poulsson pensou em seus pais, irmão e irmãs na Rjukan vizinha. Se derrubasse aquele sujeito com sua "tommy gun", outros surgiriam, haveria um banho de sangue – e as represálias seriam igualmente brutais.

"Devo atirar?", sussurrou, olhando para o cano da submetralhadora.

Haukelid, pegando suas granadas, sacudiu a cabeça.

"Ainda não. Talvez ele não nos veja. Vamos esperar o máximo possível."

O guarda dirigiu rapidamente o facho para a varanda que abrigava os "canhões", antes de baixá-lo de novo a fim de vistoriar o terreno atrás de Poulsson e Haukelid. Agora, só precisava deslocar o facho na direção das duas figuras deitadas para ser um homem morto. O alemão hesitou, como que tentando resolver um quebra-cabeça, relanceou de novo o olhar para a varanda, virou-se e voltou para o alojamento.

No momento em que fechou a porta, duas figuras silenciosas se levantaram do chão e se fundiram com as trevas. Haukelid e Poulsson correram para a porta da ferrovia, os pés voando sobre o solo. Helberg e Kjelstrup se juntaram a eles, confirmando que eram os últimos; os outros já estavam na frente, avançando para os trilhos.

Haukelid abriu o portão e recolocou a corrente partida, dando várias voltas para que, a uma inspeção casual, parecesse intacta. Haukelid e Helberg se detiveram por um instante. Teriam mesmo deixado indícios suficientes de que aquela era uma operação de sabotagem britânica? Mais uns poucos, espalhados pela rota de escape, não fariam mal algum.

Haukelid resolveu se desfazer do frasco e das esponjas de clorofórmio. Mas, antes, limpou os objetos com um lenço: não fazia sentido deixar impressões digitais para a Gestapo. Esta havia tirado as suas quando ele fora preso em 1941 e Haukelid não queria arriscar nenhuma represália contra sua família.

Nesse meio-tempo, Helberg depositava suavemente sua "tommy gun" na neve ao lado dos trilhos. Embalara aquela arma durante três meses terríveis no Vidda, mas era hora de se separarem. Não havia nada mais característico dos comandos que uma "tommy gun", por isso a deixaria ali.

"Tudo bem, vamos embora!"

Os dois últimos sabotadores dispararam na direção leste, ao longo da linha brilhante dos trilhos.

Na frente, Ronneberg esperava para se certificar de que todos haviam conseguido sair da fábrica. "Por alguns segundos, olhei para trás e escutei", relembrou ele. "Exceto pelos ruídos das máquinas que tínhamos ouvido ao chegar, tudo no edifício estava em silêncio."

Era difícil de acreditar: entraram e saíram, mandaram as instalações de SH200 pelos ares e os defensores nem se tinham dado conta disso. Por enquanto, a impossível esperança de fuga ainda lhes acenava. Mas, na euforia do momento, os nove sabotadores haviam subestimado uma coisa. Pairava no ar uma sensação de calor real e o vento trazia emanações fétidas.

O *foehn* – o comedor de neve – estava faminto e queria se fartar.

"Helberg, vá na frente", ordenou Ronneberg, quando se viraram para o abismo.

Helberg encontrou um ponto onde a encosta parecia visivelmente menos traiçoeira em comparação com o trecho que haviam escalado. Ele conduziu os nove homens por sobre a borda, saltando de um montículo de neve a outro e se deixando cair de uma borda a outra em uma descida semicontrolada até o fundo da ravina. Atrás, figuras deslizavam velozmente, na pressa de alcançar logo o chão.

Helberg chegou primeiro às margens do Måna. Observou a corrente trovejante. Parecia que um terremoto havia despedaçado o gelo. Blocos batiam uns contra os outros, enquanto o volume de água derretida pelo comedor de neve ameaçava arrastá-los para longe. O barulho era ensurdecedor, provocado pelas ondas que saltavam sobre os blocos, fragmentando-os com seu ímpeto.

Helberg procurou um ponto onde pudessem arriscar a travessia. Por todo lado, a água enraivecida assomava, turbilhonando. As cristas brancas das ondas refulgiam ao luar. O rio trovejava e os blocos gemiam. Então, um som ecoou ainda mais alto.

Rítmico, agudo, sobrenatural – o novo som percorreu, ensurdecedor, toda a extensão da ravina. Os guardas alemães haviam acionado a sirene, dando o alarme.

A caçada começava.

CAPÍTULO VINTE E OITO

O engenheiro chefe Alf Larsen passeou o facho de sua lanterna pelo monte de destroços fumegantes, espectrais. Havia pouco mais de 10 minutos, aquela era a fábrica mais valiosa e fortemente protegida do mundo. Agora... os 18 cilindros de aço inoxidável jaziam retorcidos, as bases arrebentadas pelo poder impiedoso da explosão, suas formas despegadas da parede.

O recinto pintado de branco ficara preto, com as janelas estilhaçadas e as portas pendendo das dobradiças como se estivessem bêbadas. Em cima, os tubos de água rompidos inundavam o local coberto de detritos. Os fios elétricos e de telefone haviam sido arrancados do teto e balançavam-se em contorções informes – daí a escuridão completa. Fora, bombas e outras máquinas já não funcionavam, pois as descargas elétricas provocadas pela explosão haviam danificado todo o circuito da fábrica.

O engenheiro Larsen substituíra Jomar Brun nas instalações de Vemork, depois que este último havia desaparecido misteriosamente meses antes. Consultou o relógio: uma hora da manhã. Fora atraído ao local pelo barulho da explosão, ouvido praticamente em todo o edifício gigantesco, em todos os seus sete andares.

Mas Larsen não esperara de modo algum ver um desastre como aquele. Vasculhou os destroços, apesar da água que caía do alto e encharcava suas roupas. Estilhaços da explosão tinham voado pela sala, perfurando o complexo sistema de refrigeração da fábrica de SH200. Para Larsen, era como estar agora sob uma ducha fria.

Avançou cautelosamente para o local onde antes existiam as células de alta concentração. O facho de sua lanterna pousou sobre os restos dilacerados do primeiro cilindro. Parecia que um gigante o atacara com um abridor de latas descomunal, ávido por esmiuçar seu conteúdo. Examinou as células uma por uma: todas estavam com as entranhas à mostra.

Seus pés chapinhavam sobre o chão, enquanto as últimas gotas da preciosa água escorriam para o ralo.

Fora, escadas e varandas estrugiram ao som de botas ferradas. Os alemães pensavam que os sabotadores britânicos ainda estavam no edifício. Nenhum havia cruzado a ponte suspensa nem subido o caminho fortemente minado das tubulações. Como a ravina fosse "inescalável", os atacantes tinham de estar ainda ali, escondidos em algum lugar.

Entretanto, ao supervisionar os estragos, o engenheiro Larsen duvidava disso. Fora, conforme declarou depois, uma "sabotagem perfeita". Obra de autênticos profissionais. Os sabotadores sabiam exatamente o que faziam. Homens assim não entregavam ao acaso suas possibilidades de escapar.

Larsen estava certo: os sabotadores haviam planejado a fuga nos mínimos detalhes. Mas, mesmo assim, o acaso ou o destino – o *foehn* – poderia comprometê-la.

Naquele instante, os nove homens lutavam com uma ponte de gelo que ia se desintegrando a olhos vistos. O "chão" sob seus pés era tão traiçoeiro quanto o próprio demônio. A água, em fúria, espumava em torno de suas pernas, branca como a neve. Figuras tropeçavam e escorregavam, agarrando-se a rochas, pedras e blocos de gelo resvaladiços.

Na frente iam Helberg e Poulsson, empurrados pelo uivo da sirene como homens possessos. Sabiam, pelos relatórios de inteligência, que o alarme acionaria holofotes capazes de varrer toda a extensão da ravina com sua luz feérica. Se fossem avistados, estariam perdidos – patos indefesos que os alemães poderiam metralhar à vontade.

"Era como se estivéssemos sendo perseguidos na travessia do rio pelo próprio som agudo da sirene", observou Poulsson a respeito do alarme. "Escorregávamos e caíamos, agarrando-nos a rochas e blocos de gelo, a qualquer coisa que aparecesse pela frente."

De algum modo, com as armas levantadas para que não se molhassem nos torvelinhos de água, os nove alcançaram a outra margem. E a ravina continuava mergulhada nas sombras... O que havia acontecido com os famosos holofotes? Ninguém sabia. Mas não havia tempo para parar e questionar sua boa sorte. Iniciaram a escalada – segurando-se em árvores, arbustos, pedras e saliências, sempre subindo apesar do cansaço.

"Passara-se mais de uma hora desde o ataque", lembrou-se Ronneberg, "e continuávamos no fundo da armadilha. Agora, muita coisa dependia da sorte..." Ao olhar para a fábrica, viu "veículos e mais veículos se aproximando em alta velocidade de Vemork. Preparamo-nos para nos defender a qualquer momento... caso encontrássemos alguma patrulha".

À frente, o rugido de poderosos motores cortou a noite, enquanto caminhões carregados de reforços voavam pela estrada que conduzia de Rjukan à fábrica de Vemork. Atrás, os sabotadores avistaram uma linha de lanternas iluminando o caminho. Um ou dois tiros esporádicos se fizeram ouvir entre as árvores distantes. Os alemães atiravam contra sombras e fantasmas.

Quando os sabotadores ganharam certa altura, lanternas rebrilharam pela floresta, cegando-os. Estavam sendo caçados por toda parte.

"Que bom esses filhos da p... manterem as luzes acesas", resmungou alguém. "Pelo menos, ficamos sabendo aonde estamos indo."

Lutando contra o peso da fadiga física e mental, com os uniformes encharcados e o frio penetrando até seus ossos, os nove chegaram à estrada principal que atravessava a floresta. Ultrapassado esse obstáculo, poderiam rumar para leste até a Estrada Ryes – a via férrea em zigue-zague que levava ao planalto.

Helberg, constatando que o caminho estava livre, acenou para que atravessassem, um de cada vez. Mesmo assim, os dois últimos precisaram se atirar no fosso que ladeava a estrada quando um carro fez a curva de repente, com as luzes baixas. Chegaram ao esconderijo do equipamento, puseram seus esquis e deslizaram sob a cobertura da floresta ainda mergulhada na sombra até a estrada abaixo das linhas do bonde.

Lá atrás, na fábrica, um mortificado sargento da guarda procurava o interruptor que acenderia os holofotes. Não conseguia encontrá-lo. Por fim, teve de pegar um trabalhador norueguês pelo colarinho e perguntar-lhe onde estava o dispositivo. Quando o encontrou e os holofotes se acenderam, a força de Ronneberg já havia penetrado fundo na mata e estava fora do alcance daquelas luzes.

Um golpe de sorte. E não seria o último.

Cento e sessenta quilômetros a sudeste, em Oslo, o general Von Falkenhorst foi acordado na cama, assim como o *Reichskommissar* Josef Terboven e o general da SS Wilhem Rediess. Não ficaram nada contentes. As notícias da sabotagem caíram sobre eles como uma bomba. Todos três reagiram do mesmo modo: iriam imediatamente para Vemork a fim de investigar. Se as coisas fossem tão ruins quanto imaginavam, Hitler ficaria furioso. Cabeças rolariam e ninguém queria perder a sua.

No quartel-general da Baker Street, o ex-chefe de escoteiros de cicatriz no rosto ansiava por ouvir notícias da Operação Gunnerside, boas ou más. Outros em posição superior aguardavam seu comunicado. E, em uma remota cabana do Hardangervidda, Knut Haugland e Einar Skinnarland estavam prontos para transmitir uma mensagem pelas ondas do ar.

Mas só o fariam se um dos nove sabotadores chegasse vivo do vale tenebroso.

Era como se estivessem esquiando havia horas: subiam, desciam, contornavam elevações que não pareciam ter fim. Após o esforço sobre-humano daquela longa noite agitada, aquilo era uma completa tortura. Os esquis deslizavam mal na neve úmida, pegajosa e derretida pelo *foehn*. Ao peso das mochilas e exaustos, os nove caíam com frequência. Mas sempre se levantavam e prosseguiam.

Helberg e Ronneberg, na vanguarda, estabeleciam o ritmo. A velocidade, bem sabiam, era absolutamente essencial – a diferença entre morte e sobrevivência. Deveriam se encontrar com os outros logo ao amanhecer. Serem apanhados na Estrada Ryes à luz do dia se revelaria fatal. Avançaram, ziguezagueando sob os fios da estação de bonde e subindo sempre. Sempre.

"Subíamos cada vez mais", lembrou-se depois Ronneberg, "e, sempre que chegávamos a uma curva, espiávamos para baixo... para ver se algo estava acontecendo. A cada curva, aproximávamo-nos mais do cume, até que por fim, cinco horas após o ataque, conseguimos... atingir o planalto. Agora tínhamos as montanhas da Noruega como grandes aliadas."

Quando ultrapassaram a última crista que abria para o Vidda, a floresta de pinheiros já havia desaparecido. Um vento selvagem vergastava seus rostos – a bem conhecida saudação do planalto das Montanhas Inóspitas, que trazia consigo a promessa de neve pesada. Em questão de minutos os nove se viram forçados a proteger o rosto das partículas de gelo misturadas com grãos de areia impelidas pelo vento contra a pele exposta. A tempestade se transformou em uma nevasca ululante. Aquilo era um tormento, mas mesmo assim o grupo continuou esquiando sem esmorecer contra as rajadas.

Helberg virou-se para Ronneberg. Haviam conseguido chegar ao Vidda e, frente àquela tempestade bem-vinda, seus pensamentos voaram para a garrafa de uísque Upper Ten e para uma bebedeira de comemoração. A garrafa os esperava 11 quilômetros a oeste, na cabana Fjosbudalen, oculta pela nevasca que ia ganhando força. Que melhor lugar para se esconderem enquanto a tempestade rugisse e os generais alemães esbravejassem, impotentes?

"Eles jamais mandarão patrulhas para cá!", exultou Helberg. "Não enfrentarão as montanhas com um tempo destes!"

A fúria do vento levou as palavras de Helberg para longe, mas o líder da Gunnerside captou seu sentido. Agora, tinham na tormenta seu melhor amigo. A neve densa e abundante cobriria a trilha dos esquis dos sabotadores. Os nove avançaram, enfrentando as mandíbulas do vento que irrompia do céu ocidental. Desaparecendo na paisagem branca, deram graças por aquele segundo golpe de sorte.

Foram engolidos pela tempestade sem deixar traços que alguém pudesse seguir.

O general da SS Rediess foi o primeiro figurão nazista a chegar a Vemork. Dominado por uma cólera fria, estava ali para obter respostas. Como aquela sabotagem fora possível? Ninguém sabia.

Os sabotadores não haviam cruzado a ponte suspensa nem usado as tubulações como via de acesso. A meio caminho da estrada de ferro, todos os sinais de sua passagem – inclusive um rastro de sangue, indicando que pelo menos um estava ferido – desapareciam. Mas então, com todos os diabos, o que lhes acontecera?

Rediess tinha certeza, pelos relatórios de segurança, que era impossível escalar a ravina. Como, pois, haviam atacado e fugido? E onde se encontravam agora para que ele, general Rediess, pudesse orientar a caçada? Não obtendo respostas, ordenou uma prisão em massa. Cinquenta operários e técnicos da fábrica foram chamados para interrogatório. Não bastasse isso, dez pessoas importantes de Rjukan seriam fuziladas na manhã seguinte, ameaçou Rediess, caso ninguém lhe contasse nada.

O general Von Falkenhorst chegou logo depois de Rediess e imediatamente compreendeu do que se tratava: uma operação militar fulminante e profissional levada a cabo por soldados com uniformes britânicos. Examinou o estrago, sacudindo a cabeça com relutante admiração. "Bandidos ingleses", murmurou, classificando em seguida aquele golpe como "o melhor que já vi nesta guerra." Cancelou as ordens de Rediess: como fora um trabalho de *Britischers* e uma operação militar britânica, nenhuma represália seria tomada contra os habitantes locais.

Von Falkenhorst reservou sua fúria para os guardas alemães. Mostrando os destroços ainda gotejantes das células de SH200, recriminou-os: "Quando se tem um cofre de joias como estas, fica-se em cima da tampa de armas em punho!" Ordenou que, dali por diante, seus homens mantivessem vigilância permanente na fábrica.

Sua raiva aumentou ao saber que os cães de guarda do local não haviam saído em patrulha por causa do mau tempo. E perdeu completamente a razão quando o sargento da guarda admitiu que os holofotes não tinham sido acesos porque ninguém conseguia achar o interruptor. Mandou que o homem fosse imediatamente enviado à Frente Oriental. Em seguida, percorreu todas as instalações de Vemork, prescrevendo uma série de medidas para reforçar a segurança.

Já Rediess voltou sua atenção para a cidade de Rjukan, onde o *Reichskommissar* Terboven foi encontrá-lo. Declararam ali estado de emergência e toque de recolher à noite. Os telefones foram desligados e tiveram início buscas de casa em casa. Houve dezenas de prisões. Pregaram-se cartazes em cada esquina advertindo os habitantes de que, ocorrendo nova sabotagem em Vemork, "as medidas mais extremas serão tomadas contra a população civil".

Na manhã seguinte, 1º de março de 1943, cerca de trinta e seis horas após o golpe dos comandos da Gunnerside, Wilson teve a primeira notícia de seu sucesso. Em telegrama aos principais líderes militares e políticos do país, resumiu uma transmissão de rádio sueca que tinha sido parcialmente interceptada pela BBC:

> O que se seguie foi recebido por telefone do Serviço de Monitoramento da BBC...
> (A primeira frase escapou à BBC, que tem dúvidas sobre a possibilidade de recuperá-la.)
> "... perpetrado contra a instalação Hydro norueguesa. Diz-se que os danos foram grandes, mas, no ponto onde se concentrou o ataque, a destruição parece ter sido completa. Golpe desfechado por três soldados falantes de norueguês em uniformes britânicos, que agora estão sendo perseguidos..."

No ponto onde se concentrou o ataque, a destruição parece ter sido completa. A interceptação causou furor. Sugeria que a equipe Gunnerside obtivera êxito onde outras haviam falhado. E, também, que Wilson tinha ganhado a aposta. Se a notícia se confirmasse, um tremendo golpe fora atingido em proveito da causa da liberdade.

Mas Wilson precisava de mais. Precisava de comprovação absoluta. E logo a teria – da fonte mais improvável. Na manhã seguinte, um exemplar do jornal *Daily Mail* pousou em sua mesa. A manchete e a data bradavam:

Daily Mail, 2 de março de 1943

IDA E VINDA PELO AR
Instalações Alemãs Destruídas

A fábrica da Norsk Hydro, alvo de comandos aerotransportados sábado à noite, é uma subsidiária da famosa empresa I. G. Farben. Produz enxofre e nitrogênio para a produção de explosivos de alta potência na Alemanha.

AVIÃO POUSA EM LAGO

Três patriotas noruegueses em uniformes britânicos saltaram de um avião em um lago gelado, 80 quilômetros a noroeste de Oslo, sob o luar da noite de sábado.

Os homens, hábeis sabotadores, conseguiram explodir parte da grande fábrica da Norsk Hydro Electric, situada em Rjukan e controlada pelos alemães.

Em seguida, os patriotas voltaram para o lago gelado e embarcaram. Os motores começaram a girar e a viagem de volta à Grã-Bretanha teve início...

A indignação por terem sido enganados levou a SS e Rediess, chefe de polícia da Noruega, a tomar 17 reféns.

O ataque a essa fábrica, que produz grandes quantidades de nitratos e fertilizantes, é o caso mais sensacional de danos infligidos ao inimigo desde as incursões de comandos contra Lofoten e St. Nazare.

Pelo menos uma seção da fábrica gigante foi totalmente destruída...

As explosões foram cronometradas de modo que apenas alemães e vigias partidários de Quisling morreram...

A reportagem, assinada por Ralph Hewins, correspondente do *Daily Mail* em Estocolmo, era notavelmente acurada, considerando-se que sua publicação ocorreu menos de setenta e duas horas após a missão secreta. De algum modo, Hewins parecia saber mais que Wilson, o arquiteto da Operação Gunnerside. E Wilson se irritou. Como um repórter podia deixar a SOE para trás e inteirar-se de uma notícia tão gritante, lançando-a aos olhos do público?

Sem dúvida, havia erros. Nenhum avião havia apanhado os sabotadores em um lago gelado, disso ele tinha certeza. Mas, no momento, não lhe era possível verificar todos os detalhes, pois ainda não tinha feito contato com os comandos. Onde estava Haugland? Skinnarland? Sua excelente equipe de comunicações? Por que o silêncio?

Teriam sido capturados? Feridos? Mortos? Wilson não sabia. Só lhe restava aguardar que eles o informassem pelo rádio. Enquanto isso, tentaria fazer alguma coisa a respeito daquela falha de segurança. Alguém havia contado a história ao repórter, e com detalhes – era óbvio. Dos sabotadores, ele afirmava que "conheciam muito bem o país" e não precisaram "de nenhuma ajuda dos habitantes locais".

Quem tinha feito isso e por quê?

Constatou-se que o artigo do *Mail* se baseava, parcialmente, em reportagens de jornais suecos. O *Dagens Nyheter* (Notícias de Hoje) fornecia inúmeros pormenores sobre o ataque a Vemork. Essa cobertura vinha a calhar. As reportagens suecas informavam que "três" sabotadores "foram resgatados e levados de volta para a Inglaterra. A perseguição alemã não teve êxito".

E se o inimigo acreditasse nos jornais suecos? Seria um fantástico lance de desinformação. Poderia resultar na suspensão da caçada – isto é, em um excelente desfecho. No fim das contas, concluiu Wilson, a cobertura da imprensa tinha sido uma ótima coisa.

Em um memorando de 2 de março sobre o artigo do *Mail*, Wilson pôde concluir em nota manuscrita: "Não houve falha de segurança". Mais tarde, no mesmo dia, circulou um comunicado formal que declarou a respeito de seus superiores: "Estão encantados com as notícias de jornal sobre a Operação Gunnerside".

Wilson talvez tenha assumido uma atitude pragmática em relação ao vazamento da notícia, mas continuou ansioso por uma confirmação absoluta e irrefutável do ataque e suas consequências. Uma esquadrilha de aviões Mosquito recebeu ordem de fazer um voo de reconhecimento sobre Vemork. Wilson confessou ao comandante que estava desesperado por "evidências concretas dos danos infligidos".

Mas obter provas fotográficas não seria tarefa fácil. "É possível que não apareçam sinais externos da explosão", explicou Wilson. "Mas pode ser também que, devido à ignição de certos gases, grandes danos tenham sido causados. Como você provavelmente sabe, aquele era nosso alvo prioritário na Noruega."

Enquanto aguardava o desfecho do ataque aéreo, Wilson ansiava por alguma confirmação direta da parte da equipe Gunnerside.

Os nove homens haviam deslizado pelo Vidda, enfrentando a tempestade e avançando por etapas rumo à Cabana do Primo. Ali, prepararam uma mensagem que Haugland enviaria a Wilson antes de se separarem. Cinco, liderados por Ronneberg, se dirigiriam de esqui para a fronteira sueca, de onde voltariam para a Grã-Bretanha. Quatro – Bonzo, Haukelid, Kjelstrup, Poulsson e Helberg – permaneceriam no Vidda a fim de tornar as coisas bem difíceis para os ocupantes nazistas.

No dia 4 de março, o grupo de Ronneberg rumou para o leste, carregando pesados fardos, para atravessar o planalto. Haukelid e Kjelstrup partiram ao mesmo tempo de esqui para se juntar a Haugland e Skinnarland, que enviariam as boas notícias a Wilson. Poulsson foi para Oslo, ao sul, a fim de se encontrar com Helberg – o homem que tamanho papel desempenhara como guia da Gunnerside –, o qual chegaria a essa cidade por outro caminho.

Mal sabiam eles que iriam enfrentar uma série de problemas.

CAPÍTULO VINTE E NOVE

Foi o chocolate que o traiu.

Kristiansen – homem simples e bondoso das montanhas, e por certo não um animal político – resolveu dar um pouco de chocolate a algumas crianças locais. Havia quanto tempo as pessoas de sua cidade nativa de Uvdal não viam chocolate? E se os militares com quem se deparara – britânicos ou noruegueses, ele ainda não sabia ao certo – tinham sido solidários o bastante para dividir o doce com ele, Kristiansen faria o mesmo.

Mas, fatalmente, a notícia de que um morador andava distribuindo chocolates para as crianças de Udval chegou aos ouvidos da Gestapo. Kristiansen foi preso e "persuadido" a falar. Revelou, ponto por ponto, a história de sua expedição para caçar renas e da misteriosa força de soldados que havia encontrado no Vidda.

Os interrogadores da Gestapo enviaram um relatório a seu chefe, general Rediess. Dizia: "Dias antes do incidente de Vemork, oito homens foram vistos no Hardangervidda, esquiando em direção a Rjukan... levando, entre outras coisas, submetralhadoras. Todos vestiam trajes brancos de camuflagem. Encontrada uma cabana no lago

Skrykken... Detectados depois cinco traços de esquis e um trenó saindo de Rjukan e evitando áreas habitadas".

Rediess voou para Uvdal, seguido de Terboven e Von Falkenhorst. De uma hora para outra, essa cidadezinha a leste do Vidda se tornou o centro nevrálgico de suas operações. Obviamente, as reportagens na imprensa sueca eram falsas: nenhum avião havia pousado em um lago gelado com agentes britânicos e os removera dali, tudo no prazo de uma noite. O ataque a Vemork havia sido preparado com bastante antecedência, um número bem maior de homens estava envolvido e, pelo menos até certo ponto, recebera orientações do Hardangervidda.

Os comandantes alemães deram à próxima iniciativa o nome de *Aktion Adler*: Operação Águia. Mais de 10 mil soldados participaram, inclusive tropas de montanha, patrulhas de esquiadores, matilhas de cães rastreadores e aviões de reconhecimento. Agora, corriam boatos sobre "centenas de comandos britânicos" escondidos no planalto das Montanhas Inóspitas. Von Falkenhorst, Rediess e Terboven estavam determinados a vasculhar tudo. Caçariam até o último inimigo.

Felizmente, essa notícia chegou aos ouvidos dos sabotadores – pelo menos, os que puderam ser contatados. Fazendeiros locais esquiaram até as florestas para avisar Haukelid, Kjelstrup, Haugland e Skinnarland, os quatro que acabavam de transmitir sua mensagem apressada, mas triunfante, a Wilson.

"Operação realizada com 100% de sucesso. Setor de alta concentração totalmente destruído... Parece que os alemães não sabem de onde o grupo veio ou para onde foi."

Wilson telegrafou de volta: "Calorosos cumprimentos pelo excelente trabalho realizado. Aprovada decisão para continuarem a tarefa. Saudações de todos para todos".

"O grau de alívio trazido... por esse breve comunicado é difícil de avaliar", observou Wilson a respeito da curta mensagem de Haugland.

"A notícia foi imediatamente transmitida ao Gabinete de Guerra, aos chefes do estado-maior e a outros círculos interessados..."

Em um memorando de 10 de março classificado como "Ultrassecreto e Urgente", Wilson relatou: "Recebemos informação hoje... de que o setor de alta concentração foi totalmente destruído... Falei com o professor Tronstad, o qual confirmou que os danos irão efetivamente impedir a produção do líquido por um período considerável".

Churchill leu a mensagem para seu Gabinete de Guerra. A fumaça dos charutos dançava nas sombras, enquanto as figuras sentadas em volta da grande mesa ouviam suas palavras em absoluto silêncio. Por um raro e glorioso momento, os presentes puderam se inteirar de uma das mais consoladoras notícias da guerra até então – guerra em que nem tudo ia bem para os Aliados. Felizmente, as ambições nucleares de Hitler acabavam de ser destruídas.

Essa era a opinião de Tronstad, o cérebro que concebera e construíra a fábrica de água pesada. Ele estimou que as instalações de SH200 ficariam fora de ação por dezoito meses. Wilson concluiu sua nota esclarecendo que alguns sabotadores estavam se dirigindo para a Suécia, "após uma nevasca apagar todos os traços que os ligavam a Vemork".

O relatório era inteiramente positivo, revelando êxito em todos os níveis. Mas Wilson se inquietava pelos sabotadores que haviam preferido permanecer no Vidda. "Sim, eu me preocupava com eles. A audácia do golpe contra Vemork devia ter enfurecido o inimigo."

Wilson tinha razão de estar inquieto. Haugland contatou-o de novo e o tom da mensagem de rádio agora era outro. A história dos chocolates de Kristiansen em Uvdal e suas consequências havia chegado a seus ouvidos.

"Local de descida... ocupado por alemães. A Gunnerside encontrou um caçador de renas após o salto e o manteve sob guarda... Ele prometeu ficar de boca fechada, e recebeu dinheiro e comida. Tudo indica que... avisou o inimigo."

Tanto a zona de salto da Gunnerside quanto a cabana do lago Skrykken foram vasculhadas pelos alemães e a caçada prosseguia. Por isso, os quatro sabotadores abandonaram sua base na Cabana do Primo e esconderam os equipamentos de rádio em cavernas bloqueadas pela neve. Em seguida, juntaram as tendas, sacos de dormir, comida e armas, e se perderam na paisagem inóspita do alto Vidda, onde nenhuma pessoa sensata ousaria se aventurar.

Acampados nas alturas, em meio à neve e ao gelo, eles viam os patrulheiros alemãs inundando o planalto – desfazendo trilhas de esqui que poderiam seguir, atirando uns nos outros por engano, incendiando cabanas ou bombardeando-as pelo ar, atolando em terreno traiçoeiro e tentando, com isso, conquistar o Vidda.

Na tentativa de vencer o planalto das Montanhas Inóspitas, as forças alemãs só conseguiam atrair o que ele tinha de pior: suas patrulhas eram atormentadas pela gangrena, o envenenamento do sangue, a fome, os afogamentos e a exaustão.

Mas um dos comandos da Gunnerside ignorava completamente a *razzia* desfechada contra o Hardangervidda. Era o artista especializado em procurar encrenca e safar-se, Claus Helberg. Depois do ataque e do encontro com Poulsson, Helberg fora se esconder em Oslo, desaparecendo no bem-vindo anonimato da cidade. Agora, voltava ao Vidda porque ainda havia trabalho a fazer.

Sozinho, esquiou até a cabana do lago Skrykken, onde havia armas e alimento escondidos. Assim fazendo, estava indo sem saber para o epicentro da *Aktion Adler* – a Operação Águia.

Helberg, que havia passado meses no Vidda, sentia-se contente por deixar os horizontes estreitos e congestionados de Oslo. Podia de novo soltar-se nas vastidões selvagens do planalto. Já percorrera uns 50 quilômetros quando avistou a cabana do lago Skrykken. Resolveu descansar e recuperar-se ali, antes de procurar o esconderijo. Os primeiros sinais de problema foram a porta escancarada e a bagunça reinante no interior. Mesas e cadeiras de pés para o ar, colchões rasgados, o conteúdo dos armários e gavetas espalhado pelo chão.

Por um instante, Helberg ficou estarrecido. O Hardangervidda era o santuário dos comandos, o território *deles*. Nunca, durante sua permanência ali, os odiados ocupantes do país haviam se aproximado do local. Mas, sem nenhuma dúvida, tinham invadido a cabana – e recentemente. Um pensamento inquietante lhe ocorreu: e se ainda estivessem por ali, escondidos em algum lugar próximo? Só esperando para atacar?

Correu para a porta, examinou as imediações cobertas de neve. A algumas centenas de metros, um grupo de figuras podia ser visto. Eram cinco, de uniforme cinzento e armadas, esquiando rapidamente na direção da cabana. Munido apenas de uma Colt. 45, Helberg mal podia pensar em resistir.

Ao colocar o esqui, lamentou mais uma vez ter deixado sua "tommy gun" em Vemork. Abandonara aquela assinatura inequívoca dos comandos britânicos na esperança de evitar represálias contra os habitantes locais. Mas, ao partir, temia que aquele gesto lhe custasse a vida.

A tarde caía e ele rumou para oeste, sob o sol baixo que ofuscaria a visão dos perseguidores, tornando-o um alvo menos fácil. Ouviu, às suas costas, o som ritmado de tiros de fuzil. Balas choviam à sua volta, arrancando flocos de neve e dispersando-os ao vento.

Por um instante, Helberg imaginou que era um homem morto e deu graças pelo fato de, ao menos, ter feito seu papel na destruição da fábrica de SH200. Mas continuava ziguezagueando sobre a neve e os alemães pareciam não conseguir acertá-lo. Por fim, o tiroteio cessou. No silêncio que se seguiu, Helberg teve a nítida impressão de que estavam em seu encalço.

Um olhar para trás mostrou que não havia se enganado. Continuou em frente – sua única rota de fuga. Não havia marcas na neve. Presumivelmente, os alemães estavam descansados, ao passo que ele esquiava desde o amanhecer. Contornando elevações para ganhar mais velocidade e dianteira, concentrou-se nessa tarefa.

Avançando por entre formas esculpidas pelo vento e rochas cobertas de gelo, Helberg pensou nas cápsulas de veneno que ainda trazia no bolso. A pior das situações seria se os perseguidores, com sorte, o atingissem com um tiro de fuzil, incapacitando-o de tal maneira que não pudesse suicidar-se. O medo de ser capturado vivo impelia-o para diante.

Depois de uma hora dessa corrida de vida ou morte, três dos perseguidores desistiram, um depois do outro. Mas dois continuaram e pareciam avançar no mesmo ritmo que o perseguido, reproduzindo seus movimentos. Por colinas, rebordos e depressões, eles seguiam em sua trilha. Helberg percebeu qual era agora sua grande desvantagem: estava preparando um caminho de neve calcada e firme para os dois.

Deslizaram por 16 quilômetros, com Helberg e os dois caçadores quase lado a lado. Então, um deles deve ter tido cãibras. Em um instante, estava ali, perseguindo-o vigorosamente; no seguinte, tinha desaparecido. Agora, era um contra um. Uma caçada humana.

"O sujeito estava mais descansado que eu", registrou Helberg, "e era também um ótimo esquiador. Assim, a corrida continuou por mais uma hora, talvez duas..."

O tempo todo, a distância entre ambos quase não variou. Helberg aumentava a dianteira sobre o alemão; e logo a seguir o alemão diminuía essa dianteira. Por fim, Helberg percebeu que seu perseguidor conseguia aproximar-se sempre que eles desciam uma encosta, mas ficava para trás quando subiam cristas ou colinas. O alemão estava mais em forma, é claro, enquanto Helberg se via à beira da exaustão. Mas ali o que contava era, sem dúvida, a técnica.

Helberg procurou o terreno mais alto possível, para se distanciar ao máximo. Foi escalando colina após colina e notou que, efetivamente, estava se afastando aos poucos do perseguidor. Mas, chegando a uma última crista, descobriu que dali em diante só haveria descidas por uma vasta extensão.

"Comecei a descer, recorrendo a todas as minhas forças", lembrou-se Helberg. "Tentava usar contornos e voltas a meu favor, mas, após quinze minutos, podia ouvir o ranger de seu esqui e bastões logo atrás de mim. Ele se aproximou e gritou 'Mãos ao alto!' em alemão."

Helberg parou, sacou de sua Colt. 45 e virou-se. O alemão se deteve, estupefato. Sem dúvida, não esperava que o perseguido estivesse armado. Sacou também de sua Luger, a pistola emblemática das tropas alemãs. Quarenta metros separavam os dois homens; o objetivo do perseguidor fora, sem dúvida, capturar Helberg vivo. Mas agora sabia que teria de enfrentar um duelo, com ele em terreno mais elevado.

O terreno, com efeito, favorecia Helberg. Tinha o sol poente às costas, ofuscando os olhos do alemão. E seus raios, refletidos pela neve e pelo gelo, perturbavam ainda mais o inimigo. Por um instante, os dois adversários hesitaram, cada qual se perguntando o que o outro iria fazer. Então, Helberg disparou. Um único tiro. Mas, apesar de ter mirado bem, sabia que naquela distância tinha pouca probabilidade de acertar o homem.

O tiro era apenas uma provocação, disparado para irritar e amedrontar.

Conseguiu as duas coisas. Chamado a combater, o alemão abriu fogo com sua Luger. Enquanto o estômago de Helberg se contraía de tensão, a primeira bala passou bem perto. Outra quase raspou sua cabeça. O alemão continuou atirando e mais dois projéteis erraram o alvo por poucos centímetros. Helberg tentou se tranquilizar pensando que o inimigo estaria tão sem fôlego quanto ele, cansado e com o suor pingando nos olhos. Mas, mesmo assim, ficar exposto daquela maneira a tão curta distância era uma experiência aterradora.

Deveria mover-se? Desafiar a mira do adversário? Antes que pudesse se decidir, o alemão disparou de novo. A quinta bala fendeu o ar e alojou-se no lado do braço de Helberg: se tivesse se movido, o projétil o atingiria em cheio. O dedo de Helberg ardia por apertar o gatilho da Colt, mas ele se obrigou a cessar fogo. Sabia que quem tivesse balas sobrando após o duelo sairia o vencedor. Mas precisou fazer um esforço sobre-humano para enfrentar o ataque do inimigo, que atirou mais duas vezes.

O alemão fez seu último disparo. A bala zuniu junto à cabeça de Helberg, perto o bastante para que ele sentisse o sopro quente de sua passagem, e ricocheteou em uma rocha às suas costas, emitindo um estalido seco. Teria o homem apertado de novo o gatilho, para descobrir que estava sem munição? Helberg não sabia. Mas a expressão do rosto do inimigo dizia muito. De repente, os papéis se inverteram. O caçador tinha se tornado a caça e só havia uma chance de escapar – subindo a encosta.

O alemão se virou e fugiu. Caso alcançasse a crista sem que Helberg o atingisse, estaria a salvo. Sabia disso e essa certeza lhe deu asas. Helberg, porém, foi mais rápido. Agora, era ele quem seguia na trilha do alemão, que este abria na neve. Helberg disse a si mesmo que se saía melhor que o outro na subida; tinha de se aproximar o bastante para não desperdiçar seus tiros.

A distância diminuiu. O sol se punha, avermelhando o horizonte longínquo e iluminando perfeitamente o soldado inimigo. Este sabia que estava perdendo a corrida e isso o tornava ainda mais frenético – portanto, menos eficiente em terreno elevado. Por fim, Helberg o apanhou pouco antes de ele chegar à crista.

Mirando bem no meio de suas costas – o alvo que dava margem maior ao erro –, o norueguês disparou repetidamente. "Ele começou a cambalear e parou", lembrou-se Helberg, "apoiado nos bastões do esqui como em muletas. Virei-me e corri, para estar longe quando os outros chegassem. O sol se punha e a noite não tardaria. Eu estava salvo, pelo menos por enquanto."

Helberg sabia que a caçada não havia terminado. Os quatro alemães sobreviventes seguiriam a trilha de seu camarada na neve, que os levaria à do fugitivo; poderiam rastreá-lo mesmo na escuridão. Helberg esquiara por uns bons 80 quilômetros e estava à beira do colapso. Precisava de um terreno onde pudesse despistar seus perseguidores.

Rumou para um lago próximo, o Vrajoen. Ali, conseguiria deslizar no gelo sem deixar traços. A noite estava clara e tranquila, mas sem lua. Perfeita para esconder-se, não tão perfeita para orientar-se. Em meio às trevas, Helberg esquiava por uma encosta que não conseguia ver. Em um instante, atravessava terreno firme; no seguinte, voava. Escorregou vários metros, chocando-se dolorosamente com um montículo e rolando encosta abaixo.

Enfim parou e estendeu-se na neve, esperando as pontadas da dor, que começava no ombro direito e descia por toda a extensão do braço. Um osso quebrado, sem dúvida. Quando tentou mover o membro, nada pareceu funcionar como devia. Procurou examinar a situação com calma. Estava sozinho, ferido e armado apenas com uma pistola. Não conseguiria se defender dos quatro remanescentes da patrulha ou de quaisquer outros que porventura encontrasse. Precisava de ajuda – e logo. Precisava, acima de tudo, de um médico.

Levantou-se, aliviado ao constatar que suas pernas ainda lhe obedeciam e que o esqui estava intacto. Caso avançasse cuidadosamente, poderia equilibrar-se com apenas um bastão.

Ferido e sozinho, embrenhou-se nas trevas.

CAPÍTULO TRINTA

Helberg não podia acreditar naquilo. Era impossível. Lá estava ele, degustando um ótimo jantar de trutas fritas no restaurante do Bandak Tourist Hotel, na cidade de Dalen, com o *Reichskommissar* Josef Terboven e o general Rediess em mesas ao lado, diante da lareira crepitante. Estavam tão perto que Helberg podia ouvir sua conversa.

O *Reichskommissar* e o general da SS haviam pedido que duas belas garotas norueguesas lhes fizessem companhia. Uma delas, Åse Hassel, tinha olhos frios e desafiadores – pelo menos, quando falava aos alemães. Contou-lhes sem medo que seu pai estava na Inglaterra, servindo como coronel no Real Exército Norueguês. E, quando sugeriram que ela fosse a seus quartos para uma noitada, a jovem riu na cara deles com o maior desprezo.

Rediess e Terboven enrubesceram de raiva. Quanto a Helberg, mal podia esconder a admiração que sentia pela coragem da moça. Sua jornada até aquele lugar e aquele momento o esgotara. Imobilizando o braço ferido, tinha conseguido esquiar para longe do Vidda e acabou se deparando com uma patrulha alemã. Agindo por instinto, contou ao comandante que estivera ajudando na *razzia*, servindo de guia a uma unidade de busca alemã. Durante a caçada, fora ferido.

Helberg era especialista na arte do blefe; podia ser incrivelmente convincente e o sargento alemão acreditou em tudo. Enviou Helberg à cidade mais próxima, onde um médico militar cuidou de seu ferimento. Helberg teve o ombro engessado e foi transferido para Oslo a fim de receber um tratamento melhor. Um barco partia de Dalen para a capital de manhã e Helberg embarcou nele. No hotel onde se instalou, descobriu que os dois comandantes alemães haviam decidido hospedar-se ali também.

Assim, jantava agora perto do general da SS e do *Reichskommissar*, que continuavam empenhados na caçada aos sabotadores de Vemork, dos quais Helberg era, presumivelmente, o guia. Muita coisa tinha sido conseguida com blefe, coragem e petulância; e, em Oslo, Helberg tencionava sumir na multidão, como havia feito muitas vezes antes. Mas a atitude desafiadora de Åse Hassel estava prestes a deitar por terra todos os seus planos de uma maneira repentina e inesperada.

Tarde da noite, os hóspedes noruegueses do hotel foram reunidos e souberam que iriam para o campo de concentração de Grini a fim de ser interrogados. Haviam insultado o *Reichskommissar* e aquele seria seu castigo. Sob a mira das armas, tiveram de entrar em um ônibus. Helberg não ignorava que, mal chegassem a Grini, o jogo acabaria. Quando lutava contra os invasores alemães, fora feito prisioneiro de guerra e eles por certo tinham sua ficha. A Gestapo recorreria a todos os meios possíveis para descobrir o que, exatamente, um prisioneiro de guerra fugido, como ele, andara fazendo nos três anos seguintes.

Helberg sentou-se bem atrás no ônibus, que seguia protegido de ambos os lados por batedores de motocicleta. Por acaso, estava junto de Åse Hassel, a jovem norueguesa que ousara desafiar Terboven.

Começou a conversar com ela, explicando em voz baixa que tinha motivos especiais e urgentes para fugir dali. Com um piscar de olhos e um ligeiro aceno de cabeça, ela deixou claro que estava disposta a ajudar.

Os dois se puseram a tagarelar em voz alta, na maior intimidade, rindo e pilheriando o tempo todo. Os demais estavam quietos e carrancudos, tentando imaginar o que o destino lhes reservava. Naturalmente, Helberg e Hassel se tornaram o centro das atenções. O guarda alemão, que se acomodara na frente do ônibus, parecia visivelmente irritado. Levantou-se, foi para a traseira e debruçou-se sobre os dois, o rosto congestionado de raiva.

"O questão fazendo?", rugiu ele.

Åse Hassel franziu o cenho.

"O que estamos fazendo? Como assim? Estamos conversando, só isso."

Falava em um alemão fluente e elegante que o soldado fora instruído a respeitar. Um alemão bem mais correto que o dele.

"Por quê? É proibido conversar?", acrescentou.

O guarda alemão não soube o que responder e voltou para o seu lugar na frente. Åse Hassel contou uma piada em norueguês sobre seu confronto com Terboven durante o jantar e uma onda de gargalhadas percorreu o ônibus, o que só serviu para aumentar mais a raiva do guarda.

Em um instante, ele estava de volta.

"Saia daí e vá se sentar na frente", gritou para Helberg. "Agora esse lugar é meu."

Helberg colocou a mochila ao ombro e foi para a frente do ônibus, que era velho e com a porta operada manualmente por uma alavanca, junto à qual se sentou. Precedendo o veículo, as motocicletas varavam a escuridão que logo desapareceria com o amanhecer, mantendo uma distância de cerca de 20 metros. Helberg sabia que, atrás, outros motociclistas faziam o mesmo. Tinha de escolher com muito cuidado seu momento.

O motorista diminuiu a velocidade em uma subida. Matas densas se estendiam de cada lado da estrada. Helberg ficou tenso, disse uma curta prece por Åse Hassel, puxou a alavanca e saltou. Ouviram-se gritos na escuridão e um ranger de freios enquanto Helberg se punha de pé e corria. Tinha uma pequena clareira a atravessar antes de sumir na floresta acolhedora.

Balas zuniam à sua volta. Helberg ziguezagueava para a direita e para a esquerda a fim de confundir a mira dos atiradores, os músculos das pernas latejando enquanto pulava de um trecho para outro. Estava quase na orla da floresta quando uma granada bateu em suas costas. Voou para as árvores, só esperando a explosão que o dilaceraria membro por membro. Mas nada aconteceu. Ou o objeto não era granada ou o soldado alemão se esquecera de puxar o pino.

Quando Helberg se levantou e recomeçou a correr, outras granadas foram atiradas na floresta, mas explodiram bem atrás dele sem causar danos. Momentos depois, estava no coração da mata e os sons da perseguição se distanciavam. Parou por um instante a fim de averiguar se tinha algum ferimento. Correra impulsionado pelo medo e a adrenalina, o que o impedia de sentir qualquer dor. Milagrosamente, parecia ileso.

Helberg não tinha armas, comida ou esqui. Urgia se afastar antes que o ônibus chegasse a Grini e uma patrulha saísse para capturá-lo. Caminhou chafurdando na neve. Por sorte, conhecia a casa de um fazendeiro leal não muito longe dali. Avançou naquela direção, a dor no ombro e no braço aumentando cada vez mais. Ao saltar do ônibus, tinha tentado cair sobre o lado bom, mas rolara e agravara o ferimento recente.

Precisava de ajuda, abrigo, proteção e tratamento médico, tudo isso o mais rápido possível. Havia um asilo para doentes mentais nas imediações. Da casa do fazendeiro, Helberg foi transferido para lá, de ambulância. À tarde, estava "internado" – preso em uma cela acolchoada, com uma tabuleta na porta declarando-o "LUNÁTICO PERIGOSO".

Recuperou-se no asilo. E, curado do ombro, atravessou clandestinamente o país até a fronteira sueca. De sua recepção ali, escreveu: "Quando cheguei a Estocolmo, com quatro de minhas proverbiais sete vidas esgotadas – o salto de paraquedas, a fuga de esqui, a queda na encosta, o pulo do ônibus –, eu estava bastante abalado. Então, relaxei. Tudo era tão agradável!"

Da Suécia, Helberg partiu de avião para a Grã-Bretanha. Wilson recebera notícias de que ele havia sido fuzilado, de modo que era como se aquele homem acabasse de ressurgir dos mortos. Wilson prestou-lhe este tributo: "Considero Helberg, sob todos os pontos de vista, um dos principais membros do grupo de sabotagem". Sua fuga subsequente do ônibus foi "uma epopeia de frieza, bravura e talento".

Sabia-se agora do paradeiro de todos os sabotadores da Gunnerside. Ronneberg e seu grupo tinham completado uma verdadeira maratona, esquiando durante dezoito dias até a fronteira sueca e escapando ilesos à perseguição dos alemães. Os quatro que ficaram para trás – Bonzo Haukelid, Kjelstrup, Haugland e Einar Skinnarland – continuavam escondidos no Vidda, desafiando as patrulhas inimigas e de olho em Vemork.

Ronneberg e sua equipe chegaram a Londres no final de março. Com base no que contaram, Wilson redigiu um relatório minucioso, intitulado "Ataque à Instalação de Água Pesada", que enviou, entre outros, a Churchill. O belicoso líder britânico leu-o e respondeu, em uma minuta pessoal ao chefe da SOE, com uma simples, mas tocante pergunta: "Que recompensa se poderá dar a esses heróis?"

Wilson fez suas recomendações, que propunham, em meia dúzia de páginas, a concessão de duas Ordens por Serviços Relevantes

(Distinguished Service Orders, DSO), três Cruzes Militares (Military Crosses, MC) e quatro Medalhas Militares (Military Medals, MM), entre outras honrarias, à equipe Gunnerside. Porém, mais que isso, as recomendações refletiam até que ponto Wilson conhecia intimamente cada um dos homens envolvidos na missão e quanto apreciava sua energia e qualidades.

Wilson gabou a "coragem, frieza, habilidade e liderança" de Ronneberg; o "espírito de resistência, além de qualquer elogio" de Poulsson; o trabalho de rádio de "primeira classe" e a "frieza" de Haugland durante o tempo em que ficou "exposto ao perigo dos elementos e do inimigo"; o fantástico "reconhecimento final das Instalações" feito por Helberg; e o "impressionante autocontrole, além da habilidade militar", de Haukelid.

A resposta de Churchill às recomendações de Wilson foi um *imprimatur* em uma só palavra manuscrita: "Ótimo". Aprovaram-se as honrarias. Como o assistente do grande homem explicou em nota a Wilson, as longas citações contavam "Uma maravilhosa história, [mas] receio que o primeiro-ministro não tenha tempo para ler novos relatórios sobre a operação, embora isso sem dúvida lhe fosse agradável".

A Operação Gunnerside obtivera duplo sucesso: por enquanto, pusera fim à capacidade alemã de manufaturar SH200 e destruíra os estoques de água pesada dos nazistas – pelo menos, os que estavam guardados em Vemork. Entretanto, no final da primavera de 1943 – quando a sorte da guerra começava a pender em favor dos Aliados –, Churchill ainda continuava preocupado com a capacidade nuclear da Alemanha.

Churchill e Roosevelt não sabiam o que o *Uranverein* – o clube nuclear alemão – poderia ter conseguido *antes* do êxito da Gunnerside. Enfrentando uma série de revezes no Norte da África e na Frente Oriental, Hitler e seus asseclas estavam cada vez mais desesperados por uma arma capaz de reequilibrar o conflito – e havia relatórios informando que logo a obteriam.

Um boletim da inteligência aliada citava boatos amplamente difundidos na Alemanha a respeito de uma "bomba ultramoderna. Afirmava-se que 12 delas, com base no princípio da desintegração do átomo, seriam suficientes para destruir uma cidade de milhões de habitantes". Ao mesmo tempo, a inteligência alemã havia estabelecido, em definitivo, que o Projeto Manhattan trabalhava para conseguir a bomba atômica aliada. A corrida nuclear era impiedosa e real – o lado que a vencesse subjugaria o outro.

O reconhecimento aéreo aliado colheu impressionantes evidências da construção de plataformas de lançamento para uma arma desconhecida, apontadas para a Grã-Bretanha. Eram, é claro, as rampas das V1, construídas na Alemanha e por toda a Europa ocupada a fim de que as bombas voadoras *Vergeltung* começassem a chover sobre os lares britânicos. Seria acaso difícil dotar essas armas de ogivas nucleares ou radiológicas, ainda que toscas?

Com base em um relatório pormenorizado redigido nos Estados Unidos, Roosevelt e Churchill sabiam da ameaça que um reator de água pesada funcional dos nazistas representava: em pouco tempo ele produziria "quantidades colossais" de material radioativo. Atiradas no centro de uma cidade, bombas radiológicas permitiriam aos alemães "incapacitarem completamente" aglomerados urbanos. Londres seria evacuada; Washington, reduzida a uma cidade fantasma.

"A Alemanha cogita de usar essa arma contra a Grã-Bretanha em um futuro próximo", advertiram os americanos. A ameaça seria ainda mais real "se os alemães se vissem ante a possibilidade da derrota..." Relatórios afirmavam que "produtos de fissão podem ser atirados de avião sobre uma determinada área... ao acaso, sobre áreas densamente povoadas, como instrumento de terror, ou sobre alvos selecionados, como docas ou distritos industriais".

Em um telegrama urgente e "Ultrassecreto", o quartel-general da SOE em Nova York, de Stephenson, alertou a Tube Alloys de Londres sobre as medidas defensivas que deveriam ser tomadas. "Em vista do possível uso de produtos radioativos como armas, é desejável que a fabricação de um número adequado de detectores seja acelerada... Convém formular as instruções para o uso dos detectores e os passos a dar em vários graus de contaminação. Elas deverão estar prontas para ação futura."

Na América, o general Groves se encontrou com Roosevelt para inteirá-lo da marcha do Projeto Manhattan, mas o presidente queria saber também onde estavam os alemães na corrida pelo prêmio nuclear. A resposta de Groves, como sempre, foi direta e incisiva. O *Uranverein* "trabalhava seriamente já antes de nós... portanto, deve estar bem à frente".

Groves soubera do sucesso da Operação Gunnerside. Mas ignorava se os sabotadores britânicos tinham ido longe o bastante: a fábrica de Vemork não tinha sido totalmente destruída. Roosevelt sempre insistia em que quaisquer medidas para frustrar o esforço nuclear nazista contariam com seu apoio. Groves logo teria o alvo perfeito, pois cientistas alemães se encontravam em Vemork para reconstruir a fábrica de SH200 e colocá-la de novo em funcionamento – em escala ainda mais ambiciosa.

Segundo relatórios da inteligência aliada, faziam-se planos para a fábrica de Vemork produzir 500 vezes mais do que antes do ataque da Gunnerside, empregando tecnologia e pessoal da I. G. Farben na reconstrução. Dada a amplitude e a proficiência da I. G. Farben, Groves achou esses relatórios bastante convincentes, para não dizer alarmantes. Roosevelt lhe dera luz verde e uma ação decisiva tinha de ser levada a termo.

Naquele verão de 1943, em Londres, Churchill examinava um rolo de filme capturado dos alemães. Mostrava as atrocidades cometidas contra os judeus e outras vítimas do Reich nos territórios ocupados, desfiando um verdadeiro catálogo de horrores. Churchill estava visivelmente comovido. Por sua ordem, o filme seria mostrado a todos os militares americanos que chegassem à Grã-Bretanha; eles precisavam saber por que iriam lutar: para livrar a Europa daquele mal inimaginável.

Churchill escreveu a Roosevelt ressaltando que era necessário dar mais assistência aos fugitivos da perseguição nazista. "As instalações de que dispomos para ajudar as vítimas da fúria antissemita de Hitler são tão limitadas que, seguramente, nossa capacidade de remover alguns para local seguro está diminuindo cada vez mais." Roosevelt concordou.

Churchill foi ao ponto de chamar o Holocausto de "o maior e mais horripilante crime jamais cometido em toda a história do mundo". Entretanto, permitir que o Reich construísse um arsenal nuclear facilitaria sem dúvida um crime ainda pior. Só Deus sabia do que o arquiteto de tamanha maldade seria capaz tendo à mão armas atômicas ou radiológicas. Valia tudo para deter Hitler.

Wilson também sentia a pressão. Em um memorando de agosto de 1943 enviado a ele com o carimbo "Pessoal e Ultrassecreto", notava-se a preocupação suscitada por "vários relatórios sobre a arma secreta alemã... ela fará tudo o que dela se espera para garantir a vitória na guerra... A data para a disponibilização da arma secreta foi marcada... será novembro". Essa "arma secreta" tinha todo o apoio de Goebbels, entre outros nazistas da alta cúpula, e a produção de SH200 era imprescindível para lhe dar o toque final.

Sem dúvida, Vemork tinha de ser posta fora de ação. Qualquer tentativa de ressuscitar a produção de água pesada devia ser impedida. Ao mesmo tempo, porém, Wilson temia que o pânico se espalhasse entre a população britânica. Um artigo no *Daily Express* de 24 de junho falava dos laboratórios de Vemork, onde "os alemães estão testando a chamada 'bomba de água pesada', que superará todos os explosivos até hoje conhecidos".

Wilson declarou que não estava preocupado com o "aspecto segurança" daquele artigo de imprensa. O que o preocupava era o fato de a mídia britânica difundir "matérias capazes de provocar facilmente alarme considerável e mesmo desânimo em alguns setores da comunidade". A perspectiva de um ataque atômico era assustadora demais para a maioria do público. Wilson continuava acreditando que a melhor – e mais silenciosa – maneira de enfrentar a ameaça era o emprego de sua equipe de infiltrados.

Os homens escondidos no Hardangervidda estavam de olho em Vemork e aguardavam o chamado às armas.

CAPÍTULO TRINTA E UM

O cotidiano no Vidda era, como sempre, difícil. Dos sabotadores de Vemork que haviam ficado para trás, apenas dois, Bonzo Haukelid e Einar Skinnarland, continuavam a postos. Os outros tinham sido expulsos pelo clima, a fome e as incursões alemãs ou voltado para a Grã-Bretanha a fim de se submeter a novos treinamentos especiais.

No dia 14 de fevereiro de 1944, Haukelid foi de esqui para Rjukan, a pedido de Wilson, em uma missão de alta prioridade. Muita coisa havia acontecido desde que a Operação Gunnerside obtivera sucesso. Niels Bohr finalmente abrira os olhos – e já não era sem tempo. No verão de 1943, o regime nazista havia mostrado enfim sua verdadeira face na Dinamarca: judeus e outros inimigos do Reich foram capturados e enviados a campos de concentração.

Niels Bohr – o precursor da física atômica – já não podia esconder a cabeça na areia, conforme o velho provérbio. Estava errado em relação às suas ideias sobre Hitler e os nazistas: eles estavam longe de ser uma presença benigna na Dinamarca. Em setembro de 1943, pouco antes de a Gestapo sair à sua procura, Bohr fugiu para a vizinha Suécia.

Chegando a Estocolmo, conclamou a princesa Ingeborg, irmã do rei dinamarquês Cristiano, a salvar os judeus da Dinamarca apelando para os "melhores instintos" do líder alemão. Secretamente, a princesa fazia parte da rede de espionagem de Stephenson – era uma mulher forte e franca.

"O senhor está fora da realidade", respondeu ela a Bohr, sem papas na língua. "Viveu no Terceiro Reich e nunca chegou perto de entendê-lo."

Bohr tentou protestar:

"Mas, sem dúvida, um apelo a Hitler..."

A princesa Ingeborg encarou-o.

"Deus do céu! Um apelo a Hitler é um apelo ao próprio Diabo. Se chamarmos a atenção do Führer para a existência desses judeus, ele pode muito bem exterminá-los... Senhor Bohr, seu laboratório foi um paraíso de ilusões."

As palavras da princesa acabaram com as fantasias de Bohr. Percebendo enfim a verdadeira natureza do regime nazista, reconheceu que o único curso de ação a seu alcance era fugir para a Grã-Bretanha e juntar-se aos Aliados. A despeito de sua ingenuidade e de sua lealdade equivocada, o Projeto Manhattan o esperava de braços abertos. Se Bohr cooperasse, ajudaria os Aliados a vencer a corrida pela bomba nuclear.

A necessidade que os Aliados tinham dos serviços de Bohr era urgente demais para suportarem a demora de uma viagem marítima. Assim, um avião Mosquito decolou de RAF Tempsford – Gibraltar Farm – para um encontro no meio da noite com o cientista dinamarquês em um aeroporto sueco distante e deserto. Os Mosquitos que executavam os "voos da lua" haviam sido convertidos para que o alçapão de bombas levasse um passageiro espremido ali dentro e respirando por um balão de oxigênio.

"Uma das prioridades da SOE eram os lugares para passageiros", observou Wilson a respeito desses voos. "Era possível enviar um número limitado de homens para o leste da Noruega e, mais importante, trazer outros muitos... como o professor Niels Bohr, o cientista nuclear, no compartimento das bombas."

Bohr por pouco não pereceu naquela jornada de dar nos nervos.

Em uma pista deserta, o avião de estrutura de madeira aguardava, os motores já acionados. Das entranhas do Mosquito desceu uma jovem misteriosa, uma agente da SOE em missão secreta. Deu instruções apressadas ao cientista dinamarquês, deixando pouco para a imaginação: durante toda a viagem para a Grã-Bretanha, ele ficaria isolado dos tripulantes e, se a aeronave sem defesa fosse atacada, não poderia esperar muita ajuda.

Caso fosse ferido, havia morfina e remédios em um estojo de mão. Teria de medicar a si mesmo e aguentar firme até o pouso na Grã-Bretanha. O compartimento de bombas não lhe daria muito espaço para se mexer. Caso o avião despencasse nas águas frias do mar do Norte, ele estaria perdido, mas pelo menos seu sofrimento, como o dos tripulantes, seria breve antes da morte por exposição.

Dadas as instruções, a jovem tirou seu traje de neve – feito para preservar o calor humano em altitudes elevadas – e deu-o ao homem considerado um dos maiores físicos nucleares do mundo. Era 7 de outubro de 1943 e Bohr tinha acabado de completar 58 anos. Pegando o capuz e a máscara da jovem – ainda quentes do calor de seu corpo –, ele entrou no cubículo escuro e apertado. Momentos depois as portas do avião se fecharam, os dois motores Rolls-Royce Merlin zumbiram e Bohr foi levado pelos ares sombrios.

Quando ganhavam altitude, o piloto checou o fluxo de ar que ia para seu misterioso passageiro, mas o ponteiro havia parado teimosamente no zero. Ou se tratava de um defeito ou o homem no compartimento de bombas não estava respirando nenhum oxigênio. A única proteção do Mosquito contra caças inimigos eram a velocidade e a altitude, mas, sem ar naquela altura, o passageiro morreria.

O piloto não teve alternativa a não ser inclinar o nariz da aeronave e descer em direção ao mar. Recalculou a rota. Se virasse para o norte, seu combustível daria apenas para chegar à Escócia em alta velocidade. Talvez. Precisaria fazer malabarismos com o suprimento de combustível restante se quisesse descer em um aeroporto como Wick.

Por fim, envolto em fumaça, o Mosquito finalmente pousou. Uma ambulância atravessou a pista. O compartimento de bombas foi aberto e revelou um Niels Bohr inconsciente. Stephenson em pessoa o esperava. A pulsação de Bohr estava fraca, mas pelo menos ele estava vivo. Por algum motivo, o fluxo de ar tinha sido interrompido.

Mas em pouco tempo Bohr recuperou a saúde. Dias depois já se encontrava em Londres, recebendo as mais eminentes personalidades da ciência nuclear britânica.

"O professor Bohr era uma alma gentil", observou Stephenson. "Acreditava piamente na filosofia de Gandhi de combater o mal com a humildade, de resistir à violência com as armas do intelecto. Precisou sair do ambiente nazista para aquilatar o grau de perversidade com que estávamos lidando."

Decorridos alguns dias, Bohr se encontrou com Churchilll e foi bombardeado com perguntas sobre os planos de Hitler de fazer chover sobre Londres milhares de armas *Vergeltung* (Vingança). Poderiam ogivas atômicas ou radiológicas ser engastadas em foguetes, como os Aliados receavam? Os nazistas já dominavam essa tecnologia? Bohr não sabia responder. Enclausurado na torre de marfim de seu laboratório em Copenhague, sequer havia tomado conhecimento de que o Terceiro Reich desenvolvera as bombas V1 e V2. Entretanto, ali na Grã-Bretanha, equipes de especialistas equipadas com detectores de radiação começavam a se espalhar pelas ruas da cidade, caso as armas *Vergeltung* iniciassem um apocalipse.

Churchill estava decepcionado e não escondia isso. Censurou a colaboração passiva e involuntária de Bohr com o inimigo, para não mencionar sua deliberada ignorância sobre a verdadeira natureza da ideologia de Hitler. O cientista tinha sido paparicado e tratado com apreço pelos nazistas, preferindo acreditar nas lisonjas e palavras vãs daquela gente. Bohr ficou sabendo que precisavam dele o mais cedo possível nos Estados Unidos, onde ajudaria a aperfeiçoar a bomba aliada.

"Não vamos combater a barbárie com a barbárie?", objetou Bohr.

"Não sobreviveremos para combater nada se negligenciarmos essa nova arma", foi a réplica. "A liberdade para agir de maneira civilizada tem de ser defendida e isso, às vezes, significa empregar a violência."

Bohr foi finalmente persuadido a voar para a América. Viajaria com identidade falsa ("sr. Baker") para trabalhar no Projeto Manhattan. Relutantemente e após muito esforço para esclarecê-lo, Bohr se tornou mais um dos Irregulares da Baker Street.

Enquanto Bohr voava para oeste, para os Estados Unidos, uma esquadrilha da Força Aérea dos Estados Unidos (United States Army Air Forces, USAAF) trovejava para o leste, escurecendo os céus da Noruega. Era 16 de novembro de 1943 e, durante os nove meses decorridos desde a Operação Gunnerside, os alemães haviam movido céus e terra para restabelecer a produção de SH200. Seu êxito no empreendimento e a transformação de Vemork em uma fortaleza inexpugnável convenceram os Aliados de que apenas um ataque aéreo poderia detê-los agora.

O general Groves recebeu carta branca e um bombardeio pela Força Aérea dos Estados Unidos foi planejado. Uma esquadrilha de

460 bombardeiros – Fortalezas Voadoras e Liberators – faria algumas manobras de diversão enquanto o corpo principal rumaria para Vemork. Por volta de 11h30 – quando a maioria dos trabalhadores devia estar fora para o almoço, diminuindo assim o risco de baixas –, a primeira aeronave abriu seu alçapão de bombas. Pelos próximos trinta minutos, centenas de petardos de 230 quilos choveram sobre Vemork e as imediações.

Foram atingidas em cheio a estrada de ferro por onde a força Gunnerside se aproximara clandestinamente, as tubulações que desciam pela encosta e a ponte suspensa sobre a ravina. Quatro bombas caíram sobre a estrutura de água pesada, da fábrica de SH200, mas sem causar danos significativos à infraestrutura principal, escondida no térreo. As células de alta concentração, que eram o alvo mais importante, não foram sequer arranhadas.

Devido a um erro de navegação, dezenas de bombas atingiram a fábrica de fertilizantes em Rjukan. No total, 22 civis morreram durante o ataque, o que irritou o governo norueguês no exílio, que não havia sido informado sobre o bombardeio. A seu ver, o ataque não encerrava "nenhuma proporção com o objetivo buscado", sobretudo porque nem uma gota de SH200 se perdera.

Depois que Haugland deixou o Hardangervidda, Einar Skinnarland se tornou o único elo de comunicação com Wilson no local. Em contraste com as queixas amargas de seu próprio governo, as palavras de Skinnarland foram de elogios para a ação da Força Aérea dos Estados Unidos: "Grande entusiasmo com a precisão e os resultados do ataque... Todas as tubulações, por cerca de 100 metros... pesadamente danificadas... A ponte suspensa veio abaixo. Os canos de gás e os fios elétricos que partiam de Rjukan estão rompidos..."

Sem dúvida, o ataque da USAAF obteve pelo menos um resultado concreto na batalha para inviabilizar a bomba nazista: convenceu os alemães de que seria inútil insistir em produzir SH200 na

Noruega. Eles não tinham aviões de caça para defender a fábrica de Vemork caso ocorresse um segundo e mais acurado bombardeio contra ela. Assim, decidiram remover os estoques de SH200 e os meios de produzi-la para a relativa segurança da Pátria.

Skinnarland avisou Londres das intenções dos nazistas. Wilson leu sua mensagem com mal-estar crescente.

Havia pouco, os Aliados tinham obtido fotos de reconhecimento aéreo da área de Haigerloch-Hechigen, no sul da Alemanha. Elas mostravam uma estrutura em construção no local com toda a aparência de abrigo para reatores nucleares. Com Berlim sendo alvo de bombardeios aliados cada vez mais frequentes, aquela era a área para a qual o *Uranverein* havia transferido sua preciosa pilha de urânio.

Com base nas informações de que dispunham, os Aliados concluíram que os alemães possuíam um reator de 100 kW pronto e em funcionamento, capaz de produzir "substâncias de fissão" suficientes para fabricarem "de quatro a oito bombas por ano". O temor era que o Reich desenvolvesse um arsenal nuclear completo ou, em desespero de causa, atacasse logo o inimigo com algum tipo de ogiva radioativa. A corrida pela supremacia nuclear havia se transformado em uma brutal "guerra de nervos" em que um lado pouco sabia dos progressos do outro.

"Um ou mais institutos de pesquisa foram transferidos para as vizinhanças de Hechigen", concluíram os relatórios dos Aliados. "Sabe-se que Heisenberg está trabalhando lá... Recebemos também informações de que Hechigen e o distrito próximo são 'áreas proibidas', sob controle militar... Heisenberg foi encarregado da fase experimental da produção de uma bomba de urânio 235... afirma-se que possui 500 quilos de água pesada e vai receber mais mil."

Seria desastroso se a SH200 de Vemork chegasse às novas instalações do *Uranverein* em Haigerloch-Hechigen. O embarque dessa água pesada para a Alemanha tinha de ser impedido a todo custo.

Daí a jornada de Knut "Bonzo" Haukelid, em fevereiro de 1944, para Rjukan – uma figura solitária deslizando rumo ao sul de esqui, com planos de sabotagem em mente.

Haukelid era agora o único agente com treinamento completo da SOE, na área, em posição de agir – um relutante Einar Skinnarland tinha sido encarregado de manter as importantíssimas comunicações por rádio com Londres. Entretanto, desde o início, Haukelid havia questionado a validade de empreender outra tentativa de sabotagem.

Desde a Gunnerside, todas as janelas e portas para a fábrica de SH200 tinham sido obliteradas, restando apenas o acesso principal, fortemente guarnecido o tempo todo. Um destacamento de comandos teria problemas para forçar a passagem naquele ponto e Haukelid estava sozinho – podendo contar apenas com uns poucos habitantes locais recrutados de última hora.

Tinha outros motivos para ficar receoso e desanimado: aquela guerra já lhe custara caro. Recentemente, tinha recebido uma carta de sua jovem esposa, Bodil, pedindo o divórcio. Haviam se casado às pressas no início do conflito e logo depois Haukelid desaparecera para lutar. Bodil estava na Suécia: muito tempo e distância os separavam. Ela conhecera outro homem, contou-lhe. Haukelid havia se entregado de corpo e alma à luta. Conseguira sobreviver por dezoito meses no Vidda. Sua mãe fora presa e seu pai continuava nas garras da Gestapo, enfrentando horrores indizíveis. Seus amigos tinham sido torturados e mortos.

E agora, aquilo: sua esposa havia tão poucos anos o deixava.

Haukelid estava de muito mau humor. Na Gunnerside, fizera parte de um grupo bem treinado, bem armado, ultraprofissional. Agora trabalhava sozinho, com o auxílio de um ou dois homens da resistência, e os alemães nunca tinham se mostrado mais atentos. Calculava em quase zero suas chances de sobrevivência e, fosse como fosse, sabia ter o sangue dos habitantes locais nas mãos, pois os alemães sem dúvida reagiriam com inaudita violência.

Enviara uma mensagem a Wilson contando tudo isso. Mesmo se os estoques de SH200 pudessem ser destruídos, coisa de que ele duvidava bastante, o risco de represálias contra os habitantes era muito grande. Estes haviam sido informados de que, caso houvesse outra tentativa de sabotagem, medidas drásticas seriam tomadas. E Haukelid deixou bem claro que não queria ser o responsável por esse ato desmedido.

Wilson estava sendo fortemente pressionado por Churchill e Roosevelt; o primeiro-ministro britânico exigia que o transporte de SH200 fosse interrompido a todo custo. Sua resposta a Haukelid foi lacônica, não admitindo contestação: "Caso examinado. Urgentíssimo que a água pesada seja destruída. Espero que isso se faça sem consequências muito sérias. Boa sorte na missão. Saudações".

Apesar das óbvias incertezas de Haukelid, Wilson não perdeu a confiança nele. Sabia que esse homem, no Vidda, valia mais que 100 soldados regulares em qualquer outra parte. De algum modo, Haukelid encontraria um jeito.

De seu lado, Haukelid passara tempo suficiente em Londres para se apaixonar pela cidade. Sentia-se atraído por seus encantos únicos, sem falar do espírito de resistência de seus habitantes durante a *blitz*. Se os nazistas conseguissem construir a bomba, nada do que a Luftwaffe fizera para destruir Londres se compararia ao cataclismo que a esperava. Ele não tinha escolha a não ser agir.

Recorrendo a seus contatos locais na fábrica, Haukelid estudou o modo como os alemães pretendiam remover os estoques de água pesada. Tambores de aço seriam colocados em vagões de trem, que viajariam para Rjukan e daí para uma balsa. Esta atravessaria o vizinho lago Tinnsjø, levando os tambores, por etapas, a um porto marítimo, de onde seriam enviados para a Alemanha.

Em todas as etapas, seria posta em prática a recomendação do general Von Falkenhorst: "Quando se tem um cofre de joias como este, é preciso ficar em cima da tampa de armas na mão!" Uma unidade de elite das tropas alemãs acompanharia passo a passo o percurso da SH200. Aviões de patrulha voariam sobre o Vidda, à cata de movimentos suspeitos ou trilhas de esqui, e agentes da Gestapo afluiriam para a cidade de Rjukan.

Mesmo assim, Haukelid descobriu o ponto fraco do inimigo: a balsa da Norsk Hydro, que transportaria os tambores de SH200 pelo lago Tinnsjø. Percebeu que a SF *Hydro* – um barco de fundo chato, verdadeiro patinho feio – era a fresta na armadura nazista.

A SF *Hydro*, antiga e movida a vapor, tinha duas chaminés à meia-nau. Essa balsa ferroviária tinha sido usada para transportar bens entre Vemork e Rjukan. Lançada em 1914, com peso em torno de 500 toneladas, já tinha, pois, trinta anos. Com trilhos paralelos sobre seu convés plano, podia carregar um total de 12 vagões e 120 passageiros.

Haukelid tinha certeza de que a tropa de elite alemã encarregada de proteger o carregamento de SH200 cumpriria as recomendações de Von Falkenhorst ao pé da letra: ficaria sentada sobre a tampa do cofre das joias da coroa – os preciosos tambores de água pesada – durante todo o trajeto. Mas, paradoxalmente, essa seria sua maior força e sua maior fraqueza.

No dia em que os barris de SH200 fossem levados para bordo da SF *Hydro*, esta por certo fervilharia de soldados alemães, o que não significava imunidade à sabotagem. Longe disso.

Haukelid só precisava dos meios para executar o tipo de ataque que tinha em mente.

CAPÍTULO TRINTA E DOIS

B onzo Haukelid caminhou pelas ruas de Rjukan mais parecendo um bobo da corte. De paletó azul-claro emprestado e sapatos de verniz, trazia, pendurado no braço, o objeto mais incongruente em Rjukan naquele tenso final de fevereiro de 1944. As ruas estavam apinhadas de soldados alemães e oficiais da Gestapo checando documentos de identidade, mas Haukelid tinha o equivalente a um passe livre em meio ao caos e à suspeita: um estojo de violino.

Uma orquestra estava de visita à cidade e iria apresentar uma ópera aquela noite. O maestro era o conhecido compositor norueguês Arvid Fladmoe e esperava-se um bom público. Os mais destacados moradores de Rjukan e os figurões nazistas ficariam lado a lado na plateia. Haukelid decidira posar de músico, mas seu estojo de violino continha uma submetralhadora Sten, e seus bolsos e bolsas estavam cheios de granadas.

Era sexta-feira, apenas dois dias antes do domingo no qual, ele o sabia por sua fonte em Vemork, a água pesada seria transferida. A balsa ainda não tinha guardas, mas isso mudaria. Haukelid executava uma missão de reconhecimento vital, pois precisava saber exatamente quando a SF *Hydro* estaria na parte mais profunda do lago. Ele iria afundá-la e desejava ter absoluta certeza de que os alemães não conseguiriam resgatar sua preciosa carga.

Tomou o trem para as docas e subiu a bordo da SF *Hydro* como passageiro a pé. Para um observador casual, era apenas mais um dos músicos visitantes viajando para contemplar a bela paisagem. As duas chaminés despejaram fumaça negra e a balsa pôs-se em movimento. No convés, os vagões foram presos com correntes para impedir que deslizassem durante a travessia. Haukelid concluiu que estavam carregados com fertilizantes para exportação.

Lançou um olhar fortuito ao relógio enquanto a balsa vogava. Na verdade, estava cronometrando tudo, considerando até frações de segundo: quanto tempo fora necessário para depositar a carga; quanto tempo os passageiros levaram para embarcar; quanto tempo esperaram até o momento da partida e, em seguida, quanto tempo a balsa precisou para chegar ao ponto mais fundo do lago, onde a profundidade passava dos 300 metros. Dali não se poderia resgatar nada, como fazia questão de lembrar a si mesmo com um sorriso lúgubre – nem a carga nem os passageiros desesperados que porventura estivessem a bordo no domingo seguinte.

Haukelid havia convencido o engenheiro-chefe a permitir que ele fizesse um passeio na balsa. O tempo todo, procurava o melhor lugar para plantar uma bomba e lutava contra a própria culpa: seu guia presente poderia muito bem ser uma de suas futuras vítimas. Terminada a tarefa, já tinha certeza da eficácia do plano. Instalaria as cargas no porão, que seria invadido pelas águas frias do lago. O porão afundaria e a popa se ergueria, tornando inúteis as hélices do barco. A SF *Hydro*, indefesa, afundaria em seu túmulo negro e úmido.

Todavia, Haukelid ainda tentava encontrar um meio de conseguir as duas coisas ao mesmo tempo: sepultar bem fundo e bem rápido a água pesada e dar oportunidade aos passageiros para escaparem do barco condenado. Pensaria nisso mais tarde. Tinha seu cronograma. Agora, fabricaria a bomba.

O principal colaborador de Haukelid era Rolf Sørlie, seu contato em Rjukan que havia assinalado o mapa para ajudar a força de assalto da Gunnerside a invadir a fábrica. Sørlie, por sua vez, tinha recrutado Knut Lier-Hansen, um sujeito com quem Haukelid simpatizou de imediato. Ex-sargento norueguês de feições rudes, Lier-Hansen era quase tão encrenqueiro e rebelde quanto o próprio Haukelid.

Com Einar Skinnarland encarregado do rádio no Vidda, Haukelid tinha sua equipe. Tudo dependia agora do fabricante da bomba, um profissional tão pouco ortodoxo quanto possível. Aposentado de 67 anos, Ditlev Diseth já havia trabalhado para a Norsk Hydro. Agora tinha uma oficina de conserto de relógios, que parecia tanto a loja de um inventor louco quanto o cubículo de um penhorista: só se viam caixas e mais caixas de relógios desmontados, molas, fios, peças e estojos.

Diseth já tinha sido preso pela Gestapo, acusado de simpatizar com a resistência, mas não se pôde provar nada contra o patriota durão e enrugado. Bom amigo de Sørlies, Diseth sugerira um modo de explodir a SF *Hydro* a certa altura do lago Tinnsjø. Era simples e engenhoso: afundariam o barco usando dois despertadores antigos, com martelinhos no alto que percutiam sininhos.

Removidos os sininhos, os martelinhos seriam ainda ativados quando a hora do alarme fosse chegada. Se completassem um circuito elétrico, a corrente acionaria os detonadores, que provocariam a explosão. Diseth instalou quatro pilhas de nove volts em cada despertador, para gerarem a corrente; quando os martelinhos encostassem um no outro, o circuito ganharia vida e as cargas seriam detonadas.

As bombas-relógio caseiras de Diseth seriam colocadas no porão da SF *Hydro*, com os despertadores programados para entrar em ação no exato momento em que a balsa chegasse ao ponto mais fundo do lago. Com base em seu treinamento na SOE, Haukelid calculou o peso dos explosivos – pouco menos de 9 quilos – exigido para destruir 12 metros quadrados do casco do barco. Isso o faria afundar em 4 ou 5 minutos, o que permitiria aos passageiros saltarem para a segurança, mas não daria tempo ao capitão para levá-lo até o cais e salvar a carga.

Passava um pouco da meia-noite, no dia em que a balsa partiria. Com o gelo estalando sob seus pés como se fossem tiros, Haukelid se sentia uma espécie de homem-bomba em movimento. Tinha uma corda de "salsichas" de Nobel 808 enrolada no peito e nos ombros, seus bolsos estavam cheios de detonadores, relógios e granadas, tudo escondido sob um grosso casaco.

Havia uma crosta dura de neve congelada no caminho que ele, Sørlie e Lier-Hansen percorriam em direção ao porto escuro. Haukelid ia na frente, as mãos balançando soltas ao lado do corpo. Atravessaram a escuridão do cais Mael, onde o terminal da estrada de ferro marcava também o ponto de ancoragem do alvo da noite.

Já perto, mas ainda à sombra de alguns galpões, Haukelid fez sinal para que os outros se aproximassem. Agachados, eles estudaram o alvo. A noite estava profundamente calma e clara, o luar se filtrando por entre as nuvens altas. Por incrível que parecesse, não se via nenhum guarda.

Antes de sair para aquela missão noturna, os três sabotadores visitaram o pátio ferroviário para se certificar de que a SH200 estava a caminho. Subiram até um ponto elevado e ficaram observando a cena iluminada. Recortados contra a luz forte, estavam os vagões cheios até as bordas de tambores de aço, com dezenas de soldados alemães montando guarda.

"Precisaríamos de toda a Companhia Linge para enfrentá-los", resmungou Haukelid. "Não há escolha: temos de explodir a balsa. Destruí-la."

Haukelid soltou mais algumas pragas. Não gostava nada do que iriam fazer. Uma amiga de família de seu colega conspirador, Sørlie, havia comprado (ou melhor, reservado) passagem para a viagem daquela manhã de domingo. Um leve laxante a convencera de que não seria uma boa ideia embarcar. Mas nenhum dos sabotadores podia saber quem estaria a bordo da SF *Hydro* – amigos, conhecidos, vizinhos – antes da partida.

Além disso, eles haviam recebido avisos preocupantes. Uma mulher que trabalhava na central telefônica de Rjukan e falava fluentemente o alemão era membro da resistência. Ouvira a conversa de dois comandantes inimigos: o quartel-general da Gestapo tinha sido alertado de que "a mais fantástica das sabotagens" ia ser tentada.

Depois de uma vida inteira caçando nas sombras, o instinto de sobrevivência de Haukelid era muito aguçado. Ele conseguia sentir a tensão; conseguia perceber que o cerco se fechava. Os alemães sabiam que alguma coisa estava no ar. Mas, mesmo assim, a SF *Hydro* continuava sem proteção. Seria uma armadilha? Muito provavelmente, pensou Haukelid. No momento em que saíssem do esconderijo, figuras surgiriam do nada. E se já estivessem sendo observados?

Bem, nesse caso teriam de lutar.

Haukelid ergueu-se e começou a se mover como um gato. Suas têmporas latejavam de tensão. A passarela de embarque estava a poucos metros e ninguém ainda se mostrara. Tudo parecia muito fácil. Parou e fez sinal aos outros para que se juntassem a ele: eram piratas prestes a subir pela prancha e abordar o navio.

Profundamente apreensivas, três figuras subiram. Saltaram para o convés plano e o atravessaram. Haukelid teve sua atenção atraída para o compartimento da tripulação, de onde vinham vozes e risadas. Alçou-se até a janela e olhou para dentro. Um jogo de cartas. Pôquer. Encontravam-se ali, pelo visto, quase todos os tripulantes do navio; mas, sem dúvida, alguns se ocupavam dos motores.

Haukelid afastou-se, acenando para que os companheiros o seguissem. Desceram alguns degraus de ferro até as acomodações de terceira classe, no convés inferior. Haukelid procurou as escotilhas que davam acesso ao porão. Teriam de se esgueirar por elas, chegar ao porão e instalar as bombas-relógio. Chegar até ali sem ser molestados estava parecendo fácil demais.

De repente, ouviu passos. Momentos depois, uma figura se recortou contra a luz que jorrava de uma porta repentinamente aberta. Quem quer que fosse, percebera movimento – uma presença humana – e deixara o jogo de pôquer. Haukelid se confundiu com as sombras. Receou que a brincadeira tivesse acabado; que a armadilha começasse a se fechar.

Uma voz gritou, desafiadora: "Quem está aí? É você, Knut?"

Com a maior frieza, Knut Lier-Hansen replicou: "Sim, sou eu. Com alguns amigos".

Lier-Hansen havia reconhecido o homem. Era John Berg, o vigia noturno do navio; os dois se encontravam no clube esportivo local. Haukelid e Sørlie saíram da sombra para que o vigia os visse. O homem examinou as três figuras, cujos casacos encobriam protuberâncias suspeitas. Decorreu um longo momento de tensão enquanto uma pergunta tácita pairava pesadamente no ar: *O que vocês estão farejando em meu navio?*

"Acontece, John, que estamos esperando uma revista", adiantou-se Lier-Hansen. "A Gestapo. Peguei algumas coisas que precisávamos esconder." Passeou os olhos em redor. "Simples assim. Alguma sugestão?"

O vigia se descontraiu.

"Sem problemas. Por que não disse antes?" Sabia que Lier-Hansen era membro da resistência local e já tinha carregado armas ou mesmo pessoas para aqueles que lutavam em segredo contra os ocupantes nazistas. Mostrou a escotilha e, com o polegar para baixo, indicou o porão. "Não é a primeira vez que coisas são escondidas ali."

Haukelid não precisava de nada mais.

Enquanto Lier-Hansen falava, ele e Sørlie abriram a pesada escotilha de aço e deslizaram para a escuridão. Desceram os degraus até que a água de porão, gelada e oleosa, lhes chegasse aos joelhos. Agachados e com apenas uma lanterna para iluminar o caminho, os dois piratas foram em frente. Avançaram até chegar ao porão – uma área baixa, apertada e totalmente às escuras.

Sem luz, não conseguiam ver um palmo diante do nariz. Haukelid olhou para Sørlie. Pôde perceber que seu amigo estava suando. E ele também. O suor do medo. Haviam entrado voluntariamente em um esquife de aço e, se soldados alemães chegassem naquele momento para guarnecer o barco, eles estariam perdidos.

Homens mortos.

Sørlie empunhou a lanterna enquanto Haukelid trabalhava. Primeiro, pressionou as "salsichas" de Nobel 808 contra as paredes do casco, no ponto mais baixo que conseguiu alcançar, para formar um círculo. Em seguida, fixou os detonadores de cada lado das "salsichas", atando suas pontas soltas aos estopins e prendendo-as aos reforços do casco. Feito isso, instalou os dois relógios perto dos detonadores, programados para as 10h45 – o momento em que o barco se transformaria em um túmulo.

Só uma coisa o inquietava: o tempo que a tarefa estava lhe tomando. Alguém precisaria de muito para esconder algumas coisas sob o convés de um barco daqueles?

"Continuam lá em cima", sussurrou Sørlie, referindo-se a Lier-Hansen e ao vigia. "Knut está engambelando o sujeito. Tudo bem."

Com as mãos hirtas de frio, os olhos respingados de suor, Haukelid, ajoelhado, iniciou a etapa mais perigosa do trabalho: acionar o mecanismo de tempo. Conectou os fios dos relógios aos detonadores. Se cometesse um erro – se suas mãos engorduradas deslizassem, se esbarrasse em um dos relógios e ele caísse acidentalmente –, mandaria todos pelos ares.

A tarefa não parecia ter fim. A nervosa ansiedade de Haukelid parecia cegá-lo para o que tinha de fazer, mas acabou ficando satisfeito. Olhou para Sørlie e acenou com a cabeça.

"Graças a Deus", suspirou Sørlie, afastando-se dos explosivos.

Os dois homens refizeram o mais rápido possível o trajeto até a escotilha. Por cima deles, um murmúrio suave de vozes assinalava onde Lier-Hansen continuava a tagarelar com o vigia noturno. Haukelid e Sørlie emergiram para a luz, sujos de óleo e encharcados até os ossos.

Haukelid estendeu a mão ao vigia, agradecendo-o por ser um bom e leal norueguês. Sentia-se como Judas, mas o que podia fazer?

"Se eu lhe partisse a cabeça e o jogasse no cais, sua ausência faria soar o alarme", observou Haukelid, "e a operação toda fracassaria. Eu só podia me consolar com a ideia de que ele fosse um bom nadador."

Os três sabotadores deixaram a balsa no instante em que o apito de um trem próximo cortou os ares. Era a hora de se separarem. Sørlie pegou seu esqui: iria para as montanhas se encontrar com Einar Skinnarland. Haukelid rumaria para o leste e, a pé ou de trem, chegaria a Oslo, de onde tomaria a rota mais curta para a Suécia. E Lier-Hansen retornaria a seu cotidiano em Rjukan como se nada tivesse acontecido.

Todos se apertaram as mãos apressadamente; logo aquele lugar estaria repleto de soldados alemães.

"Logo estarei de volta", prometeu Haukelid.

Nas entranhas da SF *Hydro*, os ponteiros de dois relógios avançavam.

O tempo corria.

Ao nascer do sol, um trem entrou no terminal, apinhado de homens e armas em toda a sua extensão. Ombro com ombro, eles guardavam as joias, de acordo com as instruções recebidas. Sob olhares atentos, os vagões entraram na balsa e foram calçados para não se deslocarem depois que o barco começasse a se mover.

Parecia não haver nenhum perigo óbvio para a carga naquela bela e calma manhã. As águas de fevereiro do lago Tinnsjø lembravam um espelho. À frente da SF *Hydro*, densos bosques de pinheiros chegavam até as margens, emoldurando o azul refletido do céu em sombras de um verde exuberante e profundo.

Depois que sua bagagem foi levada para bordo, os passageiros daquela manhã embarcaram. Incluíam o compositor Arvid Fladmoe – um autêntico músico turista – e dezenas de homens, mulheres e crianças locais. Na ponte do barco, o capitão Erling Sørensen se preparou para partir. Fizera aquela viagem centenas de vezes e a manhã estava esplêndida para a travessia.

Pouco depois das dez horas, as amarras foram soltas e a balsa se pôs em movimento, aproando para leste e depois um pouco para o sul, ao longo do "dedo" fino, mas curvo do lago. O trajeto não ia além dos 24 quilômetros e, afora a pesada presença militar alemã a bordo, tudo parecia normal.

Mas, abaixo do convés, os ponteiros dos relógios avançavam.

Eram quase 10h45 quando o capitão Sørensen começou a descer a escada que levava ao convés principal. Mal pusera os pés nos degraus de ferro e um barulho surdo se ouviu na proa do navio.

O capitão sentiu o barco se sacudir de ponta a ponta, como se houvesse encalhado, mas ele sabia que aquele era um dos trechos mais fundos do lago.

Virou-se e correu para a ponte. O que quer que tivesse acontecido, ele podia ver densos rolos de fumaça subindo da proa.

"Manobrar para terra!", gritou ao timoneiro. "Voltar à terra!"

Já era tarde. Quando o homem tentou girar o leme para virar o pesado barco 90 graus a estibordo, ele começou a adernar violentamente. Puxado para baixo pelo grande volume de água que invadia o casco rompido, sua proa afundava, enquanto a popa se erguia ameaçadoramente. Sob o convés, as luzes se apagaram. Rolos de fumaça saíam dos canos quentes, à medida que estes iam entrando em contato com a água fria. Passageiros aterrorizados gritavam, alarmados.

"Uma bomba! Fomos atingidos por uma bomba!"

Sørensen percebeu logo que seu barco estava perdido. A proa submergia e eles ainda estavam a uns bons 500 metros do cais. Deu ordem de abandonar o navio. Com a ajuda da tripulação, conseguiu liberar um bote salva-vidas, que pousou nas águas do lago. Por alguns instantes, o próprio Sørensen tentou manobrar o leme, mas foi inútil.

A SF *Hydro* estava condenada.

Sørensen abandonou a casa do leme. Do convés em declive, figuras saltavam para o lago. Uma série de estrondos ensurdecedores ecoou, como uma salva de artilharia. O primeiro vagão se desprendeu do calço. Sørensen, estupefato, viu-o deslizar pelos trilhos, despencar e mergulhar levantando uma catadupa de borrifos. Novos estampidos cortaram o ar, enquanto mais dez vagões deslizavam, rompendo a amurada e caindo na água.

Agora, a proa estava totalmente submersa. A popa se ergueu ainda mais, com as hélices girando inutilmente no ar. Sørensen tinha apenas alguns segundos para saltar, do contrário afundaria com seu barco. Ignorava se todos os tripulantes e passageiros já haviam abandonado o navio, mas esperar não adiantaria nada. Saltou.

Momentos depois, a balsa submergiu. Por um segundo, pareceu equilibrar-se de ponta, antes que as águas turvas a sugassem. Tinha 53 metros de comprimento, mas o lago era bem mais profundo – oito vezes mais, de fato. O Tinnsjø engoliu a SF *Hydro* e sua carga de 70 barris de SH200 quase sem deixar traços.

O bote superlotado flutuava sobre as águas calmas. O compositor Fladmoe foi puxado para dentro, juntamente com o estojo de madeira de seu violino, que ele conseguira agarrar, mas a prioridade eram as mulheres e crianças. Por toda parte, náufragos se seguravam em destroços – maletas, caixas, remos, coletes salva-vidas – que boiavam à superfície. Entre esses destroços, viam-se dois barris de aço, parcialmente cheios de água pesada.

Na margem, camponeses e aldeões lançavam barcos a remo para resgatar os sobreviventes das águas geladas. Dos 53 passageiros e tripulantes a bordo da malfadada SF *Hydro*, 27 se salvaram – inclusive o capitão e quatro soldados alemães. A tarefa deles se revelara impossível: os pesados tambores de aço agora repousavam a dezenas de metros nas profundezas escuras, de onde ninguém, por mais dedicado e diligente que fosse, conseguiria retirá-los.

Eram 11 horas da manhã na Noruega – 10 em Londres – quando a SF *Hydro* pousou no leito lodoso, coberto de sedimentos movediços, do lago. Wilson teve de esperar até o dia seguinte para receber a notícia do naufrágio da balsa – e dos sonhos nucleares do Reich de Hitler. Naquela noite de segunda-feira, as manchetes dos jornais de Oslo informavam: "Balsa da Hydro Afunda no Tinnsjø".

Haukelid leu as notícias com sentimentos conflitantes. Estava escondido em uma casa segura em Oslo, esperando transporte para a Suécia. "Que acontecerá agora?", perguntava-se. "Quantas vidas norueguesas se perderão por causa dessa diabrura? A explosão a bordo da balsa já levou muitas vidas e as represálias em Rjukan por certo levarão outras tantas."

Os informes da imprensa chegaram até Wilson, mas uma balsa submersa não significava necessariamente que a água pesada se encontrava fora do alcance do regime nazista. Wilson precisava da confirmação da Grouse Um. Einar Skinnarland mandou-lhe uma mensagem por rádio, após proceder a uma verificação no dia seguinte: 14.485 litros de SH200, quase toda com concentração de 99,5%, foram mandados para o fundo do lago Tinnsjø – o que os punha fora de qualquer esperança de resgate.

A 24 de fevereiro de 1944 – três dias após o afundamento –, Wilson telegrafou uma curta mensagem à sua equipe no Vidda: "Parabéns pelo bom trabalho".

Homem de poucas palavras, Wilson só dizia o que achava necessário. Prometera vencer a guerra da água pesada. O ex-chefe de escoteiros e caçador de tigres pegara o Babu pelos chifres, concentrara-se firmemente nas imagens de Glenalmond e conseguira o aparentemente impossível. O afundamento da SF *Hydro* fora o capítulo final. Recorrendo a um punhado de agentes da SOE, cumprira a tarefa contra todas as expectativas.

"Assim terminou a Batalha da Água Pesada", desabafou ele, batalha na qual "os Aliados não podiam se permitir correr riscos... Considero-me um homem de sorte por ter tido a oportunidade de fazer o que estava a meu alcance pela causa aliada e pela liberdade das pessoas. Nossas esperanças de um mundo melhor... quem sabe o que a história dirá sobre isso no futuro?"

Escrevendo sobre o afundamento da SF *Hydro*, o então chefe da SOE, brigadeiro Colin McVean Gubbins, disse de Haukelid: "Sua ação foi uma das mais corajosas, bem-sucedidas e completas jamais realizadas na Noruega... Ele previu... exatamente o que acabou por acontecer, mesmo nos poucos minutos antes da explosão".

William Stephenson – o chefe dos espiões de Churchill – foi ainda mais longe: "Não fosse pela resolução de Haukelid, os alemães teriam a oportunidade de devastar o mundo civilizado. Estaríamos mortos ou sob o tacão dos fanáticos de Hitler".

Sobre a resistência norueguesa e outras, o brigadeiro Gubbins declarou: "Nenhuma nação detém o monopólio da coragem... Alemães e japoneses ignoraram esse fato; recorrendo à execução e à tortura, às represálias e aos campos de concentração, esperavam debelar as revoltas e curvar os povos à sua vontade, pondo-os a trabalhar como escravos. Mas as nações oprimidas os desiludiram".

Em maio de 1945, Churchill, o homem que como nenhum outro tornou essa resistência possível, patrocinou um artigo na imprensa que resumia a batalha pela supremacia nuclear durante a guerra. O artigo tomava a primeira e a segunda página do *Daily Express*, ressaltando a importância do fato. Com a manchete "Exército Secreto Combateu a Bomba Atômica Nazista", o texto completo é dado a seguir, mas os dois primeiros parágrafos já dizem tudo:

> Já se pode revelar hoje que, por cinco anos, cientistas britânicos e alemães travaram sua própria guerra dentro da guerra. Esforçaram-se para aperfeiçoar a Bomba Atômica, que, com a maior força explosiva do mundo, daria a um dos lados superioridade incontestável.
>
> Mas essa não foi uma guerra unicamente de teóricos. Paraquedistas britânicos e noruegueses também enfrentaram homens da Wehrmacht e seus colaboradores *quislings* no inferno branco do tempestuoso planalto de Hardanger, na Noruega.

Semanas depois, Churchill fez um discurso em que narrava a corrida pela supremacia nuclear durante a guerra:

> Felizmente, a ciência britânica e americana superou todos os esforços alemães... A posse desses poderes pelos alemães, a qualquer tempo, poderia ter alterado o curso da guerra... No inverno de 1942-1943, galhardos ataques foram desfechados na Noruega... por pequenos grupos de voluntários dos Comandos Britânicos e das forças norueguesas, com pesadas perdas de vidas, tendo por alvo depósitos da chamada "água pesada"...

Nas Operações Grouse, Freshman e Gunnerside – para não mencionar a Musketoon –, homens comuns lançaram sua coragem contra a máquina de guerra nazista no afã de evitar que o cenário apocalíptico se tornasse realidade. Individualmente e em pequenos grupos, aprenderam a lição de que a tirania precisa ser enfrentada. Eles viveram plenamente essa lição.

Talvez a derradeira palavra caiba a Joachim Ronneberg, o comandante da Operação Gunnerside. "Vocês devem lutar por sua liberdade. E pela paz. Se quiserem preservá-las, devem lutar por elas todos os dias. São como um barco de vidro, que é fácil de quebrar e fácil de perder-se."

Não nos esqueçamos disso.

EPÍLOGO

O medo dos Aliados de um ataque nuclear ou radiológico por parte dos alemães não desapareceu com o afundamento da balsa SF *Hydro*. Não se sabia o que a Alemanha de Hitler poderia conseguir com o urânio e a água pesada armazenados antes dos sucessos obtidos pelos guerreiros de Wilson.

Em maio de 1944 – três meses depois da façanha final e extraordinária de Haukelid –, o Gabinete de Guerra britânico foi instado a agir contra essa ameaça à Operação Overlord, o desembarque do Dia D. Prepararam-se contramedidas, inclusive equipes de vanguarda com detectores de radiação, patrulhas aéreas que advertissem sobre os ataques e exercícios de simulação para enfrentar semelhante cenário. Médicos do exército estariam a postos contra uma nova epidemia de "gripe" – na verdade, envenenamento por radiação.

Churchill exigiu que se tomassem providências para defender tanto as unidades na linha de frente quanto as cidades da Grã-Bretanha. Isso ficaria a cargo da Operação Peppermint, que deveria cuidar também para que o pânico não se generalizasse entre o público caso a ameaça nuclear se tornasse conhecida. O efeito moral do envenenamento radiotivo era tão temido quanto a contaminação a longo prazo e a perda de vidas. Na ocasião, relatórios de especialistas sobre os perigos do "uso militar de produtos de fissão pelo inimigo" enfatizavam a necessidade de segredo para impedir o pânico generalizado.

Em junho de 1944, as bombas V1 começaram a chover sobre Londres, no que ficou conhecido como a "Blitz Robô". As V2 seguiram-nas três meses depois. Era possível enfrentar a ameaça das V1 com baterias antiaéreas em terra e aviões de caça velozes – mas não a das V2, que desciam dos limites exteriores da atmosfera com velocidade superior a 5 mil quilômetros por hora. A única alternativa era bombardear as rampas de lançamento, mas a resposta dos alemães a isso foi desenvolver rampas móveis.

A grande pergunta dos especialistas no assunto era se Hitler havia desenvolvido a arma final: a V2 nuclear. Ao mesmo tempo, britânicos e americanos se inquietavam com as ambições nucleares dos russos e tentavam descobrir uma maneira de se apossar dos cientistas e da tecnologia da Alemanha nazista antes do Exército Vermelho. Um dos indícios das ambições dos russos nesse campo, no outono de 1944, foram suas várias sondagens de Niels Bohr para convencê-lo a se estabelecer em Moscou e ali dar sequência a seu trabalho científico.

Enquanto as tropas americanas e britânicas se desdobravam pela Europa ocupada, Roosevelt e Churchill foram advertidos do grave risco de as principais instalações nucleares e os conhecimentos dos alemães caírem nas mãos dos russos. Unidades de elite foram formadas – a Missão Alsos norte-americana e a Força Alvo britânica – para avançar juntamente com as unidades da linha de frente a fim de tomar, ou se necessário destruir, a tecnologia e o *know-how* nuclear alemão, tirando-os de vez do alcance dos russos.

O medo de um último e desesperado uso de armas nucleares ou dispositivos radiológicos persistia, não faltando relatórios sobre uma intensa atividade alemã nesse campo. Os Aliados jogavam um difícil jogo duplo: queriam impedir a todo custo que os nazistas fizessem uso de tais armas, mas também capturar, intactas, suas instalações – e, vivos, seus cientistas.

A 5 de março de 1945, os britânicos e os americanos concluíram que, muito provavelmente, a refinaria alemã de urânio, em Oranienburgo, cairia nas mãos dos russos. O alto comando encarregou a Força Aérea dos Estados Unidos de um bombardeio maciço das intalações, para impedir que os russos as capturassem. A 15 de março, a fábrica de Oranienburgo foi destruída.

Churchill deixou claro que todas as medidas necessárias deveriam ser tomadas para que os segredos nazistas ficassem com os Aliados. Quando se percebeu que as áreas cruciais de Haigerloch e Hechigen – sede das novas instalações de pesquisa e de um possível reator dos alemães – provavelmente seriam tomadas pelas forças da França Livre, ordens drásticas foram emitidas.

Na Operação Harborage, equipes britânicas e americanas ultrapassariam a linha de frente dos franceses para tomar a área antes que eles chegassem lá. Alsos, a unidade americana especializada, se apossaria da tecnologia, dos papéis e dos conhecimentos que caíssem em suas mãos, e queimaria o resto.

Nesse meio-tempo, na Dinamarca, a ativa rede de resistência alertava Londres sobre uma nova ameaça potencial: as anotações resultantes de anos de pesquisas empreendidas por Niels Bohr tinham sido, ao que se dizia, levadas para o quartel-general da Gestapo em Copenhague. Elas poderiam, talvez, ajudar em um último esforço nuclear nazista. No mesmo prédio, líderes importantes da resistência dinamarquesa, capturados em incursões recentes, estavam presos. Se abrissem o bico, o movimento de resistência dinamarquês, com 15 mil membros, correria grave risco.

A 21 de março de 1945, uma violenta incursão em Copenhague, a Operação Carthage, foi desfechada com uma esquadrilha de aviões Mosquito da RAF. Esse ataque, feito à luz do dia, ocorreu em altitude tão baixa que alguns aparelhos esbarraram nos tetos das casas. Mas obteve sucesso espetacular: o edifício visado se transformou em um inferno de chamas e as celas dos líderes da resistência dinamarquesa se abriram, permitindo que muitos escapassem. Embora civis também morressem, com baixas na Gestapo menores que o esperado (muitos elementos da corporação tinham ido a um funeral), os últimos vestígios do legado potencialmente perigoso de Bohr desapareceram.

Enquanto os Mosquitos atingiam seu alvo em Copenhague, tropas americanas penetravam fundo naquela que deveria ser a zona de ocupação russa. Gritando "ao diabo com os russos", os americanos recolheram aproximadamente mil toneladas de minério de urânio e enviaram-nas para os Estados Unidos, antes que o Exército Vermelho chegasse. E a 22 de abril de 1945, forças britânicas e americanas da Operação Harborage invadiram as instalações de Hechigen e Haigerloch, na orla da Floresta Negra.

Escondido em uma caverna sob a antiga igreja de Haigerloch, os Aliados descobriram um reator atômico. Era uma espécie de treliça composta de 664 cubos de urânio suspensos em uma câmara de água pesada, perto de um verdadeiro labirinto de laboratórios anexos. Capturaram também a nata da equipe nuclear alemã, inclusive Otto Hahn, Kurt Diebner e Werner Heisenberg.

Especialistas britânicos e americanos em energia atômica calcularam que o reator de Haigerloch precisava de mais 700 litros de água pesada para se tornar "crítico". Essa era aproximadamente a quantidade sabotada pelas toscas bombas-relógio de Haukelid, quando a SF *Hydro* foi mandada para o fundo do lago norueguês (levando-se em conta o posterior refino da SH200 para a obtenção de 100% de óxido de deutério puro).

No dia 23 de abril de 1945, o general americano Groves – chefe do Projeto Manhattan – pôde finalmente concluir que as ações dos Aliados haviam anulado "em definitivo, toda possibilidade de os alemães usarem bombas atômicas nesta guerra".

Pelos cálculos de Kurt Diebner, um dos mais antigos cientistas do *Uranverein*, os alemães teriam SH200 suficiente para um reator operacional em fins de 1943, o que lhes permitiria construir a bomba nuclear nazista. Mais tarde, escreveria sobre os anos da guerra: "A interrupção da produção alemã de água pesada na Noruega foi a causa principal de nosso fracasso em construir um reator atômico autossustentado antes que o conflito terminasse". Esse reator seria seu passe para a bomba.

Em 8 de maio de 1945, quando as últimas assinaturas estavam sendo apostas no documento da rendição alemã, comandantes britânicos e americanos tramavam uma incursão na Tchecoslováquia para destruir a mina de urânio de Joachimsthal. E, na Noruega, cerca de 50 mil membros da resistência – as forças nacionais norueguesas, também conhecidas como "Milorg", que contavam com a ajuda de veteranos da Grouse e da Gunnerside – retomaram o controle de seu país das mãos dos ocupantes nazistas.

Na noite desse mesmo dia, o *Reichskommissar* Josef Terboven ingeriu uma garrafa de conhaque e acendeu o estopim de uma bomba, pondo fim à própria vida e à odiosa tirania que infligira ao povo norueguês. A seu lado, jazia o corpo do general da SS Wilhelm Rediess, que se suicidara com um tiro pouco antes.

Pouca gente lamentou essas mortes.

No verão de 1945, dez dos mais eminentes cientistas do *Uranverein* foram instalados em Farm Hall, uma casa de campo particular perto de Cambridge. Sem que o soubessem, o prédio estava cheio de microfones e todas as suas conversas eram gravadas para se ter certeza de que nenhum segredo nuclear nazista havia escapado à "varredura" britânica e americana.

A 6 de agosto, a primeira bomba atômica foi lançada sobre a cidade japonesa de Hiroshima. À noite, a BBC deu a notícia. Os ex-cientistas da *Uranverein* ouviram a transmissão incrédulos, mas também com uma ponta de cinismo. Aquilo, pensaram eles, devia ser propaganda aliada para forçar os japoneses à rendição. Nenhum deles acreditou que os Aliados haviam conseguido fabricar uma bomba atômica.

Quando a ficha finalmente caiu, começaram a criticar os Aliados por recorrerem a uma arma tão terrível e a inventar suas próprias desculpas por não terem chegado lá antes. Seus laboratórios eram bombardeados o tempo todo; trabalhavam sob pressão excessiva; seus superiores exigiam "resultados imediatos", o que não era possível conseguir; e nunca dispunham dos suprimentos necessários – principalmente água pesada – para fabricar uma arma viável.

Eis o que um relatório oficial do governo britânico, divulgado pela BBC a uma nação agradecida, concluiu sobre o esforço nuclear alemão: "O uso da bomba atômica pela Alemanha, que o Gabinete de Guerra, a par de tudo, tanto receou, foi adiado. Antes que concluísse as pesquisas, ela era uma nação vencida".

Mas, na Noruega, havia uma tarefa a concluir: as pessoas mortas para que o sonho nuclear nazista se materializasse precisavam ser vingadas. Por todo o país, oficiais noruegueses e britânicos que trabalhavam para as Equipes de Investigação dos Crimes de Guerra rastreavam provas e culpados. Na primavera e no verão de 1945, o norueguês Arne Bang-Andersen – ex-policial e membro da resistência – saiu a campo em busca dos alemães responsáveis pelas execuções da Operação Freshman.

Nos meses seguintes, ele e uma equipe de investigadores britânicos conseguiram descobrir o que havia acontecido com cada um dos Sapadores desaparecidos. Os sobreviventes dos desastres com os planadores haviam sido mortos em decorrência direta da Ordem Comando de Hitler. Alguns – os que tiveram mais sorte – foram fuzilados. Outros, executados com graus diversos de crueldade: injeções dolorosas, estrangulamento ou enforcamento, por exemplo. Alguns corpos foram lançados em valas comuns, outros no mar. Desenterraram-se os cadáveres descobertos, em seguida os sepultaram novamente com honras completas, e ergueram-se memoriais para louvar o sacrifício dos Sapadores. Conforme concluiu um relatório oficial sobre a Operação Freshman, aquela podia ser considerada "a mais galharda tentativa que falhou".

Os alemães responsáveis foram devidamente levados a julgamento. Apresentaram as mais variadas justificativas e tentaram jogar a responsabilidade nos ombros uns dos outros para salvar a própria pele: obedeciam a ordens superiores; temiam represálias da Gestapo... De nada adiantou: acabaram sentenciados à morte ou à prisão perpétua.

Em maio de 1946, ocorreu o julgamento de um dos oficiais superiores, o general Karl Maria von Behren, comandante da área onde o primeiro planador se espatifou. Von Behren foi inocentado, mas o arquiteto supremo das mortes não se safou com tanta facilidade. O general Von Falkenhorst submeteu-se a julgamento em julho de 1946, sob a acusação de ter sido o maior responsável pelas mortes dos homens da Freshman e dos prisioneiros da Musketoon.

Von Falkenhorst alegou ter agido em obediência às ordens do próprio Hitler – o chamado "argumento de ordens superiores". A defesa de Von Falkenhorst não logrou êxito, pois a Ordem Comando foi julgada ilegal e ele, de qualquer maneira, modificara esse dispositivo quando o transmitiu a seus oficiais. No fim de julho de 1946, o general foi condenado à morte, sentença comutada para prisão perpétua após um pedido de clemência. Saiu da prisão, por razões humanitárias, em julho de 1953 e morreu em julho de 1968.

Após a guerra, a produção de água pesada foi retomada na fábrica da Norsk Hydro em Vemork e, em certo sentido, a luta por ela ainda teve um último lance. O governo britânico tentou restringir o número de países para onde o produto podia ser exportado, a fim de deixá-lo longe dos russos – e mesmo dos franceses. Temia-se que estes vendessem a água pesada ou tecnologias afins aos russos, quando não as compartilhassem com eles devido a aspirações políticas comuns. Essa batalha prosseguiria por muitos e muitos anos.

A mina de urânio de Joachimsthal, na Tchecoslováquia, foi tomada pelas forças russas após o fim da guerra. Depois que o Partido Comunista tcheco chegou ao poder em 1948, surgiram campos de prisioneiros na cidade de Joachimsthal. Os oponentes do novo regime, cada vez mais próximo da União Soviética, se viram obrigados a trabalhar na mina de urânio em condições brutais. A expectativa de vida para eles era de 42 anos. A extração de urânio no local cessou em 1964.

Alguns comentadores alegam que a Alemanha nazista perdeu a corrida pela supremacia nuclear porque os cientistas do *Uranverein* estavam no caminho errado: um reator de plutônio baseado em água pesada não era o método certo para a obtenção da bomba atômica. Não é verdade. Das duas bombas lançadas pelos norte-americanos no Japão, uma – a "Fat Man", que destruiu Nagasaki – era uma arma de implosão com um sólido núcleo de plutônio.

O plutônio da "Fat Man" foi produzido em reatores de água pesada, vinda de fábricas norte-americanas e de uma instalação canadense em Trail, Colúmbia Britânica. A água pesada continua sendo um componente essencial de muitos tipos de reatores hoje em dia, tanto os que geram energia elétrica quanto os que produzem matérias-primas para armas nucleares. A água pesada é produzida na Argentina, na Rússia, nos Estados Unidos, na Índia, no Paquistão, no Canadá, no Irã e na Noruega, entre outros países.

Alguns dos bravos combatentes que aparecem nestas páginas infelizmente não sobreviveram aos anos da guerra. Odd Starheim – o agente Cheese – voltou à Noruega em 1943 em uma operação de comandos cuja missão era sequestrar outro barco, à semelhança do que acontecera com o *Galtesund*. Mas esse barco, o *Tromosund*, foi afundado no mar por aviões alemães, com perda total de vidas. Leif Tronstad – o Professor – também não sobreviveu à guerra. Mandado à Noruega quase no fim do conflito, tombou em um tiroteio em uma cabana do Hardangervidda.

Todos os integrantes das equipes Grouse e Gunnerside sobreviveram à guerra. Por suas ações na sabotagem da fábrica de água pesada de Vemork, receberam as seguintes honrarias, entre outras:

1. Segundo-tenente Jens-Anton Poulsson – Ordem por Serviços Relevantes (Distinguished Service Order, DSO)
2. Segundo-tenente Joachim Holmboe Ronneberg – DSO
3. Segundo-tenente Knut Magne Haugland – Cruz Militar (Military Cross, MC)
4. Segundo-tenente Kasper Idland – MC
5. Segundo-tenente Knut Anders Haukelid – MC
6. Sargento Claus Urbye Helberg – Medalha Militar (Military Medal, MM)
7. Sargento Arne Kjelstrup – MM
8. Sargento Fredrik Thorbjørn Kayser – MM
9. Sargento Hans Storhaug – MM
10. Sargento Birger Edvan Martin Stromsheim – MM

Haukelid recebeu também uma DSO pelo afundamento da balsa SF *Hydro*. Um memorial foi erguido em homenagem aos noruegueses inocentes que morreram no naufrágio. Einar Skinnarland mereceu a Medalha de Conduta Honrosa (Distinguished Conduct Medal, DCM). O capitão e professor Leif Tronstad foi armado cavaleiro da Ordem do Império Britânico (Order of the British Empire, OBE) (meses antes de ser morto em ação). John Skinner Wilson, além da OBE, passou a integrar a Ordem dos Cavaleiros de Santo Olavo, do governo norueguês. Os homens da Grouse e da Gunnerside receberam várias medalhas do governo norueguês e de muitos outros países, após a guerra.

Os integrantes da Operação Musketoon também tiveram sua parcela de honras, inclusive os capitães Graeme Black e Joe Houghton. Deveriam recebê-las quando saíssem do campo de prisioneiros onde porventura estivessem; mas, como nenhum deles sobreviveu ao cativeiro, essas honrarias foram concedidas postumamente.

A própria Executiva de Operações Especiais (Special Operations Executive, SOE) caiu vítima dos anos pós-guerra imediatos. A 15 de janeiro de 1946, foi formalmente extinta com a justificativa de que seus métodos revolucionários, diferentes e violentos de fazer a guerra de espionagem podiam ser justificados durante o conflito, mas não em tempos de paz. Como as turbulentas décadas seguintes demonstrariam, essa decisão foi sem dúvida um tanto precipitada.

Após a Gunnerside, Joachim Ronneberg participou de outras missões nas terras inóspitas norueguesas. Finda a guerra, decidiu trabalhar no rádio e na televisão, tornando-se conhecido como "a Voz da Noruega". Produtor de programas, também deu numerosas palestras, inclusive para o exército norueguês e unidades de elite das forças armadas britânicas. É o único membro das equipes Grouse e Gunnerside ainda vivo enquanto escrevo estas palavras.

Jens Poulsson serviu com a resistência norueguesa após a Gunnerside, recrutando e treinando homens em grande escala.

Depois da guerra, entrou para o exército norueguês, chegou ao posto de coronel e se tornou especialista em guerra de montanha e sobrevivência no Ártico. Estabeleceu residência em uma área entre Oslo e Rjukan, continuando bastante sociável apesar da idade avançada. Faleceu em fevereiro de 2010, com 91 anos, e seu funeral contou com a presença do rei norueguês.

Após a sabotagem de Vemork, Claus Helberg voltou ao Hardangervidda como operador de rádio e instrutor na resistência norueguesa. Depois da guerra, tornou-se figura de destaque na indústria turística de seu país, além de conviver com a realeza e a classe política escandinava. Nunca perdeu o amor pelas atividades ao ar livre e era uma espécie de uma lenda viva na Noruega. Sua morte, em março de 2003, foi pranteada em todo o país.

Após a Operação Gunnerside, Knut Haugland serviu por boa parte da guerra na Noruega, trabalhando como exímio operador de rádio. Desempenhou papel decisivo em várias missões importantes de sabotagem, escapando à captura por um triz em mais de uma ocasião. Terminada a guerra, serviu no exército norueguês e foi escolhido para participar da famosa expedição Kon-Tiki, liderada por Thor Heyerdahl em 1947. Seis homens navegaram 6 mil quilômetros em uma jangada de madeira de 13 metros, da América do Sul à Polinésia, a fim de provar teorias sobre a migração global da humanidade primitiva. Haugland faleceu em dezembro de 2009, com 92 anos.

Knut Haukelid entrou para a resistência norueguesa após o afundamento da SF *Hydro* e ali ficou pelo resto da guerra. Depois, alistou-se no exército norueguês e chegou ao posto de major no Regimento de Infantaria de Telemark. Mais tarde, tornou-se tenente-coronel na Guarda Nacional da Grande Oslo. Haukelid reconciliou-se com sua esposa, Bodil. Faleceu em 1994.

Einar Skinnarland permaneceu no Hardangervidda após o afundamento da *SF Hydro*, lutando com a resistência. Depois da guerra, emigrou para os Estados Unidos e trabalhou como engenheiro em projetos de construção no mundo inteiro. Morreu em Toronto, em 2002. Excessivamente modesto, raramente mostrava as medalhas que havia conquistado nos anos de guerra, mantendo-as em um cofre para a posteridade. Mas uma recordação de seus tempos de SOE ele guardava com carinho: o estojo com a pílula de cianureto que carregara no bolso durante os longos anos do conflito.

Após a guerra, John Skinner Wilson voltou às suas funções como líder destacado no movimento escotista. De sua época na SOE, declarou: "Esses anos marcaram uma fase muito especial em minha vida... foi uma rica experiência que deu forte impulso ao meu trabalho subsequente com os escoteiros... Compreendi que me pus à prova em um papel inteiramente novo e diferente, numa idade comparativamente avançada". Continuou a participar com entusiasmo das reuniões da SOE e da Companhia Linge até o dia de sua morte, aos 82 anos. Uma delegação da Noruega compareceu ao funeral.

"Aos olhos dos que, como nós, tiveram o privilégio de servir sob suas ordens, sua principal qualidade era a integridade absoluta", escreveu sobre ele um veterano da Companhia Linge.

Foi isso, sem dúvida, que levou nossos camaradas noruegueses a aceitá-lo e a confiar nele, o que não é comum em soldados de uma nação sob o comando de um chefe de outra... O sucesso das operações da SOE na Noruega... dá testemunho de sua sabedoria e visão, para não falar das longas horas de trabalho a que se entregava e de seu domínio dos detalhes de cada missão. Sua influência sobre aqueles que partiam para a luta era tremenda... Homem de outra geração, que possuía as melhores virtudes vitorianas e poucos de seus vícios, era uma inspiração para todos nós.

AGRADECIMENTOS

Na pesquisa deste livro, pude conversar com várias pessoas e receber delas assistência. Muitas se mostraram especialmente generosas com seu tempo e são mencionadas no Prefácio. Sou grato a todas e peço desculpas às que, inadvertidamente, deixei de citar.

Em ordem aleatória, quero agradecer às pessoas que se seguem por me ajudarem de várias maneiras (pesquisa, revisão, hospitalidade, recordações e informações técnicas): Tean Roberts, Simon Fowler, Paul Sherratt e Anne Sherratt, Hamish De Bretton-Gordon, David Lewis, Jack Mann, Kenneth C. McAlpine, Seán Ó Cearrúlláin e Astri Pothecary. Os funcionários de vários arquivos e museus também merecem menção especial, inclusive os do British National Archives; do Imperial War Museum; do Churchill Archive Centre, no Churchill College, Cambridge; do Norges Hjemmefrontmuseum (NHM), da Noruega, e do Norsk Industriarbeidermuseum, de Rjukan.

Enorme gratidão é também devida ao coronel Kev Oliver RM, tenente-coronel Tony de Reya BEM RM, tenente-coronel Rich Cantrill RM, major Finlay Walls RM, capitão Lee Piper RM, RSM Paul McArthur RM, CSM Steve Randle RM e todos do Commando

Training Centre Royal Marines (CTCRM), por me acolherem inúmeras vezes em conexão com o livro e tópicos afins. Sou imensamente grato a eles.

Meus sinceros agradecimentos a Jonathan Ball e a todo o pessoal do Royal Marines Charitable Trust Fund, e a Alex Murray BEM RM, do Navy Command Headquarters.

Agradeço ao meu agente literário, Gordon Wise, e ao meu agente cinematográfico, Luke Speed, ambos da agência Curtis Brown, por me auxiliarem na concretização deste projeto, e, pelo mesmo motivo, a todos os meus editores da Quercus, que incluem, entre outros: Charlotte Fry, Ben Brock e Fiona Murphy. Meu editor, Richard Milner, merece uma menção toda especial, como também Josh Ireland. Espero que sua confiança em minha capacidade de contar essa notável e importante história não tenha sido desmentida pela obra resultante.

E, é claro, obrigado também, como sempre, à paciente e solidária Eva, e aos maravilhosos David, Damien Jr. e Sianna, por tolerarem que o papai passasse tanto tempo longe, fechado e escrevendo... escrevendo...

BIBLIOGRAFIA

Baden-Powell, Dorothy, *Operation Jupiter*, Robert Hale Limited, 1982.

Bailey, Roderick, *Forgotten Voices of the Secret War*, Ebury Press, 2009.

Bascomb, Neal, *The Winter Fortress*, Houghton Mifflin Harcourt, 2016.

Berglyd, Jostein, *Operation Freshman*, Leandoer & Ekholm Forlag HB, 2006.

Dalton, Hugh, *Hugh Dalton Memoirs 1931-1945*, Frederick Muller Ltd, 1957.

Drummond, John, *But for These Men*, Award Books, 1965.

Embury, Sir Basil, *Mission Completed*, Methuen & Co. Ltd., 1957.

Gallagher, Thomas, *Assault in Norway*, Harcourt Brace Jovanovich, Inc., 1975.

Groves, Leslie, *Now It Can Be Told*, Da Capo Press, 1962.

Haukelid, Kurt, *Skis Against the Atom*, William Kimber, 1954.

Irving, David, *The German Atomic Bomb*, Simon & Schuster, 1976.

Mears, Ray, *The Real Heroes of Telemark*, Coronet Books, 2003.

O'Connor, Bernard, *Churchill's School for Saboteurs – Station 17*, Amberley Publishing, 2013.

O'Connor, Bernard, *Churchill's Most Secret Airfield – RAF Tempsford*, Amberley Publishing, 2010.

Olsen, Olaf Reed, *Two Eggs on My Plate*, Companion Book Club, 1954.

Powers, Thomas, *Heisenberg's War: The Secret History of the German Bomb*, Da Capo Press, 2000.

Schofield, Stephen, *Musketoon*, Elmfield Press, 1964.

Sonsteby, Gunnar, *Report from No. 24*, Barricade Books, Inc., 1999.

Stevenson, William, *A Man Called INTREPID*, Lyons Press, 1976.

Tickell, Jerrard, *Moon Squadron*, Allan Wingate, 1956.

West, Nigel, *Secret War*, Coronet Books, 1993.

Wiggan, Richard, *Operation Freshman*, William Kimber, 1986.

Wilkinson, Peter e Astley, Joan Bright, *Gubbins & SOE*, Pen & Sword, 1993.

Young, Gordon, *Outposts of Peace*, Hodder & Stoughton, 1945.

APÊNDICE

Daily Express, 21 de maio de 1945

EXÉRCITO SECRETO CONTRA A BOMBA ATÔMICA NAZISTA
Quatro homens ficam escondidos três meses no inferno branco

Já se pode revelar hoje que, por cinco anos, cientistas britânicos e alemães travaram sua própria guerra dentro da guerra. Esforçaram-se para aperfeiçoar a Bomba Atômica, que, com a maior força explosiva do mundo, daria a um dos lados superioridade incontestável.

Mas essa não foi uma guerra unicamente de teóricos. Paraquedistas britânicos e noruegueses também enfrentaram homens da Wehrmacht e seus colaboradores *quislings* no inferno branco do tempestuoso planalto de Hardanger, na Noruega.

Os alemães abriram hostilidades no verão de 1940. Poucas semanas depois de entrar na Noruega, apossaram-se das vastas instalações hidrelétricas de Rjukan. Essas instalações, alimentadas pelas famosas "cataratas de fumaça", fornecem abundância de eletricidade.

E abundância de eletricidade era essencial para o plano alemão e para a fábrica de armas que tencionavam montar em Rjukan.

Seu plano consistia em:

FRAGMENTAR O ÁTOMO

Em Rjukan, os noruegueses produziam grande quantidade de uma substância conhecida como "água pesada".

A água pesada contém átomos de hidrogênio duas vezes mais pesados do que os da água comum, a partir da qual ela pode ser fabricada eletronicamente.

O preço da água pesada é de 1.500 a 2.000 libras por 450 gramas.

Cientistas do mundo inteiro fizeram experimentos com a água pesada e acreditavam que, se tratassem o metal urânio com ela, sob forte pressão, poderiam fragmentar o átomo de urânio.

Assim fazendo, liberariam uma energia terrível – e provocariam uma explosão catastrófica.

Existem inúmeras dificuldades técnicas, mas os alemães talvez estivessem perto de superá-las.

Só o que precisavam era de água pesada suficiente para prosseguir com seus experimentos.

E, com Rjukan em suas mãos, achavam-se prontos para ir em frente.

O gerente das instalações foi:

CHAMADO A BERLIM

Ali, respondeu a perguntas de Speer, responsável pela indústria armamentista, e de cientistas dos laboratórios da Wehrmacht. Só deu as respostas que não podia deixar de dar – era um patriota. De volta à Noruega, contou aos amigos quais eram os planos dos alemães.

Nessa ocasião, os alemães nazistas vigiavam de perto a fábrica, para evitar sabotagens – mas nenhum deles tinha até então visto os arquivos de pesquisa em Rjukan, nem era capaz de os entender.

Leif Tronstad, professor de química e patriota norueguês, queimou-os todos.

Depois, juntamente com os cientistas que trabalhavam com ele, Tronstad fugiu para a Grã-Bretanha.

Em uma cidadezinha escocesa, ele retomou seus experimentos. Especialistas do exército, da marinha e da RAF, além de membros do Comitê de Guerra Científica, assessoravam-no. A corrida pela bomba atômica estava em curso.

Em novembro de 1942, a corrida se transformou em guerra. Vinte e cinco comandos britânicos foram selecionados para ir a Rjukan, no planalto de Hardanger. Seu objetivo:

SABOTAGEM

Tentariam destruir os laboratórios e, se pudessem, toda a água pesada que os alemães haviam produzido.

À frente deles, seguiram quatro noruegueses, homens nascidos no deserto gelado do planalto de Hardanger. Três chegaram à Grã-Bretanha via Moscou, Odessa, Bombaim e Cidade do Cabo. O quarto, um jovem operador de rádio, chegou via Suécia. Quatro aventureiros.

Vestiam uniformes noruegueses por baixo da camuflagem branca. Levaram consigo um rádio. E, com seu equipamento, seus esquis pintados de branco e suas "tommy guns" também pintadas de branco, desceram de paraquedas no planalto.

Durante o dia, davam um jeito de se confundir com a neve. À noite, enviavam mensagens sobre o tempo à Escócia, além de explorar estradas e trilhas.

Dezembro chegou e, com ele, as fortes tempestades. Não tiveram notícias da Inglaterra até o dia em que as pesadas nuvens se abriram, o vento serenou e eles receberam o que chamavam de "sinais de abertura".

Dois bombardeiros Halifax estavam a caminho, rebocando planadores. E, nestes, 25 paraquedistas britânicos.

O tempo permaneceu claro até o pôr do sol. Então, o vento começou a soprar – o pior vento que eles já haviam suportado no planalto. A neve, vergastada pelas lufadas do Ártico, cegava-os: estavam quase insensíveis naquele frio intenso, esmagador.

Horas a fio, lutaram para manter acesos os faróis que guiariam os bombardeiros. Dentro de um buraco na neve, esperaram, observaram. E ouviram – o ronco dos aviões.

O primeiro apareceu. Um motor – talvez mais – tinha parado. O avião lutava contra o vento. E tinha atrás de si o planador com o equipamento de que aqueles homens necessitavam.

O planador não podia pousar. O piloto logo percebeu isso. Então, com as asas chicoteadas e sacudidas pela tempestade fragorosa, e com os motores falhando, ele voltou para o mar.

Poucos minutos depois, o avião caía.

O segundo avião se aproximou. Seu piloto não viu o que havia acontecido ao primeiro. E, em plena tempestade, liberou o planador. Com seus 25 paraquedistas a bordo, esse planador desceu perto de Stavanger, não onde nem do modo como planejara descer, mas em:

POUSO FORÇADO

Lá estavam eles, os 25 homens, no meio da noite de inverno e da terrível tempestade, no desolado planalto de Hardanger. Sem comida, sem munição, sem tendas e mal sabendo onde se encontravam.

Resistiram por alguns dias. Em seguida, depois de descansar em uma fazenda isolada, pediram ao proprietário para informar aos alemães que 25 soldados britânicos estavam dispostos a se render.

Os alemães chegaram. Os britânicos depuseram as armas na frente da casa e, com seus uniformes do exército, esperaram-nos acenando uma bandeira branca improvisada com uma toalha.

Um oficial alemão gritou uma ordem. Metralhadoras matraquearam e os britânicos que acabavam de se render caíram mortos.

Os alemães examinaram os mapas e anotações tirados dos bolsos dos cadáveres. Agiram rápido.

Mais de 6 mil alemães, liderados por oficiais da SS e da Gestapo, afluíram para Rjukan.

Terboven, o chefão nazista da Noruega, chegou de avião a fim de supervisionar a varredura do planalto. Cabanas e fazendas foram queimadas de modo a não haver refúgio para sabotadores.

Evacuaram-se todos os civis. Dispuseram-se canhões antiaéreos em volta de Rjukan. Trouxeram-se balões de barragem.

Os quatro noruegueses que continuavam no planalto receberam suas ordens da Escócia: "Fiquem onde estão. Voltaremos".

Já então, eles estavam quase mortos de fome. Mas no Natal um deles conseguiu abater uma rena, da qual viveram até janeiro. Em meados de fevereiro, o "sinal de abertura" foi novamente ouvido e seis homens desceram de paraquedas.

Caíram, entretanto, a 40 quilômetros do ponto de encontro. Só depois de uma semana os dois grupos se encontraram. E, a 23 de fevereiro, partiram para Rjukan.

O professor Tronstad, agora major do exército norueguês, dera-lhes três planos. Usariam aquele que melhor se adequasse às condições do momento.

O ataque fora ensaiado na Escócia.

Encontraram a entrada principal da fábrica fechada e fortemente vigiada, por isso se decidiram pelo:

PLANO Nº 3

Subiram ladeando cabos de alta tensão até a fábrica. Seis entraram. Os outros quatro cobriam-nos com suas "tommy guns".

Os seis homens estavam colocando explosivos no cofre onde os alemães guardavam rádio e urânio quando um trabalhador entrou no laboratório.

Disseram-lhe: "Caia fora e fique calado. Queremos destruir a fábrica. Vamos fazer isso pela Noruega".

O homem limpou o suor da testa e respondeu: "Bem, rapazes, espero que consigam".

Vinte minutos depois, os alemães já não tinham água pesada, nem urânio, nem rádio nem laboratório.

Os paraquedistas esquiaram 800 quilômetros pela Noruega ocupada e escaparam.

Sete meses depois, a fábrica estava funcionando novamente.

Então, foi:

BOMBARDEADA PELA RAF

Os alemães ergueram uma fábrica nova. Em abril de 1944, já tinham produzido 12 toneladas de água pesada e iam transportá-la pelo lago Tinnsjø até a Áustria, onde a primeira bomba atômica seria construída.

No dia em que 12 vagões carregados com água pesada deixaram a fábrica, três homens chegaram ao lago Tinnsjø, vindos do planalto de Hardanger.

Os vagões estavam protegidos por soldados alemães e homens da SS. A única maneira de destruir a preciosa carga era afundar a balsa no meio do lago. Foi o que fizeram. Uma carga explosiva magnética, com estopim programado, foi colocada no casco, sob a água do porão, e a balsa afundou.

A batalha secreta de Rjukan havia terminado.

ÍNDICE REMISSIVO

A
Abram, Cyril 33, 57, 62
Abwehr 152
água pesada, suprimentos 424-25
  dos alemães 90, 91-2, 93, 95, 99, 116, 117-18, 139, 151-52, 153, 181-82, 183, 206, 216, 265, 275, 376, 390, 391, 399, 416, 421
  dos Aliados 151-52, 157-58, 182, 290
  ver também SH200; Vemork, fábrica de água pesada
Akershus, prisão, Trondheim 75-6, 173-4
Alemanha/Forças Alemãs
  busca de suspeitos da Freshman e da Grouse 245-46, 262-63, 264, 265-66, 267-68, 270, 272-73
  captura dos sobreviventes da Freshman 243, 244, 251, 252, 261-62, 274-75, 422-23
  captura e interrogatório dos comandos da Musketoon 72, 73-6, 173-78
  Colditz, castelo (Oflag IV-C) 174-76
  controle da Tchecoslováquia 84-5
  exército em Glomfjord 50, 58, 60-2, 65-6, 68-73, 75-8
  foguetes V1 e V2 181, 389, 396
  força e extensão (junho de 1942) 155-56
  incursão na cidade de Rjukan 262-63, 264, 265
  inteligência dos Aliados 109-16
  invasão da Bélgica 99
  invasão da Dinamarca 97
  invasão da Noruega 36-7, 76, 97, 98, 127, 140, 164-65, 168, 255-56, 352
  Operação Eagle/caça aos sabotadores da Gunnerside 374, 376-82, 383
  planos para pureza racial 106, 264
  propaganda de armas secretas 87-8, 391
  reforço da segurança na Noruega 178-80, 181
  ver também Falkenhorst, general Nikolaus von; Gestapo; Hitler, Adolf; Luftwaffe; capacidade nuclear/desenvolvimento da bomba; Operação Eagle; Rediess, general Wilhelm; SS; Terboven, Josef; Vemork, fábrica de água pesada

Allen, tenente Alexander 227, 238
Alsos, missão americana 418, 419
alumínio, produção 47-8
Amery, Leo 99-100
anfetaminas (Benzedrina) 41, 205
armas químicas 91
Auer Gesellschaft, refinaria, Oranienburgo 85, 99, 419
Auschwitz, campo de concentração 174

B
Bailey, Ernest 203
Bang-Andersen, Arne 422
"barco vaca" 29
Bårdsen, Gjest 217
barragem Norvann 159
BBC (British Broadcasting Corporation) 144, 368, 422
Behren, general Karl Maria 423
Bélgica 99
Benzedrina 41, 205
Berg, John 408-09
Biscoito, agente, *ver* Fasting, Andreas, "Agente Biscoito"
Bismarck 113
Bjærangsfjord, *ver também* Operação Musketoon 23-4, 27
Black, capitão Graeme "Gay" 30-3, 34, 35, 37, 39, 40, 42, 44, 47, 48, 53, 54-5, 56-8, 61, 62, 63, 66-7, 71, 73, 74-5, 173-6, 426
Bohr, Niels 83, 98-9, 153, 275-77, 393-97, 418, 419, 420
bombas radiológicas 389-90, 396
Bray, Bill 203, 204, 224-25, 226, 251
British Target Force 418
Brun, Jomar 116, 118, 128, 140, 151, 159, 216, 261, 275, 277-78, 314, 345, 354

C
campos de concentração 91, 102, 166, 177, 263, 384, 393
Canadá 157, 182
capacidade nuclear dos Aliados, *ver* Projeto Manhattan
capacidade nuclear/desenvolvimento da bomba, Alemanha, *ver também* suprimentos de água pesada; Vemork, fábrica de água pesada 84-8, 91-2, 97-8, 99-100, 101-02, 106-07, 116, 117-18, 123, 139, 152-54, 155-56, 157, 180-81, 182-83, 215-16, 246-47, 275-76, 290-91, 388-90, 396, 398-99, 415-16, 417, 418-21, 424
Chamberlain, Neville 84, 99
Cheese (Queijo), agente, *ver* Starheim, Odd
Cherwell, lorde 207
Choupana do Primo 269, 270, 273, 301, 310, 376
Chudley, Bill 34, 44-6, 55, 56, 65, 66
Churchill, Winston 25, 81, 84, 88-9, 99-101
  capacidade nuclear alemã 86-7, 92-3, 102, 116-20, 153-55, 156, 182, 276, 388, 389, 401, 415-16, 418
  encontro com Roosevelt (junho de 1942) 155-56, 157-58
  evidência do Holocausto 182, 391
  formação da SOE 35-6, 102, 104-05
  Niels Bohr 275-77, 396-97
  Operação Freshman 206-07, 244
  Operação Grouse 170, 180
  Operação Gunnerside 265, 274, 376, 387-88
  Operação Strike-Ox 92-3
  programa nuclear dos Aliados 117, 154-55, 156, 157-58, 276, 415-16
  Sala e Gabinete de Guerra 105, 153-54, 158, 183, 246, 375
cianureto, cápsulas de suicídio 214, 253, 327, 346
Colditz, castelo (Oflag IV-C) 174-76
Comando Nº 2, *ver também* Operação Musketoon 23-37, 39-40

Companhia Linge 36, 97, 145-46, 165, 166, 168, 249, 263, 298, 428
Congo Belga 99, 117, 152
Cooper, capitão de grupo Tom, 221, 222, 223, 226, 227, 230, 231-33, 235, 238
Crispie, Escócia 291, 292-93
Cristiano da Dinamarca, rei 394
Cromwell, Oliver 100
Cruz Vermelha 175
Curtis, Eric 34, 55, 56, 65

D
Dagens Nyheter 371
Daily Express 391-92, 415
Daily Mail 369-70, 371
Dalton, doutor Hugh 103
Das Schwarze Korps, jornal 86
Defesa Civil Britânica, organização 152
Dehne, tenente Wilhelm 50, 69-70, 72, 74-5
Departamento de Segurança Principal do Reich 177-80
Dia D, desembarques 417
Diebner, Kurt 86, 116, 118, 154, 216, 420, 421
Dinamarca/resistência dinamarquesa 97, 98, 393, 419-20
Diretiva Nº 17 102
Diseth, Ditlev 405
Djupdraet, Erling 37, 41, 71, 72, 76
Donau 174
Dornberger, Walter 182
"duff", mensagens 144

E
Einstein, Albert 87
Eisenhower, general Dwight D. 292
Ellman, capitão 137
Engenheiros Reais "Sapadores", *ver* Operação Freshman
Equipes de Investigação de Crimes de Guerra 422-23

Erling, capitão 411
Escolas de Treinamentos Especiais (STSs) 103-04, 162-63, 211, 241, 249, 260
Escoteiros, Associação dos 78, 428
Estados Unidos da América 105, 123, 156
plano de ataque à fábrica de Vemork 390, 397-98
programa nuclear alemão 181, 182-83, 389-90, 418-19, 420-21
programa nuclear russo 418-19, 420-21
Projeto Manhattan 155-56, 157-58, 275, 290, 397
ver também Roosevelt, Franklin D.
Executiva de Guerra Política 104
Executiva de Operações Especiais (SOE) 35, 80-2, 93, 110, 152-53, 154, 158-60, 164, 183, 186, 241-43, 262, 264, 266, 277, 312, 321, 395, 426
dispositivos 39-40, 96, 104, 162
formação 36, 103-06
treinamento e controle 103, 145-46, 161-63, 168-69, 211, 216-17, 250, 257-58, 260, 278, 287-88, 334-35
ver também Brun, Jomar; Fasting, Andreas "Agente Biscoito"; Gubbins, brigadeiro Colin McVean; Companhia Linge; Comando Nº 2; Operação Grouse; Operação Gunnerside; Operação Musketoon; rede de resistência e inteligência norueguesa; Skinnarland, Einar; Starheim, Odd "Agente Cheese"; Stephenson, William "Intrepid"; Tronstad, Leif "The Mailman"; Wilson, major John Skinner

F
Fairclough, Jack 34, 72-3, 77-8, 178
Falkenhorst, general Nikolaus von 76, 98, 174, 178, 179-80, 197, 246, 261, 262, 264, 266, 364-65, 367, 374, 402, 423

Fasting, Andreas, "Agente Biscoito" 120, 126, 128, 129, 130, 131, 137
fissão nuclear 83-4, 91
"Fjellsangen", poema codificado 217
Fladmoe, Arvid 403, 411, 413
Forças Livres Norueguesas 36
Fort William, usina hidrelétrica 161
França/Franceses Livres 24, 419, 424
Frisch, Otto 100-01
Frisch-Peierls, memorando 100

G

Gabinete de Guerra britânico 153, 158, 183, 246, 422
Galtesund, sequestro 125-26, 128-39
Gestapo 76, 111-14, 120-21, 140, 246, 256, 262, 263, 265-66, 270, 272, 373, 384, 393, 405
Gibson, líder de esquadrilha 296, 298
Glomfjord, hidrelétrica e fábrica de alumínio 47-8, 53-70, 80, 171
Goebbels, Joseph 123, 263, 317, 391
Goudsmit, Samuel 290-91
Grã-Bretanha
 ameaça das bombas V 181-82
 ameaça de bombas radiológicas 389-90
 Defesa Civil, organização 152
 Gabinete de Guerra, *ver também* Churchill, Winston; Wilson, major John Skinner
 programa nuclear dos Aliados 107, 117, 152, 155, 156, 157, 182-83, 275-76
 programa nuclear russo 418-19, 424
 resposta à oferta de paz de Hitler 102
Granlund, Sverre 37, 39, 41-3, 59-60, 70-1, 72, 73, 77-8, 178
Grini, campo de concentração 166-67, 384
Groves, general Leslie 292, 390, 397-98, 421
Gubbins, brigadeiro Colin McVean 79, 241-43, 257, 316, 414-15

H

Hahn, Otto 83, 420
Haigerloch-Hechigen, distrito, Alemanha 399, 419, 420
Halifax, bombardeiros e tripulações 186, 187, 189-91, 197, 198, 201, 221-22, 227, 228-33, 234, 237, 238, 296, 297, 298, 302
Halvorsen, Frithjof 130
Hampton, coronel Charles 241, 249
Hardangervidda, *ver* Vidda (Hardangervidda)
Harteck, Paul 85-6
Hassel, Ase 383, 384-85
Haugland, Knut 168, 171, 190, 211-12, 213, 216-18, 219, 223-24, 226, 230, 238, 243, 244, 245-46, 265-66, 267-68, 270, 271, 272-73, 286, 292, 299, 302-03, 312, 321
 carreira depois da Gunnerside 427
 escondido após o ataque 365, 371-72, 374, 389
 recomendações e honrarias 388, 425, 426
 ver também Operação Grouse
Haukelid, Knut "Bonzo" 253-58, 275, 289, 298, 299, 300, 308-09, 311, 312, 326, 338
 ataque à fábrica de Vemork 341, 342, 343, 351-52, 357-58
 carreira após sabotagem da SF *Hydro* 427
 fuga e esconderijo após o ataque 352-53, 372, 374, 389, 393
 recomendações e honrarias 388, 425
 Vemork/SF *Hydro*, missão de sabotagem
 ver também Operação Gunnerside
Haukelid, Sigrid 253, 254
Heisenberg, Werner 86, 91, 98, 153, 181, 399, 420

Helberg, Claus 165, 167-68, 171, 190,
  191-92, 212, 213, 218, 230, 245, 270,
  271-72, 309, 315-16, 319-20, 322-25,
  326, 328
  aproximação à fábrica de Vemork
    329-30, 332-33, 334, 337, 338, 339
  carreira após Gunnerside 427
  fuga 358, 359-60, 363, 364, 366, 372,
    376-82, 383-87
  Operação Eagle, perseguição no
    Vidda 372, 376-82
  plano de fuga 319, 323-26, 327-28,
    342
  recomendações e honrarias 388,
    425-26
  ver também Operação Grouse
Henneker, tenente-coronel 202-03, 206,
  222, 226, 227, 228, 235, 238, 239, 251
Henschel, *Oberst* Franz 75-6
Hewins, Ralph 370
Heyerdahl, Thor 427
hidrogênio, produção em Vemork 89
Hird 256
Hiroshima 422
Hitler, Adolf 76, 82, 263
  armas secretas 87-8
  invasão da Checoslováquia 84-5
  Kommandobefehl assinada 176-77, 178
  preparativos para conquistar a
    Inglaterra 102
  programa de armas químicas 91
  William Stephenson sobre o caráter
    35-6
  ver também Alemanha/Forças
    Alemãs; capacidade nuclear alemã
Hockey, piloto comandante 187, 190
Holocausto 182, 391
Horsa, planadores 198-200, 201, 223,
  225-26, 228, 231-32, 233, 235-38, 251-52
Houghton, capitão Joseph "Joe" 32-3,
  39, 41-2, 47, 48-9, 54, 60, 62, 66, 71,
  73, 173, 426
Hydro SF 402, 404, 405, 407-15, 420, 426

I

Idland, Kasper 259-60, 298, 325-26, 327
  aproximação à fábrica de Vemork
    335-36
  ataque à fábrica de Vemork 344, 353
  honrarias concedidas 425
  ver também Operação Gunnerside
I.G. Farben 90-2, 390
Ingeborg da Dinamarca, princesa 394
Instituto de Física Teórica,
  Copenhague 98
Instituto Kaiser Guilherme, Berlim 118
Itália 156

J

Jackson, Wallis 204, 225, 226
Jacobsen, Kirkeby "Crow II" 262
Japão 156, 422, 424
Joachimsthal, minas de urânio 85, 86,
  421, 424
Junon, submarino 23-9, 40, 42, 79

K

K, rações 311
Kayser, Fredrik 259, 298
  ataque à fábrica de Vemork 343, 344,
    345-49, 352, 354, 355, 356-57
  honrarias concedidas 425-26
  ver também Operação Gunnerside
Kelle, *Oberleutnant* Wilhelm 66, 68-9,
  70, 74, 76
Kjelstrup, Arne 168, 171, 190, 210, 213,
  219, 230, 245, 270, 283-84, 309, 311
  ataque à fábrica de Vemork 341,
    342, 358
  honrarias concedidas 425-26
  escondido após o ataque 372, 374, 387
  ver também Operação Grouse
Knudsen, capitão 128, 133, 134, 136
Kon-Tiki, expedição 427
Kreyberg, Leiv 311
Kristiansen, Kristian 307-08, 309-10,
  373, 375

L

Larsen 361-62
Lebensborn "Fonte da Vida", programa 264
Lier-Hansen, Knut 405, 406, 408-09, 410
Lindemann, Frederick 100, 101, 117, 156, 276-77
Linge, Martin 36
Luftwaffe 48, 98, 136, 147
Lurgan, *ver também* suprimentos de água pesada 154

M

MI9 41, 205
Mackenzie, senhor 291, 292-93
Makeham, Rex 33-4, 57, 62
Måløy – fortaleza insular alemã 36
mensagens codificadas, falsas 266-67
mensagens pontilhadas 144, 155, 276
Methven, David 227
MI5 262
Ministério da Guerra do Reich 85
Mosquito, aviões 46-7, 371, 394-96, 420
Mountbatten, lorde Louis 151, 178, 206, 243, 274-75

N

Nagasaki 424
Nasjonal Samling 129, 307
Neville, coronel Robert 159
Norsk Hydro, *ver também* Vemork, fábrica de água pesada 89-90, 91, 92, 142, 216, 424
Noruega 25, 33, 180
  invasão alemã 37, 75-6, 97, 98, 127, 139-40, 164-65, 168, 255-56, 352
  rede de resistência e inteligência (*ver também* Skinnarland, Einar; Sorlie, Ralph) 97, 109-17, 120-24, 139-45, 261, 262, 266-67, 319, 405, 407, 421, 422, 423, 427-28
  ver também Companhia Linge; Operação Freshman; Operação Grouse; Operação Gunnerside; Operação Musketoon; Vemork, fábrica de água pesada
Norvann Dam 159
Nortraship 138
Notodden, fábrica de água pesada 118

O

O'Brien, Richard "Dickie" 35, 43, 55-6, 63, 65, 66, 72, 73, 77-8, 178
Olad 122-23
Olen, refinaria de urânio 99
Operação Archery 36
Operação Carthage 420
Operação Chariot 31, 32, 176
Operação Cheese 120
Operação Eagle/caçada aos sabotadores da Gunnerside 374, 376-82, 383
Operação Freshman
  destino dos sobreviventes do desastre 240, 243, 244, 251, 261-62, 274-75, 422-23
  equipamento e roupas 201-02, 205
  perda de planadores e Halifax B 232-33, 235, 236-39, 243-44, 251-52, 261
  planos de ataque 188-89, 192, 197-98, 201-02, 204, 206, 225, 227, 313-14
  planos de desembarque com planadores Horsa 198-200, 201, 203, 223, 225-26
  planos de fuga 188-89, 200-01, 202, 203, 205-06, 227, 228
  preparativos da RAF para transporte 221-27
  recrutamento e treinamento 202-05
  voos de Halifax para a Noruega 227-33, 235, 237
  ver também Cooper, capitão de grupo Tom; Henneker, tenente-coronel
Operação Grouse 139, 142-45

comunicações com a SOE e a RAF 153, 154-55, 180, 194, 207, 211-12, 213-15, 216-18, 219, 223-24, 226, 238, 243, 244-45, 246, 265-66, 267-68, 272-73, 286, 292, 299, 303, 311-12
equipamento/roupas 148, 150, 151, 164, 193, 194, 202, 209, 213, 218-19, 243, 270-71, 273, 274, 292, 299
formação dos recrutas 164-68
junção com Operação Gunnerside 309-12
perseguição alemã à equipe 244-46, 270, 272
planos originais de ataque 118-19, 142-43, 151-52, 154-55, 158-60, 163-64, 171, 180-81, 183
pronta para guiar a equipe da Operação Freshman 230-31, 238-39
pronta para se encontrar com a equipe da Operação Gunnerside 299-300
recomendações e honrarias 387-88, 425, 426
rumo à Noruega 171, 186-92
salto de paraquedas de Skinnarland 147-51
sobrevivendo no Vidda 191-95, 209-13, 265, 268-74, 279-86, 311
suprimentos/caça às renas 267-68, 269, 271-72, 273, 274, 279-86, 292, 310-11
treinamento para 145, 161-63, 169
ver também Haugland, Knut; Helberg, Claus; Kjelstrup, Arne; Operação Freshman; Operação Gunnerside; Poulsson, Jens-Anton; Skinnarland, Einar
Operação Gunnerside 246-47, 273-74, 286-87
aproximação à fábrica de Vemork 329-40
ataque à fábrica de Vemork 341-58
comunicações com a SOE após o ataque 374, 375
cruzando o Vidda 300-02, 303-06, 321
encontro com Operação Grouse 309-11
equipamento/armas/roupas 260, 286-88, 295, 296-97, 298-99, 300-01, 327-28
equipe descansa em Crispie 291
formação dos recrutas 164-68
fuga 358, 359-60, 362-64, 365-66, 371-72, 374, 376-82, 383-87
guia – Kristian Kristiansen 307-08, 309-10, 373, 375
notícias do êxito chegam à SOE 368-72, 374
planos de ataque 253, 261, 265, 274-75, 277-78, 288-89, 313-16, 320, 322-24, 326-28
planos de fuga 319, 324-26, 327-28, 342
planos de viagem abortados 278, 286, 289-90, 292
preparativos para o ataque na cabana Fjosbudalen 321
recomendações e honrarias 387-88, 425-26
suprimentos 297, 309, 311
treinamento 260, 278, 287-88
voo e salto de paraquedas 296-99, 302-03
ver também Haukelid, Knut "Bonzo"; Idland, Kasper; Kayser, Fredrik; Operação Eagle; Operação Grouse; Ronneberg, Joachim; Storhaug, Hans "Galinha"; Stromsheim, Birger
Operação Harborage 419, 420
Operação Musketoon
a Geleira Negra 37, 39, 42-5
captura, interrogatório e execução 72, 73-6, 173-78, 252, 423-24
chegada a Bjaerangsfjord 25-37
formação dos recrutas 31-5, 36-9
fuga dos sabotadores 66-7, 70-1, 73, 77-8, 178-79

Glomfjord, hidrelétrica, ataque à 53-71, 171
Gomfjord, hidrelétrica, plano para a 47-9
honrarias concedidas 426
notícias de êxito 79-81
plano de fuga 39-42, 48-50, 319
presença detectada antes do ataque 29-30, 37, 50-1
reconhecimento aéreo 47
ver também Black, capitão Graeme "Gay"; Wilson, major John Skinner
Operação Overlord 417
Operação Peppermint 276, 417
Operação Strike Ox 92-3
Operações Combinadas 81, 151, 158, 159, 180, 198, 199, 200, 241, 243
Oranienburgo, fábrica de urânio alemã 85, 99, 419
Ordem Comando – *Kommandobefehl* 176-78, 423
Oxelösund, docas 93

P

Parkinson, Arthur 228
  Patriotic School (Escola Patriótica), recrutamento 169
  Pearl Harbor, ataque 156
  Peierls, Rudolph 100-01, 119
  Perrin, Michael 151
Petterssen, tenente-coronel Sverre 226
planadores 198-200, 201, 203, 223, 225-26, 228, 231-32, 233, 235-38, 251-52
plutônio 153-54, 290, 424-25
Poulsson, Jens-Anton 161, 163, 164-67, 168, 169, 171, 188-90, 191-93, 194-95, 209, 210, 213, 218, 230-31, 245-46, 269-70, 271, 273-74, 279-86, 321, 323, 324, 326, 338
  ataque à fábrica de Vemork 341, 342-43, 351, 357-58
  carreira após a Gunnerside 427

citações e honrarias 388, 425
fuga 363, 371-72
ver também Operação Grouse
Projeto Manhattan (programa nuclear aliado) 155-56, 157-58, 182-83, 275, 290, 389, 390, 394, 397
Projeto P9 182-83
propaganda britânica 104, 191

Q

Querville, tenente comandante 23-5, 26-7, 40, 42
Quisling, Vidkun 129, 256

R

radiação, envenenamento por 101
RAF Skitten e Operação Freshman 221-27
RAF Tempsford, "Gibraltar Farm", 185-86, 278, 295-96, 394
  ver também Halifax, bombardeiros e tripulações
Rasmussen, Korsvig 120
Rebecca/Eureka, sistemas de comunicação 201-02, 222, 223, 229, 238, 243, 299
rede de resistência e inteligência norueguesa, 97, 109-16, 119-24, 140-45, 261, 262, 266-67, 319, 405, 407, 421, 422, 423, 427-28
  ver também Skinnarland, Einar; Sorlie, Ralph
Rediess, general Wilhelm 264-65, 266, 364, 366-67, 368, 373-74, 383
renas, caça às 279-84
renas, musgo nas 269
Reuters 80
Rjukan, cidade 126, 127, 262-63, 264, 265, 321-22, 367, 401-02
Rommel, general Erwin 156
Ronneberg, Joachim 241, 249-51, 252-53, 257, 259, 260, 273-74, 286-88, 289, 293, 295-96, 298, 300-02, 303, 304-08, 313-16, 321, 323, 325-27, 329, 416

aproximação à fábrica de Vemork
331-32, 334, 337, 338-40
ataque à fábrica de Vemork 341-42,
343-49, 352-57
carreira após a guerra 426-27
recomendações e honrarias 388, 425
fuga 359-60, 363, 365-66, 371-72, 387
ver também Operação Gunnerside
Roosevelt, Franklin 87, 105-06, 155,
156, 157-58, 182, 246, 275, 388, 389,
390, 391, 418
Rorvig, Sofie 115
Royal Air Force (RAF) 135, 136, 147,
159 *ver também* Halifax,
bombardeiros e tripulações;
bombardeiros Whitley
Royal Society 100
Rússia/Exército Vermelho 418-19,
420, 424

S
Sachsenhausen, campo de
concentração 177, 263
Saheim, fábrica de água pesada 118
Saint-Nazaire, ataque (Operação
Chariot) 31, 33, 176
Sala de Guerra de Churchill 105
Santhal, tribos, Índia 78
sequestro do *Galtesund* 125-26, 128-39
Serviço Policial Colonial 78, 169
Serviço Secreto de Inteligência (SSI)
81, 152
SH200, 91-2, 99, 116, 118, 143, 152, 153,
154, 158, 183, 265, 275, 391, 398, 399, 421
ver também suprimentos de água
pesada; Vemork, fábrica de
água pesada
Shetland Bus, flotilha 26, 120, 122-23
Skinnarland, Einar 125-30, 131, 135,
137, 139, 141-44, 146, 147-51, 153,
155, 160, 170-71, 180, 214, 245, 246,
260, 270, 272, 273, 292, 321, 365, 374
carreira após a Gunnerside 427

comunicações após a Gunnerside
com a SOE 398, 405, 414
honrarias concedidas 426
escondido após o ataque 365, 374,
387, 393
Skinnarland, Torstein 150, 171, 212,
265, 270
Skylark 140-41
Smith, Miller "Dusty" 34, 45, 72
Sørensen, capitão 411-12
Sørlie, Rolf 319, 405, 406, 408, 409-10
SS 75-6, 86, 174, 177, 178, 180, 264, 268
Starheim, Odd "Agente Cheese" 95-7,
109-15, 120-24, 128, 129, 130-40, 145, 425
Stephenson, William "Intrepid" 35-6,
88, 92, 99, 101, 105-06, 182-83, 246,
275-76, 390, 394, 396, 415
Storhaug, Hans "Galinha" 260, 298
ataque à fábrica de Vemork 342, 352
honrarias concedidas 425-26
ver também Operação Gunnerside
Strassmann, Fritz 83
Stromsheim, Birger 259, 298, 331
ataque à fábrica de Vemork 343, 344,
352-53, 355, 356-57
honrarias concedidas 425-26
ver também Operação Gunnerside
Suécia, planos alemães para invadir 180
Suess, doutor Hans 216
Sunderland, botes 40
Swan, células de resistência 261

T
Tchecoslováquia 84-5, 421, 424
Telavag, tragédia 263, 321
Tempsford Taxis, 186 *ver também*
Halifax, bombardeiros e tripulações
Terboven, *Reichskommissar* 129, 263-64,
266, 321, 364-65, 368, 374, 383, 384, 385
Tommy Guns 287
Trail, fábrica, Colúmbia Britânica
182-83
Trigg, Fred 34, 61, 72, 73, 77-8, 178

Tromosund 425
Tronstad, Leif "The Mailman" 139-42, 144, 152, 155, 159, 166, 170-71, 199, 240, 275, 288-89, 293, 295-96, 314, 375, 425, 426
Tube Alloys 117, 151, 152-54, 158, 159, 181, 215-16, 275, 390

U

Übermensh – "raça superior" 106
Union Minière du Haut Katanga 99
urânio 83, 85, 86, 91, 99, 117, 420
Uranverein – Clube do Urânio 86, 91-2, 116, 118, 153, 216, 388, 390, 399, 421, 424

V

V1 e V2, foguetes 181, 389, 396, 418
Vagsoy – fortaleza insular alemã 36
Vemork, fábrica de água pesada 90, 91-2, 93, 95, 331, 338
   ataque da Operação Gunnerside 341-58, 361-62
   danos e repercussões após o ataque 361-62, 366-68
   guardas alemães 277-78, 323, 338, 339, 342, 344, 346-47, 352, 357-58, 360, 362, 363-64, 367-68, 407
   inteligência aliada 98, 115-16, 127, 139, 140, 141-43, 153, 154, 183, 214-15, 216, 224, 261, 268, 277-78, 316, 319, 345, 354, 390
   medidas de segurança após Glomfjord 178-80, 181, 183, 188, 214-15, 218, 219, 224
   medidas de segurança após Operação Freshman 252, 262-63, 264, 265-66, 315
   planos e ataque dos Estados Unidos 390, 397-98
   produção após a guerra 424
   sabotagem da SF *Hydro* 398-402, 403-04, 405, 406-15

   ver também Brun, Jomar; Operação Freshman; Operação Grouse; Operação Gunnerside
Vemork, produção de hidrogênio 89
Vidda (Hardangervidda), 89, 142, 146, 148, 165, 187, 189, 190, 191-92, 193, 194, 195, 199, 209, 222, 223, 231, 237, 245, 268, 272, 278, 289, 296, 298, 300, 302, 303, 321, 366, 371, 376, 402
   ver também Operação Grouse

W

Whitley, bombardeiros 147-49
Williams, Gerland 203
Wilson, major John Skinner 78-80, 81, 144-46, 151-53, 154, 155, 158-60, 239-40, 266-68, 391-92, 394-95, 428
   Einar Skinnarland 137, 139, 141-42, 143, 146, 398
   honrarias concedidas 426
   missão solitária de Knut Haukelid 393, 399, 400-01, 413-15
   instalações nucleares na Alemanha 398-99
   Odd Starheim, "Agente Cheese" 112, 122, 123-24, 145
   Operação Freshman 188-89, 197-200, 207, 225-27, 240, 243-44, 251, 261-62
   Operação Grouse 164-65, 166-67, 170, 171, 180, 188, 197, 213-14, 219, 226, 243, 244-45, 265-66, 268-69, 284, 286, 292
   Operação Gunnerside 241-43, 246-47, 250-51, 253, 265, 274, 275, 290, 291-93, 302-03, 316, 365, 368-72, 374, 387-88

Z

Zellenbau, prisão 177
Zyklon B 91

Acima esquerda e direita: A "tommy gun" pronta para a luta. Na primavera de 1940, Churchill convocou voluntários para os Serviços Especiais com o objetivo de "instaurar um reinado de terror ao longo da costa inimiga". Felizmente, eles responderam em massa a seu apelo. O líder da Grã-Bretanha durante a guerra apoiou um regime incansável de treinamento que combinasse o melhor das forças aéreas, marítimas e terrestres. Nas charnecas distantes e inóspitas da Escócia, longe de todos os olhares, os comandos se prepararam para atacar a máquina de guerra nazista [...] e destruir a ameaça nuclear de Hitler.

O *Junon*, submarino da França Livre. Escolhido por sua grande semelhança com o *U-boat* alemão, sua missão foi desembarcar, nas costas ocupadas pelo inimigo, alguns dos primeiros comandos cujo objetivo era reduzir seus alvos a cinzas.

Acima: A hidrelétrica de Glomfjord, aninhada aos pés da portentosa montanha Navervann – objetivo de uma dezena de comandos encarregados da ousada missão cujo codinome era Operação Musketoon.

Acima: Capitão Graeme "Gay" Black (condecorado com a Cruz Militar), voluntário canadense na equipe de comandos e grande líder da Musketoon.

Acima: Capitão Joseph "Joe" Houghton, subcomandante de Black. Ex-aluno de escolas públicas, mostrava-se quase sempre brincalhão, mas por dentro era aço puro.

Acima: Soldado Eric Curtis, ex-contador que usava óculos e foi um dos heróis improváveis – e pouco reconhecidos – da Musketoon.

Acima: Missão cumprida. A hidrelétrica de Glomfjord inundada por um verdadeiro dilúvio e sepultada sob toneladas de detritos. A dramática sabotagem dos comandos a arruinou – juntamente com o importante esforço de guerra nazista que ela alimentava.

A equipe da última operação da SOE para interromper o projeto nuclear nazista sendo recebida pelo rei Haakon VII da Noruega. *Da esquerda para a direita:* Knut "Bonzo" Haukelid, Joachim Ronneberg (comandante da Operação Gunnerside), Jens Anton Poulsson (comandante da Operação Grouse) e Kaspar Idland.

Nesta página: A fábrica de água pesada de Vemork à noite. Suas defesas eram temíveis: minas, canhões antiaéreos, ninhos de metralhadoras, cercas de arame farpado, cercas elétricas, armadilhas, cães de guarda, holofotes, balões de barragem e destacamentos de soldados alemães. No entanto, os comandos dos Serviços Especiais teriam de superar tudo isso para interromper o projeto nuclear dos nazistas.

Em cima: Um guerreiro viking. O agente Cheese (o norueguês Odd Starheim), um dos primeiros e melhores operadores de rádio da SOE por trás das linhas inimigas. Perseguido pela Gestapo, arquitetou o ousado sequestro do *Galtesund* (*abaixo*). Pirata fora de época, Cheese levou para a Grã-Bretanha elementos vitais de inteligência – a carga humana do *Galtesund* –, ajudando assim na busca das armas nucleares de Hitler.

Duro e bravio. Brigadeiro Colin McVean Gubbins, chefe da Executiva de Operações Especiais e incentivador da guerra de guerrilhas/não convencional.

Baghmara, o Matador de Leopardos. O ex-chefe de escoteiros major John Skinner Wilson enfrentou tigres e homens santos hindus na Índia. Revelou-se igualmente implacável quando liderou a luta da SOE contra o programa de armas nucleares de Hitler.

Galeria de vilões. Da esquerda para a direita: Vidkun Quisling, líder do Partido Nazista Norueguês; Heinrich Himmler, *Reichsführer* da SS; Josef Terboven, o famigerado governador alemão da Noruega ocupada; e general Nikolaus von Falkenhorst, comandante em chefe das forças armadas alemãs na Noruega.

Nesta página: Contra todas as expectativas, a desesperada operação de sabotagem da SOE logrou êxito onde todas as outras falharam. Mas foi necessário um bombardeio da Força Aérea Americana para convencer Hitler a transferir os estoques restantes de água pesada para a segurança relativa da Alemanha. A água pesada era usada em seu reator nuclear para processar o plutônio – matéria-prima da bomba atômica nazista.

A SF *Hydro*, a balsa que transportava os tambores de água pesada para a Alemanha. Foi preciso um ato de coragem além dos limites para os comandos da SOE afundarem o barco, colocando um ponto final nas ambições nucleares de Hitler.

O reator nuclear alemão estava escondido numa caverna debaixo de uma igreja, na cidade de Haigerloch. Quando as forças americanas e britânicas ocuparam o local em abril de 1945, receberam ordens de levá-lo dali ou destruí-lo, para que não caísse nas mãos dos russos.